21 世纪高等院校教材·教育类

现代教育技术教程

（第二版）

蔡铁权　王丽华
潘瑶珍　孙晓芳　褚伟明　编著

科　学　出　版　社
北　京

内 容 简 介

　　本书针对我国基础教育课程改革的现实需要及教师教育改革的要求，详细阐述教育技术学的理论和实践，充分体现信息技术与课程整合的理念。根据现代教育技术发展的现状和趋势，介绍了听觉媒体、视觉媒体、视听觉媒体的设备与教学应用，增加了这些技术和设备的最新发展、相应软件的制作方法以及在教学过程中的应用；比较详细地介绍了计算机和网络技术在教学、学习和教育评价中的应用；详细地阐述了教学设计的理论与方法。本书大量使用各种原理图、模型图、流程图，增加各种实践案例，以提高可操作性；提供相关的标准和材料，可供广大教师查询使用。文字流畅、准确，便于教和便于学。

　　本书可作为高等师范院校非教育技术学专业的"现代教育技术"课程教材，可供基础教育教师继续教育培训使用，也可作为教育硕士及相应层次的教学用书和教学参考书。

图书在版编目(CIP)数据

现代教育技术教程/蔡铁权等编著. —2版. —北京：科学出版社，2005
（21世纪高等院校教材·教育类）

ISBN 978 - 7 - 03 - 015150 - 6

Ⅰ.①现… Ⅱ.①蔡… Ⅲ.教育技术学—高等学校—教材 Ⅳ.G40-057

中国版本图书馆 CIP 数据核字(2005)第 035172 号

责任编辑：姚莉丽 / 责任校对：林青梅
责任印制：徐晓晨 / 封面设计：陈　敬

科 学 出 版 社 出版
北京东黄城根北街 16 号
邮政编码：100717
http://www.sciencep.com

北京京华虎彩印刷有限公司 印刷
科学出版社发行　各地新华书店经销
*
2000 年 8 月第 一 版　开本：B5（720×1000）
2005 年 6 月第 二 版　印张：22 3/4
2018 年 1 月第十五次印刷　字数：435 000
定价：**49.00 元**

目　　录

第1章　现代教育技术概述

教学目标：
1. 陈述教育技术的概念和研究范畴；
2. 概述国内外教育技术的发展；
3. 阐述教育技术与教育现代化和教育改革的关系。

随着科学技术的迅猛发展，教育改革的全面深入展开，教育技术已越来越成为人们关注的焦点。教育技术是什么？究竟如何定位？在学术界也不断引起激烈的讨论。任何一个问题，都有发生和发展的过程，因此，我们可以从教育技术在国外、国内发展的历史过程来探讨。教育技术是与教育不可分割的，从当前教育改革的视角来审视，也可以对教育技术有一个明确的认识。

1.1　教育技术的产生和发展

对于教育技术的理解，从宽泛的观点看，"从教育产生的第一天起，就有了教育技术。"按这种说法，教育技术可以追溯到人类远古时期对生产、生活经验的传递之始。以后，随着时代的前进，人类为完成教育不断采用新的技术，从而导致了教育技术的发展。

还有一种观点，即美国著名的教育技术学者芬恩(J. D. Finn)认为："（教学技术）这门学科知识起源于第二次产业革命时期，即自动化、原子能的时代。教学技术与这一发展有关。据此可以认为教学技术始于本世纪（20世纪）20年代初期。"这代表了美国教育技术界大多数专家学者的基本观点。[①]

为了叙述的方便，首先需要对一些基本概念加以辨析。

1.1.1　教育技术的概念

教育技术涉及多种概念，而且容易混淆，在使用中也存在着交叠的现象。

一、技术、教育技术与现代教育技术

1. 技术

"技术"一词，《辞海》定义为：①泛指根据生产实践经验和自然科学原理而发展

---

① 张祖忻. 美国教育技术的理论及其演变. 上海：上海外语教育出版社，1994. 1～2

成的各种工艺操作方法与技能;②除操作技能外,广义的还包括相应的生产工具和其他物质设备,以及生产的工艺过程或作业程序、方法。《科学学辞典》定义为:是为社会生产和人类物质文化生活需要服务的,供人类利用和改造自然的物质手段、智能手段和信息手段的总和。

技术的涵义,在现代用法中,除了有形的物化形态方面之外,还应包括无形的智能形态方面。因此,将技术看作是媒体的同义语或简单地等同于手段或工具是不恰当的。

在教育中不可能存在一种万能的媒体,但由于对技术的片面理解,当一种新媒体出现时,人们往往会对媒体的期望过高而失去理性的思考,试图用媒体去解决教育中存在的问题,而不是根据教育中的问题去寻找解决的正确方法。

2. 教育技术

教育技术的定义比较复杂,将在下一节中专门阐述。这里介绍几种看法。美国的珀西瓦尔和埃林顿(Fred Perciral & Henry Ellington)在《教育技术手册》一书中把教育技术区分为不可分割的三部分:一是硬件,指技术设备和相应的教学系统;二是软件,指由硬件实施而设计的教材;三是潜件,指理论构想和相关学科的研究成果。张祖忻把教育技术看成是:①一种关于如何鉴别和解决人的学习中的问题的理论;②一个应用一种综合完整的过程以分析和解决人的学习问题的领域;③一个由实施理论、整体论方法和实际应用教育技术的组织所组成的专业。即教育技术是理论体系、研究领域和一门专业。① 对教育技术的认识是不断发展的。教育技术的定义也是不断演变的。

3. 现代教育技术

"现代"是一个相对的概念,而且"现代"也并非是对"传统"的否定和摒弃。我们在这里提现代教育技术,意在强调教育的现代理念和方法,对技术最新发展的关注和运用。本书中所运用的理论、方法,介绍的技术,是立足于"现代"化的,与教育的关系也从当前我国基础教育课程改革的现实出发来分析。但这种选择,并没有割裂传统,否则,"现代"岂不成了空中楼阁,成了无源之水、无本之木。而研究的目的,是为了实现教学过程、教学资源、教学效果的优化,教学效率、教学效益的提高,并在此前提下,全面提升教学质量。

二、教育技术与教育技术学

教育技术学是一门研究教育技术现象及其规律的学科,我国规定教育技术学学科是从属于教育学的二级学科,教育技术学主要属于教育科学的范畴。教育技术是教育技术学的研究对象。

---

① 张祖忻. 美国教育技术的理论及其演变. 上海:上海外语教育出版社,1994.211

　　教育技术学的学科性质有：①应用性的分支学科，受理论教育科学的指导；②综合性的学科，包括自然科学和社会科学；③国际化的新兴学科，受到世界各国的广泛重视。

　　三、教育技术与教学技术

　　古德（C. V. Good）于 1973 年编的《教育词典》（第 3 版）中所指的"教育"是："一个人藉以发展能力、培养态度和培养其他对他所生活的社会有积极价值的行为的所有过程的总和。"可见，教育是一个广义、总体的概念。"教学"则是教育的一个方面，是"对一个个体的环境作出仔细的安排，使个体学会在具体条件下表现特定行为，或对特定情境作出反应。"因此，教育技术和教学技术可以从两方面作出区别：①教育技术研究"人的学习的所有方面"，但教学技术仅研究"有目的的、受到控制的"学习情境。②教育技术使用所有"设计（或选择）的与使用的"学习资源，而教学技术使用预先设计的教学系统。教学系统只是学习资源的一个组成部分。①

1.1.2　国外教育技术的发展

　　美国是教育技术的发源地，因此，先对美国教育技术的发展历程作分析，同时也简要地介绍其他国家的历史。

　　一、美国教育技术的发展②③④

　　20 世纪 70 年代初，伊利（D. D. Ely）提出美国教育技术的形成与发展可从三个主要方面追溯：一是视听教学运动的发展，推动了各类学习资源在教学中的应用；二是个别化教学的发展；三是教学系统方法的发展。这三方面发展的起源不同，但逐渐融为一体，即现代教育技术。

　　1. 视听教学运动
　　视听教学是一种以视听设备和相应的软件为辅助手段的教学方法。大致经历 3 个阶段。
　　（1）初期的视觉教学
　　在 1918 年至 1928 年期间，称为视觉教学（visual instruction）运动，标志着教育技术的开端。

----

①　张祖忻. 美国教育技术的理论及其演变. 上海：上海外语教育出版社，1994. 211～213
②　P. Saettler. The Evolution of American Educational Technology. CO：Libraries Unlimited，Inc. 1990. 88～176，286～317，343～357，453～476
③　Gary J. Anglin. Instructional Technology：Past，Present，and Future (2nd Edition). CO：Libraries Unlinnited，Inc. 1995. 348～364
④　张祖忻. 美国教育技术的理论及其演变. 上海：上海外语教育出版社，1994. 2～32

　　视觉教学是对长期以来盛行于传统学校中的形式主义教学方法、特别是所谓"言语主义"(verbalism)的改革。它旨在教学中推行视觉媒体的应用,为学生学习抽象的教学内容提供具体形象的感性认识,提高教学效果。

　　教学广播主要在 1925 年至 1935 年间得到发展。

　　初期的视觉教学运动对整个教育领域并未产生重大影响。这个时期出版了一些视觉教学的专著和教科书,其中霍本(C. F. Hoban)等的《课程视觉化》(1937 年出版)一书堪称 30 年代视觉教学理论的代表作,书中系统地论述了视觉教学的理论基础、基本原则,并提出了各类媒体分类的层级模型。

　　(2)二战期间视听教学的发展

　　二战期间,学校中的视听教学由于缺乏设备、资料和专家而发展缓慢,但在军队和工业的训练中却得到大力发展。

　　战争期间,军队训练中除了大量使用电影外,还采用了许多其他视听媒体,如军训中初显成效的投影器,主要用于识别航空器的教学的幻灯,用以飞行训练的模拟训练器材等等。在战时工业和军事训练条件下,传统的视听教学理论得到实践的检验,新的理论概念不断涌现。学习理论对教学与训练的指导作用得到认识,媒体与视听传播专家的地位得到明确。

　　(3)战后视听教学的发展

　　1945 年至 1955 年是视听教学稳步发展的时期。从 1955 年起,视听教学进入迅速发展阶段。

　　1947 年,全美教育协会的视觉教学部更名为视听教学部。1946 年,戴尔(E. Dale)发表了以著名的"经验之塔"理论为核心的《教学中的视听方法》一书,这一理论成为教学媒体应用于教学过程的主要依据和指导思想。

　　1958 年,美国国会通过《国防教育法》,美国联邦政府拨款数百亿美元支持教育事业,其中包括购置设备、视听教具,以在教学中进行更有效地应用电视、广播、电影等视听媒体的研究。

　　20 世纪 60 年代的课程改革运动,由于布鲁纳(Jerome Bruner)的发现学习法,强调学生的学习始于直接经验,然后逐渐向图像和抽象经验展开,这与戴尔视听教学理论中媒体的分类模型吻合。因此,课程改革运动极大地促进了视听教学。

　　教学电视是战后视听教学发展中最重要的组成部分,而教学电视的发展无疑促进了教育技术的全面发展。1955 年至 1965 年期间,语言实验室、电视、教学机、多媒体显示技术、计算机辅助教学等先后问世。同时,传播理论有较大发展,逐步渗入视听教学领域。这样,有必要重新为这一领域确定新的意义,并建立该领域所涉及的术语的专业标准。由此,全美教育协会视听教学部(DAVI)于 1961 年成立了《定义与术语委员会》,探讨从学习理论和传播理论的角度重新认识视听教学的理论问题。这是视听教学理论史上的一个重要转折点。

1970 年全美教育协会视听教学部通过全体成员的投票,正式改名为目前的教育传播与技术协会(AECT),并独立于全美教育协会。协会的成立,推动了视听教学、教学系统方法和个别化教学的有机整合,实现了把视听教学领域扩展到现代教育技术的领域。

2. 教学系统方法

根据巴纳赛(B. H. Banathy)的解释,教学系统方法实质上是一种设计和改进教学的实验方法,包括分析需要,提出教学目标,开发、评价和实施教学。

20 世纪 50 年代中期,斯金纳(B. F. Skinner)发表了《学习的科学与教学的艺术》,推动了程序教学的发展。特别是程序教学运动中确立的一套设计程序教材的方法———一种解决教学问题的实验方法,对教育技术的发展作出了重大贡献。通过程序教学运动的实践,人们真正认识到了影响或决定学习效率的变量如此复杂,需要对教学过程作系统分析才能获得有效学习。

行为科学为教学系统方法的发展提供了重要的理论概念,如任务分析、行为目标、标准参照测试和形成性评价等。米勒(Robert B. Miller),加涅(Robert M. Gagné)对任务分析的理论和实践作出了贡献。泰勒(Ralph Tyler)是当今行为目标之父。之后,布卢姆(B. S. Bloom)及其合作者关于教育目标分类的研究发展了教学目标的理论。1962 年,格拉泽(R. Glaser)提出标准参照测试的概念。20 世纪 60 年代初期,加涅、格拉泽、布里格斯(L. J. Briggs)等将上述概念与方法作了有机结合,提出早期教学系统方法模型,称为"系统开发"(system development)、"系统化教学"(systematic instruction)等。1967 年,斯克里文(M. Scriven)提出了形成性评价(formative evaluation)与总结性评价(summative evaluation),现已成为系统教学设计中的重要概念。1969 年,布朗(J. W. Brown)等人提出了系统化教学的模型,其显著特点是所有的教学设计活动都以学生为中心,充分考虑到学生的需要和能力,根据学生达到教学目标的情况而修改教学内容。

20 世纪 80 年代,教学系统方法继续发展。目前,在教育技术领域,越来越多的人认识到教材设计与教学信息传递策略设计的重要性。

3. 个别化教学

个别化教学是一种适合个别学习者需要和特点的教学,以学生为教学的主体。在方法上,个别化教学允许学习者自定学习进度,根据自身特点选择学习方法、媒体和教材,也可让学习者选择适合自己需要的教学目标开展学习。

(1)早期的个别化教学

在美国,真正意义上的个别化教学系统的发展是 1912~1913 年间由伯克(F. Burk)设计,在旧金山师范学校实验的个别学习制。1924 年普莱西(S. Pressey)设计了一台自动教学机,主要用于对学生测试的自动化,但也包含了允许学生自定步调、要求学生积极反应和即时反馈等原则。由于 20 世纪 30 年代的经济大萧条和进步教育运动的影响，人们对这种个别化教学的兴趣逐步减少。但个别化教学对教育理论和实践产生了深刻的影响。

（2）程序教学

在斯金纳以后，到了 1960 年，克劳德（Norman A. Crowder）提出了模拟教师指导作用的分支式程序。程序教学运动在 20 世纪 60 年代初开始达到高潮，60 年代后期程序教学开始衰退。因为开发真正有效的程序教材需要进行系统的设计和实验，这样做代价很高；当时程序教材的使用效果不比传统教材好；使用程序教材对教学管理和教师作用提出了新的要求等。尽管如此，程序教学的开展影响和促进了系统设计教学方法的发展，推进了个别化教学的研究，使行为科学与教育技术的结合进入了一个新的阶段。

（3）其他个别化教学形式的发展

程序教学运动的衰落，使一些教育研究者开始重视对其他形式的个别化教学的研究，如凯勒制（The Keller Plan）、掌握学习法（Learning for Mastery）、录音指导法（Audio-Tutorial Approach）等。在 20 世纪 70 年代，个别化规定教学（Individually Prescribed Instruction）、按需学习计划（Program for Learning in Accordance with Needs）、个别化指导教育（Individually Guided Education）等个别化教学系统出现，但都没有得到推广使用，可见教学改革的艰巨性。但这些教学系统的使用是教育技术发展中一个重要阶段，因为它们引进了一系列的教学改革。

（4）计算机辅助教学

计算机用于教学和训练大致始于 20 世纪 50 年代末，英国的帕斯克（Gordon Pask）1958 年试制出采用计算机的适应性教学机，用以训练卡片打孔技能。但实际上开发出第一个命令语言，并设计出用于公共学校的计算机辅助教学（CAI）程序的是 IBM 公司的研究人员。早期 CAI 系统的产生受斯金纳程序教学的强烈影响，由于程序教学使用机器，因此人们把 CAI 看作机器教学，是程序教学的新发展。

20 世纪 60 年代，一些大学率先对 CAI 进行研究和开发。60 年代末伊利诺斯大学开发出的自动操作的程序逻辑系统（PLATOIV）向大规模计算机网络发展。1972 年杨伯翰大学研制的分时、交互、计算机控制的信息电视系统（TICCIT）则是大规模的通讯网络，标志着 CAI 系统较好地体现与实现了个别化教学。

20 世纪 70 年代微机的发展又推动了 CAI 运动，到了 80 年代，学校里微机的使用迅速增长。到 80 年代后期，所有学校都有一些计算机辅助教学，但计算机在学校教学过程中的作用并不能令人满意，计算机辅助教学如何与课程有机结合仍是值得研究的一个重大课题。

4. 教育技术的形成

上述三方面自 20 世纪 20 年代到 50 年代以前基本上是各自发展的，20 世纪

50 年代以后,三种概念和模式则相互影响。60 年代中后期,视听传播领域由于受到行为科学和系统理论的影响,视听传播理论已逐渐和系统的设计教学的方法相结合。70 年代初,视听教学部从全美教育协会中分出而独立成为教育传播与技术协会,协会在正式文件中给教育技术以全新的涵义(详见教育技术定义的演变部分)。伊利指出过,从视觉教学到视听教学这一方面的发展形成了"应用各种各样学习资源的模式",从程序教学到计算机辅助教学这一方面导致了强调个别化的学习模式,教学系统方法这一方面形成了"运用系统方法的模式",这三方面被综合成促进学习的总体方法时,就形成了教育技术研究和实践领域的特点,从而确立了这个领域的理论依据。

　　随着科学技术的发展,教学理论与学习理论的发展以及教育改革的需要,这种概念与模式的整合将会得到更大的发展。当 20 世纪 80 年代末,由于信息技术的发展,新型媒体的开发及新的传播手段的发展与应用,视听传播教学领域出现了借助于卫星通信技术的远距离教学形式;在个别化教学中出现了基于多媒体技术的多媒体教学形式,基于网络技术的网络教学形式,基于计算机仿真技术的"虚拟现实"的教学形式;在系统设计教学的领域里,正向以认知理论的信息加工的设计模式和建构主义设计模式以及综合的设计模式发展。

　　二、前苏联、日本教育技术的发展

　　除美国外,其他国家教育技术的发展也将为我们提供很多有益的借鉴。

　　1. 前苏联①

　　苏联早在 20 世纪 20 年代就已开始了对教育技术的研究。前苏联军队在这方面走在前面。1947 年心理学家参加这项工作,20 世纪 50 年代开始,前苏联对教学技术手段的改进极为重视。

　　1952 年,前苏联著名教育心理学家兰达(Л. Н. Данда)已从事《教学过程算法化和学生学会合理思维》的理论研究。1961 年他与同事合作制成了一台教学机。这台教学机的使命是分析复杂的句子和完成教学、考试、部分诊断功能,并发表了一系列有关改进教学过程的论文。兰达是前苏联教育技术的奠基人。

　　20 世纪 60 年代起,前苏联出版了一系列的程序教科书。70 年代至今,前苏联在这方面的研究蓬勃发展,概括起来有:①采用教学技术手段和程序教学的理论问题;②在自然科学教学中采用程序教学的方法;③在人文科学和音乐教学中采用程序教学的方法;④在各种形态的体育教学中采用教学技术手段和程序教学的方法;⑤学习机和视觉手段。运用控制论考察教学过程,在使用学习机和程序教学时深入研究个性特征。制作了适合不同目的使用的教学机,还建造了许**多自动化教室**。

---

　　① 智索. 苏联电化教育发展概况. 外语电化教学,1987,(1):38~39

前苏联在教育技术的研究中已取得很大的发展,并形成了一支强大的力量。

2. 日本[1][2]

早在 1880 年,日本文部省就着手准备向全日本普通学校发行幻灯片,到 20 世纪 20 年代,各地学校利用教师自制的幻灯片已形成一种趋势。1928 年,一个非官方、有组织的教育电影运动开展起来。1933 年,第一部有计划、有系统的教育电影系列片拍成。1935 年,日本广播协会(NHK)利用无线广播,开办了大规模的全国性学校广播教育节目。第二次世界大战的爆发,几乎使整个日本的教育体系陷于瘫痪状态。1946 年,教育电影制作协会成立,同年 10 月,日本电影教育协会成立。1949 年,日本电影教育协会召开"电影教育促进大会",促进了电影教育的发展。

1952 年,日本文部省视听教育处建立,推动了日本视听教育的发展。1953 年,全国视听教育联盟成立。1954 年成立教育电影发行协会。日本第一个教育专用电视频道于 1959 年 1 月由日本广播协会在东京开设,2 月份开设了日本教育电视台(NET,现名朝日电视台)。

1967 年颁布《教育标准(修订版)》,把投影器列为新兴项目。要使视听教育渗透到各个教育领域,必须广泛地依靠各界人士,尽可能地依靠社会舆论,包括家长等,因此,从 1965 年以来,日本视听教育联合大会不断举行,并举办每年一度的日本教育现代化展览会(JEMEX),同时组织讲座、学术讨论、报告会等。

录像机的使用很快得到普及(1975 年前后)。日本广播协会(NHK)有丰富的节目播送。

20 世纪 80 年代后半期,逐渐进入了计算机、光通讯技术和数字技术的时代,新媒体高度发展。

日本在推行教育技术的同时,十分注重培训、国际间合作与交流,重视教育技术学一般理论和教学设计的研究,并强调人的主观能动性以及人与人的沟通与协调等。

1.1.3　我国教育技术的发展

我国教育技术的发展可分为两个阶段,第一阶段是电化教育的出现与初步发展期(1920～1965 年);第二阶段是教育技术迅速发展期(1978 年以后)。

一、电化教育的出现与初步发展

1. 电化教育的出现

20 世纪 20 年代,我国已开始幻灯教学实验,1922 年南京金陵大学农学院举办

---

① 日本视听教育协会. 日本视听教育简史. 外语电化教学,1988,(1):37～41
② 王珺. 日本教育技术学的发展现状. 比较教育研究,2002,(8):18～21

农业专修科,就开始用幻灯、电影、唱片进行教学,到了30年代,广播教学也开展起来。

1936年江苏省立教育学院创办了电影播音专修科,1946年选派留学生赴美学习视听教育课程,攻读学位。1941年金陵大学理学院创办了《电影与播音》杂志。

2. 电化教育的初步发展

中华人民共和国成立后,电化教育也得到了很快的发展。在北京、天津、上海、广州等地办起俄语广播学校、广播函授大学、电视大学等。有的高校开设了电教课,有的师范大学成立了电化教育馆,外语院校建立了语言实验室。

从建国后到1965年,我国的电化教育取得了很大的成绩,并且发展很快。

二、教育技术的迅速发展

1. 电化教育的重新起步与发展

1978年以后,我国电化教育进入了一个迅速发展的新时期。

1978年、1979年,教育部建立了中央电化教育馆和电化教育局,各省、地、市、县也建立了相应的机构,推进了电化教育的开展。

高校和中小学都大力推广电化教学进入课堂实践,有组织地开展了电教实验,进行专题研究。

高师院校前后有30多所设立了电化教育专业、教育信息技术专业、教育传播专业,培养专业人才和开展培训工作,一批专业教材与资料出版。对电化教育的本质等理论问题进行研究,对电化教育的更名问题进行讨论,积极开展了现代教育技术手段的研究及电视教材的研制。

从20世纪80年代初开始,计算机辅助教育和卫星电视教育逐步深入发展。广播电视和卫星电视教学的发展速度快,规模大。

2. 教育技术学科建设与理论研究的发展

1986年,国务院学位委员会正式批准三所大学设立教育技术学硕士学位授予点,明确了教育技术学是教育学的分支学科。1992年,将课程从《电化教育概论》改为《教育技术学导论》。1993年,高师本科专业目录正式确定将电化教育专业更名为教育技术学专业。1994年,国家教委批准将原"全国高等师范院校电化教育专业教材委员会"更名为"全国高等师范院校教育技术学教学指导委员会"。目前,全国已构成了包括专科、本科、硕士点、博士点在内的完整的教育技术学学科专业体系,形成了一支教育技术学的专业队伍。

在教育技术的理论与实践方面开展了系统的研究,出版了系统的教材、专著和辞典。教学软件的设计、开发也取得了不少成果。

1.2　教育技术定义的演变和研究对象

　　美国教育传播与技术协会(Association for Educational Communications and Technology,简称 AECT)成立后,将其实践的领域定名为教育技术(Educational Technology)。自 20 世纪视觉教学运动开展以来,教育技术学学科发展迅速。AECT 根据学科发展和现实的需要,多次提出了教育技术的定义,其中在 1963 年、1970 年、1972 年、1977 年和 1994 年提出的定义是官方认可的,2004 年又提出了新的定义。从 AECT 提出的关于教育技术定义的演化,可以看出学术界对教育技术认识的发展和教育技术本身的发展,也为我们理解教育技术的涵义提供了依据。

1.2.1　教育技术定义的演变[①]

　　1963 年至 2004 年期间,AECT 先后提出了六次关于教育技术的定义。

　　1. 1963 年定义

　　在当时的全美教育协会视听教学部(Department of Audio-Visual Instruction of the National Educational Association)主席芬恩的建议下,由伊利领导的"定义与术语委员会"首次发布了"视听传播"(audiovisual communication)的官方定义:

　　"视听传播是教育理论与实践的一个分支,它主要研究对控制学习过程的信息进行设计和使用。包括:(1)研究在有目的的学习过程中可以使用的图像信息和非表征性信息的独特和相对的优缺点;(2)在教育环境中,利用人员和设备将信息结构化、系统化。这些任务包括对整个教学系统及其组成部分的计划、制作、选择、管理和应用。它的实际目标是:有效地使用每一种传播方法和媒体,以开发学习者的全部潜力。"(Audiovisual communications is that branch of educational theory and practice concerned with the design and use of messages which control the learning process. It undertakes: (a) the study of the unique and relative strengths and weaknesses of both pictorial and nonrepresentational messages which may be employed in the learning process for any reason; and (b) the structuring and systematizing of messages by men and instruments in an educational environment. These undertaking include planning, production, selection, management, and utilization of both components and entire instructional systems. Its practical goal is the efficient utilization of every method and medium of communication which can contribute to the development of the learners' full potential.)

　　这个定义与早期定位于媒体的定义不同,定义关注的是学习,而不是教学;

---

　　① 艾伦·贾纳斯泽乌斯基,迈克尔·莫伦达主编. 教育技术:定义与评析. 北京:北京大学出版社. 2010,219-235.

"messages"一词的使用表明强调的重点由媒体转向内容,"control"表明了教学的结果是可以高度预见的,定义强调了过程,注重理论与实践的结合。但还没有教育技术的整体观,侧重于视听传播技术,没有系统过程的整合方法,侧重于信息的设计和使用。

2. 1970 年定义

美国教育技术委员会(属于美国政府的一个专业咨询机构)在向总统和国会提交的报告中指出:

"教学技术可以按两种方式加以定义。在人们较为熟悉的定义中,教学技术是指产生于传播革命的媒体,这些媒体可以与教师、课本、黑板一起为教学目的服务。第二种定义不大为人们所熟悉,这种定义超出了任何特定的媒体或设备。它指出教学技术是一种根据具体目标来设计、实施和评价整个教学过程的系统方法。它以对人的学习与传播的研究为基础,综合运用人力与非人力资源,以达到更有效的教学的目的。"(Instructional technology can be defined in two ways. In its more familiar sense, it means the media born of the communications revolution which can be used for instructional purpose alongside the teacher, textbook, and blackboard. The second and less familiar definition of instructional technology goes beyond and particular medium of device. In this sense, instructional technology is a systematic way of designing, carrying out , and evaluating the total process of learning and teaching in terms of specific objectives based on research in human learning and communication, and employing a combination of human and non-human resources to bring about more effective instruction.)

该定义正式将系统方法纳入教学技术之中,教学过程的系统设计受到重视,强调教学技术要有明确的目标,表明了教学技术的价值取向。但受媒体观和行为主义的影响明显,对理论与实践领域的表述不明确。

3. 1972 年定义

"教育技术是这样一个领域,它通过对所有学习资源的系统鉴别、开发、组织和利用,以及通过对这些过程的管理,来促进人类的学习。"(Educaitonal technology is a field involved in the facilitation of human learning through systematic identification, development, organization and utilization of a full-range of learning resources and through the management of these processes.)

这一定义首次使用了术语"教育技术",使用了"学习资源"的术语,第一次将"管理"引进定义,反映了对教育技术管理的重视,"人类的学习"的关注,扩大了教育技术领域的范围,认为教育技术是开发和使用教学资源的系统过程。但过于强调学习资源,而且只是侧重于实践领域,对教育技术的理论领域没有给予应有的关注。

在 1970 年到 1972 年定义之间,还有 1970 年西尔伯(Silbor)的定义:"教学技术是用系统的方式对教学系统组成部分(包括信息、人员、材料、设备、技术和环境)的开发(包括研究、设计、制作、支持-供给和利用)以及对开发的管理(包括组织和人员)。其目的是解决教育的问题。"

这一定义赋予开发以更广泛的含义,指明了教育技术专家的职责,领域的组成因素有了扩展,强调面向实践,第一次提到"问题"这一核心的概念。

1971 年,麦肯齐(Mac Kenzie)和厄劳特(Eraut)提出的定义为:"教育技术是对达到教育目标的手段的系统研究。"

这一定义是对领域的一个基于过程的描述,提出了"研究"的术语,表明教育技术是一个学术领域或一门学科。

4. 1977 年定义

"教育技术是一个复杂的、整合的过程,这个过程涉及人员、程序、思想、设备和组织,其目的在于遍及人类学习所有方面的问题,和设计、实施、评价与管理对那些问题的解决方法。"(Educational technology is a complex, integrated process involving people, procedures, ideas, devices, and organization, for analyzing problems and devising, implementing, evaluating, and managing solutions to those problems involved in all aspects of human learning.)

这一定义中第一次提出"分析问题",说明学习资源和人力、资料、设备处于同等地位,充分认识到研究领域的复杂性,强调系统方法在过程整合、因素分析、问题解决中的应用,突出了学习者的主体地位。但分析遍及学习的所有方面,范围太大,仍侧重于实际应用,对教育技术的理论领域关注不够。

5. 1994 年定义

"教学技术是为了促进学习,对有关的过程和资源进行设计、开发、利用、管理和评价的理论与实践。"(Instructional technology is the theory and practice of design, development, utilization, management and evaluation of processes and resources for learning.)

这一定义强调了教育技术是"理论与实践"的学科,标志着该领域正在走向成熟。对于"手段"扩大为过程与资源,把"系统化"具体为五大范畴,反映了教育技术正演变成为一个学科领域和一种行业,强调了"学习"。但对教育技术的本质认识还不够深入,"理论与实践"的表述过于宽泛,研究对象的内容包罗太多。

6. 2004 年定义

"教育技术是通过创造、使用和管理合适的技术过程和资源以促进学习和改进绩效的研究和符合道德规范的实践。"(Educational technology is the study and ethical practice of facilitating learning and improving performance by creating, using,and managing appropriate technological processes and resources. ①)

2004 年定义,更加清楚地划出了与其他领域的界线,确定了教育技术专业的地位。2004 年定义明确区分了教育技术与教学论、学习论、课程论、绩效技术等学科领域的差别,对教育技术专业的发展具有重要的指导作用。

2004 年定义提供了一个能普遍接受的概念,为专业认证提供了相关信息。2004 年定义概括了教育技术的本质,阐明了教育技术对社会所作的贡献和价值所在,而且是合乎职业规范的、合乎伦理的研究与实践领域,提高了教育技术的公众接受和认可度。

1.2.2 教育技术的研究对象

与 1994 定义相比较,从 2004 定义可以看到教育技术的研究对象有了明显的变化。对 1994 定义中的教育技术研究的领域与范畴已有专著和大量论文阐述,因此这里主要介绍 2004 定义中对教育技术研究对象的表述。②

从定义看,教育技术研究的内容为:教育技术的研究与实践,职业道德规范研究,促进学习的研究,绩效技术研究,技术过程和资源的创设、使用、管理等。

1. 定义的概念名称是"教育技术",而不是"教学技术"

2. 教育技术有两大领域:"研究"与"实践",并且强调"符合道德规范"

教育技术作为一个学科专业,需要不断地"研究和反思性实践"建构其理论体系。教育技术研究包括定量研究、定性研究以及其他学科的研究方法。自 20 世纪 80 年代以来,各种新的方法层出不穷(如设计实验法、定量与定性相结合的研究法、质的研究法等),为教育技术研究带来了新的活力,使教育技术研究与教学越来越紧密地结合起来。目前教育技术研究的范式已经从"媒体功效比较研究"(证明哪一种学习工具与技术更有效)转变成"设计实验研究"(真实环境中系统地创设"技术性的"教学系统来支持教与学),关注的焦点已经从在有控制的条件下对单个变量的研究转向了对整个复杂的教学、学习环境的设计和研究。

美国 AECT 职业道德规范委员会在 2001 年修订了教育技术领域的《AECT 职业道德规范》。它提出了一些行为规范和行动准则,目的在于使教育技术领域维持较高的行业行为水准,帮助教育技术专业人员或整个行业反思其行为是否合适、是否符合伦理与职业道德标准;反思技术的应用是否符合标准(如技术使用的公平性);反思教育技术的应用是否对社会有价值和约束条件,更是教育技术实践成功的基础,也是教育技术事业成功的有力保证。

---

① A. Januszewski,M. Molenda. Educational Technology:A Definition with commentary. New York:Taylor & Francis Group. 2008.

② 艾伦. 贾纳斯泽乌斯基,迈克尔·莫伦达主编. 教育技术:定义与评析. 北京:北京大学出版社. 2010,13~216.

3. 教育技术有双重目标:"促进学习"和"改进绩效"

教育技术从"为了学习"发展到"促进学习",并进一步扩展到"改进绩效"。

早期的教育技术定义大都暗示了教育技术与有效教学的因果关系——"好的设计、好的传输与好的教学效果是高度相关的",体现了技术对教学过程的控制,如程序教学、操练型 CAI 就是这样。随着革命性的教学理论的引入(如建构主义,情境认知理论等),我们越来越关注学习者的主体地位与责任感的发挥,技术的作用也由控制教学过程向支持教学过程、便利学习者学习的范式转变——使他们更容易地学、更好地学——这是 2004 定义使用"促进"一词的根本原因。

现在,学习的内涵已经发生了显著变化——学习正向深层次学习转变,它更关注情境下的问题解决。在这种背景下,技术的关键作用不再着重于信息的展示和"操作与训练"环境的创设(侧重于对教学的控制),而在于创设问题空间,提供认知工具,让学习者在这种环境中自由探究(侧重于支持学习,进而使学习更容易发生)。这种教学系统的具体设计步骤主要包括:教学环境的创设、资源的合理组织、提供认知工具等。当然,"促进学习"的前提需要发挥教师的主导地位,我们需要将传统教育技术与现代教育技术有机地结合起来。

与 40 年前第一个教育技术定义发布时相比较,现代学习观已经发生了巨大的变化。通常意义上学习任务可以分为不同的层级水平,最简单的是知识的识记和理解,这就是我们传统意义上的学习。今天的学习,指的是比识记与理解更高层次的学习——知识或技能的综合运用,它要求学生学会认知、学会在问题解决中与人合作,这种学习才是真实有效的学习。新的学习观——深层次的学习必然要求全新的教学方法和评价方法,因此教育技术也应与时俱进,关注什么样的"合适的技术、合适的资源"对于这种学习更有促进和支持作用。

教育技术要获得公众更为广泛的支持,就要有可信赖的案例来证明它存在的社会价值。教育技术的价值就在于能更有效地提高学习绩效,这是教育技术对社会的一种特殊贡献。教育技术能产出更有效的学习——它可以导致可预测的产品,这种产品又导致可预测的有效学习——这正是整个教育技术行业的"立业之本"。

有效意味着效率,意味着更少的时间、更少的人力和物力。有效不仅指效率和代价,还指是否能达到目的。传统的教学将"有效学习"定义为学生必须达到事先规定的、可以测验的学习目标。衡量有效学习的标准在于:学习者是否有深层次理解和体验,能否将知识与技术迁移到真实的情境中去解决问题;教学是否具有吸引力;学习者是否能够自定学习目标和学习途径。有效的学习或学习绩效的"提高"也越来越受到人们重视。学习者如何以更小的代价学得更多更好,这是教育技术始终不渝追求的目标。

学习绩效是指学习者能够运用新获得的"知识与技能"的能力。现在的"学习绩效"概念不仅仅指基本知识、技能的习得,而且还包括灵活运用它们的能力。这是现代学习理论和现代知识观的基本理念,这些基本理念强调知识的建构性、情境性和社会性,学习是对知识的获得,显然不再仅仅是获得传统意义上的知识(基本知识、技能),而是获得在何种情境之中,何种条件之下,怎样更有效地运用知识的能力。这就要求现代教学必须为学习者自主地、合作地、交流地学习创设环境、提供工具,让他们在运用知识解决问题的过程中实现意义建构。

4. 教育技术有三大范畴:"创造"、"使用"和"管理"

这是对 1994 定义中五大范畴的一种整合。

创造、使用和管理三个动词来表征教育技术的三大范畴,它们既可以被看作由不同的人从事的各自独立的活动,又可以被看成教学系统开发过程中的不同阶段,并且每一个阶段都是一个形成性评价加反馈的过程,"决策-行动"随时伴随着实践活动的展开。

创造的结果将直接促使学习环境的产生。创造包括一系列有目的的活动,用来设计、开发有效学习必需的材料、扩展资源和支持条件。创造学习环境最重要的方法是系统方法,包括分析教学问题、设计和开发解决方案、实施解决方案。形成性评价自始至终伴随着创设过程,同时在方案实施的末期,还要进行总结性评价。在创造活动进行的每一个阶段,将会提出不同的评价问题。比如:

在前期分析阶段:这是一个学习绩效问题吗(是否有教学的需求)?

在学习者分析阶段:学习者特征有哪些?

在任务分析阶段:学习者必须掌握哪些知识和技能?

在设计阶段:学习目标是什么? 内容是否符合目标? 教学资料是否符合信息设计的原则?

在开发阶段:这个原型是否合理、有效?

在实施阶段:方案是否被合理地使用? 是否解决了学习绩效问题?

使用是指将学习者带入真实的学习环境之中,让学习者接触学习的条件和资源。它是以实际行动为中心,以解决实际问题为导向的活动。使用始于合适的技术与资源的选择(不管这种选择是学习者作出的,还是教师作出的)。明智的选择要基于对材料的评价,决定可利用的资源或工具是否适合于用户(如果学习者不太熟悉这种资源或工具的使用方法,那么就需要慎重考虑),是否适合于它的使用目的,然后,学习者就可以在学习环境中利用这些资源来学习。

管理是很早就存在的一种教育技术实践活动,这一点在早期的教育技术书籍中都有记载。管理的内涵随着教育技术的发展而逐步升华,当媒体产品的制作过程和教学系统的开发过程变得规模化或异常复杂的时候,我们必须掌握最新的管理方法:如用项目管理技术来管理这个进程,随着基于信息与通信技术的远程教育的出现,教育技术工作者又不得不去掌握这个传输系统的管理;随着知识管理的盛行,如何组织个人和团体进行知识管理的方法也将会纳入到教育技术管理的实践范畴。此外,教育技术管理还需要采用人事管理的方法,组织员工高效地、合作地、产出式地工作。总之,教育技术研究与实践的各个阶段都要求运用管理技能来控制整个流程,使之更有效、更高效、更合理。

5. 教育技术有两大对象:"过程"和"资源"

过程可以定义为一系列有明确目的的活动。教育技术专业人员主要从事的过程是创设、使用、管理学习资源的过程和教学系统开发的过程。从 20 世纪 60 年代以来,教育技术所关注的一个中心问题就是将系统方法应用于学习资源制作和教学系统开发之中,系统方法是教育技术过程的一个主要特征。

近年来,受后现代主义与建构主义的影响,教学过程所关注的焦点已经从"教师如何做"转变成了"学生如何做"。建构主义认为学习是通过学习者组织个体的经验来建构意义,所以教学的过程更应是支持学习者自主学习的过程。然而,我们并不能为了学生的"自主探究"而完全放弃教师的"计划和控制"。通常意义上的资源可以是人、工具和学习资料(主要是这种形式),一旦资源引入到课程,它才具有教学意义,也即课程资源(教学资源或学习资源)。近年来,大量的资源随着新技术的出现得到了更为广泛的开发,如信息技术系统、网络教学平台、各种数字媒体、WebQuests 和电子绩效系统等等。

在 2004 定义中,"合适的"是用来同时修饰"过程"和"资源"的,意指"技术性的过程和资源"的设计,使用和管理必须符合它们的目的、适应当时的约束条件和情境、适合特定年龄的用户、要用最简约、最有利的工具和方案去解决学习问题。

6. 教育技术的主要特征在于"技术"

"技术"一词在定义中同时修饰"过程"和"资源",一针见血地指明了"非技术"过程和"非技术"资源并不是教育技术的研究和实践范畴,如果没有"技术"一词来限定,那么任何形式的活动都可以归入教育技术的实践领域,这样势必引起教育科学内众多二级学科相互"抢地盘"。在日常教学中存在着大量"非技术"过程,比如教师决策的过程——大部分只是主观的、没有经过检验的方法,显然是与教育技术"技术"过程有很大区别的。教育技术所提供的过程是基于有价值的目标的研究过程、反思性的实践过程。另外,"技术资源"主要指的是通常意义上的各种媒体(硬件与软件)。

1.3　现代教育技术与教育改革

我国《基础教育课程改革纲要(试行)》明确提出:"大力推进信息技术在教学过程中的普遍应用,促进信息技术与学科课程的整合,逐步实现教学内容的呈现方式、学生的学习方式、教师的教学方式和师生互动方式的变革,充分发挥信息技术的优势,为学生的学习和发展提供丰富多彩的教育环境和有力的学习工具。"现代教育技术是通向现代化教育之桥,现代教育技术的应用是教育改革的战略选择。

1.3.1 现代教育技术与教育现代化

教育的现代化应是一个能动的具有指向性的过程,是一个对传统教育进行创造性转化的过程,也是使教育适应整个社会现代化的历史进程而向未来整合,重建教育的传统的过程。这一指向过程的结果,即是现代化教育。

一、现代化教育的特征

一般认为,教育现代化是基于教育传统,积极吸收国外优秀教育成果,创造适应现代社会、经济、科技发展需要的,以培养创新型人才为目标的新型教育体系。它包括教育思想现代化、教育体制现代化、教育内容现代化、教育方法现代化、教育技术现代化、教育设施现代化和教育管理现代化等,是一项系统工程。现代化教育的基本特征可以概括为以下几方面。

1. 基础教育的普及化和高等教育的大众化

基础教育的普及化和高等教育的大众化使受教育者的广泛性和平等性得到进一步深化。基础教育实现普及化将提高全民族的素质;高等教育的大众化将使整个社会显现出高学历的特征,为建立学习化社会创造条件。

2. 教育的终身化

在教育观念上突破了学校教育的范围,提供终身教育。终身教育使教育的时间得到最大限度的延伸,使教育的空间得到最大程度的扩展。

3. 教育结构的多样化

教育的终身化带来了教育的多样化,要求充分调动全社会的各种力量,采取各种形式,利用各种渠道,建立全民学习的社会,以使办学体制和专业结构等方面都呈现出多元发展的趋势。

4. 教育内容的现代化

当代科学技术发展表现为既高度分化又高度综合,而以高度综合为主的整体化为主要趋势。这就要求实现教育内容和基础课程的现代化。与此同时,自然科学与人文科学的互相渗透和融合也是教育现代化发展的另一个重要趋势。

5. 教育技术的广泛应用,教学方法的不断更新

现代教育技术在教育领域内的广泛应用正使教育思想、教学组织形式和教学方法发生革命性的变革。

6. 教育的国际化

通讯和交通技术的发展大大降低了时间和空间距离的影响,教育与文化领域的国际交往越来越频繁,教育适应国际化社会的需要已关系到国家的生存和发展。

教育的国际化表现在人员交流、财力支援、信息交换(包括教育内容、教育观念)和教育机构的国际合作,跨国的教育活动和研究活动等方面。

　　7. 教育观念的现代化

　　教育观念的现代化表现在教育价值观、人才观、知识观、教学观、师生观各个方面。在对人才的要求上,培养学生的创新能力、主动地获取知识并掌握获取知识的能力等等。

　　二、现代教育技术与教育现代化的关系

　　现代教育技术在教育现代化的进程中占有关键性的、无可替代的地位。它对于教育现代化的功能和作用可从以下几方面来论述。

　　1. 现代教育技术的发展促进教育方式发生变革

　　从传播学的角度看,教育是凭借一定的媒体才能进行的活动。无论从语言、文字、印刷术直到视听媒体的出现,一方面促进了人类信息传播的质量和效益大大提高,同时也促使教学方式的不断变革。一定的教学方式是和一定的教育传播媒体相联系的。现代视听媒体的发展,使远距离教育成为现实,教育的范围将扩大到全社会。随着多媒体网络交互技术的普及,人类信息传播方式将产生空前的变革,教学资源得到最大限度的利用,教育的范围将是全球性的,自由、自主、高效的学习真正得到了实现。

　　2. 现代教育技术的发展推进教学方法和教学手段的改革

　　人类面临的已是信息化社会和知识经济时代。知识急剧增长、高速传播、迅速转化,与之相应,各级教育的教学内容和课程体系都在不同程度上得到了优化。而传统的教学方法与手段,以传授知识为主,强调课本、课堂、教师为中心,运用灌输式、一言堂的教学方法,使用黑板加粉笔的教学手段,已成为教学改革进一步深化的"瓶颈"因素,严重地制约与阻碍了教育改革的深入。现代教育技术的发展,各种现代教学媒体得到了更新并不断普及,既为教学方法和教学手段的改革提供了必要的条件和可能,又对这种改革提出了新的要求。

　　3. 现代教育技术的发展促成新型教学模式的构建

　　教学模式是指在一定的教育思想、教学理论、学习理论指导下的教学活动进程的稳定结构形式。教学模式的改革,除了理论的支持以外,还必须处理好构成教学系统的四个要素(教师、学生、教材、媒体)之间的相互联系、相互作用。现代教学媒体在提供外部刺激的多样性有利于知识的获取与保持、实现对教学信息最有效的组织与管理的自主学习,实现培养合作精神并促进高级认知能力发展的合作学习,实现培养创新精神和促进信息能力发展的探究学习等方面营造了最理想的教学情境。

4. 现代教育技术的发展促进创新教育的全面实施

培养和造就高素质的创新人才的基本途径是教育。创新教育是以培养人的创新精神和创新能力为基本价值取向的教育,其核心是在全面实施素质教育的过程中,为了迎接知识经济时代的挑战,着重研究和解决基础教育如何培养中小学生的创新意识、创新精神和创新能力的问题。而传统教育的最大弊端,即在于墨守成规,使作为认知主体的学生其主动性无从发挥。现代教育技术充分实现学生自由、自主地学习,能让学生充分去主动思考、主动探索、主动发现。

5. 现代教育技术的发展推动教育科学研究的开展

现代教育技术突破了空间和时间的限制,可以使学生充分地利用视觉和听觉去获取知识,综合利用多种媒体进行学习,提高教学效率;极大地丰富了教学内容,并可使学生在有限的时间里获取更多的知识,提高了教学效益;现代教育技术的多种功能,优化了教育、教学过程,可以达到形声并茂、色彩逼真,表现手法灵活多样,寓教于乐,寓教于美,对学生掌握知识、形成技能、发展能力、提高素质都具有显著的促进作用,提高了教育质量。因此,现代教育技术的发展,必然向教育科学的理论研究和实践探索提出全面的挑战,为教育研究提供了广阔的天地。

1.3.2 现代教育技术应用是教育改革的战略选择①

舍格尔德(K. Sheigold)指出:"教育整体改革的成功,不仅仅是依靠于学校课程、教学方式和教学组织过程的改革,也不仅仅是表现在是否在教学中运用了最先进的教育技术,关键的问题在于,教育者是否真正理解了改革所涉及的各种因素之间的相互联系,是否用全面、系统和综合的观点来看待这场教育上的巨大变革。"我国当前正在推行的基础教育课程改革,就是教育上的巨大变革,改革的成功,当然涉及各种因素的作用,但是现代教育技术的应用是其中不可或缺的关键部分。

1. 现代教育技术是教育改革的必要条件

现代教育技术的应用必然促进教育的改革。当计算机、网络应用越来越普遍,各种教学软件品质不断提高,便利快捷的操作平台不断提供,教师接受现代教育技术已成为不可逆转的趋势。教师和学生可以运用计算机和互联网便捷地获取教和学所需要的信息、资料,可以根据自己的需要和兴趣开阔眼界,拓宽知识面,可以自由自主地学习、探究、交流互动。这些既是信息化社会、知识经济社会所必需的基本技能,也是作为一个现代人生存和工作的必备素质。这时现代教育技术的应用成为一种自下而上的接纳而不是自上而下的要求,教育技术也就成为了现代教育改革的必要条件。

---

① 颜辉. 当代美国教育技术. 广州:中山大学出版社,2003. 184～201

2. 现代教育技术对教学产生多方面影响

现代教育技术对学习过程将产生多方面的影响：①主动学习的意向；②学习的动机；③学习所花费的时间；④学习的愉悦感；⑤教学资源的使用；⑥问题解决能力；⑦反馈；⑧与其他学生的合作交流；⑨独立性；⑩创造性和批判性的思维。[①] 现代教育技术可以突破时空的限制，创设全新的学习情境，提供多种沟通和对话互动的方式。在这样的学习背景下，交互式、合作式、探究式、自主式的学习方式可以充分地实施。在现代教育技术的条件下，教学内容可以无限延伸，可以自由地根据需要确定深度与广度；教学内容的呈现方式可以多样化、媒体化、动态化、形象化。在现代教育技术的情境中，教师和学生之间交互主体性的关系才可能真正得到实现。

3. 现代教育技术应用为丰富课程资源提供了保障

课程资源一般指可以进入课程活动，直接成为课程活动内容和支持课程活动进行的一切物质和非物质。课程资源是当前基础教育课程改革中提出的一个重要的概念，也是课程目标能够得到实现的有效保证。如果没有广泛的、丰富而又高质量的课程资源，再美好的课程改革理想也无法实现。现代教育技术的应用，彻底地改变了传统的课程资源的界域，极大地丰富了课程资源的内涵。同时，当今网络社会对课程资源将提供最有力的支持系统，包括物力与人力。作为课程资源重要因素的教学环境，多媒体网络和虚拟现实的出现，冲破了原来的作为物理存在形态的环境的局限。现代教育技术的应用，不但可以方便课程资源的利用，而且普通人很难得到的收藏、宝贵资料也可以随时随地的取用。个人达到了可以能动地有效地利用一切课程资源时，学习者在学习过程中的主体地位才得到了确立，教育的人文性和人本性才得到实现。

思考题：

1. 我国教育技术的理论与实践应如何发展？
2. 对 1963 年到 2004 年期间教育技术的 6 个定义作出比较。

[①]　Carole Bagley & Barbara Hunter. Restructuring, Constructism and Technology: Forging a New Relationship. Educational Technology. July 1992. 22～26

第 2 章　视 觉 媒 体

教学目标：

1. 说出视觉媒体的类型；
2. 解释幻灯机、投影器的工作原理，能够熟练使用投影器，排除投影器的常见故障；
3. 说出幻灯片的分类和制作过程，能熟练使用计算机制作电子幻灯片；
4. 说出投影片的种类和制作方法，并能用绘图法制作投影片；
5. 评价自己和其他同学设计的投影片和电子幻灯片。

人们总是通过自己的感觉器官来感知周围世界的存在。对于一个正常人来说，视觉感官从外界获取的信息是最多的。特瑞克勒（D. G. Treichler）曾指出，人类从外界获取的信息中，通过视觉获取的信息占 83.0%。因此，在教学中开发和利用好视觉教学媒体具有十分重要的意义。

载有教学信息的一切视觉材料都是视觉教学媒体，如模型、幻灯、投影等。视觉媒体的类型很多，在教学过程中根据使用方式不同把视觉媒体分为投影视觉媒体和非投影视觉媒体。这里着重介绍幻灯机、投影器、实物展示台等。

2.1　视觉媒体设备

2.1.1　幻灯机

据传幻灯是在中国民间艺术皮影戏基础上发展起来的。19 世纪末开始试用于教学。第二次世界大战之后，幻灯已经成为许多国家的重要教学辅助工具。目前，幻灯机的种类有自动幻灯机、声画同步幻灯机等。

不管哪一种幻灯机，它们的结构基本相同，都由光源、反光镜、聚光镜、放映镜头和灯箱等光学元件组成，幻灯机的光路图见图 2-1。其原理主要是把幻灯片上的图像投射到银幕上，以得到放大的图像。

1. 幻灯机的构成

（1）光源　光源为灯泡，它发出的光使幻灯片上的图像通过透镜映示在银幕上，灯泡的亮度直接影响到银幕上图像的亮度。目前多数采用金属卤素灯（溴钨灯）作为光源，其特点是光效高，放映效果好，一般采用 24 伏 150 瓦（或 250 瓦）的灯泡作光源。

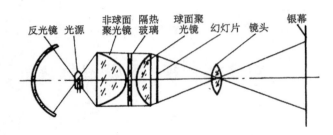

图 2-1　幻灯机光路图

（2）反光镜　其作用是把光源向后发射的光线反射回来，以提高光源的光效。反光镜通常是一块凹面镜，由金属材料抛光制成，也有采用玻璃镀膜而成的。

（3）聚光镜　其作用是把光源发出的光线进一步会聚，并均匀地照射在幻灯片上。

（4）放映镜头　是由多块透镜组成的镜头组，但成像原理类似于一个凸透镜，就是使幻灯片上的图像在银幕上成放大、倒立的实像。因此，放置幻灯片时，必须倒立放置，同时左右不能颠倒。

（5）灯箱　一般由塑料或金属制成，箱壁有通风散热窗口，内部带有变压器和风扇，同时把其他组件纳入一个系统中。

2. 幻灯机的分类

根据不同的分类方式可以把幻灯机分成多种类型。

图 2-2　幻灯机

（1）按输片方式可以将幻灯机分成直轨推挽式幻灯机（见图 2-2），圆盘起落式幻灯机，直轨圆盘两用式幻灯机等。

（2）按功能可将幻灯机分成手动式幻灯机，（自动换片、自动聚焦）遥控式幻灯机，声画同步式幻灯机，声控自动换片式幻灯机等。

3. 幻灯机的使用

幻灯机是教学中经常使用的仪器，使用时应注意以下事项。

（1）使用前认真阅读产品说明书，了解该机的性能与特点。

（2）幻灯机要放置在距银幕恰当的位置，以画面充满银幕为准，同时又要便于操作，高度的选择以避免前方学生头部、讲台等障碍物的遮挡为准。

（3）幻灯片放入片盒时，要注意放置的位置（左右上下倒置），并按教学内容要求事先排好顺序。

（4）开机前要检查电源线及插头是否完好，电源是否符合要求。

（5）开机后要检查风扇是否运转，若是两个开关，则先打开风扇开关，再开灯泡开关。而关机时顺序要相反,先关闭灯泡开关,等灯泡冷却后,再关闭风扇电源。如果风扇不能正常工作,则严禁使用该幻灯机,否则容易损坏设备,甚至引发火灾。

(6)放映时用手调节放映镜头上的调焦环调节焦距,使图像在银幕上清晰显示。放映过程中,可以根据片夹厚度的变化微调焦距,以保证成像的清晰度。

(7)在使用过程中出现异常情况或声响时,一定要停机检查,排除故障。如需再次开机,则要等灯泡冷却之后再重新开机,以延长灯泡的使用寿命。

4. 幻灯机的维护与保养

幻灯机使用完毕后,要及时盖上镜头盖。若发现镜头和光学部分有灰尘,要用擦镜纸轻擦或用吹气球清除;若有手指印或霉斑,则用脱脂棉或麂皮蘸取无水酒精进行清洗。灯泡和反光镜要经常保持干净明亮,灯泡坏了要及时更换。在换灯泡时,不能以手指直接捏住灯泡,在操作时要用柔软的纸张包着,以免灯泡被粘上手指的油脂。机器的运转部位和齿轮要定期加注润滑油,以保证设备的正常运转,延长机器的使用寿命。设备不用时要存放在干燥通风处,若长期不使用,要定期通电以免机器受潮。若发现设备有较大故障时,必须及时切断电源,然后请专业人员检修。

2.1.2 投影器

投影器(见图 2-3)是一种镜头在上方的专用光学放大器,主要是用来投影大型透明片(一般为 250mm×250mm)的,是各类学校中使用最广泛的教学仪器之一。下面以最常见的台式投影器为例,说明它的基本构造和原理。

一、投影器的基本构造和原理

如图 2-4 所示,投影器的光路采用星月透镜作为第一聚光镜,这一装置的特点是星月透镜的凹面朝向光源,可以更加靠近光源使包容角度增大,提高光源的光效,并有隔热的作用,使螺纹透镜的温度不会太高,同时使整个聚光系统的焦距缩短,减小了投影器的高度、体积和整机的重量。

图 2-3 投影器

投影器的第二聚光镜,现多采用螺纹透镜(又称菲涅尔透镜),它由透明的聚丙烯塑料制成,具有孔径大、厚度薄、重量轻、光效高、照明均匀等特点。

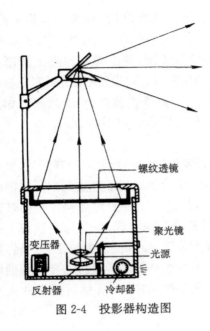

图 2-4　投影器构造图

二、投影器的使用

(1)使用之前要检查电源是否符合要求,电源插头是否已正常连接,并打开反光镜。

(2)选择好放映距离和高度,使银幕上图像的大小合适。

(3)调节调焦旋钮,直到银幕上的图像清晰为止。

(4)若发现风扇停止转动或机器散发出异味,应马上停止使用,关机检查,如自己无法解决,则请专业人员检修。

(5)由于溴钨灯在点燃状态下很脆,因此在点燃状态下尽量不要搬动,平时在搬运过程中也要轻拿轻放。

2.1.3　幻灯机、投影器常见故障及排除(见表 2-1)

表 2-1　幻灯机、投影器常见故障及排除

序号	故障现象	产生原因	排除方法
1	灯泡不亮	灯泡钨丝烧断 电源开关接触不良 输入变压线圈烧断 电源保险丝烧断	换用同种规格的灯泡 修复或调换开关 调换新的变压线圈 先检查线路是否短路,然后换用新的保险丝
2	图像暗淡	灯泡功率小,光通量不足 没有用反光镜 灯泡离聚光镜太远,产生光线漫射	换用大功率的灯泡 加反光镜(反光镜的位置要调整,使银幕上图像达到最佳) 将灯泡移近聚光镜,或者更换聚光镜,增加聚光度

续表

序号	故障现象	产生原因	排除方法
3	图像模糊	物镜位置没有调整好 灯泡离聚光镜太近,光线不能聚集 物镜放大倍数过大,或物镜位置与聚光镜位置不配	调节物镜的高低 把灯泡移远一点 换用放大倍数较小的物镜,调节物镜和聚光镜的相对位置,使图像达到最清晰
4	图像缺损	投影片没有全部照亮,原因是聚光镜与反光镜的位置不正 物镜偏离主光轴,部分光线没有通过物镜 投影偏离主轴,光线未全部射向银幕	调整聚光镜、反光镜和灯泡的安装位置,使其处在同一光路上 调整物镜的位置,使光线通过物镜的中心 降低投影反射镜的高度,再取最佳位置固定
5	图像畸变	常见的畸变是矩形图像变为上大下小的倒梯形或直线弯曲。原因可能是为了使投影的图像尽量高,致使反射镜过于倾斜,造成放大倍数不同而形成畸变	调节投影反射镜使图像下移,图像中心与投影反射中心在同一高度,这时影像上下就对称了 如果像必须成在高处,可把银幕向前倾一个角度,使投影镜头的主光轴和银幕保持垂直 幻灯机尽量远离银幕
6	部分图像模糊不清	不对称的部分模糊,一般由投影反射镜的质量较差引起 左右或上下不能同时调节清楚,一般由两个原因引起: 物镜偏斜,光束没有通过物镜中心;聚光部分不对称或灯泡灯丝位置不正	调换质量较高的投影反射镜 按下列方法调节: 调整物镜位置;调整聚光镜或沿某一轴线转动物镜,如把物镜的左半部抬高、右半部压低来调整图像,使银幕中的图像保持整体亮度相同

2.1.4 视频实物展示台

一、视频实物展示台的原理与构造

视频实物展示台(见图 2-5)实际上是一个图像采集设备,其作用是将摄像头

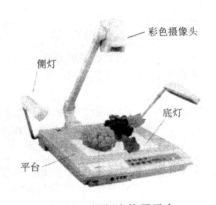

彩色摄像头

侧灯

底灯

平台

图 2-5   视频实物展示台

拍下来的景物,通过与投影机、电视机等输出设备连接,将资料、实物、幻灯片等显示出来,使用极为方便。现在,视频实物展示台有逐渐取代传统幻灯机和投影器的趋势,它不但能将胶片上的内容投影到屏幕上,更主要的是可以直接将各种实物,甚至可活动的图像(如演示实验)投影到屏幕上,非常适合于对细节部位的展示和讲解。目前,视频实物展示台已经广泛应用于教学领域,是配备多媒体教室不可缺少的设备,大大增强了教学演示效果。

视频实物展示台的核心部件是 CCD(电荷耦合器件)视频摄像头,用于摄取平台上的图像并以视频的形式输出到显示设备。该设备的性能决定了展示台的成像质量。有一些视频实物展台采用 3CCD 技术(采用 3 片 CCD 分别感应 R、G、B 三原色,提高分辨率和色彩表现)以达到更高的清晰度。另外,视频实物展示台的变焦镜头能将图片、实物的大小调整到合适的程度。

二、视频实物展示台的种类

目前市场上的视频实物展示台品牌、型号各异,但大体上可以分成如下几种类型:

双侧灯式视频实物展示台(见图 2-6A):双侧灯用于调节视频实物展示台所需的光强度,便于最佳展示被演示的物品。

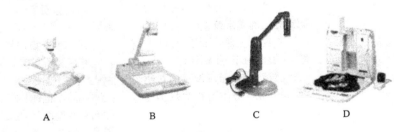

A   B   C   D

图 2-6   视频实物展示台

单侧灯式视频实物展示台(见图 2-6B):单侧灯用于调节实物展示台所需的光强度,不同展示台单侧灯的位置各不相同,但不影响效果。

底板分离式视频实物展示台(见图 2-6C):这类视频实物展示台采用底板分离技术,使视频实物展示台的便携性增强,小范围内移动十分方便。

便携式视频实物展示台(见图 2-6D):这类视频实物展示台其外形设计便于携带。

其中,双侧灯式视频实物展示台和单侧灯式视频实物展示台是较常见的展示台。此外,有些视频实物展示台还有其他独特的技术:

(1)接显微镜 在展示台的支臂顶端,通过接口镜头,可接包括生物解剖等在内的绝大多数通用显微镜,代替传统的显微镜操作,使显微镜投影功能在展示台上实现。

(2)全方位自由角度摄像头 真正实现全方位自由摄像,加上可弯曲和自由旋转的支臂,可以更加轻松地拍摄大型物体、人物等演示物体。

(3)数码影像处理技术 有些视频实物展示台中有内置的数码影像处理板,可冻结、存储图像和再现两帧图像,实现多种数码图像处理效果,并可与当前拍摄的图像同屏对比显示,能够实现数码相机的功能。

2.1.5 数码相机

传统的照相机采用胶卷作为成像材料,经拍摄之后,要经过对胶卷进行显影、定影才能在底片上显示出图像,再用底片放大出需要的照片。这是早期获取平面图像的主要方法。

数码相机(见图 2-7)是近些年来迅速走红的产品,与传统相机相比,它有着不可替代的优势:①用传统相机拍摄的图像要进行数字化处理,须经过拍照、冲洗、扫描三个步骤,而用数码相机摄影则无需胶卷,无需暗室,无需扫描仪,拍摄

图 2-7 数码相机

的图像可直接输入到计算机中,用户可在计算机中对图像进行编辑、处理,在电脑或电视中显示,通过打印机输出或通过电子邮件传送,大大提高了工作效率;②用传统相机拍照无法立即看到结果,有时拍了一整卷也没有一张满意的,而数码相机则实现了"所见即所得"——实时地看到被拍摄下来的图像,如不满意可立即删去,并且腾出了可再利用的存储空间;③数码相机的存储器可以重复使用,不像传统相机那样需不断购买胶卷,非常经济;④大部分数码相机具有视频输出功能,可作为一种图像演示设备;⑤用数码相机拍出的照片都以文件形式存在,可无限次复制,永久保存,没有衰减和失真,不存在普通底片和照片的霉变和影像衰退等情况;⑥在颜色方面,数码相机的图像传感器比传统的胶卷有一定优势:多数数码相机可以用 24 位数据采集颜色。24 位的彩色就意味着可以表现一千六百万种以上的颜色,一般认为这是人眼可以分辨的最多的颜色数。而且数码相机在采集颜色时,红、绿、蓝三色是分别取样的,相互之间没有色串扰,不像胶卷,各个感光层之间会相互影响,导致胶片图像的偏色现象。

2.1.6　扫描仪

一、扫描仪的基本工作原理

扫描仪(见图 2-8)通过传动装置驱动扫描组件,将各类文档、相片、幻灯片、底

片等稿件以光学图像的形式送到光电转换器中变为模拟电信号,而最终又将模拟电信号转换成计算机能识别的数字信号,再由相应的扫描软件读出这些数据,并重新组成图像文件,供计算机存储、显示。

扫描时,照射到原稿上的光线经反射后穿过一个很窄的缝隙,形成横向的光带,又经过一组反光镜,由光学透镜聚集并进入分光镜,经过棱镜和红绿蓝三色滤色镜得到的

图 2-8　扫描仪

RGB 三条彩色光带分别照到各自的 CCD 上,CCD 将 RGB 光带转变为数字电子信号。反映原稿图像的光信号转变为计算机能够接受的二进制数字电子信号,最后通过数据线送至计算机。扫描仪每扫一行就得到原稿横向一行的图像信息,随着光线沿纵向的移动,在计算机内部逐步形成原稿的全图。

二、扫描仪结构

扫描仪可分为滚筒式扫描仪、平板式扫描仪和便携式扫描仪,其中平板式扫描仪是目前的主流机型,得到了广泛的应用。

所有的平板式扫描仪都包括三大部分:扫描头——光学成像部分;步进电机和导轨——传动部分;主板——控制和 A/D 转换处理电路部分。扫描仪是光机电一体化的产品,各个部分相互配合,将反映图像特征的光信号转换为计算机可接受的电信号。

(1)扫描头

扫描头是扫描仪中实现光学成像的重要部分,它包括以下主要部件:光源、反光镜、镜头以及扫描仪的核心——CCD。

多数扫描仪的光源都采用冷阴极辉光放电技术。它具有发光均匀而稳定、结构强度高、使用寿命长、耗电量小、体积小等优点。

扫描仪的光路是由几个反光镜反射构成的,CCD 是一个感光器件,它的作用是将照射在其上的光信号转换为相对应的电信号。CCD 是排成一横行的,其中的每一个单元与每一行的像素相对应。每英寸的点数是扫描仪记录影像清晰度的单位,此数值越大,扫描仪的清晰度就越高,得到的影像文件尺寸也会越大。

　　镜头是把所扫描得到的信息传送到 CCD 去处理的最后一关,因此它的好坏也决定着扫描仪的扫描精度。有些扫描仪采用双镜头扫描技术。所谓双镜头技术,是指使用一个 CCD,在扫描头中安装两套不同焦距的镜头组,其作用是利用高质量的透镜把固定范围内的扫描精度提高。

　　(2)步进电机和导轨

　　机械部分由步进电机、齿轮、导轨和皮带构成。机械部分的运动完全受主板的控制。

　　(3)主板

　　扫描仪的主板以一块集成芯片为主,相当于计算机里的 CPU,其作用是对周边元件实行电源控制(如步进电机在扫描时,相对于扫描物的运动等)。在主板上还集成着 BIOS 芯片、扫描仪 I/O 控制芯片和 Cache 等芯片。BIOS 芯片的主要功能是对扫描仪在启动时进行自检,同时还记录了扫描仪的版本信息。I/O 控制芯片提供了连接界面和连接通道。Cache 则是用来暂存图像数据的,如果把图像数据直接传输到计算机里,那么就会发生数据丢失和影像失真等情况,Cache 越大,数据丢失和影像失真就越小。

　　三、扫描仪性能

　　扫描仪的主要性能指标有纵横方向的分辨率、色彩分辨率(色彩位数)、扫描幅面和接口方式等。各类扫描仪都标明了它的光学分辨率和最大分辨率。分辨率的单位是 dpi,意思是每英寸的像素点数。

　　光学分辨率是指扫描仪的光学系统可以采集的实际信息量,也就是扫描仪的感光元件——CCD 的实际分辨率。光学分辨率在某种意义上决定了一台扫描仪的品级。

　　最大分辨率又叫做内插分辨率,它是在相邻像素之间求出颜色或者灰度的平均值,从而增加像素数的办法。通过内插算法可以增加像素数,但不能增加真正的图像细节。因此,光学分辨率才是真正值得我们注意的。

　　色彩分辨率又叫色彩深度、色彩模式、色彩位或色阶,是表示扫描仪分辨色彩或灰度细腻程度的指标,单位是 bit(位)。色彩位确切的含义是用多少个位来表示扫描得到的一个像素。

　　接口方式,是指扫描仪与计算机之间采用的接口类型。常用的有并行打印机接口、USB 接口、SCSI 接口和火线接口。SCSI 接口的传输速度快,而采用 USB 接口或火线接口则更简便。

　　扫描分辨率越高得到的图像越清晰,但是考虑到如果超过输出设备的分辨率,再清晰的图像也不可能打印出来,仅仅是多占用了磁盘空间,没有实际的价值,因此选择适当的扫描分辨率是很有必要的。

2.2　幻灯片、投影片的制作

2.2.1　幻灯片的设计与制作

幻灯片的规格有：单片，外框采用 50mm×50mm，画幅尺寸为 24mm×36mm；有些采用单、双片幅卷片，则画幅尺寸为 18mm×24mm 或 24mm×36mm。

随着摄影技术的发展，先后出现了黑白和彩色胶片幻灯片，同时，数码技术的进步又使幻灯片制作可以与打印机等设备结合。下面介绍几种幻灯片制作的常用方法。

一、感光胶片的分类

（1）正片　　正片是用来印制照片、幻灯片和电影拷贝的感光胶片的总称。它能把底片上的负像印制为正像，使影像的明暗或色彩与被摄体相同。

（2）负片　　"负片"是经曝光和显影加工后得到的影像，其明暗与被摄体相反，其色彩则为被摄体的补色，它需经印放在照片上才能还原为正像。平时用普通相机拍照冲洗出的底片就是负片。

（3）反转片　　反转片是在拍摄后经反转冲洗可直接获得正像的一种感光胶片。反转片显影第一阶段成的是负像，然后才是彩色染料形成的正像。黑白反转片可直接获得影像阴暗与被摄体一致的透明片；彩色反转片可直接获得色彩与被摄体相同的透明片，其色彩真实鲜艳，但宽容度较小。

黑白胶片与彩色胶片无论是负片、正片或反转片，都有黑白胶片和彩色胶片之分。但现在在实物展示台上放映幻灯片时，则可借助电子技术的"反色"功能，使用负片同样能获得正常色彩的图像。

二、摄影法制作黑白幻灯片

摄影法制作黑白幻灯片有两种方法，一种是在拍摄后冲洗得到底片的基础上，再将正片对底片曝光，然后冲洗得到正像幻灯片，即拷贝法制片；另一种是拍摄后直接冲洗得到正像幻灯片，即用反转冲洗法制片。不管采用哪种方法，拍摄的基本方法及基本要求都是相同的。

1. 幻灯片的拷贝

拍摄后的胶卷经过显影、定影等冲洗工序，可得到负像底片，然后与黑白正片夹在一起曝光，将曝光后的正片也经过显影、定影等工序的冲洗，得到正像幻灯片，这个过程称为幻灯片拷贝。如需大量印制幻灯片则可以在专用的拷贝机上进行。

2. 用黑白胶片反转冲洗法制作幻灯片

拷贝法制作幻灯片都必须先将拍摄后的胶卷冲洗成底片，然后印制曝光，再冲洗拷贝曝光后的正片才能得到正像幻灯片。其优点是可进行大量复制,一张底片可复制出多张幻灯片。但如果对所拍摄的景物或翻拍的图表只需要一张幻灯片,那么拷贝法就显得既浪费时间又浪费材料,若对拍摄后的胶卷进行反转冲洗,就可直接得到正像幻灯片。

反转冲洗制作幻灯片,是将已拍摄曝光的胶卷经首次显影—漂白—水洗—二次曝光—二次显影—水洗—定影—水洗—晾干等工序冲洗直接得到正像幻灯片。

用反转冲洗法直接制作幻灯片时,拍摄应选用黑白正片,因为黑白正片具有颗粒细、片基透明、解像力高等优点,适宜制作幻灯片。反转冲洗的拍摄曝光也必须非常准确,误差应控制在 1/4 挡。

三、摄影法制作彩色幻灯片

彩色幻灯片的制作方法与黑白幻灯片一样,有正负拷贝法和反转冲洗法两种,其基本工艺也差不多,只是各项操作要求更为严格。

(1)曝光要准确 彩色负片与彩色反转片的宽容度比黑白片小,对曝光的准确性要求高。曝光不准确会影响图像的密度和色彩的平衡。

(2)光源色温要与胶卷要求一致 不同的光源照射同一物体,显现的颜色会有所不同,为了正确再现物体颜色,要求光源色温必须与胶卷相一致。拍摄时应避免使用混合光。

(3)注意色彩和构图 拍摄时要求画面既要有对比,又要求和谐。使之既能引起观看者的注意,又不易产生视觉疲劳,使人有赏心悦目之感。

由于彩色片的冲洗对工艺、温度要求非常高,而拷贝时需要校色,一般的实验室操作比较困难。所以通常用彩色反转片拍摄,然后送专业冲洗店冲洗。

四、幻灯片装帧

幻灯片制作好后,必须用幻灯片夹进行装帧。将幻灯片装进片夹,既可保护幻灯片,又可以保证幻灯片不变形,放映时清晰度高,不易变形,而且只有将幻灯片装进片夹,才能在幻灯机中放映。

幻灯片夹有多种,常用的是纸质片夹和塑料片夹。纸质片夹价格低,装帧方便,但容易变形和卡片,不耐用。塑料片夹强度高、不易变形,比较耐用,但价格较高、质地较脆。

片夹有两种结构形式,即压叠式和插入式。往片夹中插片时,应保持幻灯片平整,防止折叠和变形。

幻灯片应放在片夹的中央部位,片夹四周不能留有空隙,以免影响画面的美观和清晰。

装好片夹的幻灯片应按内容和放映次序编上号,按顺序整理好装入片盒或片册,并存放在干燥的地方。

2.2.2　投影片的设计与制作

投影片可采用手工绘制、打印机打印、复印机复印或制版大量生产等方法制作。下面就较常见的几种制片方法做简要介绍。

一、投影胶片的种类

在制作之前,先了解几种片基的种类和性能。投影教材的片基必须是透光性好,且能上墨和着色。通常选用的片基有无胶涤纶片、明胶胶片和玻璃片及玻璃纸,它们各有不同的性能和特点。

(1)无胶涤纶片　无胶涤纶片就是通常所指的涤纶聚酯薄膜,厚度为 0.03~0.05mm。其优点是平整、耐热、受热后不会弯曲。其缺点是对墨水和水彩颜料直接吸附性差、附着不牢,需要用油溶性彩色笔、不干结书写彩色笔或记号笔来绘制,价格较贵。

(2)明胶片　明胶片是在涤纶片上均匀涂敷一层明胶而成,厚度为 0.07~0.1mm。其优点是在涂明胶的面上可直接用墨水、水彩颜料绘画着色,且不易消失,便于保存。其缺点是耐温性差,放映时受热易变形、弯曲,受潮易发霉变色,且价格较贵。明胶片药膜面的判断常用的方法有:①哈气法,用口对明胶片哈气,不上汽者即为胶面。②点色法,在明胶片一角的两面点色,擦不掉的一面为胶面。③手摸法,用手的拇指和食指轻摸明胶片,无药膜的一面比药膜面光滑。

(3)玻璃片和玻璃纸　玻璃片和玻璃纸的优点是耐热、受热不变形不弯曲、可直接用墨水和水溶性彩色颜料绘制,取材容易、价格低廉。玻璃纸比玻璃片更具有重量轻、便于携带的优点,便于推广。其缺点是不宜大面积着色,着墨太浓也易起皱不平。

二、投影片的制作

投影片的制作方法很多,每种制法各有其优缺点。在此首先比较各种制作方法的差异,再分别介绍手写手绘、黑白复印、电脑打印等各类制作所需的材料与制作步骤。为方便起见,各种制作方法分开说明,但实际制作时,可在同一幻灯片上混合运用各种方法。如先用电脑打印成黑白投影片之后,再手绘上色,或黑白复印之后再上色等,要看制作者如何灵活运用,以发挥投影片的最大效益。

投影片的制作步骤、难易、费用、效果都因制作方法不同而略有差异。不过,随着科技的日新月异,各种制作方法普遍数字化和机械化。而各种制作方法之间费用的差异也是相对的,会随着技术的发展而变化。因此各种方法的选择应从制作者个人能力、学校设备、耗材负担、经济效益、效果需求等各种因素中取得最佳平衡点,作出适当的选择。见表 2-2。

表 2-2　投影片常用制作方法比较

制作法	主要设备	设备投入费用指数	单价指数	难易指数
手绘法	水性、油性投影笔	1	1	1
黑白复印	黑白复印机	8	2	2
黑白喷墨打印	喷墨打印机	2	4	3
黑白激光打印	黑白激光打印机	5	3	3
彩色喷墨打印	彩色喷墨打印机	5	10	4
彩色激光打印	彩色激光打印机	9	6	4

投影片制作有以下几种方法可以选择。

1. 手写手绘

顾名思义,手写手绘指只要用笔直接在投影片适当范围内写上文字或画上图画即可。在立即要用、临场补充内容时,手写手绘是最有效、最方便的选择。

2. 黑白复印制作法

复印投影片所用的主要器材是复印机,以及制作底稿的文具。制作底稿所需的文具与常用的美工工具无太大差别,主要用于母版图案的绘制。

3. 用计算机打印投影胶片

计算机打印投影片效果的关键除了电脑操作之外,主要是打印机与投影胶片。常用的打印方式是喷墨和激光打印。

4. 特殊效果投影片的设计与制作

复合片是指根据授课的需要,将一个图形分解为相同倍率的几个图形分别绘制、叠合组装,或在原图上区别为几个部分,逐次显示投影片。它具有层次清楚的特点,有利于教师由浅入深、由简到繁地进行教学,是投影片的重要形式之一。

活动片是指能产生活动效果的投影片,一般由动片和定片组成。它的设计、制作要比一般投影片复杂。根据不同教学内容的要求,可制作成抽动、转动、线条或偏振以及橡皮筋等各种类型的活动投影片。

转动式投影片是指做旋转运动的投影片,其运动轨迹是圆或曲率较大的弧。这类投影片的制作主要是转动轴心的制作与组装。轴心可以用针线固定、塑料或尼龙的丝线或小铆钉、空心铆钉等来制作。

线条式动画投影片是利用两张透明投影片上绘有不同密度、不同形状与不同角度的线条,在相互叠加或错动过程中产生具有波纹动感的莫尔条纹而制成的活动投影片。莫尔条纹可以形象逼真地模拟出各种气体、液体及电流的流动;齿轮、叶轮的转动;水波、声偏振片波、电波的波动等动态效果。

偏振式投影片是利用光的偏振原理。自然光在通过第一张偏振片之后,形成偏振光,如果第二张偏振片的起偏方向与第一张偏振片平行时,则偏振光可以通过第二张偏振片,如果前后两张偏振片的起偏方向相互垂直,则偏振光就通不过第二张偏振片,银幕就变暗。利用偏振光的通过与不通过产生明暗交替,从而产生动感。利用这一原理也可以模拟出各种动感效果,如:液体、气体、电流的流动;水波、声波、电磁波的波动;车轮、齿轮、叶轮的转动;火焰的燃烧;心脏的跳动等效果。

2.3　视觉媒体的教学应用

投影视觉媒体之所以是目前中小学使用最广泛的教学媒体之一,不仅受到政策的推动,更主要的还是由投影教学媒体本身的特点决定的。

视觉媒体都能传递视觉信息,但是不同的设备具有不同的特点,在教学中要结合教学要求和学校的条件合理选择和使用。表 2-3 列出了几种视觉媒体的特性。

表 2-3　视觉媒体特性比较

	制作的便捷性	成本	色彩效果	清晰度	设备投入成本	设备使用难易
幻灯机	不方便	较高	很好	高	低	容易
投影器	方便	低	一般	一般	低	容易
实物展示台	可以直接使用实物或印刷资料	很低	好	一般	高,需要与电视机或投影仪配合使用	稍复杂一些,但功能更强大

在视觉媒体中,投影媒体具有使用方便、制作容易、制作方法多元、成本较低等特点,非常适合在需要面对面的集体教学中使用。

(1)使用投影媒体时,教师可以直接面对学生,而且使用的场所不必遮光。这样的教学情景可以帮助学生集中注意力,也方便学生做笔记。

(2)投影片可以事先做好,减少板书时间。如内容较多的教材、不易用板书画的图(如等高线)或提供讨论的问题,都是很适合用投影片呈现的题材。

(3)使用时,教师可眼观四方,随时注意学生的反应,比传统的板书更能让教师掌握与学生互动的关键时机;还可以在投影片上用投影笔即时书写补充资料或标示重点。

(4)投影片内容本身具有备忘作用,片框四周也可以写下备忘资料,使教师有更多思考的时间和空间,机动掌握学生学习的动态。

(5)投影片由教师自制,或由校内教师合作制作,较能符合个别化的需求。

投影媒体是提高教学质量的一种易普及、较有效的辅助手段,为了充分发挥它的优越性,在使用投影媒体进行教学时应注意以下问题。

(1)使用投影器之前,应依次做好下列准备工作:①将投影器固定;②确定电源电压与该投影器之规格相符合;③插入电源线或接好信号线,打开风扇开关,确认风扇运转正常,并借以排除投影器存放期间可能产生的潮气;④打开灯光,试放一张投影片,首先调整仰角与银幕的位置和高度,调整好投影器与观众的距离、镜头的焦距,准备教学。

(2)复合片可以分步呈现教学信息,但假如没有做成复合片,也可以运用技巧一步一步地呈现内容。如条列式的内容,在上面覆盖一张不至于与投影片产生静电效应的纸,随着讲述的进行,纸张逐渐下移显示内容。至于图案或块状等不规则形状显示的内容,只要将纸张按形状修剪,照样可以作部分的覆盖。

教学活动建议:

1. 用绘制法制作投影片。
2. 投影器、幻灯机的使用训练。
3. 评价自己设计、制作的投影片。

第3章 听觉媒体

教学目标：

1. 说出传声器(话筒)、扬声器的种类,描述其工作原理;

2. 描述扩音机的工作原理,能正确配置扬声器;

3. 描述录音机的工作原理,并能熟练使用各种型号的录音机;

4. 描述激光唱机的工作原理,并能正确使用;

5. 说出录音教材的编制过程,能制作简单的录音教材。

听觉媒体是指根据教学目标录制和传播的各种人声、自然音响、音乐等听觉信息以及用来加工、存储、播放这些信息的设备。根据这些设备在听觉信息加工过程中不同阶段的运用,可以分为拾音设备、制作存储控制设备以及声音还原播放设备。

随着人们对声音品质和使用方便性的追求,声音已经从最初记录在钢丝上的"嘶嘶"声,发展到现在高保真的环绕立体声,音频设备也从最早的柜子般大小的留声机发展到现在藏在口袋里的 MP3 播放器。

听觉媒体在教育中发挥着重要的作用。

3.1 听觉媒体设备

3.1.1 录放音设备

教学中常用的录放音设备有录音机、卡座、CD 播放机、数码音频设备以及用于音频处理的扩音机和扬声器等。

一、录音机

1. 录音机的分类

传统的录音机有盘式和卡式两种(见图 3-1),它们都能够将由声波转换而来的一种起伏变化的电信号通过录音磁头记录在磁带上,并能将磁带上变化的磁信号还原成声音信号。以下分别介绍盘式录音机、卡式录音机、磁带的种类与特性以及磁头构造。

(1)盘式录音机

盘式录音机可选择录音速度进行剪接,属于专业录音机种,个人和家庭很少使用。近年来随着数码录音设备的广泛使用,盘式录音设备已经逐渐没落了。

(2)卡式录音机

卡式录音机使用的是盒式磁带。盒式磁带与盘式磁带相比较而言,磁带厚度较薄、也较窄,所以磁带卷动时容易发生偏一边的现象,使录音音质不稳定。此外,录音速度固定以及磁带特有的嘶嘶的杂音,致使录音品质不如盘式磁带。但卡式录音机有方便轻巧的特点,录音卡座也容易搬动。小巧的随身听录音机、复读机可以随身携带,使用方便;而且盒式磁带容易购买,价格便宜,教学内容也丰富。因此,卡式(盒式)录音机是学校教育的基础装备。

盘式录音机　　　　　　　　卡式录音机

图 3-1　录音机

(3)磁带(录音带)

磁带是在聚酯软片上涂上磁性粉而成,磁性粉晶体越小、分布越均匀,磁带品质就越好。市面上出售的磁带按录音时间长短,大致分为五种:C-30、C-45、C-60、C-90 和 C-120。C-30 是指磁带两面总共录音或放音时间最长为 30 分钟。磁带缠绕在磁带盒中,可以使磁带减少与其他物品的摩擦,卷绕平顺,不至于产生皱折,同时可防止外部磁场的影响,并可以保证磁带与磁头之间保持良好的接触,确保录放声音的品质。磁带盒上还有一个防止消磁的方形装置,录音完成后,去掉它就无法再次录音,可以防止录好的成果不小心被抹掉。此外,按照磁粉晶体的性质,磁带又可以分为氧化铁磁带、二氧化铬磁带、铁铬磁带、钴改性氧化铁(简称铁钴)磁带和金属磁带等几种。性能见表 3-1。

(4)磁头

录音磁头的作用是录音时把电流的变化转变成变化的磁信号,并使通过其表面的磁带上的磁性材料磁化,使磁性保留在磁带上。磁头有录音、放音与抹音三种功能。由于一般卡式录音机上的磁头录放音是兼用的,所以,录音机都装有录放音磁头和抹音磁头。

①磁带的录音、放音过程

磁头的构造见图 3-2。

表 3-1　几种磁带的构造与特性

名　称	构　造	特　性
标准型低噪声磁带（LN）	氧化铁	是最早开发的磁带,多用于会议记录或其他语音记录
标准型低噪声高音域磁带(LH)	氧化铁。为提高保磁力,磁性粒子方向一致	比低噪声磁带磁性好,能提高 3～6db 电平录音,不失真范围较广,多半用于音乐录音
铬磁带	二氧化铬	低噪声,高频音域表现良好,低频反应不足
金属磁带	以纯铁为主要材料的磁性合金	保磁力约为铬磁带的两倍,且具有从低频到高频全音域范围的不失真

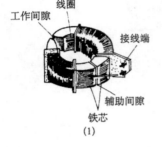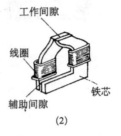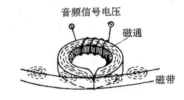

图 3-2　磁头的构造　　　　　　　图 3-3　磁记录原理

当音频信号电流通过磁头的线圈时,在磁头中形成的磁场集中于工作间隙处。长条形磁带在运行中通过间隙时,磁带发生磁化作用,见图 3-3。

由于磁场是随着音频信号变化的,所以磁带在运行中每段上被磁化的程度即剩磁强度也就随着音频信号变化。磁带上的剩磁强度反映了音频信号的强度,也就是将音频"录"在磁带上了。反之,使录好音的磁带通过磁头的工作间隙时,磁带上的剩磁将会使磁头内的磁场发生变化,而在线圈两端产生感应电动势。将此信号放大,推动扬声器发出声音,这就是放音的过程。

实际上,磁带上的剩磁和缝隙中的磁场强度并不成线性关系,而是发生了明显的失真,也就是不能如实地反映出原来的信号。为了解决这个问题,现在广泛使用了超音频偏磁法,即在录音头中,除了音频信号电流外,同时加入超音频电流,而且使超音频电流振幅比音频信号电流振幅大两三倍,结果便得到了图 3-4 的综合信号。如果偏磁电流选得合适,超音频信号虽有畸变,但它的包络线,也就是音频信号曲线的畸变却很小,这样就解决了录音失真的问题。

②磁带的抹音过程

上述的超音频电流,同时也作为抹音信号使用。超音频磁场在抹音磁头间隙前是对称分布的,间隙中间最强,向两边逐渐减弱,见图 3-5。当磁带移近抹音磁头时,磁带上某点受到逐渐加强的磁场的影响,剩磁逐渐增大,到达间隙处时,剩磁密度最大,掩盖了磁带上原来的剩磁。磁带继续运行,离开间隙处,磁场强度逐渐减弱,当磁场强度减小至零时,磁带上的剩磁密度也减小到零。于是磁带上的原信号剩磁全部被抹去,完成了抹音过程。

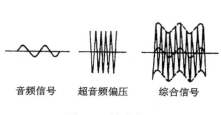

图 3-4　综合信号

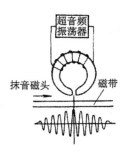

图 3-5　超音频抹音

2.录音机的使用

(1)磁带的选择

①根据机型选择磁带

磁带和录音机必须"相配",才能获得满意的效果。否则不可能得到高质量的音响效果。

没有磁带选择开关(TAPE)的普通录音机或收录机,只能选用 γ-Fe_2O_3 普通氧化铁磁带。没有磁带选择开关(TAPE)的其他录音机,可根据标出的磁带特性来选择:标有 Normal(普通)的,可选用普通氧化铁磁带;标有 CrO_2 的,可选用二氧化铬磁带;标有 FeCr(或 FeCo)的,可选用铁铬带或铁钴带。需要强调的是,使用某种类型的磁带进行录音或放音时,必须把"磁带选择开关"打到对应的标志档,否则将适得其反。

②根据用途选择磁带

对于语言节目,选用普通磁带即可;录制音乐节目,应选用高质量磁带,如二氧化铬带、铁铬带或铁钴带。

③根据节目的长短选择磁带

常用的盒式磁带有 C-30、C-45、C-60、C-90 和 C-120 等几种,其中阿拉伯数字表示磁带两面录、放的总时间。预先了解节目所需用的时间,就能选择长度合适的磁带。这样,既可避免节目未录完而磁带已用完的尴尬,又可避免不必要的浪费。C-120 磁带的带基很薄,用在低档录音机上可能会发生绞带现象,需慎重选择。

(2)录音机的功能键

①功能选择开关(FUNCTION);

3-10(1)可见,在有信号的地方有凸起(从下面投射)而产生散射,使反射光减弱;无信号的地方,反射光很强。这些反射光的强弱变化就是激光唱片的信号。用检测器检出这些强弱的变化,经放大和处理后,便可还原出原来的声音。

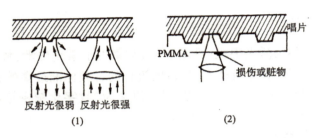

图 3-10　激光唱片声音的还原

　　从图 3-10(2)可以看到,激光束聚焦在透明聚酯板的内表面上,距外表面为1.2mm。当唱片表面沾有灰尘或带有划伤时,它们处于激光束的焦点以外,因此不影响信号的捡拾。

　　3.激光唱机的组成

　　激光唱机由机械和电路两大部分组成。机械部分由唱片仓(托盘)驱动机构、唱片旋转机构和激光拾音器进给机构组成。电路部分主要由激光拾音器、伺服系统、信号处理系统、控制显示系统以及电源等组成。

　　(1)激光拾音器

　　激光拾音器通常称为激光头,它的作用是正确读取激光唱片反射的光信号,并把光信号转换为高频电信号。

　　(2)伺服系统

　　在激光唱片上,信息轨迹排列得十分紧密,信息凹坑(从树酯面向下看)又非常小。为了保证激光拾音器发出的激光能准确地照射到信号轨迹上,又不致受到唱片可能发生的形变的影响,在激光唱机内设有自动聚焦伺服系统、自动循迹伺服系统和进给伺服系统。另外,为了保证激光拾音器能以恒定的速度扫描信号轨迹,还设有主轴伺服系统。

　　(3)信号处理系统

　　①射频放大电路。对激光拾音器输出的高频电信号进行放大、整形,输出EFM(Eight to Fourteen Modulation)信号。

　　②EFM 解码及数字信号处理电路。对 EFM 信号进行解调、纠错、插补等处理,输出 16 位的数字音频信号。

　　③D-A 转换电路。将数字音频信号转换成模拟音频信号,经低通滤波后输出。

（4）控制显示系统

接收各种操作指令和各种检测数据，并对各种输入信息进行判断和处理，产生相应的输出指令控制机械部分和电路部分工作，并显示各种信息。

（5）电源

向激光唱机各部分提供所需要的电压和电流。

4.使用激光唱片、唱机的注意事项

（1）激光唱片

①正确取、放激光唱片。从片盒中取出激光唱片时，应该用大拇指和中指夹住唱片的边，用食指按动片盒中央的卡片箍，将唱片取出。唱片放回盒中时，不要将唱片硬压下去，而应将唱片的中心孔放在卡片箍上，用食指轻轻压下卡片箍即可。取出唱片后，不要让手接触唱片的信息面。图 3-11 画出了几种正确的姿势，供参考。

图 3-11　手持激光唱片的正确姿势

②由于激光唱片只有单面记录信息，在播放时，要注意有字的面向上，不要放反。

③使用激光唱片时要轻拿轻放，避免跌落、摔裂和划伤。

④激光唱片使用完毕，要及时放回片盒中，并竖直存放，防止唱片翘曲。

⑤激光唱片应存放在阴凉通风的地方，要远离热源，不要将唱片放在日光直射的地方或暖气片附近。

（2）激光唱机

①不要使用有裂纹或扭曲变形的唱片，以免损坏机器。

②不要长时间使用暂停功能。因为暂停时，虽然声音停止了，但唱片仍在旋转。如果打算较长时间停放，则应按停止键，使唱片处于静止状态。

③激光唱机在使用中应避免震动，不要随便搬动。

④激光唱机内部结构精密，以保证放音质量达到高标准。因此，不要随便拆开机器。

三、调音台

调音台又称混音器（mixer）（见图 3-12），可以说是整个录音系统的神经中枢。

图 3-12　调音台

当录放音的音源超过一个时,它能控制每一个音源,如麦克风、CD 唱机、录音卡座、或键盘乐器等,做音量、混音及各音间平衡的处理,并且能将处理过的信号送至指定的输出端,直至录音设备中。

混音器的构造主要有三个部分:用来接收各种音源信号的输入轨,每一轨道的音源信号的效果控制区,以及控制输出音量大小的总输出控制区。混音器可以对输入的每一个音源的音色和音量进行控制,确保主要音源不至于被其他声音掩盖,最后的输出效果可以通过耳机监听。而对各音轨、音色与音量的控制也是录音的关键工作。

3.1.2　扩音设备

一、传声器

传声器又常被称为话筒、麦克风,它是把声波(机械能)转换成电能的一种器件。根据构造的不同,传声器可分为动圈式、晶体式、电容式等多种类型。根据使用方式,传声器又可以分为有线式、无线式、手持式、领夹式和头戴式等不同类型。在学校教育中,常用的传声器有动圈式和电容式两种。

1. 传声器的原理

(1)动圈式传声器

动圈式传声器的构造如图 3-13 所示。由磁铁和软铁组成磁路,磁场集中于芯柱和外圈软铁所形成的缝隙中。在软铁前面装有振动膜,它上面带有线圈,正好套在芯柱上,位于强磁场中。当振动膜受声波压力前后振动时,线圈便切割磁力线,产生感应电动势,即把声波转换成了电能。

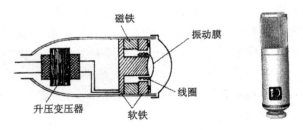

图 3-13　动圈式传声器

　　但由于线圈(通常称为音圈)圈数很少,阻抗很低,输出的电压小,不能满足与之相连接的扩音机对输入信号的要求。因此,动圈式传声器中都装有升压变压器,初级接振动膜线圈(音圈),次级接输出线,使电压增大。

　　根据升压变压器初、次级圈数比不同,动圈式传声器有两种输出阻抗:低阻抗为 200～600 欧姆,高阻抗为几十千欧。

　　动圈式传声器频率响应一般为 50～10000Hz,输出电平为−50～−70dB,无方向性。组合式动圈传声器频率响应可达 35～15000Hz,并具有不同的方向特性供使用时选择。

　　(2)电容式传声器

　　电容式传声器在整个音频范围内具有很好的频率响应特性,灵敏度高、失真小,多用在要求高音质的扩音、录音工作中。普通电容式传声器的构造如图 3-14 所示。振动膜是一块重量很轻、弹性很强的薄膜,表面经过金属化处理,它与另一极板构成一只电容器。由于它们之间的间隙很小,虽然振动膜面积不大,但仍可获得一定的电容量。当有声波传到振动膜上时,它便随之振动,改变了它与另一极板之间的距离,从而使电容量发生变化。在电容器的两端,经过电阻 R 接上一直流电压 U,称为极化电压。这样,电容量随声音变化时,电阻 R 两端便得到交变的电压降,即把声波转换成了电能。

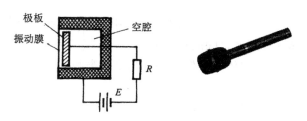

图 3-14　电容式传声器

　　(3)驻极体传声器

　　用驻极体材料制成的电容式传声器叫做驻极体电容式传声器,此类传声器可不外加极化电压,这样,体积可做得很小,使用更方便。

　　(4)无线传声器

　　无线传声器通常称为无线话筒,由动圈式或电容式传声器加上发射电路、发射天线和电池仓等构成。图 3-15(1)为手持式无线传声器的示意图;领夹式无线传声器常将发射电路和电池仓置于一方盒中,使用时常别在腰后。图 3-15(2)(3)分别为手持式和领夹式无线传声器的发射器和接收器。

　　2.传声器的指向性

　　按对声源方位的灵敏度,传声器可分成全向、双向和单向(心形指向)三种。不

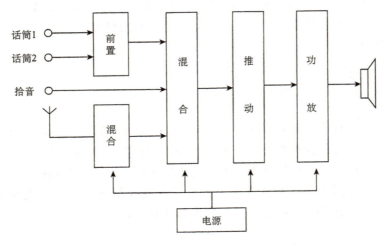

图 3-18　扩音机的组成

（2）扩音机与扬声器的配接

由于扩音机构造不同，它的输出有两种形式：定阻式和定压式。定阻式扩音机的输出阻抗，不随负载的增减而变化，它的输出阻抗常有 4Ω、8Ω、16Ω、25Ω 等；定压式扩音机的输出电压，不随负载的增减而变化，它的输出电压常有 120V、240V等。而在定阻式输出中，还可以分为低阻输出和高阻输出两种。在教室或会场中单独使用扩音机时，一般都采用低阻输出；在学校的有线广播线路中，一般都使用高阻输出或定压式输出。低阻抗输出时，可以和扬声器直接配接；高阻抗输出时，要通过变压器与扬声器间接配接。

三、设备的使用与连接

在教学过程中，音频设备的连接主要有语音扩音、放音、扩音放音同时进行三种使用情况。设备的连接则根据音频信号传输的途径，用相应的连接线相连即可。用于音频信号连接的连接头见图 3-19。

图 3-19　各种连接头

3.2 听觉媒体教材的设计与制作

3.2.1 听觉媒体教材的类型

听觉媒体教材主要指录音教材。根据不同教学目的和题材,录音教材可以分成几种不同的类型。这里仅介绍录音教学中使用较多的语词性教材(非音乐性)的三种类型。

(1)讲演型

讲演型指以正常的语音、语调、节奏编录的典型讲课,或对听读的报告、短文等材料进行讲解和引导的有声教材。这类教材主要通过精选实例阐明重难点内容;多用比较的手法,以弥补语言看不见、摸不着的缺陷;也可以在讲演中插入某些示范性的有声资料,或插入某些教学中难以表达的音响效果,如机器轰鸣、脉搏心音、狮吼虎啸等。

(2)对话型

对话型是通过两人(或多人)间的谈话来传播知识的一种电声教材。以问答形式编录,通过对话逐步把教学内容引向深入,并通过反问进行复述、小结、强调等。

(3)练习型

练习型指教师根据教学要求编录或选用大量的听力材料供学习者练习,特别适用于外语学习和操练。可分为:①理解性练习。学生听完一段听力材料后,教师出题,学生回答以此检查其理解程度。②复述性练习。学生自行组织语词进行复述,比理解性练习要求更高,必要时可配合幻灯、图片等给学生以启发和提示。③阶段测试。将各学习阶段的典型材料汇编成录音带,以学生应掌握的基本学习内容为重点进行测试。

3.2.2 听觉媒体教材的设计

录音教学节目的形式很多,有些现场实录的节目如音乐会、讨论会、演讲等,并不需要脚本,直接录制即可;但像故事、有声书、新闻报道或广播节目,就需要专人撰写或改编文学稿本或书籍内容,使之成为口语化的生动形式,必要时再选择合适的音乐或音效特技。但不管哪种形式,录音教学节目必须按照教学设计原理进行设计。

一、录音节目的教学设计

在教学中,录音带的运用和录像带以及计算机多媒体节目类似,它们比投影和幻灯媒体更具独立性,即它们除了在课堂上配合教学活动使用之外,也可以供学生个别学习或作为课外补充材料。因此,录音节目的教学设计不必非与教学流程环环紧密相扣不可。不过,节目的设计最好有具有教学经验的学科教师参与。其设计流程为:①确定教学对象的年级;②确定学习主题。学习主题的选择可以根据国家课程标准中规定的正式题材;也可在专业的规划下,配合课程的需要,由教师取材自编完成;③确定教材来源和参考资料;④分析学生的特性;⑤阐明教学目标;⑥确定教学策略;⑦设计教学流程;⑧分析已有的相关教学媒体;⑨确定媒体在教学中的使用方式;⑩进行形成性评价。

二、录音教材的设计原则

(1)充分发挥声音直观的音响功能

声音中用以表意的语言、用以表情的音乐和用以表真的音响,其内涵十分丰富,如特定的音响可以表现出时代、地域、空间、动作、情绪乃至象征和哲理等。作为授课性的录音教材,应选用业务水平高、语言生动、普通话标准的资深教师的讲授,必要时还可引进真实的声响为教学创设情景;在语言学习中还可设计一定量记录学习者语音的培训材料,供自身鉴别和师生评判;也可编制某些适用于自学的录音教材。

(2)内容少而精,语言明确易懂

录音教材内容需要经过精选,在常规教学中,能用文字教材达到教学目标的内容,一般不必编制录音教材。语词性录音所用的口头语不同于书面语,既缺少可以帮助表意的标点符号,也不像印刷材料那样有充裕的时间可供判断和推理,所以要十分重视语言的简易性和明确性。

此外,录制录音教材时,应控制好节奏和必要的停顿,给学生留有思考的余地。

三、文字稿本的编写

在制作录音教材前,要根据教学目标和教学策略确定录音教材的类型,选择制作形式,明确制作要求,并形成文字,即编写出录音教材的文字稿本。
其格式见表3-2。

表3-2 录音教材文字稿本的编写格式

类型	编号	录制内容	录制形式	录制要求	使用说明

类型:该录音教材教学类型,如讲演型、对话型、练习型等。
编号:该录音教材在教材系列中的序号。
录制内容:该录音教材要录制的内容,如课文、补充材料、练习等。
录制形式:该录音教材的制作形式,如收录、复制、现场录音等。
录制要求:录制中的编排或技术上的要求,如声部安排、强弱等。

3.2.3 录音步骤

设计好脚本后,就要组织制作小组进录音室录音,然后剪接与拷贝。一切准备必须合理有序,考虑每一个细节,并且预先进行适当分工。

一、组织制作小组

制作小组成员主要包括配音人员、导播、旁白等,此外,也需要音控和有关的工作人员。

确定制作小组的成员后,需要准备好音乐与音效,音效应适合节目的内容。

二、进录音室录音

录音应在隔音良好、吸音均匀的录音间进行。录音间用透明窗与控制室相隔,导播或录音师在控制室内,一边用手势向配音人员发指令,一边监看调音台。若无专业录音室,最好安置在一个挂有厚窗帘或毛毯的安静角落,以减少声波的反射。录音时主要应做好如下工作。

1. 做好周密的计划与准备

除了录音室里的固定录音器材外,事先应与相关人员联络,准备好录音必备的脚本、润喉的饮用水、配乐 CD、录音带、空白录音带、音效道具、秒表、试听录音效果的放音机等,并按使用先后顺序排列好上述物品。

2. 器材操作要点

①录音时最好使用带磁带计数器的录音设备,以便录错时便于寻找编辑点。需要指出的是磁带计数器的数字是磁带盘的转数,是指磁带上的相对位置,不代表磁带的长度。

②正式录音前先阅读所有录音器材的使用说明或熟悉操作要点,尤其要确定麦克风的种类,以便配合个人的音量与使用习惯,掌握麦克风离口的最佳位置。

③最好用新的、60 分钟以内的磁带。

④录音带开头最少预留十秒钟的空白,以防止回带时前端内容受损。

⑤应打开麦克风开关,并带上监听耳机。

⑥注意调音台与录音座上的音量指示器,要把 dB 值控制在红色警戒区内。

⑦尽可能把麦克风固定在支架上,避免配音人员手持可能产生的噪音;旁白稿用稍厚的纸张,避免翻页的噪音。

⑧中断录音时,先按 PAUSE 键,再按 STOP 键,可避免按键杂音。

⑨刚开始对器材不熟悉,按错键是常有的现象,要有心理准备。

⑩有条件的话,进行录前排练。

3. 配音要点

声音节目的制作绝不是声音的简单拼凑,除了要有很好的设计外,整体的效果还牵涉到所有声音元素的完美结合。

先练习台词,不顺的地方加以修改。注意语音稿中的标点,以及适当的停顿。

配音员要掌握好角色与内容,多加揣摩,融入剧情,完全表现出角色的个性。配音时声音应清楚、明确、悦耳、自然、咬字清晰、速度平稳而正常,换气自然,其中,自然是关键。

背景音乐、音效、语音音量的配合很重要,背景音量以不超过总音量的三成为原则,并能配合情节发展的气氛。语音、配乐与音效切入时间的掌握要精确,这样,情节才会有张力。

多人一起录音时,除了导演,还要有一人担任音控,这样所有的配音人员才能专心于自己的角色。

三、录音的后期制作

1. 剪辑

以音频线连接母带录音机与子带录音机,母带机播放原音带,母带中内容不妥当的部分按子带录音机的暂停键略过。不妥当的内容包括音质不好的、太松散的、段落间空白的、太紧凑的等。前两种情况可以剪掉,太紧凑的可以在中间加一小段音乐,以达到缓和的效果。

2. 复制拷贝

(1)电子对录法:通过一条音频线连接两台录音机的输出端和输入端,将母带信号以电子信息传输到拷贝带上。双卡录音机还具备快速对录功能,可以节省拷贝时间。

(2)高速拷贝式:用高速磁带复制机能以十六倍的速度一次双面复制多盘子带,而且具备较高的保真度,拷贝速度快。

3. 2. 4　用计算机制作听觉媒体教材

一、用计算机录音

多媒体计算机具有强大的视音频处理能力,可以直接作为数字录音机录放音,并可对音频进行编辑、加工。各种音源信号如现场的语音、音乐、录音材料等经拾取后通过计算机的声卡输入计算机,并可以保存。这是一个模—数转化的过程,即模拟编辑的声音信号经过声卡的处理变成了计算机内部二进制编码的数字音频信号。

用计算机录音时,计算机要装有声卡和相应的录音软件。最基本的录音软件是 Windows 操作系统自带的录音软件——录音机。

见图 3-20,通过开始菜单可以在附件选项里找到"录音机"程序。通过该程序可以直接把输入声卡的音频信号录制下来。但是这个录音程序的功能过于简单,只能用于一般声音的剪切,无法满足较复杂的效果和多轨道音频的叠加。如果条件许可,可以选用一些较专业的软件如 cool edit、ulead audio edit、wavestudio 等音频编辑软件。

图 3-20　计算机录音

二、录音准备工作

录音前端设备的选择可以参照"模拟录音部分"。虽然计算机内部可以进行音频编辑,起到混音功能,但是考虑到多个设备连接时接口的通用性,还需要使用调音台。根据需要把特定的声音信号通过声卡的 MIC 插孔或 LINE IN 插孔输入计算机(MIC 插孔一般直接插麦克风,接收的是较微弱的信号;LINE IN 称为线性输入口,可以把较强的信号输入,如有时要把磁带里的内容输入到计算机中,就可用单放机输出的音频信号直接通过线性输入端口采集到计算机中,但是有些声卡只有一个输入端口,那么这个端口可以用于多种信号的输入)。

1. 设置采集音频的格式

根据需要,选择合适的取样频率和量化位数①。如需要高品质的声音,则采用

---

①　计算机只能处理二进制的数字信号,因此模拟的连续时间信号必须被转化成离散幅度的数字信号。这种转换的第一步是通过采样的方法来实现的,它把连续的时间信号转换成离散的时间信号。转换的第二步是通过量化的方法来完成,它把采样到的信号幅值转换成数字的离散幅度值。鉴于人耳对音频信号的听觉范围为 20Hz～22kHz,根据亨利·奈奎斯特(Harry Nyquist)提出的准则:如果信号中包含的最高频率小于某一频率 f,那么输入信号能够从采样得到的信号序列重构出来的条件是:对输入信号的采样数目每秒不低于 $2f$ 次。所以用 44kHz 采样就完全能够表征出听觉所需的任何声音。而量化位数是 8 位或 16 位,表示用 8 位二进制数据表示一个采样点的数据值,也表示每个采样点可以表示 256 个(0～255)不同的值,而 16 位的量化则可以表示 2^{16}(65536)个不同的量化值。显然 16 位数据表示具有更好的分辨率。可见取样频率和表示位数共同决定了声音的品质。采样率越高,位数越多,音质就越好,但是需要存储的数据量也就越大。所以品质要求高的时候就采用 44kHz,甚至 48kHz 的采样频率,而用 16 位数据来量化与存储;但是要求较低时,则采用较低的采样率和量化位数。

44.1kHz 或 48kHz 的取样频率,16 位立体声这样的音频格式,有时为了减小文件的数据量,则可以采用 22kHz,8 位单声道方式保存声音。

2. 录制声音并编辑[①]

在计算机中可以方便地对声音文件进行剪切、复制、删除等编辑,也可以提高或降低音量、添加混响声等效果,在专业的编辑软件中还可以实现多个音源的合成。数字音频的最大优点是复制之后品质不会发生变化。

3. 音频文件的保存与转换

计算机中的数据都是以特定格式的数据格式存储的。对于音频文件,编辑之后的文件都是以 *.wav 格式的文件存储。WAV 格式的音频文件在所有的计算机上都能播放。如需用作 CD 制作、电视节目的配音、音乐效果等,则必须保存为 WAV 格式的声音。如果音频文件只是在计算机和网络中使用,则可以将 WAV 格式的音频文件用音频转换软件压缩成 mp3、ra、wma 等音频数据格式,并用相应的播放软件播放。

在使用时要注意以著作权法为依据,不得侵犯他人的合法权益,也要用著作权法来保护自己的合法权益。

3.3　听觉媒体的教学应用

3.3.1　听觉媒体的教学特性

听觉媒体在教育领域的作用非常重要,其原因是:①听觉媒体设备价廉、容易购买,相应的教学内容制作方便;②"听"在学生获取知识过程中占有重要的地位。研究表明:"在典型学校的课堂教学中,低年级学生大约 50% 的时间用于听讲,而大学生则有 90% 的课堂时间用于听教师的讲课或同学的讨论。"[②]需要指出的是,"听"(hearing)与"倾听"(listening)不同。听是一种生理过程,而倾听是一种心理过程。在生理上,听是指声波由外耳传入中耳,在中耳把声波转化成机械振动传入内耳,在内耳中把这种振动变为电脉冲传入大脑的过程。而心理上的倾听是始于某

---

　　① 如何利用计算机录音机程序录制更长时间的声音文件? 录音机程序由于程序设计的原因,默认状态下录制 60 秒钟就要停止。如果内容还没有录制完成,必须再次快速点击录制按钮,这样虽能够将录制的内容再次延长 60 秒,多次点击也能够获得长时间的录音内容,缺点是对于连续的声音在停顿处会出现声音间隙,影响录制效果。合理的操作是在正式录制之前,先根据需要录制的声音长度,按照先前的方法,预先录制所需长度的空白文件,然后把时间滑标移动到开始位置录制所需要的内容,这样能够保证录制的声音信号的连续性。还有一种办法就是录制前先打开一个比所需录制时间长度还长的声音文件(必须是 WAV 格式的文件),在此基础上进行录音,这样录音机的录音时间就是新打开的文件的时间长度,这里需要注意的是,如果打开的文件内容是有用的,则保存新录制内容时不能把原文件覆盖掉,要把文件用新文件名另外保存。

　　② Robert Heinich　et al. Instructional Media and Technologies for Learning(7th Edition). Upper Saddle River,New Jersey Columbus. Ohio,2001. 172

人感觉或注意声音或说话的方式(接收),进而辨认和识别出特定的听觉信号(解码),最终以理解所传送的信息结束。

听和倾听也是教和学的过程,在与视觉信号一起交流与学习过程中,信号由信息发送者进行编码,由信息的接受者解码。信息编码的质量受到信息发送者能否对信息进行清晰和富有逻辑性的表达的影响。而能否理解信息又受到信息接收者对信息的理解能力的影响。当然,信息从发送到接收的传播过程也影响着传播的效能,从编码、听到、倾听或解码,每个环节都对传播的信息有衰减或损失。见图3-21[①]。

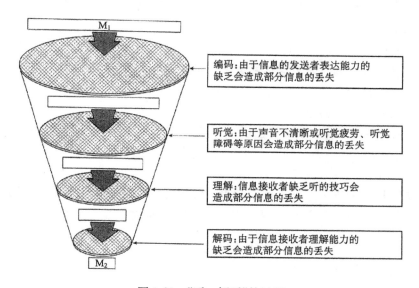

图 3-21 "听—倾听"的过程

特定的信息编码依赖于信息发送者对信息的组织和发送能力。信息的发送和接收受到如下因素的影响:①音量的高低。②单调的语气令听众生厌。如教师一直使用平淡低沉的声音就容易引起听众疲乏。③学习者个人听力缺失的影响。④接收者收听技巧是否缺失的影响。⑤信息还会因学习者缺乏背景经验无法内化和理解而导致交流失败。

需要指出的是,声音媒体也有缺点。纯声音媒体主要用于传播陈述性的知识内容,较少提供互动式的学习机会,这样,学习者不能主动参与到学习过程中,有可能降低学习效果。

---

① Robert Heinich et al. (7th Edition). Upper Saddle River, New Jersey Columbus, Ohio. Instructional Media and Technologies for Learning, 2001. 173

3.3.2　听觉媒体的教学功能和应用

一、听觉媒体在教学中的作用

1. 协助教师进行课堂教学

例如,语文课的示范朗读,外国语的听力训练,音乐课、戏剧课的正音、调嗓子、音乐欣赏、集体合唱或器乐合奏的改进等。

2. 帮助教师因材施教

利用录音教材,教师可以根据学生的不同特点,提供不同的学习材料,供学生进行个别学习,实现因材施教。

3. 发挥优秀教师的作用

优秀教师可以通过听觉媒体教更多的学生;同时,其他教师也可从优秀教师讲课示范中学到教学技艺,从而提高教学水平。

4. 提高教师的提问质量

课堂教学中,学生对教师提出的问题回答不当时,利用听觉媒体录制相关内容,可以找到学生回答不当的原因所在,提高提问质量。

5. 帮助学生获得自我反馈

学生利用听觉媒体进行外语课的听说练习、语文课的朗读、音乐课的演唱或演奏等,可以边练习边录音,然后重放出来自己听,从而找出练习中的不足并及时纠正。

二、听觉媒体的教学应用

1. 应用于课堂教学

听觉媒体应用于课堂教学,主要辅助与声音有关的内容的教学,如外语教学中的语音、语调、听力训练,语文教学中的朗读等。应用听觉媒体于课堂教学,应做到准确、适时。为此,除课前进行周密准备外,教师还应熟练掌握听觉媒体的操作和使用方法。教学后,对所用听觉媒体设备和录音教材要妥善保管,以备今后教学中继续使用。

2. 应用于课外活动

应用听觉媒体于课外活动,有利于发展学生的智力,提高学生的能力。如进行课外活动的现场录音,录制辩论赛、歌咏、朗读、讲演、讲故事、外语对话等。

3. 用于提高师资水平

利用录音可以把优秀教师的讲课记录下来,提供给新教师听,让他们揣摩优秀教师的讲课艺术。

　　4. 应用于社会和家庭教育

　　听觉媒体可在社会和家庭教育中应用,还可应用于业余函授学习。函授单位在发放文字教材的同时,还可发放配套的录音辅导教材,供函授学员自学使用。此外,还可给婴幼儿播放开发智力的录音材料。

教学活动建议:

　　1. 录音机、CD 播放机、扩音设备的连接与使用。

　　2. 设计一段录音教材,并制作完成。

（2）光和电的转换原理

图像的摄取与重现是基于光和电的转换原理实现的，实现的关键器件是发送端的摄像元件与接收端的显像设备。早期摄像机的图像摄取是由摄像管来完成的，摄像管主要由光敏靶、偏转线圈及电子枪组成，光敏靶上涂有光电导材料，这种材料具有在光作用下电导率增加的特性。当景物的光线通过摄像机镜头成像在光敏靶上时，由于光像各部分亮度不同，靶上各点的电导率也会发生相应的变化，与较亮像素对应点电导率较大，与较暗像素对应点电导率较小，于是图像上各像素的不同亮度就转变为靶面上各点电导率的不同，"光像"就变成了"电像"。从电子枪阴极发射的电子在电磁场作用下会聚成一束加速射向靶面的电子束，管外偏转线圈产生的磁场使电子束在靶面上作从左至右，自上而下的扫描运动，通过电子束，形成了由阴极、靶面、负载电阻及电源构成的闭合回路。当电子束依次扫过靶面上各点时，亮度大处电阻小，流过电阻的电流就大；亮度弱处电阻大，流过电阻电流就小，在输出端便得到随亮度变化的图像电信号。这样，通过电子束在靶面上的扫描，完成了把图像分解为像素，并将光信号转换为电信号的过程。而现在多数摄像机采用CCD作为成像元件。CCD是摄像头的主要传感部件，它具有灵敏度高、畸变小、寿命长、抗震动、抗磁场、体积小、无残影等特点，是理想的摄像元件，是代替摄像管传感器的新型器件。

（3）CCD的工作原理

被摄物体反射光线，传播到镜头，经镜头聚焦到CCD芯片上，CCD根据光的强弱积聚相应的电荷，经周期性放电，产生表示一幅幅画面的电信号，经过滤波、放大处理，通过摄像头的输出端子输出一个标准的复合视频信号。这个标准的视频信号可以输入到录像机记录，也可以直接输入到电视机上观看。

（4）彩色摄像机的原理

彩色摄像机是运用三基色原理设计的。所谓三基色原理，就是绝大多数色彩都可以由三种独立的基本色（单色）按一定的比例混合而成。通常将红色、绿色、蓝色作为三基色，分别以R、G、B表示。根据这一原理，自然界的绝大多数色彩可以分解为三基色。早期的彩色摄像机采用三个摄像管，分别还原出R、G、B三种信号，而现在专业的摄像机则用三片CCD作为成像元件，（低档的摄像机在一片CCD元件中就包含了三种颜色的还原信号）分别还原出红、绿、蓝三种颜色的光线。在黑白电视信号中，直接用电平的高低表示了画面的亮度。而在彩色电视信号编码中，亮度信号和色度信号是分离的。

2. 摄像机的种类与特点

摄像机种类很多，分类方法也不同，按摄像机的性能可分为广播级摄像机、业务级摄像机（见图4-1）和家用级摄像机，其中以广播级摄像机的各项技术指标为最优，业务级的为中等，价格也适中，家用摄像机的各项性能略次，但使用方法简单,价格低廉;按摄像机的使用场合可分为演播室内拍摄用座机、室外拍摄用便携式机和监视系统用固定式机;按图像有无色彩可分为黑白摄像机和彩色摄像机;按摄像机的光电转换器件可分为电真空器件（即光电导摄像管）摄像机和固体摄像器件摄像机;按摄像器件的数目可分为三管（板）摄像机、双管（板）摄像机和单管（板）摄像机;按摄像机与录像机连接的状况可分为单纯的摄像机和摄录一体机。还有按CCD尺寸大小进行分类的。

图 4-1　摄像机

二、录像机

磁带录像机（Video Tape Recorder,简称 VTR）是一种记录、储存、重现声像信息的装置,它是磁记录技术、电子技术和精密机械制造技术综合发展的产物。它能将随时间分布的电视信号转变成以空间形式分布的磁信号记录在磁带上;在重放时就成为电视节目源,既可用于传输显示,也可用于复制和编辑电视节目,是教育电视系统中十分重要的电视设备。

1. 录像机的种类及特点

目前,世界各国生产的录像机种类繁多。这些录像机由于它们的工作方式、性能、记录磁迹等技术标准和规格各不相同,以致造成不同类型的录像机所录制的节目彼此不能互换,给电视节目的制作与交流带来了困难。为了对录像机有一个较全面的了解,首先必须了解录像机的分类情况。

按质量等级分类:

①广播级录像机。这是一种高质量的录像机。它功能齐全,录制质量很高,一般来讲其价格较高,体积也较大。这类机器主要用于电视台及专业电视节目制作单位。②业务级录像机。主要适用于教学、科研、影视剧制作等部门。③家用级录像机。这是一种专为家庭使用而设计的录像机,其质量低于前两类,体积较小,价格低廉,操作简便。在这类录像机中,往往还装有高频调谐器、定时器等部件,能直接接收电视台各频道的节目,并按要求自动进行记录。

按使用的磁带尺寸分类:

①50.8mm（2 英寸）磁带录像机。这是一种开盘式四磁头横向扫描的广播级录像机,主要用于电视台。②25.4mm（1 英寸）磁带录像机。这也是一种开盘式的广播级录像机。③19.0mm（3/4 英寸）磁带录像机。这是一种广播级或业务级的盒式录像机。④12.7mm（1/2 英寸）磁带录像机。如 VHS、S-VHS 磁带,学校使用最广泛的类型。⑤8mm 型摄录机,这种摄录机使用 8mm 薄型金属磁带,不能与

其他格式兼容。其特点是小型化、记录时间长、声画质量高、功能齐全。
⑥6.35mm(1/4 英寸)录像机。这是一种微型录像机。目前的数码 DV 录像机都
是采用这种尺寸的磁带。

　　2. 录像机的原理和基本结构

　　(1)视频录放原理

　　视频信号的磁记录原理与音频信号的磁记录原理相似,这里不再重复。

　　(2)视频信号录放特点

　　视频信号和音频信号除具有无线电信号所特有的共同特性之外,还具有许多
不相同的特点,在进行视频信号的记录和重放过程中,使用者必须采用如下的特殊
方法:

　　①减小磁头缝隙。根据磁性记录原理,为了提高记录与重放的上限频率,就必
须尽量减小磁头缝隙,提高磁头与磁带间的相对速度。但磁头缝隙的减小受到磁
性材料、磁头材料和制造工艺的限制,缝隙过小时,制造困难,且录放灵敏度也低,
故磁头缝隙宽度有一定的最小限度。

　　②采用调频技术降低倍频程。视频记录过程是先将视频信号调制到 7～
9MHz 的载频上变成调频信号,再记录到磁带上。这样视频信号的 18 个倍频程,
被调制后就只有 4 个倍频程了。而且这种调频技术还可以消除磁带磁化特性的非
线性所引起的重放失真。

　　③采用螺旋扫描,提高磁头与磁带相对速度。视频信号的频率范围是 0～6
MHz,而音频信号的频率范围是 20Hz～ 20kHz。所以,用传统的固定磁头的录音
方法来记录视频信号是不行的。为了使录像机能录放视频信号的上限频率,除了
使录放磁头的工作缝隙宽度尽量做得窄以外,最关键的是采用旋转磁头的方法,这
样既保证磁头与磁带的相对速度,又保证磁带走带速度低,这是录像机能达到目前
实用阶段的最根本措施。

　　④采用多种伺服系统。就录像系统而言,由于视频信号通过录像机的记录和
重放,又附加了两次电—磁和磁—电的转换过程,因而就不可避免地要引起重现图
像的几何失真和相位失真。这类相位失真将引起严重的色调变化。

　　录像机是一种由电路、机械结构和各种磁性材料组合而成的精密设备,各部件
之间的动作需要密切配合,而且录像机记录和重放磁带的互换性要求良好。所以,
在录像机中,除了要严格地进行设计与安装之外,还必须采用各种伺服系统和时基
误差校正系统。用电路和机械控制方法,来保证磁带运行位置的准确性,校正信号
录、放过程中产生的各种失真和误差。

　　(3)录像机的结构组成

　　录像机的种类虽然很多,但基本结构大致相同,主要由磁头系统、磁带传送系
统、视频信号处理系统、伺服系统、机械控制系统、音频信号处理系统、电源系统、电

视接收系统和射频调制器等八部分组成。

①磁头 视频磁头（鼓）组件：用于视频信号的记录和重放。音频、控制磁头组件：用于音频信号和 CTL 控制信号的记录和重放。全消磁头：用于抹去磁带上已录的信号。

②磁带传送系统 加载机构：将磁带从带盒中拉出穿带或者退带送回带盒。走带机构：由压带轮和主导轴共同驱动磁带走带运行。

③视频信号处理系统 记录通道：将输入的视频信号处理变换成记录信号送到磁头记录。重放通道：将磁头拾取的信号处理还原成视频信号后输出。

④音频信号处理系统 音频记录和重放过程中音频信号的处理。

⑤伺服系统 伺服系统是一个能对磁头、磁带运行进行误差检测、反馈校正的自动控制系统。通过伺服系统的控制，在记录时保证磁头在磁带上记录标准磁迹，在重放时保证磁头对磁带上的磁迹作准确地跟踪扫描，以获得最佳图像记录和重放质量。

⑥机械控制系统 机械控制系统由传感器、功能操作键、逻辑电路和各个执行机构组成，其作用是根据功能操作键的指令，确定录像机的工作状态。按照设计好的逻辑程序，完成不同工作状态间的转换，实现录像机的自动控制、自动保护等。

⑦电源系统 电源系统主要是把 220V 交流电进行整流、稳压，为录像机各部分电路提供多种工作电源。

⑧电视接收系统和射频调制器 电视接收系统相当于电视机的调谐器，可使录像机直接接收电视台播出的电视信号。射频调制器可以将录像机内的视频、音频信号调制为射频信号输出，因而方便电视机监视录放像。

3. 录像机的使用与维护

(1)使用方法

①认真阅读说明书，熟悉各种按键的功能，并掌握其操作方法；

②正确连接录像机与监视器（或电视机）；

③检查录像带进出是否正确。

(2)注意事项

①录像机应远离强磁场、高温、易受阳光直射、机械振动和潮湿多尘的地方。

②录像机应在水平状态使用并应保持良好的通风散热条件，使用时的环境温度应保持在−10～40℃的范围内；环境湿度应保持在 60% 左右。当从冷处突然移至温度较高处时，应放置一段时间才可使用。

③录像机"暂停"时间不能太长。因为这时磁带停止运行而磁鼓一直在高速旋转，这将造成磁头及这一段磁带的磨损。"搜索"状态时因对磁头及磁带的磨损也较大，所以必须慎用。

④定期清洗机器，包括清洗磁头系统、走带通路上的各部件及驱动系统主要部

件。

　　⑤搬动时最好将录像带取出。

　　⑥如果经基本维护仍有解决不了的问题,则请专业人员维修。

三、电视信号与显像设备

1. 电视信号

(1)扫描与同步

　　电视摄取和再现图像是通过电子束的扫描实现的。即在发送端,摄像管通过电子扫描把随空间位置变化的图像光信号转换为随时间变化的视频电信号。在接收端,显像管也通过电子扫描将随时间变化的视频电信号还原为随空间位置变化的图像光信号。这种将图像上各像素的光学信号转变为顺序发送的电信号的过程,以及将这些顺序传送的电信号再重现为光学图像的过程(即图像的分解与复合过程),称为扫描。

　　我国电视标准规定,一帧图像的行数是 625 行,行扫描频率是 15625Hz,每秒传送 25 帧图像,一帧分两场扫描,即场扫描频率为 50Hz,每场扫描 312.5 行。由于一帧由两场组成,所以每帧画面仍为 625 行。

(2)电视信号的分类

　　早期的黑白电视只传送图像的亮暗信息,因此黑白电视信号只包括亮度信号、同步信号和消隐信号。彩色电视则不同,要同时传送影像的亮度、色度和色饱和度三个信息。但在实际应用中为了解决用一个信道传输三个信息和与原有的黑白电视兼容的问题,彩色电视并不直接传送 R、G、B 三基色信号,而是先将它们转换成一个亮度信号 Y(与已有的黑白电视兼容)和两个色差信号 R-Y/B-Y(压缩了带宽),然后再编码成一个全电视信号进行传送,最后在接收端将全电视信号分解还原出 R、G、B 三基色信号予以显像。因此,彩色电视信号要包括亮度信号、色差信号、同步信号、消隐信号等多种信号成分。这种复合型的彩色电视信号又叫全电视信号。

　　由于不同国家对全电视信号采用不同的编码方式,所以出现了不同的电视制式,如 PAL 制、NTSC 制等。不同的制式采用了不同的扫描频率和帧频。如我国采用的 PAL 制每秒传送 25 帧图像,而日本、中北美国家采用的 NTSC 制每秒传送 29.97 帧图像。

　　当图像转变为电视信号后,所有的电视系统及设备便都围绕着电视信号进行工作,即对电视信号进行处理、加工和传送。电视信号的质量决定了重现图像的质量。为了使经过传输的图像信号的失真减少到人们视觉容许的程度,必须研究图像信号的属性和对传输系统的要求。由于视音频信号频率、电平都比较低,不利于远距离传输,所以就要利用高频信号能够远距离传播的特点,把视频信号加载到高频信号上进行传输,这个过程叫做调制。调制后得到相应频率的射频信号 RF。在接收端,射频信号需经解调器解调才能还原出相应的视频和音频信号。由于经过调制与解调两次信号处理,造成信号劣化,所以射频信号的传输质量要低于视频信号直接传输。

根据用于调制视频信号的高频信号所使用频率的不同,我国规定广播电视使用的频率在 48.5~958MHz 之间,每一频道占 8MHz 带宽,可划分为三个波段 68 个频道(见表 4-1)。

表 4-1　我国广播电视使用的频率

波段	频道(CH)	频率范围(MHz)
VHF L	1~5	48.5~92
VHF H	6~12	167~223
UHF	13~68	470~958

(3)电视信号的传输

电视信号的传输系统按信号的输送方式不同,可以分为开路电视系统和闭路电视系统两大类。开路电视系统通过无线电波把声像信息传送给广大用户,通常叫做广播电视;而闭路电视系统则是通过电缆把声像信息传送给用户。它们所传输的信号都是射频信号 RF。

开路电视系统由信号发射端和接收端两部分组成,信号发射端指电视中心或电视台,信号接收端指电视接收机。

2. 显像设备

显像设备的作用就是把摄像机拍摄的图像信号还原成图像,电视图像的重现过程称为显像,它是把电信号恢复成为人眼可见的光像。早期的显像设备是由显像管来完成的。显像管主要由电子枪和荧光屏组成。显像时,受电视信号控制的电子束以扫描的形式轰击荧光屏上的荧光材料,使其发光强度随信号电流大小而变化,于是再现出与原光学影像相对应的电视图像。近些年又有了液晶和等离子成像等技术。

(1)电视接收机的种类

电视接收机的种类繁多,按呈现图像色彩来分有黑白电视机和彩色电视机;按输入和显示方式分有普通电视接收机、监视器、收监两用机以及大屏幕投影电视机;按屏幕对角线长度分:对于普通电视机,常用的有 37 cm(14 英寸)、43 cm(17 英寸)、54 cm(21 英寸)、63 cm(25 英寸)、73 cm (29 英寸)和 83cm(33 英寸)等。

（2）电视接收机的工作原理

　　彩色电视机和黑白电视机在基本结构上有很多地方是相同的。彩色电视机除包括黑白电视机的所有部分外,还增加了一些附加电路来处理全电视机信号,并控制彩色显像管。彩色电视接收机包括高频头、公共通道、伴音通道、亮度通道、色度通道、解码电路、同步分离和扫描电路、显像管等主要部分,当然还有为各部分提供工作电压的电源电路。

　　①高频头部分　对来自天线的广播电视信号(射频信号)进行选择,选出所需要接收频道的射频信号,并加以放大,然后进行变频,把频率很高的射频信号的频率降低,得到包含有图像信号和伴音信号的中频信号,输向公共通道。选台、调台就由高频头电路完成。

　　②公共通道　公共通道首先对来自高频头的中频信号进行放大,然后进行图像检波。图像检波的作用是从中频信号中取出彩色图像信号(即视频信号),并经预放器放大后分三路输出给亮度通道、色度通道和同步分离电路。图像检波还要从中频信号中取出伴音信号送往伴音通道。

　　③伴音通道　对伴音信号进行放大处理,通过检波器解调出音频信号,再经进一步放大后推动扬声器发声。

　　④亮度通道　亮度通道先从视频信号中取出亮度信号并放大,完成亮度信号与色度信号的分离,并同时对亮度信号做人为的延时 $0.6\mu s$ 的处理,保证亮度信号和色度通道送出的色差信号同时到达解码电路。在亮度通道中,设有亮度和对比度调节电路,供用户调整电视图像。

　　⑤色度通道　色度通道的作用是从彩色视频信号中取出色度信号,并进行适当的放大处理,然后解调出三基色(R、G、B)色差信号送往解调电路。

　　⑥解码电路　对来自亮度通道的亮度信号与来自色度通道的 R、G、B 色差信号处理,得到原来的三基色(R、G、B)信号送往显像管。

　　⑦同步扫描　把视频信号中的同步信号分离出来去锁定本机的扫描系统,使得显像扫描与摄像同步进行。行、场扫描电路产生的行场扫描电压供给显像管的行场偏转线圈,控制显像管电子枪的扫描,同时产生显像管工作时需要的高压和聚焦电压等。

　　⑧显像管　显像管的作用是完成电-光转换,还原出原来的彩色图像。

　　随着科技的发展,显像技术不断提高,电视机的屏幕也可以做得更大,还出现了纯平电视、背投电视、高清晰电视、数码电视等新型的电视机。显像技术也突破了显像管显示技术,出现了液晶电视、等离子电视等新型的显示设备。

　　3. 电视接收机的使用与维护

　　正确使用电视机,首先要了解和掌握电视上各种开关、接口和控制按钮及遥控器的功能和使用方法,以便正确调整设备的工作状态。具体操作步骤如下。

①接上信号源,接通电源,将音量调在适中位置。

②选台调台。首先进入预置状态,确定预置节目的序号,将该预选器的频段开关调至所需的频道所在频段。按频道调谐按钮,直至出现所需的频道图像为止,并使用记忆功能将其存入该预显器。

③显示图像调整。将彩色饱和度旋钮调小至图像无彩色位置,来回调节亮度和对比度旋钮,使重现图像的亮暗反差适中,层次丰富。

④伴音调整。调整音量和音调使重放的伴音满足收听要求。

使用电视机还应注意以下几点。

①电视机应放在阳光和强光直射不到的位置上,以免缩短使用寿命和影响观看效果:收看距离不小于荧火屏对角线的 4～6 倍,摆放高度略低于人眼水平面。

②要注意通风散热,防尘、防潮。搬运时要注意防震。

③彩色电视机要注意防磁,磁性物体会使显像管的电子枪发射的电子束偏离其正确轨迹而误击其他荧光点,从而破坏色纯度,致使彩色失调,图像模糊。

④避免频繁开关电视机,以免影响使用寿命。

⑤雷雨时注意避雷。

四、投影仪

投影仪能够将视频图像和计算机屏幕信息投射到大银幕上,可以解决教室中电视屏幕过小的缺陷,大屏幕有利于学习者看清呈现的教学信息。这里的投影仪与第 2 章中所介绍的投影器是有本质区别的。

①CRT 投影仪

CRT(Cathode Ray Tube)是阴极射线管的简称,是一种问世最早、应用最广泛的投影技术,其技术特点与大家所熟知的 CRT 显示器基本相同。CRT 投影仪把输入信号源分解到 R、G、B 三支电子枪的荧光屏上,在高压作用下将信号放大、会聚,并在大屏幕上显示出彩色图像。CRT 投影仪的优点是显示的图像色彩丰富,还原性好,具有丰富的几何失真调整能力。但 CRT 投影仪操作复杂,特别是会聚调整比较繁琐,而且投影仪体积较大,只适合安装在环境光线较弱、相对固定的场所。

②LCD 投影仪

液晶投影仪 LCD(Liquid Crystal Display)是液晶显示技术和投影技术相结合的产物,它利用了液晶的电光效应来产生图像。投影仪利用液晶的光电效应,即液晶分子的排列在电场作用下发生变化,影响其液晶单元的透光率或反射率,从而影响它的光学性质,产生具有不同灰度层次及颜色的图像,见图 4-2,4-3。

根据成像器件的不同,LCD 投影仪分为液晶板投影仪和液晶光阀投影仪两种。液晶板投影仪的成像器件为液晶板,主要利用外部光源、金属卤素灯或 UHP

（冷光源）产生投影图像。液晶光阀投影仪主要采用 CRT 管和液晶光阀作为成像
器件，是 CRT 投影仪与液晶光阀相结合的产物。

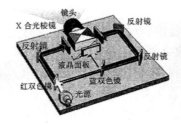

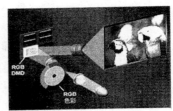

图 4-2　LCD 投影仪　　　图4-3　LCD 投影仪的工作原理　　　图 4-4　单片式 DLP 投影仪的
　　　　　　　　　　　　　　　　　　　　　　　　　　　　　　　　工作原理

③DLP 投影仪

DLP(Digital Light Processing)投影仪采用的是一种全数字的反射式投影技
术——DMD(Digital Micromirror Device)，即数字微镜作为光学成像器件来调制
投影仪中的视频信号，通过投影透镜来完成投影显示。DLP 投影仪可分为单片
式、双片式和三片式。DLP 投影仪清晰度高、画面均匀、色彩还原性好；而且它抛
弃了传统意义上的会聚，可随意变焦，调整十分便利；DLP 技术的最大优势是可以
把投影仪体积做得很小。但由于 DLP 投影仪的光学机械特性，它的移动防震性能
要比 LCD 投影仪差一些。单片式 DLP 投影仪的工作原理见图 4-4。

五、激光影碟机

激光影碟机（见图 4-5）的视音频信号经过数字编码之后，记录在光盘中。根
据记录的视频信号的数据格式和记录方式不同，光盘通常还分为 VCD、SVCD、
DVD[①]、EVD 等。因为光盘的成本比录像带低得多，而且保存的视频影像的质量

---

　　① DVD 在标准确认之初的全名为 Digital Video Disc，因 DVD 的涵盖规模已超过当初设定的视频播映
的范围，因此后来又有人提出了新的名称：Digital Versatile Disc，意即用途广泛的数字化储存光碟媒体，可译
为"数字多功能光碟"或"数字多用途光盘"。它集计算机技术、光学记录技术和影视技术等为一体，其目的是
满足人们对大存储容量、高性能的存储媒体的需求。DVD 光盘不仅已在音/视频领域中得到了广泛应用，而
且将会带动出版、广播、通信、WWW 等行业的发展。DVD-ROM 技术类似于 CD-ROM 技术，但是可以提供
更高的存储容量。从表面上看，DVD 盘与 CD/VCD 盘也很相似，其直径为 80mm 或 120mm，厚度为1.2mm。
但实质上，两者之间有本质的差别。按单/双面与单/双层结构的各种组合，DVD 可以分为单面单层、单面双
层、双面单层和双面双层四种物理结构。相对于 CD-ROM 光碟 650MB 的存储容量，DVD-ROM 光碟的存储
容量可达到 17GB。CD 的最小凹坑长度为 0.834μm，道间距为 1.6μm，采用波长为 780～790nm 的红外激光
器读取数据，而 DVD 的最小凹坑长度仅为 0.4μm，道间距为 0.74μm，采用波长为 635～650nm 的红外激光
器读取数据。CD-ROM 的单速传输速率是 150KB/s，而 DVD-ROM 的 1× 则是 1358KB/s。相比较而言，
DVD-ROM 的 1× 就等于 CD-ROM 9.053×。如果只是单纯看 DVD 影碟，其实 1× 的 DVD 速度就够了。

不会随着时间的推移而变差,所以激光视盘已经成为保存教学视音频资料的主要存储介质。

随着数码技术的不断发展,激光影碟机已经有取代传统录像机的趋势,在

图 4-5　激光影碟机

教学中的使用越来越普及。激光影碟机的使用方法与激光唱机基本相同,而且激光影碟机具有向下兼容的播放特性,新的设备能够播放早期的碟片,如 DVD 机能够播放 SVCD、VCD、CD 等碟片。

4.2　电视教材的编制

电视教材是根据课程目标的要求,用电视图像与声音呈现教学内容,并且用电视录像技术进行记录、储存与重放的一种视听教材。编制电视教材是一项根本性的教学任务。教师在教学过程中可以选用现成的电视教材,但在条件允许时也可以按教学需要自编电视教材。

4.2.1　电视教材形式分类

一、按表达形式分类

1. 讲授型

讲授型电视教材可分为两种:

(1)课堂式讲授型

课堂式讲授型相当于将教师的讲台搬到电视屏幕上,通过教师的语言、动作、表情,配合板书、实物、模型和演示实验等手段传授教学内容。目前我国电视大学等基本采用这种形式。

(2)外景插播式讲授

外景插播式讲授以教师讲授为主,再插播事先录制的电视图像素材,以代替教师的口述和不能在课堂上进行的演示。如地理的地形与地貌、动植物的生态、天体运动过程中出现的现象等。这时,加插的图像代替了教师形象,教师的讲述成画外音,直观的图像代替了教师的语言。这种类型的电视教材短小精悍,但对突出重点、突破难点,讲清关键性问题十分有用,是一种较成功的讲授型电视教材,目前正在广泛使用。

2. 图解型

这类电视教材,教师的形象一般不直接出现在屏幕上,它通过能说明教学内容的图像画面,加上旁白解说去传递教学信息。这种形式能充分发挥电视的长处,把

图像、景物、动画、字幕等有机地结合起来,恰当地运用各种电视特技,从而有效地解决了教学中的重点和难点,是一种比较理想的电视教材。

3. 表演型

这类电视教材通过戏剧、游戏、访问与讨论等表演形式去传递教学信息,教学内容往往以对白的方式出现,这是一种集电视的表演艺术特点和生动活泼的教学形式于一体的教材,较多地应用于语言、文学、历史、戏剧等学科教学以及少儿教育节目。

4. 演示型

演示型主要是操作性示范动作的实拍纪录,例如实验操作、手术示范、舞蹈动作、课堂教学实况、体育训练、技术操作等,这类电视教材广泛地应用于技能技巧的训练教学中。

二、按教学目的分类

1. 思想教育片

这是一种对学生进行政治思想品德教育的教材,包括政治理论课程专题片、道德品质教育片、英雄模范报告片、形势教育片及有关的文艺片。

2. 知识教学片

这类教材以传授知识、理解知识、掌握知识为主。它是按课程标准的要求,充分利用电视手段的长处去呈现教学内容的一种视听教材。

3. 技能教学片

这类教材主要用于训练学生的技能技巧,它能为学生提供正确的、标准的示范,引导学生迅速准确地掌握动作操作的要领。

三、按教学要求分类

1. 系统课程的电视教材

这类教材主要是用讲授型将一门课程的教学内容全部编成电视教材。

2. 章节课程的电视教材

这类教材是在一门课程中选择能发挥电视手段特点的章节内容,编制成教学系列片,列入教学计划。

3. 专题电视教材

这类教材是选取课程中最能发挥电视手段特长,而且又是教学重点、难点的课题编制而成的电视教材。

4. 片断电视教材

这类教材可以没头没尾,也可以不配解说,只就某一问题提供形象化的片断材料,主要用来解决教学中教师很难以常规的手段与方法表达的内容。教师在使用这类教材时,要边演播边讲解,它在辅助教师课堂教学方面有着重要作用。

4.2.2　电视教材的编制过程

编制电视教材是一项技术和专业性都很强的工作,要靠一个包括专业教师、电视教材导演以及摄制工作组的摄像、美工、剪辑、设备技术人员在内的制作集体去共同完成。编制电视教材的基本过程大体可以划分为四个基本阶段:稿本阶段、摄制准备阶段、摄制阶段和编辑阶段。

一、稿本阶段

编制任何电视教材,都要先经过选题、编写文字稿本、编写分镜头稿本的过程。选题是否恰当,决定了电视教材的使用价值,而写好稿本,则为编制一部优秀的电视教材打下了良好的基础。由于电视教材是为教学所用,所以电视教材的选题与文字稿本往往由教师提供,导演则需把文字稿本改写为分镜头稿本,用以作为制作组成员工作的依据。

1. 选题

编制电视教材首先要确定题材。选题要根据课程标准和教学内容的要求,从教学实际出发,其根本目的是提高教学质量。选题可以从下面三个方面考虑。

(1)既是教学重点和难点,同时又是其他教学手段难以表达的内容。即①理论性强,说理抽象,学生不易听懂的。②教学内容枯燥,口头讲授效果不佳,学生感到疲乏厌倦的。③形象丰富、动作性强的内容,单靠语言描述费时费力,学生在课堂看不到且不易感知的。

(2)能充分发挥电视手段优势的。即①事物的快速运动或缓慢变化的过程。②宏观景象和微观结构。③受时间、空间的限制,难以组织的实验示教、参观实习等。

(3)能够提高经济效益的。即①教学内容稳定,有长期使用价值。②教学范围大,听课人数多,使用率高。③成本很高的实验项目,现场实习只能少数人看到、听到及要用较长时间、大量费用到外地参观实习的教学内容。④节省教学时间、减少教师重复劳动,有助于提高教学效率。另外还应考虑到现有技术力量和设备条件。

2. 编写文字稿本

文字稿本是用来阐述电视教材声像内容的书面材料,它由画面和解说词两个基本要素组成。文字稿本的编写是在确定了选题的基础上进行的,它决定了电视教材的框架结构,也决定了电视教材的科学性、教育性、思想性,同时,也是写好分镜头稿本的依据。

(1)不同类型的电视教材的表达形式,有不同的文字稿本格式。常用的有以下两种:一是讲稿式,适用于编制讲授型电视教材。由于讲授型电视教材的画面是以教师的形象为主,解说词就是教师的讲解,因此这种稿本主要是编写教师的讲解词。当需要其他图像在屏幕上代替教师形象时,例如插入字幕、板书、图表、静止或活动图像等,才在相应的解说词上作出说明。二是声画式,这种格式适用于图解型、戏剧型和综合式电视教材的编制,它包括详细的画面和解说词两部分,通常把画面与解说词分成左右两边写,左边是画面内容,右边是解说词。见表 4-2。

表 4-2　声画式文字稿本

画面内容	解说词
巍巍群山,云雾缭绕,林木葱郁,崇山峻岭中国地形图,众多盆地闪动。四大盆地……	在我国纵横交错的山岭之间,分布着许多大大小小的盆地,其中有四个著名的大盆地,号称我国的"四大盆地"……

电视教材的最大特点在于它是通过一系列画面按一定顺序串接起来表达教学内容的,画面是电视教材的基础。文字稿本的"画面"栏是把教学内容转化为具体的画面形象用文字表达出来,每一句话都在画面上利用视觉形象表现。画面内容应具有动态性与科学性,要符合教学要求,并有获取与录制的可能。

解说词是文字稿本的另一重要组成部分。所谓解说词,就是解释、说明画面的语词。解说词擅长进行科学的抽象与概括,主要作用是补充画面、提示画面、概括画面和强化画面,因此,解说词必须源于画面,但是不重复画面,要概括画面,但又不脱离画面,要注意准确、科学、精炼、简明、通俗和口语化。解说词的形式有旁白、对白和讲授三种,不同类型的电视教材可以选择不同的解说词形式。

(2)文字稿本的结构。编写电视教材文字稿本和写文字教材一样,要把选择的素材串接起来,有效地表达课题的教学内容,这就是结构。书写文字稿本应结构严谨,层次清楚,并考虑采用什么样的结构来表现主题,根据主题要求,合理地组织已有的材料和需要拍摄的素材。

课堂教学中用的片断电视教材可以无头无尾,头尾部分由教师讲授,但作为一部完整的电视教材,它的结构通常包括三个部分:①开头部分。其作用是交待主题,提出教学目标和要求,引起学生的学习兴趣,激发学习动机,集中注意力等。因此开头部分应该开门见山、直截了当地提出问题,构思力求新颖,充分应用画面的艺术表现力和音响的艺术效果。②中间展开部分。这是全片的核心,要段落分明、层次清楚、突出重点、节奏适中,特别要体现教学方法和教学艺术,用精炼流畅的解说词并辅以电视特技对重点和难点加以强化,激励学生的思维。③结尾部分。结尾是全片的总结,要简洁有力,首尾呼应,发人深思,起到言已尽而意无穷的效果。一般采用呼应开头提出的问题,总结概括、得出结论、形成概念,提出新问题以继续思考,激起进一步学习的欲望。

3. 编写分镜头稿本

分镜头稿本是依据文字稿本写成的供摄、录、编制电视教材用的工作蓝本。分镜头稿本由导演编写,导演根据电视艺术的特点和拍摄的实际需要,把文字稿本中设计的画面的内容、解说词进行艺术再创造,将抽象的文字转化为视觉形象。因此,分镜头稿本是导演意图的体现,是摄像、编辑人员进行创作的依据,是整个片子成败的关键。

二、摄制准备阶段

摄制前的准备工作包括从完成分镜头稿本和开始录制前之间的工作,导演负责做好摄制工作的一切准备,准备工作的好坏直接影响录制工作的质量与效率。准备工作一般有以下几项。

(1)组织全体人员学习讨论分镜头稿本和摄制计划。电视教材摄制工作是集体性的创作劳动,全体摄制人员包括摄像、录像、灯光、录音、美工等都应十分熟悉与了解分镜头稿本的主题思想、具体内容与录制技巧,明确分工,以便互相配合,共同完成摄制任务。

(2)美工、动画材料的准备。导演要指导与督促美工人员,按分镜头稿本与录制条件完成全部美工、动画的材料。

(3)演员,演示过程的排练与试演。

(4)现成视听材料的准备。

(5)联系和落实外拍任务中的地点、单位、摄录对象。

(6)全体摄制人员根据各自职责,准备摄制需要的全部设备和材料。

三、摄制阶段

摄制阶段就是根据分镜头稿本对每个镜头画面内容、景别与拍摄技巧的要求,将摄制内容分别摄录在磁带上。这些未经编辑的镜头画面称为录像素材。

摄像一般分为外景拍摄和演播室内拍摄两种。在整个拍摄过程中还必须注意以下几个问题:①做好场记,便于编辑时查找素材。②要做好拍摄景物的同期录音,以便配必要的现场效果声。③要处理好色调的一致性,摄像、灯光、美工要保证画面在色调上取得一致,色调不一致会影响教学效果和艺术性。

四、编辑阶段

电视编辑是通过电子编辑系统,依据分镜头稿本的序号、长度、技巧,所摄取的素材组接成完整的电视教材,同时,还应写出电视教材的教学指导书,说明教学目标、内容提要、教学方法、学习前的准备等。通常有以下几个环节。

1. 查看拍摄素材、修改分镜头稿本

对摄录的所有素材进行核对、登记,以确定素材是否齐全和有用,根据实际可用的素材修改调整分镜头稿本,作为编辑合成的依据。

2. 画面合成

按照整理后的分镜头稿本将分散的镜头、图文字幕、动画素材等视觉材料逐一编辑成片或用特技手段合成具有完整含义的连续画面。要求镜头组接流畅,运用的动画、特技要适当。

3. 配音合成

将筹备就绪的解说词、音乐、效果声等听觉素材按分镜头稿本的要求混录,最后灌录到编辑好画面的录像带声道上,使解说词和画面同步。配音合成要求音量适当,音乐运用得当,效果声逼真。

4. 字幕

在电视教学片中,字幕的运用十分重要。主要有两种用法,一是在电视录像教学节目中,通过图像和声音来表达教学内容;二是任何一部电视教学片的序言、主要内容、段与段、节与节之间衔接的醒目标题、结束语等都需要用字幕来说明和表达。在加注字幕时,应该考虑篇幅的长短、语句的精炼、字体的大小、位置的协调、色彩的和谐等,只有这样,加注的字幕才能起到深化主题并与内容相辅相成的作用。

电视教材编制完毕之后,通常都要组织有关学科的专家和有经验的教师、教材编导和制作人员对电视教材的质量进行评议和审查,然后再投入使用和交流发行。电视教材的评价标准,主要有四个方面,见表 4-3。

表 4-3　电视教材的评价标准

项目	评价标准	评价等级			
		优	良	中	差
教育性	1. 符合教学要求,目标明确 2. 选题合理 3. 选材恰当 4. 结构符合教学原则和认知规律 5. 有利于提高学生的品德修养				
科学性	1. 科学原则准确无误 2. 材料选择具有真实性、典型性 3. 动画、色彩、环境、场地等符合科学要求 4. 演示、操作准确规范 5. 镜头组接符合科学与生活逻辑 6. 解说准确无误,音效真实,音乐选用合理				

续表

项目	评价标准	评价等级			
		优	良	中	差
艺术性	1. 表现形式生动活泼,手法新颖 2. 构图讲究,用光合理,画面美观 3. 美工、动画、特技运用恰当 4. 镜头组接流畅,节奏恰当 5. 解说、音效、音乐感染力强				
技术性	1. 图像清晰 2. 亮度适中,色彩还原良好 3. 无显著噪声,无彩色镶边和惰性拖尾现象 4. 声画同步,音量控制比例适当 5. 声音无失真、无噪声 6. 画面稳定				

4.3 视听媒体的教学应用

一、视听媒体的教学功能

1. 视听媒体集视觉媒体和听觉媒体的功能于一身,能把知识从静止的文字形态转化为动态的、具有强烈感染力的教学信息,不仅可以为学习者提供丰富多彩、生动直观的感性材料,以弥补学生直接经验的不足;还可以激发学习的兴趣,调动学习者的积极性,从而提高教学效率、提升教学效果。

2. 视听媒体不受时空的限制,能充分表现宏观、微观、瞬间和漫长的过程与事物,拓宽学习者的知识面,并有利于在教学中让学习者深入观察和思考。

3. 视听媒体可以暂停画面或反复播放,以便于学习者更清晰地观察他们所需要进一步了解或巩固的知识。

4. 视听媒体还可以通过复制扩大受众面,便于随时使用,并保持复制的高保真度。

二、视听媒体的教学应用

在教学中,电视媒体作为主要的视听媒体被应用。按电视媒体在教学中应用的形式来分,可以分为系统教学、辅助教学、教学研究活动、各种培训和思想政治教育等。

1. 系统教学

系统教学是指采用电视和电视教材进行整门课程的教学。例如,我国的广播电视大学就是采用这种形式进行教学的。

2. 辅助教学

辅助教学是指教师在传统的课堂教学中采用电视教材进行辅助,是相对教师口头讲授而言的。在授课过程中,教师可以根据教学需要播放有关的录像资料,起到提示或示范的作用,并与教师的讲授构成一个有机的整体。在这种形式的教学中,依然是教师发挥其主导作用。

3. 开展教学研究活动

这也是电视媒体应用的一个重要方面。将有经验的优秀教师的教学经验和课堂教学实况用摄像设备录制下来,供教师们观看、研究。因此,许多教师在本地通过录像就可以学到全国优秀教师的教学经验。除此之外,也可以录制任一研究对象的活动过程,并进行前后比较、研究。

4. 各种培训

电视录像是大面积培训师资的有效手段。根据教学设计,将师资培训教材的重点章节请有经验的教师讲授,并录制成课堂实况系列片,通过电视台发射或分地区放映,供广大教师观看、学习。通过电视录像,可以系统提高在职教师的专业水平和教学水平。

另外,针对实验操作、体育技巧、艺术表演等训练内容,也可以采用电视节目的形式,供学习者观摩、对照、仿效。

5. 思想政治教育

运用电视对学习者进行思想政治教育,比其他教学媒体更加生动活泼,作用更大。比如校电视台就是一个很好的思想政治教育平台。学习者可以在教师的指导下,拍摄发生在身边的事物,制作校园新闻、活动专题等电视节目,并通过学校闭路电视系统播放,起到很好的教育效果。

三、视听媒体应用的局限性

视听媒体在教学中应用有它积极的一面,但也存在局限性。

1. 电视片的制作费用高,技术复杂,要求有较高水平的制作人员。

2. 信息的传播是单向的,学生不能及时提出问题,教师不能及时了解学生的学习情况,缺少反馈信息。

3. 学习者在学习过程中处于被动地位。

4. 过于依赖设备,一旦出现故障,信息传播的质量就会受到影响甚至中断。

5. 不擅长表现静止现象及其细节或相互关系的内容,这时的效果比不上静止的视觉材料。

教学活动建议：

1. 练习电视机、录像机、VCD 的使用，包括电视机频道的搜索、射频信号与视频信号的切换等。

2. 选择一个学科单元内容，编写电视教材。

3. 拍摄并制作一段教学 DV 节目。

第 5 章　计算机在教育中的应用

教学目标：

1. 描述计算机在教育中的应用方式，列举实例；
2. 阐明计算机辅助教学与计算机管理教学的关系及区别；
3. 能够归类计算机教学软件，概述各类计算机教学软件的优势与不足，根据教学需要，选择合适的教学软件；
4. 描述计算机教学软件的开发过程和设计原则；
5. 归纳文字处理软件、电子表格软件与数据库软件的特征，并能恰当运用。

人类社会已经进入"比特时代"。计算机的产生与发展，不仅改变了人们的生活方式、工作方式，也对教育领域中教师的教学方式和学生的学习方式产生了深刻的影响。《基础教育课程改革指导纲要（试行）》提出："大力推进信息技术在教学过程中的普遍应用，逐步实现教学内容的呈现方式、学生的学习方式，以及教学过程中师生互动方式的变革"。[①] 教师如何运用计算机技术设计、支持有效的教学，学习者如何通过使用计算机而成为思考者和问题解决者，已成为日益关注的问题。

5.1　计算机的教育应用

随着信息技术的发展，计算机在教育中的应用，从运用教学软件来促进学习到学校的行政和教务管理等工作，已显示出不可替代的作用。计算机在教育中的应用主要包括计算机辅助教学（Computer Assisted Instruction，简称 CAI）和计算机管理教学（Computer Managed Instruction，简称 CMI）两大领域。在计算机辅助教学中，教学软件的运用、设计与评价发展得较为成熟，并逐步向交互型、网络型和智能型方向发展。计算机管理教学的功能也越来越强大，并在远程教育领域具有很好的应用前景。

5.1.1　计算机教育应用的发展与方式

计算机在学校教育中的应用已有 40 多年的历史，随着技术与网络的发展，其应用的范围越来越广泛，越来越深入。

---

① 基础教育课程改革纲要（试行）．保定：河北教育出版社，2001．13～15

一、计算机在教育中应用的过去、现在与未来

计算机辅助教学源于早期的程序教学活动。1924 年,美国俄亥俄州立大学普莱西(S. L. Pressey)成功制成第一台教学机器;50 年代中期和后期美国著名心理学家斯金纳(B. F. Skinner)和克劳德(Noman E. Groder)分别提出直线式程序教学和分支式程序教学两种模式。程序教学强调对学习进行及时强化,强调自定步调原则和小步子原则。计算机的出现为程序教学提供了一个理想的实现工具,从而产生了计算机辅助教学。[①]

从 1958 年美国 IBM 公司沃斯顿研究中心成功设计第一个 CAI 系统即用一台 IBM650 计算机向小学生教二进制算术开始,以每 10 年作为一个阶段,计算机辅助教学的历史大致可以分为四个阶段。

20 世纪 60 年代中后期,在美国是计算机辅助教学蓬勃发展时期,许多计算机大公司纷纷投入力量和资金进行计算机辅助教学的研究。斯坦福大学、宾夕法尼亚大学等五六个大学陆续研制了 CAI 系统,1967 年,美国成立了"计算机教程公司"专门生产各种教学课件。但这一时期计算机价格昂贵,教师缺乏经验和训练,再加上教育经费削减,风行一时的计算机辅助教学计划被迫中途停顿。

70 年代,由于小型机和微型计算机的出现,计算机价格大幅度下降,功能大大增强,一些大学和中学开始用计算机来管理教学和进行程序语言的教学。与此同时,教学软件的数量和种类迅速增长。据统计,到 1975 年美国有 500 多个具有一定规模的教学系统在运行,例如著名的 PLATO-IV(Programmed Learning And Teaching Operation 的简称)系统可提供 2000 多门课程的教学课件,允许上千名学生在不同地方同时学习各自希望学习的课程,它可以连接 4000 台教学终端,遍布于北美 200 多个地区,每年可提供 7000 套教学程序。

80 年代初,美国教育计算机和教育软件的数量已占整个计算机市场的三分之一,形成了强大的计算机教育产业。人们对计算机文化的理解日益深入,许多教育者开始认识到信息社会对大量人才的要求主要是会使用计算机而不是会编程,学校应让学生用计算机作为工具进行学习。同时这一时期由于认知心理学的兴起,出现了许多以认知心理学为指导的教学软件。

90 年代以来,随着计算机多媒体技术的出现和互联网的广泛应用,计算机辅助教学朝着智能化、网络化的方向发展,交互功能更加强大,信息资源更加丰富多彩,网上教学形式应运而生,出现了虚拟教室、虚拟实验室、虚拟大学等,通过网络进行学习的学生和机构也迅速增加。据统计,1994 年美国有 50％的学生使用网络学习,1997 年增长到 88％,2000 年美国有 95％的学校和 72％的教室与 Internet 相

---

① 普莱西等著. 刘范等译. 程序教学和教学机器. 北京:人民教育出版社,1964.57～64

连。

　　日本、加拿大、英国等国家对 CAI 的研究从 20 世纪 60 年代后期逐步开始,到 80 年代出现长足的发展。例如,英国从 1980 年开始执行 MEP(Micro-Electronics Education Program)计划发展计算机教育,从以计算机为基础学习 CBL(Computer-Based Learning)出发,开展 CAL(Computer Assisted Learning)和 CML(Computer Managed Learning)活动,现在这一计划已延伸到大学教育中,称为 MESU 计划(Micro-Electronics Support Unit)。[①] 日本政府从 1984 年开始非常关注计算机教育的发展问题,1986 年文部省投资 20 亿日元进行计算机辅助教学的研究工作,1995 年,日本开始实施"100 所中小学联网"实践研究。[②]

　　我国对 CAI 的研究与应用开展得相对较晚。80 年代初期,一些高等学校开始在 Cromemco 和 Apple II 等微型机上开发计算机语言教学系统和数学、物理辅助教学软件。1984 年以后,开发了一批在教学中得到实际应用的教学课件,如华东师范大学的 ABC-BASIC 语言教学系统等,同时课件开发环境与工具也得到了发展。[③]

　　进入 90 年代以后,我国在教育技术理论和方法、远程教育、计算机多媒体教学、教学设计等方面的研究取得了突破性的进展。高等教育司在 1993 年和 1994 年分别组织高等工科和理科院校成立了 CAI 协作组。1996 年"计算机辅助教学软件研制和开发"被列入国家"九五"重大科技攻关项目。至 1998 年底,我国中小学校安装计算机总数近 100 万台,家庭电脑近 400 万台,配置计算机房的学校达到 6 万所;在高等教育方面,全国有 450 所高校接入中国教育科研网 Cernet。1999 年 3 月教育部推出《面向 21 世纪教育振兴行动计划》,倡导计算机辅助教学软件的开发和校园网建设;2000 年颁布"关于在中小学实施'校校通'工程的通知",计划用 5~10 年时间,使全国 90％左右的独立建制的中小学能够上网,使中小学师生都能共享网上教育资源,提高所有中小学的教育教学质量,使全体教师能普遍接受旨在提高实施素质教育水平和能力的继续教育。[④] 这为我国教育信息化的发展提供了前所未有的良机。

　　计算机在教育中的应用,现在已越来越向多媒体化、智能化、网络化方向发展,教学软件与新的学习方式如探究学习、合作学习、自主学习等的结合成为主流趋

　　① 汪振海,潘秀华,张丽静. 英国中小学信息技术教育的最新发展及其对我国的启示. 电化教育研究,1999,(4):86~89
　　② 张昌文. 多媒体电磁学教学可视化研究. 中国优秀博硕士学位论文全文数据库,2003.31
　　③ Zhang Chuan de. Computer-Based Education in China. Educational Technology,July 1986,41~43
　　④ 中华人民共和国教育部文件(教基[2000]34 号). 关于在中小学实施"校校通"工程的通知

势。[1]

二、计算机在教育中的应用方式

计算机在教育中的应用涉及教学、科研和管理等各个方面,可以从多个角度出发对它的应用方式进行分类。

1. 按照功能分类

从计算机应用的功能上来看,计算机在教育领域中的应用方式包括计算机辅助教学和计算机管理教学。

计算机辅助教学指的是用计算机作为主要教学媒介所进行的教学活动,即用计算机帮助或代替教师执行部分教学任务,传递教学信息,对学生传授知识和训练技能,直接为学生服务。

计算机管理教学是以计算机为主要处理手段所进行的教学管理活动。目前,人们对 CMI 的理解有两种:从狭义上看,认为 CMI 是利用计算机指导整个教学过程的教学管理系统,包括管理教学计划和教学资源,以及帮助教师构造测验和评分等;从广义上看,则认为是计算机在学校管理中的各项应用,包括教学管理、学校行政管理、学校其他资源管理等等。

2. 按照对象分类

从计算机应用所面向的对象来看,计算机在教育中的应用可以分成学习计算机(learn about computer)、用计算机学习(learn with computer)和从计算机学习(learn from computer)三个方面。

学习计算机是指把计算机作为学习对象,其内容包括计算机的基础知识、基本技能及对社会的影响等三部分。

用计算机学习是指学习者把计算机作为一种学习工具,主要包括用计算机来完成获取和保存信息,处理、交流和运用信息等。

从计算机学习是指教师把计算机作为一种辅助的教学工具,完成诸如辅助教学、辅助测验、管理教学等工作。

另外,美国著名的计算机专家泰罗(Robert Taylor,1980)提出了著名的 3T 模式,将计算机在学校中的应用划分为:①计算机作为辅导者(the computer as a tutor),进行教学和管理工作;②计算机作为工具(the computer as a tool),学生使用工具软件如文字处理、电子表格或数据库等进行学习;③计算机作为被辅导者(the computer as a tutee),学生通过编程使计算机完成一定的任务,以此实现并检验学生的解题思路,培养学生分析问题的能力。

---

[1] M. D. Roblyer, Nancy Vye, Brent G. Wilson. Effective Educational Software, Now and in the Future. Educational Technology, September-October 2002, 7~11

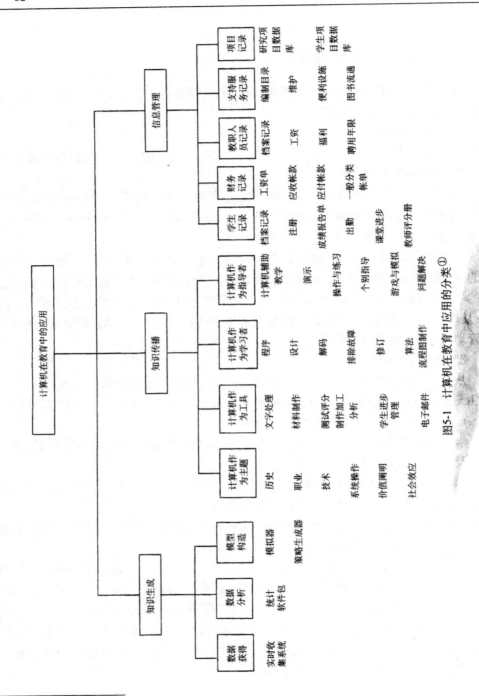

图5-1 计算机在教育中应用的分类①

　　① Gerald A. Knezek，Sidney L. Rachlin，Peter Scannell. A Taxonomy for Educaional Computing.
Educational Technology，1988，(3)：15～18

后来,克耐什克(Gerald A. Knezek)、拉克林(Sidney L. Rachlin)等人在一次夏威夷的教师和教育管理者工作会议中,在原来的 3T 模式上又增加了一项内容,即计算机作为主题(the computer as a topic),而且他们还将传统的应用从"教学"拓展成为一个宽广的领域称为"知识传播",并组合"信息管理"、"知识生成"两个领域,形成了计算机在教育中应用的一个大框架(见图 5-1)。

5.1.2 计算机辅助教学

计算机辅助教学是以计算机为主要教学媒介所进行的教学活动,可以代替教师完成部分教学活动。

一、计算机辅助教学的原理与特点

教学活动本质上是教师与学生之间的交流互动过程。加涅根据学习过程的内部心理加工环节,提出了教学过程所应包含的九个教学事件:引起注意、告诉学习者目标、刺激对先前学习的回忆、呈现刺激材料、提供学习指导、诱引学习表现(行为)、提供反馈、评价表现、促进记忆和迁移。而以教学软件为基础的计算机辅助教学,也是完成这九个教学事件中的一个或多个事件。[①] 计算机辅助教学,实质上是利用计算机来处理和传递各种教学信息。教学信息主要包括教学内容信息、教学控制信息、教学反馈信息以及评价与诊断信息。[②] 图 5-2 显示了教师、学习者、计算机三者之间的关系。

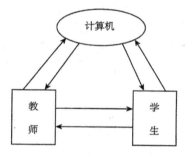

图 5-2 教师、学习者、计算机
三者之间的关系

日本著名的课程专家佐藤学(Sato Manabu)认为"计算机不同于其他教育技术学的机械,它本身就是在教育过程中能动地发挥特有的作用,给教师、学生、知识与社会的相互关系带来质的变化的机械"。他认为计算机功能的特征是"其一,由于计算机是有效地进行大量的信息存储与处理的机械,正如 CAI 所体现的,存在着成为教育的主体式代理人的可能性,可以代行教师的部分作用。其二,计算机是以信息处理为中心的思维、作业与表达的工具;由于深深地嵌入了人的认知、思维与表达的内部过程之中,它是控制、表达该过程的工具。所以,是给学校知识的含义与性质、学习的含义与性质带来变化的机械。其三,计算机也使得封闭于课堂的学习环境为之一变。因为,计算

---

① M. D. Roblyer. Integrating Educational Technology into Teaching. New Jersey: Pearson Education, Inc, 2003. 87~88

② 项国雄. 计算机辅助教学原理与课件设计. 西安:电子科技大学出版社,1997.7

机是可以快速地对校外的庞大信息进行存储,同种种的机构与人们形成网络的机械。"①

计算机辅助教学有以下几个显著的特点。

1. 交互性

计算机媒体与以往任何其他的单向视听媒体如广播、电视等最大的区别就是它具有交互性。莫尔(Moore,1989)描述了在教学活动中一般包括三种交互:①学习者和教学内容之间;②学习者和教师之间;③学习者相互之间。由于媒体本身的特性,在 20 世纪三分之二的时间里,教学媒体最主要的是作为学习者和教学内容相互作用的手段而被使用。而计算机出现以后,类似于反馈、操作、电子邮件、聊天室、BBS、虚拟社区等途径经常作为学习者与教师、教学内容、其他学习者相互作用的手段,真正实现了更广泛的交互。② 在交互活动中,学习者可以由计算机的反馈立即得知结果,获得鼓励、帮助与提示,并且在与计算机之间、其他学习者与教师之间实现广泛的交流,形成一种开放、积极的对话型学习环境,从而习得知识与技能,完成整个学习过程。

2. 多媒体性

计算机辅助教学软件集成了多媒体计算机技术,综合运用符号、文字、声音、图形、动画和视频图像等多种媒体信息,能创设图文并茂、有声有色的教学环境,为教师教学提供形象的表达工具,有效地激发学习者的学习兴趣。

同时,由于多媒体采用了图形交互界面和窗口交互操作技术,人机交互能力也大大提高。

3. 个别化教学

个别化教学是指可以按照学习者的个人特点因材施教,它包括以下三个方面:自定步调,在计算机辅助教学中学习者可以自己控制学习内容和学习进度;难度适宜,在学习新的内容时,计算机能对学习者进行前测,确定学习者当前的知识水平,提供最合适的学习材料;适应个性,学习者学习风格各异,CAI 具有人-机对话的特点,他们可根据自己的需要和兴趣,"指挥"计算机的运行。

交互性、多媒体性、个别化教学是计算机辅助教学最基本的特点。当前,计算机辅助教学也支持合作学习,通过某些教学软件以及网络环境鼓励学习者之间开展有效合作。

---

① 佐藤学[日]著,钟启泉译. 课程与教师. 北京:教育科学出版社,2003. 164
② Robert A. Reiser. A History of Instructional Design and Technology:Part 1:A History of Instruction Media. ETR&D. No. 1,2001. 53~64

二、计算机辅助教学软件[①]

CAI 教学软件(或课件)是用来传递和辅助某一主题的教学的应用软件,是为开展教学或支持学习活动而开发的程序,它反映了利用计算机进行教学活动的人-机交互方式和所运用的教学策略。

根据 CAI 教学软件教学功能的不同,可以分成操练与练习型课件、指导型课件、模拟型课件、教学游戏型课件以及问题解决型课件。值得注意的是,虽然每一种教学软件都有其明确而不同的特点与用途,很多的教学软件因为以下原因而不能简单地归类:①软件包中包含不止一个活动;②教学软件成为多媒体课件。

但是,分析一个软件包中所有的活动,并将每一种活动都按照其教学功能归类,对于教师的教学非常有用。也许不能够认为整个教学软件包是指导型或操练型,但是可以按照它是否提供了技能练习或解决问题的机会来确定一个具体活动的类型,从而选择不同的教学策略开展教学活动。

1. 操练与练习型教学软件

操练与练习型课件一般提供两个教学事件:为学生提供练习,然后给予反馈。在大多数情况下,这种教学软件并不向学生传授新知识和新技能,只是用来巩固和熟练某些知识和技能,提高学生回忆知识和完成任务的速度和准确度。

最基本的操练与练习课件经常通过一种简单的卡片形式(flashcard)来实现,学生在屏幕上看到一个或一系列问题,作出回答,计算机给予反馈。当学习完一个页面(一张卡片)后,再进入下一个页面。以小学英语单词拼写

图 5-3 操练与练习型教学软件实例
(小学英语单词拼写练习)

练习的课件为例(见图 5-3),计算机首先向学生呈现一个问题"What's it in English?",让学生输入一个答案。学生可以直接从键盘上输入答案,也可以从多个选项中选择一个答案。计算机对学生输入的答案即时加以判断并给予反馈,如果做对了就进入下一题,否则让学生重做或显示适当的提示。

也有一些较复杂的操练与练习型课件,具有一定的自适应能力。首先教学软件根据学生回答的前测问题确定学生掌握知识和技能的水平,然后根据不同的层级水平决定是否加大题目的难度或换另一组题目;若学生的回答达到一定的错误

① M. D. Roblyer. Integrating Educational Technology into Teaching. New Jersey:Pearson Education , Inc,2003. 87~109

率,程序则可能会降低难度或退回到原来的程度重新练习。

比较典型的操练与练习型教学软件有杨伯翰大学用 Pascal 语言开发的国家儿童光盘(The First National Kidisc),它可以帮助学生辨别九十多个国家国旗的名字。

与传统的纸笔练习相比,操练与练习型课件具有以下优点:

(1)反馈及时   学生每做完一个题目,就可获得即时的反馈信息,因而不会导致学生反复练习错误。每个学生所需完成的题目通常由软件固定给出,或根据学生回答情况而定,这就在一定程度上保证了量的适当。

(2)激发动机   影像、图形和声音的运用,即时反馈中的鼓励信息,成绩排行榜功能的设置等等,能够增加学生做操练和练习的兴趣,并延长有效持续该活动的时间。

(3)成绩保存   操练与练习型课件可以记录每一位学生所做练习的类型、所花的时间、获得的成绩以及所处的名次。教师可以通过这些内容了解学生掌握知识和技能的现状与进步情况,以便决定下一步的教学。

操练与练习型教学软件是人们对计算机最早和认识最透彻的教学使用方式,也是最被人们诋毁的课件活动,其根本原因是很多人认为这是过时了的教学方法。批评者认为介绍孤立的技能然后引导学生直接练习,这与让学生在情境中学习知识和掌握技能的建构主义理论是相矛盾的。而且,有些人认为这种课件活动太过机械化,学生很容易厌倦。

虽然新课程越来越强调问题解决和高级规则的技能,但是许多教师仍然认为操练与练习活动可以引起学生更快地回忆知识,以作为进一步学习新的概念的先决基本技能。

要让操练与练习型课件在教学中取得理想的效果,就必须采用适当的方法和措施。具体而言,以下几方面是应该注意的:

(1)并非所有的课程领域都适合于使用这类课件。一般来说,基本的算术运算、语言词汇的拼写、地名事实的记忆、标点技能以及中英文打字练习等学习任务比较适用于操练与练习。如果要让阅读和计算等基本技能达到"自动化"水平,即能够不假思索地完成某些简单的任务,则操练与练习型课件也是非常有效的一种选择。

(2)对正确答案的恰当的反馈以及正确的强化。并不是所有的程序都提供反馈,如果学生回答问题是有时间限定的,那么他们也许会觉得快速答题会更刺激,反馈应该简洁明了。当反馈运用影像图形或声音时,必须恰当应用而不能滥用,否则可能喧宾夺主,分散学生对练习本身的注意,甚至会误导学生的行为。例如,在一个曾经非常流行的计算机辅助数学操练软件的早期版本中,每答对一题都会赢得一张笑脸,而答错两题及以上则会产生一个全屏的动画——一张哭丧的脸,学生觉得这非常有趣,结果很多学生试着答错题目以观看这一画面。有些操练与练习型课件还利用游戏或竞赛等手段来激发学生的兴趣,也同样应注意上述问题。

(3)练习呈现的速率可以由学生自己控制。如果问题回答没有限时,则学生进入下一个问题以前应该有足够的时间回答问题并检验反馈。

在教学中使用操练与练习型课件有很多种方式,既可作为全班的课堂练习,也可以个别布置的方式作为补充或代替家庭作业。尽管人们日益强调问题解决和高级规则技能,但是在未来的一段时间里,操练与练习型课件在很多方面仍然有用。教师应该寻求这些程序能够完成的最佳功能,根据需要进行选择和使用,而不是简单地认为已经过时而忽略它们。

2. 指导型教学软件

指导型课件利用计算机来传递关于某一主题的整个教学过程,它扮演讲课教师的角色,向学生传授新的知识或技能。这类教学软件一般都比较完整,学生使用这类软件就能完成学习活动。

指导型课件可分为直线式指导型课件和分支式指导型课件。简单的直线式指导型课件,对所有学习者呈现相同的解释、练习和反馈,而分支式指导型课件则是沿着学习者选择的路径展开教学活动,该类课件的复杂程度由课件分支的数目和对学生所需的教学类型的诊断决定。

指导型课件包括操练和练习程序,它除了具备操练型课件的优点(及时反馈、激发动机、节省时间)外,还有如下优势。

(1)自定步调的学习 由学习者自己确定学习的进度,不必与班级其他人保持同一步调,因而不会出现"吃不饱"、"撑不下"的现象。

(2)可选择的学习策略 提供各种途径呈现材料,支持不同的学习策略。

(3)代替教师 当某些学生的学习领先或落后于班级时,可以由指导型课件来代替教师提供所需的教学或补救工作。在远程学习或自学考试中,学习者无法获得面对面的课堂教学时,指导型课件是很好的教学材料。

指导型课件由于在技能上传递传统的教学而引起了人们的批评,它们不是让学习者在发现学习和开发项目中获得学习经验。另外,要设计和编写一个优秀的指导型课件相当困难,设计者必须知道这一专题的学习任务、学习者应该遵循的学习顺序、有可能出现的常见错误并提供教学和反馈以纠正这些错误,以及如何最佳地解释和说明概念的本质。因而,很多指导型课件并不能真正达到优秀教学软件的标准。

优秀的指导型课件除了要符合一般的标准以外(见本章后面课件评价表),还应具备如下标准。

(1)大量的交互活动

对指导型课件批评最多的就是它们是"电子翻页机(electronic page-turn-

4. 游戏型教学软件

教学游戏(Instructional Games),就是计算机以游戏的形式呈现内容,产生一种带有竞争性的潜在的学习环境,从而激发学生积极参与,起到"寓教于乐"的作用。与一般的电子游戏类似,教学游戏通常都有一套明确的规则,具有竞争性,最后一定有赢家和输家。游戏大多数在学生与计算机之间展开,也有些是联机游戏,学生之间可以展开竞争。教学游戏从其他课件类型中分离出来的共同特征是:游戏规则,竞争或挑战因素,以及有趣或娱乐形式。教学游戏通常是包含有游戏规则的操练型课件或模拟型课件。

多数教学游戏是为了锻炼学生的决策能力而设计的。由于一个游戏包括许多步骤,每一步又面临着多种选择,这就迫使学生尽可能地应用他们所学的知识寻求取胜的策略。"How the west was won"(如何取胜西部)是著名的 PLATO 系统上的一个算术游戏程序。在该游戏中,对抗的双方从 Tomb Stone 出发,途经六座城市,以最先到达终点 Red Gulch 的一方为胜者。计算机轮流为每位游戏者产生 3 个随机整数,游戏者用该 3 个数构成一个算术式,计算机则根据此算术式的值将他的棋子移动相应的距离,所移动距离的大小取决于他所设计的算术式。例如,假设计算机产生 3 个数 2、3 和 4,若学生给出算术式 $3 \times 4 + 2$,他只能进 14 站,若给出 $4 \times (3+2)$,则可前进 20 站,可见该游戏能充分地促使学生去综合运用整数四则运算的知识。

目前,由于许多青少年整日沉迷于游戏特别是计算机游戏,使得人们对游戏产生了一种偏见。有些教师认为,游戏型课件让学生"名正言顺"地逃避学习。如果运用游戏型课件教学,获得游戏的胜利可能会成为学习者最主要的关注点,从而脱离了学习的最本质价值,在追求目标的过程中丢失了教育目的。因此,教育者对游戏型课件一直是各持己见,也不乏许多担忧的成分。

教师在运用和设计教学游戏课件时,应注意以下几点。

(1)始终以教学目标为准绳

教学游戏型课件的价值是同时作为教育性和动机激发性的工具,它不是单纯的娱乐活动,而是试图通过游戏的形式达到具体、明确的教学目标。

(2)课堂教学不应该完全由这类活动组成

教师将游戏型课件作为其他活动的点缀来保持学生的注意是最佳的做法。

(3)游戏中的形式应当多样化

那些一味地靠打斗动作来获得娱乐效果的做法,已经受到越来越多的批评。

(4)游戏的难易要有层次

要根据教学目标制定不同的游戏级别,避免因同一水平的单调、重复而使学生乏味。

一般地,教师在以下教学情形中,可以考虑利用游戏来激发学生的学习动机:

①代替书面学习任务和作业 这一角色类似于操练和练习型课件；②培养小组合作 游戏的交互和激发动机的性质，能帮助学生对主题产生兴趣，并为小组之间展开竞争创造机会，可以作为小组合作的基础或入门；③作为一种奖励 当学生圆满地完成学习任务以后，教师可以用游戏型课件作为奖励。

5. 问题解决型教学软件

问题解决（Problem Solving）是指在教学中创设某个问题情境，让学生自己去解决那些与实际背景较接近的问题，其主要目的是培养学生解决问题的能力。谢尔曼（Sherman，1987～1988）认为所有的问题解决包括三个组成部分：识别目标（解决问题的机会）、智力活动（追求解决方案的认知操作）和过程（身体活动或操作的一种顺序）。他指出，问题解决能力取决于"知识、先前的经验以及动机和其他许多因素"，并提出解决问题的各种子技能包括元认知、观察、回忆信息、排序、分析、查找和组织信息、推断、预测结果以及阐明构想等。

问题解决型教学软件可以分为两类，一类是教学知识领域的技能，最主要的是数学，如由 Sunburst 公司制作的"The Geometric Supposer"（几何猜想者），鼓励学生通过绘画控制几何数字来学习解决几何问题的策略。另一类集中关注一般技能，如回忆事实，将一个问题分解成一种步骤顺序或预测结果。

许多问题解决型课件中采用了不同的方法来教问题解决技能中的每一种技能，如挑战策略、谜语游戏冒险、模拟，有的还包含问题—解决的"环境"。建构主义者认为，许多问题解决型课件是为实现建构主义策略而设计的，例如，将学生置于一个高度激发动机的环境中，为学生创设观察知识如何在实际问题中运用的机会，呈现有趣或启发性问题，鼓励小组合作讨论解决问题等。

问题解决型课件和模拟型课件有时没有明确的界限，不过问题解决更偏向于问题解决策略和操作技能的习得。例如，一个叫作《工厂》的软件让学生通过选择机器设备并用正确的顺序放置来进行生产。由于程序强调用正确的顺序解决问题而不是演示在工厂如何操作，它应更恰当地被称为问题解决型活动而不是模拟型活动。

部分教育研究者认为直接尝试教学问题-解决策略可能会对某些学生产生相反的结果。梅斯（Mayes，1992）在研究报告中指出"用来解决问题的数学序列步骤可能会对有较强学习能力的学习者自身的有效加工过程产生干扰"。而布洛瑟（Blosser，1998）认为若教学策略不适合于特定类型的学生，则问题解决教学可能不会产生预期的结果。例如，有高度数学焦虑和可视化程度较低的学生，只有在问题解决教学中运用了视觉化方法才会取得较大的进步。

另外，当涉及知识与技能的迁移问题时，虽然某些教育者认为一般的问题解决技能如推断和模式识别等会转换成具体知识中的技能，但是并没有充分的数据事实来支持这一观点。例如，在 20 世纪 70 年代和 80 年代，美国许多学校认为，编程中所需的排序技能会转换成数学中的问题解决技能,于是在数学课中教编程,而研究结果却表明并非如此。

教师在教学过程中运用问题解决型课件应该注意以下几点。

(1)允许学生有足够的时间探索,并与软件交互,同时为学生分享和讨论结果提供一定的指导和帮助,如时间计划、策略提示等。

(2)建立一种反思性学习环境,让学生讨论他们的学习以及使用的方法,并建立日志。

(3)强调思考过程而非正确答案。

(4)指出课件技能和其他类型的问题解决活动之间的关系。

教师可以运用问题解决型课件培养和发展学生解决问题的技能。例如,解决一种或多种知识领域的问题,如建立几何方程式;在科学课程的探究学习中,识别问题,提出假设,收集资料,验证和得出结论;发展一般的问题解决技能,如观察、拆分、排序、推理、预测等。

三、计算机辅助教学软件的创作

计算机辅助教学软件本质上是一种计算机应用软件,它的创作过程和方法与一般的软件工程的开发有许多相同的地方。一个高质量的教学软件的制作通常需要制作小组中全体人员的通力合作,要对制作过程的各个步骤和任务做出具体的规划。

1. 教学软件的开发模式[①]

自计算机辅助教学产生以来,有关专家及其教育软件公司形成了许多教育软件开发模式,其中最古老最著名的开发模式是"瀑布模式"(waterfall model)。瀑布模式要求在软件开发过程中运用系统化、有序化方法(systematic, sequential approach),它以对用户需求的评价开始,包括设计、开发、测试和维护等过程,见图5-4。

20 世纪 90 年代初,有关研究人员改进了该模式,形成了生命周期模式(见图5-5),并指出要开发出可靠的、有意义的教学软件需要多学科人员组成的小组共同努力。

生命周期模式将软件开发过程分成一系列连续的活动。每一个阶段要求明确地输入信息,有明确的过程与步骤,得到明确的结果;要求软件开发过程中每一个给定的阶段结束时都有一个核查的过程,以监控获得的结果是否满足前一阶段建立的特殊需求。此外,高质量的教育软件的开发是永无止境的,它需要不断地为未

---

① J. Wey Chen and Chung-Wei Shen. Software Engineering: A New Component for Instructional Software Development. Educational Technology,1989,(9):9～15

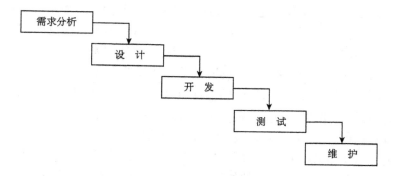

图 5-4 软件开发"瀑布"模式

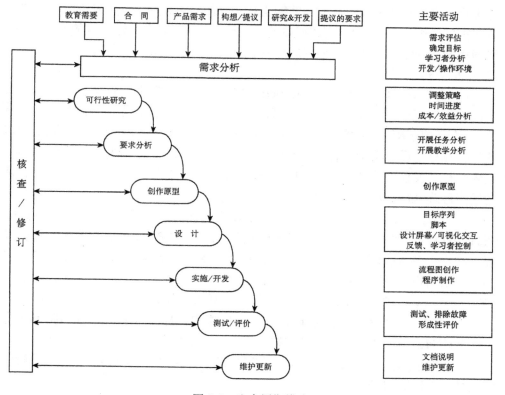

图 5-5 生命周期模式

来的更新与改进接收反馈。以下为生命周期模式的各个开发阶段。

（1）需求分析阶段 教学软件一般是为了解决教育教学中的问题或促进更好的学习，往往开始于某一构想。在开发之前，可以先对可能的用户进行调查，收集数据和资料。需求分析阶段一般应考虑以下问题：可能的用户有哪些，是否具有市场潜力；应用场合和应用环境是什么；教学软件的功能是什么，解决什么问题，实现怎样的目标；是什么类型的教学软件，用其他方法能否实现相同目的；开发难度如何，是否有足够的人力（教学设计者、美工、编程人员等）、物力、财力的支持。

（2）可行性研究阶段　在这一阶段，教学软件开发者将对所要解决的问题进行更明确的定义，讨论可能的策略，形成选择策略的标准，并构思需要开展什么样的课程活动。然后对策略是否可行做出决定，提出教学软件的一个粗略框架，估算大概的成本以及开发这一软件的收益，最后形成计划书或报告书。

（3）要求分析阶段　在需求分析阶段和可行性研究阶段，开发者确定了初步的目标和产品形式，确定了教学软件的价值和意义，在要求分析阶段开发者要进行任务和内容分析，确定开发小组中教学设计者、编程人员、美工设计者等的主要任务，并确定它必须能够完成什么动作才能实现要求的功能。要求分析阶段结束时要形成要求的详细说明，它规定完成产品的任务分工，限定解决问题所需的产品行为，清晰而精确地描述必要的功能、教学的内容以及作为训练的部分行为任务，设计的限制、特征和最终的界面。

（4）创作原型（prototype construction）阶段　教学软件在本质上通常具有高度的交互性，要书面描述一个软件产品并非易事。原型创作是一个有限的工作模式，具有类似于模板的功能，开发人员可以不断地进行调整和修改。进行原型创作是为了充分地设计出用户满意的界面，以及按照用户的期望所能完成的部分功能。它还包括开发程序的各种方法，可以根据开发小组的意见和用户的反应非常容易地进行修改，以形成最终的产品。

（5）设计阶段　在设计阶段，开发人员需明确软件组成部分及其他们之间的关系，详细说明软件的整个结构，记录设计决策的讨论和确定；教学设计者确定教学顺序和文本，并且研究交互活动、学习者控制和反馈功能；美工设计者设计文本和图片显示的格式，设计屏幕的结构；最后，教学设计者和美工设计者一起合作形成脚本。脚本是描述每一个计算机画面显示的详细说明，为实施阶段提供设计蓝图。

（6）实施/开发阶段　在实施阶段之前，以课程目标与内容、教学计划、具体的教学策略与活动为体现形式的详细的教学设计只是存在于书面上。教学软件开发的实施阶段就是要把详细的教学设计和脚本编码转换成计算机程序。这一阶段以生成真正的教学软件为结束点。

（7）测试/评价阶段　程序开发完成后必须经过彻底的测试与评价。测试的目的是为了确定软件的实施是否满足要求，检查是否出现故障，并检测执行整个程序是否有物理或逻辑错误。

（8）维护更新阶段　对教学软件的说明和维护是软件产品使用的必要组成部分。文件说明在开发过程的各个阶段都要不断地进行修改，它必须包括程序的目标阐明、软件运行的最低硬件环境、如何下载和执行文件的指导、错误消息和故障排除四个部分的内容。产品发行后,对教学软件的维护和更新是非常重要的,修订的过程如果通过程序代码和伴随的文件说明将会更加容易。事实上,若没有文件说明,要实现对大型教学软件的维护几乎是不可能的。至此,生命周期模式进入下一个循环。

生命周期模式已被证明是一个非常好的软件开发模式,成功的产品如 Tur-bopasal,Word Perfect 和 Lotus 1-2-3 就是运用生命周期模式开发的比较典型的范例。在这一模式中,可以运用原型创作先测试课件设计的正确性和是否满足产品的功能性要求,架构起预期的产品和产品详细说明之间的桥梁。运用生命周期模式完成的产品,经过了各个专家的合作努力,并且每个设计阶段都经过严格的评价,因此教学软件的最终质量都比较高。由于问题和错误可以在开发的早期阶段就被发现,因而可以减少开发和维护的成本。

2. 教学软件脚本的设计

脚本是开发教学软件的蓝图,是教学软件开发过程中最关键的步骤。计算机教学软件涉及各种多媒体素材,脚本不仅要规划出各项内容及其素材的显示顺序和步骤,还要描述其间的分支路径、衔接的流程、素材的组合,以及每一步骤的详细内容。脚本设计主要包括人机界面(屏幕)设计和交互设计。

人机界面设计的内容主要有信息设计和美工设计。[①]

信息主要是指用户可以在教学软件中看到或听到的内容,包括文字、动画、图形、图表、语音、按键(链接)、音乐以及音效等。一般地,每一种媒体的表现形式都有其各自的擅长之处,文字适合于表现概念和抽象的思想,图形可以有效地传递空间信息,动画可以表现运动图像,展示事物发生、发展过程,视频影像适于表现来自真实生活的事件和情境,语音在与影像、动画信息结合时更能增强信息的传递,音响可以表示事件的示意、反馈信号,而音乐则可以渲染情节与气氛。

设计脚本时应根据信息的特点来选择媒体表现形式,取长补短,互为补充。其中值得注意的是媒体之间可以互相支持,也会互相干扰,并不是采用的表现形式越多越好。

美工设计的主要目标是让用户使用教学软件时,较好地理解制作者所要传达的信息,并能体会软件创设的情境。经美工设计的画面主要是借由文字与图形的颜色、造型、版面配置等表现出主题的旨趣、美感与风格。美工设计要考虑屏幕的整体布局和色彩的配置。

屏幕的布局要协调统一,注意上下左右的平衡和错落有致;要提供足够的信息量,又要简明;屏幕上所有对象、窗口、按钮、菜单等处理应一致化,使对象的动作可预期;对象显示的顺序应按照教学顺序的过程排列,显示的命令、对话及提示在同

---

① 徐照麃. 教学媒体:系统化的设计、制作与运用. 台北:台湾五南图书出版社,1999. 500

一个教学软件中应尽量统一。

颜色的调配是美工设计的一项重要内容,运用色彩时应注意两个方面:①色彩具有不同的代表意义,例如,红色让人感到喜庆、兴奋,白色让人觉得纯洁、干净、清爽;紫色象征着高雅、浪漫,橙色代表了欢快、甜美、收获;绿色代表了充满青春的活力、舒适、希望等等。②限定同时显示的色彩数量,一般同一画面不宜超过 4 或 5 种颜色,可用不同层次及形状来调配颜色,增加变化,文字中除特殊字词外,尽量用同一颜色。③色彩的搭配,色彩具有冷暖、亮暗、对比度等问题,还有些色彩是不兼容的,例如,在红色背景上显示蓝色的文本让用户阅读,将是一项困难重重的挑战,其他一些鲜艳颜色的组合方式如紫色为背景的黄色显示,绿色为背景的紫红色显示等也不利于用户获取信息。而如果色彩对比度太弱也难以取得理想效果,例如白色背景下的黄色字母或者黑色背景下的棕色字母等。①

人机界面设计不仅借助计算机技术,还依托心理学、认知科学、语言学、音乐、美术等多方面的理论和方法,屏幕设计最终应该让人觉得愉悦,并能指导用户注意到最重要的信息。

多媒体计算机与电视、电影的最大不同之处,在于它与用户之间可以实现交互功能,因此交互设计是脚本设计的重要内容,用户可以通过菜单、热键按钮及超链接的提示改变对教学软件的控制。一般地,基本的交互设计原则有以下几条。

(1)一致性原则　即从任务、信息表达、界面控制操作等方面与用户熟悉的模式尽量保持一致。同一个教学软件中同样的界面对象在格式和功能上应该力求一致,同样的图标或具有同样图案的按钮应该产生相同的行为,这样做能够减少学习者的认知负担,避免引起思维上的混乱或无所适从,而且可以通过提供熟悉的模式来增强认知能力。

(2)清晰性原则　对话框的对话、屏幕画面的控制、按钮对象要力求简单、标识清楚,界面对象应加以归类分组或区块化,以最简单的方式呈现。

(3)敏捷性原则　以最直接、最快速的方式让用户了解他的指令已经获得接受且正在被执行,避免因等待时间过长引起学习者的不满。

(4)容错性　系统本身应具备足够的能力来避免用户产生错误的输入和不当的操作。一旦错误发生,也应在错误发生后为学习者提供补救的机会和复原的方法,并确保一些预料之外的操作不会对系统数据造成破坏。

(5)易学易用性　界面设计应通过任务提示和反馈信息来指导用户,应依据用户的命令以用户的步调来运行,用户能从当前状态预测下一步该做什么。

---

① 　Ben Shneiderman 著. 张国印,李健利等译. 用户界面设计. 北京:电子工业出版社,2004. 255~258

四、教学软件的评价与选择

随着计算机技术的发展,各种各样的教学软件层出不穷,从个人开发到团体合作,乃至国家、省、市等各级教育部门的资助项目或商业性软件,都各展其姿。教育者逐渐认识到,只是将常规的教学过程简单地搬到计算机上并不能保证发挥教学软件作为教学工具的潜在实力,事实上有些产品并不包含实质性的教学内容。因此,教学软件的质量成为计算机辅助教学中的一个主要问题。

1. 教学软件的评价

计算机化的教学并不一定是有效的教学,引人注目的屏幕呈现也不应是选择材料的主要标准。因此在使用之前,对教学软件的评价是必需的。教师必须确定,教学软件包能够满足哪部分特殊的课程需要和具体的年级水平,软件功能是否适合于计划中的教学策略。

一般地,根据评价的主体不同,可以将教学软件的评价分为正式评价和非正式评价。正式评价是由有关部门组织由有关方面专家构成的专门小组,经过严格程序对教学软件进行全面科学的评价,这种评价通常具有较高的权威性。非正式评价则是由个别或若干制作人员、教师或学校所进行的一般性评价。另外,根据评价的目的不同,又可以将教学软件的评价划分为形成性评价和总结性评价。形成性评价是在教学软件制作过程中所进行的评价,旨在调试和修正软件制作,使之更加完善。总结性评价则是在教学软件制作结束之后进行的评价,旨在对教学软件的质量做出最终的判定。

教学软件评价标准有很多,根据教育者的教育现象和所评价的教学软件的功能的不同有很大的差别,目前国内外的教学软件评价指标体系也不尽相同。如表 5-1。

表 5-1　课件评价表[①]

题目:＿＿＿＿＿＿＿＿	出版商:＿＿＿＿＿＿＿＿＿
学科:＿＿＿＿＿＿＿＿	硬件要求:＿＿＿＿＿＿＿＿
课件功能:	
操练与练习＿＿＿＿＿	教学游戏＿＿＿＿＿
指导＿＿＿＿＿	问题解决＿＿＿＿＿
模拟＿＿＿＿＿	其他＿＿＿＿＿

一、教学设计与教育性

　　1. 教学策略与学生需要及学生的水平相匹配,可以被他们接受

　　2. 屏幕显示不会引起学生误解或混淆

---

① M. D. Roblyer. Integrating Educational Technology into Teaching. New Jersey:Pearson Education , Inc,2003. 87~88

　3. 可读性和难易度与使用课件的学生的水平相适合

　4. 对学生的评论没有侮蔑性人身伤害

　5. 图片能够充分实现重要目的(动机激发、信息传递),并且不会引起学习者分心

　6. 针对操练与练习型课件的标准:

　　①显示速率高度可控(除非课件运用的方法是限时的)

　　②对正确答案的恰当反馈(若有时间限定,可以没有;不过于详细,或不会太费时)

　　③对正确反应加强的反馈比对不正确反应加强的反馈重要

　7. 针对指导型课件的标准:

　　①高度交互性(而不仅仅是阅读信息)

　　②使用者对程序的高度可控(向前或后退,根据要求分支)

　　③完整的教学过程,使教学可以独立进行

　　④对学生的回答有充分的判断能力

　8. 针对模拟型课件的标准:

　　①恰当的对真实事物的保真度(对模拟的系统有精确的描述)

　　②对程序是如何工作有正确的文档说明

　9. 针对教学游戏型课件的标准:

　　①暴力或打斗的活动成分占少数

　　②所需的身体的灵敏度与运用该课件的学生相适合

二、知识内容

　1. 屏幕显示没有语法、拼写或标点符号的错误

　2. 所有的内容都是正确的、最新的

　3. 没有种族和性别歧视;不是仅与某一性别或某些特定的种族相连

　4. 展示对待道德和社会问题的敏感(如,对战争或死刑的看法)

　5. 内容与所要求的课程目标相匹配

三、使用者的灵活度

　1. 在程序中用户有一般的运行控制权(如:可以自己期望的速度在各个屏幕之间切换、阅读文本;可以随时退出程序)

　2. 可以随时关闭音效

　3. 界面易使用(如:程序中,各个屏幕之间前进和后退的形式相同)

四、技术稳定性

　1. 程序可以顺利安装,而没有错误

　2. 无论学生键入什么,程序都不会被中断

　3. 程序按照屏幕所指示的那样运行

　4. 程序可以在预期的平台上运行

　5. 若包括超链接,那么链接正确并可以顺利打开

　6. 如果包括动画和视频,那么它们可以顺利运行

五、决定

　　是否推荐购买或使用＿＿＿＿＿＿＿＿　　　是否不推荐＿＿＿＿＿＿＿＿＿

2. 教学软件的选择①

选择教学软件时要考虑诸多因素,教师应根据教学目标、教学内容和学生特点来选择恰当的教学软件,选择时还要兼顾格式、易操作性、设计以及软件包的完整性等等。一般地,可以从以下几个方面加以考虑。

(1)精确性 从教学内容的角度考虑教学软件的精确性。若软件已过时,则有些知识可能会比较陈旧。同时,知识的组织序列也非常重要,知识应以清楚的逻辑方式呈现。最后,还需检查课程目标以及与必须达到的学生的目标之间的关系。

(2)反馈 教学软件应遵循正确的教学技巧与原则,学生能够获得积极而适当的反馈非常重要。

(3)学习者控制 学习者控制也是一个重要因素。学习者应该能够控制他们的学习进度与方向;软件应该在确定的学习范围内为学生提供选择主题的机会;并且,知识应该以这样的方式呈现:保持学生的兴趣,让他们参与任务解决。

(4)先决条件 在学习过程中,与学生本身的经验相关的实际示范更有意义。如果要成功地运用软件需要掌握某些先决技能,那么这些先决技能必须明确地列出,所要传递的信息要与学生的水平相适应。

(5)易使用性 软件要容易使用,界面友好。如果学生要将精力集中在软件的操作上而不能关注知识内容的理解,那么计算机事实上是起到了干扰作用而不是辅助学习。

当学生进行个别化学习或在小组中使用不同的软件学习不同的项目时,易使用性尤其重要。如果教师必须不停地中断教学来帮助学生克服运用软件过程中的困难,那么教师和学生都会受挫。

(6)特殊特征 有时候软件为了达到有效学习可能会有一些特殊的特征,色彩、图片、动画和声音只有当它们有助于学生学习时才应该成为软件的一部分。文本必须以连续的方式呈现,运用字体、颜色和定位可以减少理解意义时的认知负担。学生与软件的交互必须是清楚的,引导他们关注知识内容。

5.1.3 计算机管理教学

计算机管理教学是计算机辅助教学的重要组成部分,它可以记录并存储学生档案资料、成绩或行为表现,监控学生学习过程,生成并实施测试等,帮助教师了解学生的学习进展,选择合适的教学策略,安排课程内容和教学进度,使教师组织和管理教学的工作完成得更准确、更迅速。

计算机管理教学主要包括用计算机管理试题、生成试卷、阅卷评分和测验分

---

① Robert Heinich,Michael Molenda,James D. Russell,Sharon E. Smaldino. Instructional Media and Technologies for learning(7th Edition). USA. Pearson Education ,Inc. 2002. 229～231

析；记录并报告学生行为和成绩；保管教学计划和按计划监控学习过程等；评价教学活动和安排调度教师、学生、资源的教学时间表等。

一、计算机管理教学的产生及其特点

计算机管理教学是教学、管理和计算机技术相结合的产物，其目的是为了辅助教师的教学管理活动，扩大教师的职能，提高教学效率。

CMI 的产生和发展与个别化教学的发展有着直接的关系。首先，个别化教学要求根据各个学生的能力、兴趣、学习风格等个人特征来安排教学，这就要求教师不断地收集学生的数据，进行评价和分析，并由此做出决策。其次，教学目标在教学过程中的运用也促进了 CMI 的发展。教学过程的一个重要环节是确定教学目标，为定量地评价教学提供依据，但由此产生了频繁的测验、评分和诊断等工作，加重了教师的负担。再次，计算机的迅速发展及其广泛应用，使学校中有足够多的计算机来建立专门的 CMI 系统或数据库处理系统，来完成教学管理工作。

20 世纪 80 年代，微型计算机的大批量生产有力地促进了计算机管理教学的发展，从电子评分册到具有诊断和预测功能的复杂程序，从记录学生档案材料的数据库到课程资源的分配与管理，计算机管理教学受到了许多学校的支持，并被奉为提高教学的优秀资源，可以帮助教师完成各种管理任务。

计算机管理教学具有以下特征：

1. 所存储和提供的是学生档案和学习情况的信息，而不是学科知识；

2. 计算机管理教学所帮助的对象是教师而不是学生，为教师提供教学策略和信息管理的支持与帮助。当然计算机管理教学的发展同时也为学生提供查询和获得反馈的方便；

3. 教师与计算机的关系，不是回答提问或做出反应，而是主动分析、检索、提取资料。

二、CAI 与 CMI 的关系

CMI 和 CAI 是 CBE（Computer-Based Education）的两个最重要的组成部分（CBE、CAI、CMI 三者之间的关系见图 5-6），CMI 与 CAI 既有密切的联系，又有明显的区别。在 CAI 中，计算机向学生呈现教学信息，主要是帮助教师完成教学工作，促进学生学习。在 CMI 中，计算机向教师提供教学过程中学生的相关数据，主要是帮助教师完成教学管理工作。

伯克（Burke,1982）在谈到计算机辅助教学和计算机管理教学时指出，CAI 一般是指用计算机作为教学的主要传递者的一个过程，而 CMI 是指计算机作为教学传递的管理者的一个过程。计算机管理教学一般作为存储或输出学生成绩的记录或报告的手段，计算机可以收集测试信息，当测试成绩与预定的水平出现差距时，计算机管理教学可能会列出相关的补救措施。①

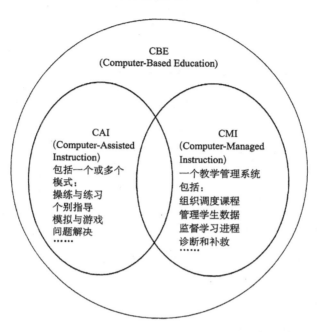

图 5-6　CBE、CAI、CMI 三者之间的关系

　　值得指出的是，CMI 很多时候存在于 CAI 的各种模式之中，例如，操练和练习、个别指导、游戏和模拟等，几乎所有著名的 CAI 系统，都是作为 CMI 中的一个组成部分。例如，著名的 PLATO 系统，正是在 PLATO 学习管理系统（PLATO Learning Management System，简称 PLM 系统）的管理下通过上千个终端提供给用户使用的。②

三、计算机管理教学的应用

　　计算机管理教学的应用非常广泛（见图 5-7），其中最主要的有以下几个方面：
　　1. 收集与分析学生的学习情况
　　教师在课堂教学中利用计算机及时收集学生的学习反应数据（如回答问题的正误与速度等），再通过计算机对这些数据进行科学分析，根据计算机提供的反馈调整教学内容、教学方法和教学进度，调整教学策略，对学生进行诊断性补救。

---

　　①　Carole E. Stowitschek. Microcomputer Instruction Management System（MIMS）：A New Dimension in Software. Educational Technology. April. 1985. 15～16
　　②　师书恩. 计算机辅助教学. 北京：高等教育出版社. 2001. 217

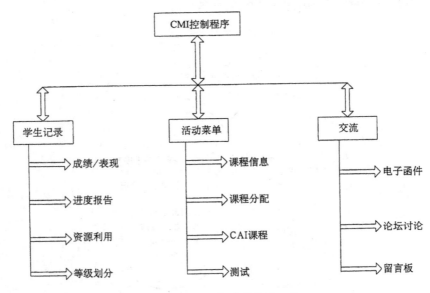

图 5-7   CMI 所完成的管理工作

2. 监督与管理教学活动

在 CMI 系统中,计算机不仅有学生学习情况的记载,而且存储了某些课程各阶段的学习目标和相应的测验题目。计算机根据学生的学习活动,监督和控制学生的学习进度。如在适当的时间向学生提供测验题目,根据对学生学习效果的检查,向教师提供形成学生学习路径的方案,以帮助教师作出安排教学活动的决策。

3. 生成作业与考试题目并评分

计算机辅助测验是计算机管理教学的重要内容,它以计算机题库系统为支撑点。一个功能强大的题库系统应具有建库和维护、查询和检索、组卷和印卷、试题与试题分析等功能。计算机能够根据一定的出题策略、按照教师的出题要求产生多份水平一致而内容不重复的作业或考试题目,并对学生的答案评分。

计算机辅助测验的方式有两种:①联机方式,学生利用计算机终端做作业或考试,完成后计算机立即评阅,并给予反馈;②脱机方式,教师利用计算机打印出书面作业和考卷分发给学生,学生做完题后再将结果输入 CMI 系统中,由计算机进行评阅。两种方式都会将结果保存在"学生记分册"中。

4. 教务管理系统

现在,许多繁琐的教务管理工作都可以用计算机来完成,如学生的学籍档案管理、成绩管理、选课管理等,图 5-8 就是浙江师范大学教务管理系统。学生可以登录该管理系统选课、查询课程信息和成绩,并可以留言交流有关信息。

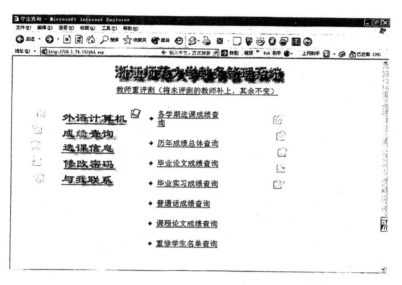

图 5-8　浙江师范大学教务管理系统

5.2　计算机在学习中的应用

　　计算机作为学习工具，可以帮助学生获取、存储、处理和交流信息、表达思想以及解决问题等。计算机的上述作用主要是通过以下计算机软件来实现的：第一类是计算机常用工具软件，主要包括文字处理软件、数据库管理软件、电子表格软件、绘图软件以及用于电子通信的软件；第二类是各种专业软件，如 SPSS 数据统计软件包、3Ds 动画制作软件等；第三类是计算机程序语言以及著作语言，如 C 语言、LOGO 语言、Visual BASIC、Authorware 多媒体制作工具等；第四类是专门为教育领域开发的学习工具软件，用于写作的软件、几何画板等。此外，还可以通过配置其他一些特殊外设组成某种特殊的装置，来帮助学生学习，如计算机和热敏传感器等外设结合在一起，共同组成套件（globware），供学生控制实验条件、测量实验数据以及处理实验结果。

　　应用软件的教学在国外中小学计算机教育中非常普遍。一般在小学一年级，学生初步掌握了计算机基本操作后就开始学习文字处理软件，以后结合数学、科学等课的教学逐渐学习数据库和电子表格的基本知识。下面将以计算机常用工具软件文字处理软件、电子表格软件、数据库管理软件和 PowerPoint 演示文稿制作软件为例，阐明计算机作为学习工具在学习中的应用。

5.2.1 文字处理软件在学习中的应用

文字处理软件已经成为教育中最广泛使用的软件之一,它们为教师和学生提供了许多处理文档的独特方式。

一、文字处理软件的特征和功能

教育技术著名研究者罗伯勒(M. D. Roblyer)指出"也许没有其他的技术资源像文字处理软件那样对教育产生如此之大的影响,教师可以运用文字处理软件来支持任何一种直接的教学或建构主义活动,人们已经普遍地承认了它辅助教与学的价值"。[①] 许多实例都可以说明文字处理软件作为写作工具在教学和学习中非常有用,它便于用户修改和编辑,可以很容易地添加或删除文本、空白、行或段落,也可以对文本进行随意地移动和复制,节省大量的修改和更正材料的时间。并且,文字处理软件允许学习者在文档中插入图形、表格、动画等,允许在一个单一文档中使用各种字体、文字风格,指定文本中某一行或块进行居中、左右对齐或左对齐调整,使用统一的页边距、行间距,自动加注页眉、页脚和页码,从而比手写的或打字机上的材料看起来更漂亮更专业,因此学生比较喜欢用文字处理软件为作品排版和改善界面。此外,文字处理软件还具有如下共同特征:①保存文件以便以后使用,文字处理软件胜于打字机最大的优势就是无需输入相同的文本就可以对文档进行多次处理,它可以将文档存储到磁盘或硬盘中,便于再次修改或打印;②查找和替换,如果某一错误在文档中重复出现,文字处理软件通过查找功能可以很容易地更正文档中出现的错误,用指定的文本替换它们;③检查和纠正拼写错误,检查语法的正确与否;④模板,文字处理软件包括各种模板,例如,履历表、时事新闻、小册子等,可用来更快速地创建文档。

文字处理包括输入文档、编辑文档、打印文档和存储文档几个环节。现在,用计算机写作和处理文书的人越来越多。有人指出,在中小学用文字处理软件教学生写作具有以下几个优点:①学生更愿意写作,文字处理软件便于编辑和修改的功能免去了修改后的重抄之苦,而且软件中的修改功能可以突出显示修改的内容,更易于与原稿进行比较,学生会觉得修改是一个愉快和进步的过程;②学生易于写下想法,学生在打草稿时,可以很快记下自己头脑中的灵感而不必担心版面的整齐与干净问题;③学生易于使用较难的词汇,文字处理软件可以提示输入,如果学生用的是拼音输入法,只要学生拼音拼对了,再难的字计算机也能自动给出;④具有特殊格式的文档向导和模板功能,当学生在写信或完成其他需要特定格式的文档遇

---

① M. D. Roblyer. Integrating Educational Technology into Teaching. New Jersey:Pearson Education,Inc. 2003. 119

到困难时,文字处理软件可以提供向导帮助,或建议学生使用自带的模板;有一些专门为写作而设计的文字处理软件,还可以提供语言分析的功能;⑤文字工整,版面整齐,学生可以按自己的想法任意排版,打印出来的作品界面美观,这将大大增强学生的成功感和收获后的喜悦之情。

目前,国内最为流行的文字处理软件有 Microsoft Word 和 WPS 两种,这两种软件虽然在功能上有些差异,但上述最基本的特点是相同的。

二、利用文字处理软件进行创作

利用文字处理软件,可以引导学生开展各种创作活动,让学生按各种体裁的形式进行写作。

1. 新闻快报

利用文字处理软件,学生可以分组一起制作一张报纸或简讯,每一组任务分工可以不同,例如,有些组负责各种新闻报道,有些组负责采访之类的专栏特写,有些组负责社论,有些组负责文学漫谈。重要的是,要让学生能描述出在不同文章中所使用的不同写作风格,并能运用这些风格写作。可以限定学生在有限的版面空间里写作,以让学生斟酌文字的简洁和清晰。

在这一过程中,应确保每一组学生对整份报纸有所贡献。组与组之间,可以相互讨论和评论,以做进一步的修改和编辑。每一种文章(如新闻、特写和社论等)的基本要求都应当在学生的写作中反映出来。还可以让每个学生选择不同的角色,例如主编、文字输入、文字排版、美工等,让他们轮流负责整份报纸的设计和思想倾向。

2. 海报

运用文字传递消息或影响读者,是语言的一项重要功能。文字处理软件在文字编排和排版方面具有独持的作用,可以通过设计海报,发展学生语言表达的明晰性和简洁性。

学生可以通过制作海报来发布某一事件的信息,或设法劝说读者支持某一号召,或者激起人们的某种愿望,还可以用海报做广告。在上述情况下,必须有效地选择语言,同时注意文字设计和排版的视觉效果。

3. 个人履历

学生都将会遭遇求职,学习个人履历的写作将对学生的未来求职具有实际意义,并且可以引导学生学习如何为某一具体目的来组织信息。

教师准备一份文档,包含各种职业,同时设计一份表格,要求填入个人的完整信息,如身份、教育背景、特殊培训、工作志愿、组织成员、特殊资格、特殊技能和能力、语言、工作经历、爱好和兴趣、所期望的待遇、通信地址以及附言等。学生可以按照自己的兴趣选择某一职业,填写自己的情况,并利用文字处理软件试验各种不同的呈现风格。教师要强调在履历中不容许出现任何错别字和语病。完成后教师组织全班学生开展讨论，看看他们的个人履历对未来用人单位的影响，以及如何修改来增强其影响。

4. 看图配文

看图配文的目的在于练习通过撰写一段文字来描述某一图片。

教师可以给学生一个用 word 文档做成的用图片表述的故事，学生可以移动这些图片，并能改变它们的颜色和大小。学生尝试在每一个图片下，根据图片内容写出一定数量的文字，来描述该图片。还可以让学生按照连环画的方式排版，最后打印出作品，这可以大大增强学生的学习兴趣。

5. 班级日志

班级日志可以发展学生的发散式写作能力。

让学生建立一个文档，每个学生轮流记一天日记，写下当天所发生的一切重要事件，包括国际国内的大事、城市中的事件、学校或班级中发生的事件等；或写下自己做了某事、读了某书，以及自己的心得体会；学生可以就某一问题，展开自由讨论；后面的学生可以对前面学生所写的东西提出修改建议，前面的学生也可以进行补充。全班所有学生都可以看到每一天的新进展。

有时，可以事先拟就几个项目，每个学生的日记必须反映这几个项目的内容。

6. 对号入座

教师可以为学生准备一系列文件，每个文件描述一种人物或人物的职业，如"一个肥胖而严肃的厨师"、"一个摇滚乐歌星"、"一个数学家"等，每一个或一组学生为它们添加多姿多彩的描述。待学生完成任务后，教师打印出学生的作品，让学生讨论这些描述在多大程度上反映了这一人物或人物的职业，哪些描述最具代表性。

活动的主题可以丰富多彩，不囿于职业或人物，也可用更简短开放的描述，如"一个肥胖而自傲的人"。运用这种方式进行写作练习的目的，在于发展学生的描写和叙述的能力。

7. 创作故事

创作故事包括各种形式，如故事拼盘、故事接龙、扩充故事等。

故事拼盘可以发展学生的写作逻辑和发散式思维写作能力。教师准备一个文件，文件中包含许多段落，由这些段落可以构成一个完整的故事。学生每两人一组，使用文字处理的块操作功能，重新排序，使之成为一个有逻辑顺序、情节合理的故事。必要时，学生可以添加或改变每个段落开头的过渡句。

故事接龙一般是顺从前面一个段落续写下一个段落，它可以让学生学习如何进行段落间的过渡，并培养学生的想象力。教师在文档中给出故事的开头，包括主角、场景和时间、事件等。学生可以两人或多人一组，给这个故事输入下一个段落，然后每个组依次轮流交换，待所有的故事完成之后，将故事存盘，打印出来，分发给每一个人。教师还可让学生一起来讨论故事的每一个段落,划出主题句,并评价它们与前面段落相联系时所使用的过渡句和副词,哪一个段落连接得更为顺畅。

扩充故事是让学生根据给定的提纲发展一个故事,在活动中,教师可以给出一组人物和场景,并且给出每一段或每一节故事的首末两句。学生可以按照自己的构思描写每个段落,发展故事的情节。给学生的限制就是,必须利用教师提供的首末两句;不能随意去掉故事中的人物和改变故事中的基本场景。完成后,可以让不同的学生相互比较各自扩充的故事,评议谁的故事最有创造力。

这些故事创作的方式也同样可用于诗歌的学习中。

8. 作读书文摘、文献索引或自制小字典

学习者可以通过文字处理软件,制作读书摘要,将所读文章和书籍的题目、主题、作者、日期、内容提要以及来源,全都记录下来,供日后查找或引用,也可以用类似的方法来制作文献索引或小字典。

三、与运用文字处理软件相关的问题

有研究指出,文字处理软件对写作的质量和数量的影响研究结果是混杂的。美国三篇比较有代表性的研究评论发现,这些结果的差别反映了研究者选择文字处理系统、先前的经验和学生的写作能力,以及用于评价的写作教学的类型的不同。一般来说,文字处理软件似乎只有在用于优秀的写作教学的情景和学生在学习开始之前有足够的时间来学习文字处理过程的情况下才可以提高写作和对写作的态度。表 5-2 总结了三个研究评论者的观点。[①]

表 5-2 评论者对教育中的文字处理软件的研究观点

	Hawisher (26 studies) (1989)	Snyder (57 studies) (1993)	Bangert-Drwans (32 studies) (1993)
更高质量的写作	N	N	P
更多数量的写作	P	P	P
更多表面(机械)的修改	N	P	N
更多实质(有意义)的修改	N	N	N
更少机械的错误	P	P	N
更好的写作态度	P	P	N
更好的对文字处理的态度	N	P	N

(N—没有结论;P—积极结果)

---

① M. D. Roblyer. Integrating Educational Technology into Teaching. USA: Upper Saddle River. 2003. 120

　　一般地,研究似乎得到结论,在写作学习中选择使用文字处理软件的学生比不使用文字处理软件的学生趋向于写得更多,修改得更多(至少在表面层次),错误更少,并且对写作有更积极的态度。

　　许多人都认同文字处理软件是一个非常有用的工具,但是关于它在教育中某些方面的使用则有争议。

　　(1)什么时候开始介绍文字处理软件　为儿童设计的文字处理软件的发展允许学校向 4 至 5 岁的学生介绍文字处理软件,虽然一些教育者会认为文字处理软件可以使学生从手写的身体约束中解放出来,并且能够使他们的书写表达技能有更快的进步,但是其他人怀疑这种早期使用可能会影响学生发展他们的书写能力以及其他正确的身体技能的活动的意愿。

　　(2)键盘输入技能的必要性　另一个需要探讨的问题是学生是否需要学习键盘输入,是在学习写作之前还是与之相结合。有些教育者认为,如果学生不学会 10 个手指键盘输入,那么他们将会浪费大量的时间在输入上。其他人则认为,应把大量的时间更好地用于更重要的技能学习上。

　　(3)对书写的影响　虽然没有研究者对频繁地使用文字处理软件与书写的影响做过正式的研究,但是计算机用户已普遍抱怨他们的书写不如以前了,事实证明是由于他们使用手写技能的机会太少。

　　文字处理软件在学习中的应用已越来越普遍,如何有效地利用文字处理软件来激发学生的学习兴趣,提高学生的学习效率,同时又较少地产生负面影响是有待我们深入研究的课题。

5.2.2　电子表格在学习中的应用

　　电子表格程序能够组织和控制数据资料,它可以和文字处理软件帮助管理文字的方式一样帮助用户管理数据,博慈曼(Bozeman,1992)把电子表格描述成为一种"数据的文字处理方式"。电子表格中的信息是按行和列存储的,每一个行—列位置构成一个单元,它可能包含数值、单词或字母、公式或计算命令。

　　一、电子表格的功能和特征

　　电子表格软件比手动或用计算器来计算数值有了显著的改进。像文字处理软件一样,用户也可以很容易地编辑电子表格并保存作为以后使用。电子表格的功能和过程因程序的不同而各不相同,但绝大多数软件都有以下几个共同特征。

　　1. 计算和比较

　　电子表格通过公式可以用各种方法计算和控制保存的数据。除了具体公式中的加法、减法、乘法和除法以外,电子表格软件还可以通过函数命令等更复杂的方式来处理数据,包括数学函数如对数和方根、统计函数如平均和求和、三角函数如正弦和正切、逻辑函数如逻辑比较、财务函数如分期付款和利息,有些电子表格软件还提供特殊用途的函数器。

2. 自动重算

这是电子表格提供的最强大的功能。当有任何数字改变时,程序就会更新所有的与这一数据有关的计算。例如,要在已建立的一张表单上增加一列消费项目,则显示总额的单元将随着任何一个支出项目的改变而自动改变,并可按照用户的需求提供即时的可视化反馈。

3. 复制单元和格式化

用户在某个单元格中输入一个公式或其他信息,如果在其他单元中还需要重复使用,则可以运用复制功能拷贝到其他单元格中,这可以大大节省时间。例如,要在 20 个行中每一行的末尾放入一个很长的公式时,用户可以很简单地把第一行的信息拷贝到其他行。电子表格软件还可以执行格式化功能,如可以根据需要将栏中的文本居中、顶端对齐等,使表单看起来更加整齐大方。

4. 以行—列方式排列信息

电子表格通过单元格保存数据,这种信息非常便于用户的阅读和对信息进行归纳总结。

5. 绘制与数据相对应的图表

电子表格软件可以根据输入的数据绘制各种图表,如曲线图、条形图等,为用户呈现可视化信息,图 5-9 为在 Excel 中生成的图表。

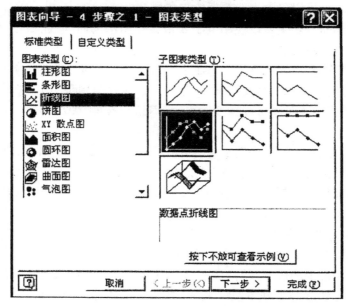

图 5-9 在 Excel 中生成图表

6. 使用由其他程序生成的工作表

很多电子表格程序允许文件保存为 text、AscII 或 Sylk 文件。当文件用这种方式保存时，一个完整的工作表或某一特殊的部分可以在另一个电子表格中导入和使用。

二、电子表格在学习中的应用

电子表格在课堂中特别是数学和社会课中得到了广泛的应用，它所具有的特征为教师和学生提供了许多方便。例如，电子表格允许教师和学生快速地完成必须的计算而节省大量宝贵的时间，它们不仅使最初的计算既快又正确，而且自动重算的功能使得数据更新非常方便，人们可以很容易地修改、增加或删除输入；它们以行和列的方式来保存信息，从而成为设计信息图表如日程表和出席名单等的理想工具；电子表格软件可以帮助人们将数据改变后产生的影响可视化，回答"如果……则怎么样"的问题，当表单中的数据改变时，所有的数据会重新计算，用户可以反复输入数据并且立即观看结果。此外，很多学生认为，电子表格软件使得乏味的数据统计和整理工作更加有趣，科利斯（Collis，1998）把电子表格描述为"它们本身非常快乐和有趣，有时候学生在做数学的同时就可以感觉到探索数学的愉悦"。

教师可以在许多方面应用电子表格来帮助学生展开学习活动。

（1）演示　　如果概念包括了数字，而具体的呈现能清楚地表达其中的思想时，电子表格有助于生成有效的教学演示，如乘法、百分数以及像选举投票与大众投票等概念，一张表格可以勾画出一幅概念抽象图。

（2）学习作品　　学生可以使用电子表格制作简洁的时间线、表格、图形以及其他要求保存和计算数据的产品。

（3）问题解决和决策的支持　　电子表格可以完成算术函数的运算任务，以便让学生集中学习高级概念。当要回答"如果……怎么样"的问题时，电子表格可以帮助教师激发学生的逻辑思考和推断能力，培养组织技能，做出问题决策，促进问题解决。

当学生学习企业生产、经营和管理的知识时，经常会面临限制条件下的最优决策问题，最佳经济订货量决策、生产量决策等。例如，有这样一个问题，某公司生产一种计算器，该计算器每台需要使用一个关键元件，这一元件既可以自制也可以购买。如果购买的话，其单价是 0.7 元/个；如果自制的话，所需要的材料费用、人工费用及可变制造成本费用分别是 0.1 元/个、0.15 元/个及 0.08 元/个，（在公司原固有成本的基础上）追加的固定成本为 60000 元，要求学生做出决策，在各种变量变化时，如何用最少的成本，获得最多的计算器。学生要解决这个问题，可以按如下方式进行：①建立一个基本模型 $Q = F/(V_1 - V_2)$（其中 V_1 代表购买时的单价，V_2 和 F 代表自制时的单位可变成本和追加的固定成本，Q 为两种方案成本相等的生产数量),比较购买元件和自制元件两种方案的成本,在此基础上得到购买元件和自制元件的两种方案的成本达到相等的计算器生产数量,并将数据输入到 Excel 表格中,见图 5-10;②生成一个带静态图表的模型,借助这个图表,在考虑两个特定的生产量情况下,如生产 100000 和 200000 台计算器,直观地生成关于实现较小成本优选方案(购买还是自制该关键元件)的自动答案,见图 5-11;③生成一个带动态图表的模型,分析计算器生产数量在 0~300000 范围变化时,购买单价在 0.55~1.00 之间变化的过程中,能够直观地自动生成较小成本优选方案(购买还是自制该关键元件)的自动答案,而且能够在图表上动态地进行多变量变化的情况

	A	B	C	D	E	F	G	H
1								
2			计算器生产数量		100000			
3								
4			购买元件方案					
5			购买单价	V1	0.7			
6			购买元件方案成本		70000			
7								
8			自制元件方案					
9			固定成本	F	60000			
10			单位材料费用		0.1			
11			单位人工费用		0.15			
12			单位变动制造成本		0.08			
13			单位可变成本	V2	0.33			
14			自制元件方案成本		93000			
15								
16			两种方案成本相等时生产数量		162162.2			
17			两种方案成本相等时共同成本		113513.5			
18								
19			优选方案		购买元件			
20								

图 5-10　在 Excel 中输入数据

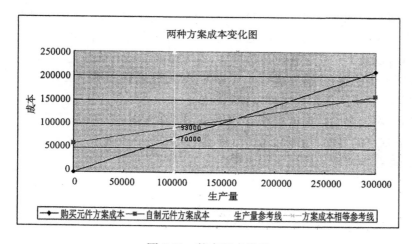

图 5-11　静态图表模型

下看到决策方案的变化情况,见图 5-12。[①] 学生利用 Excel,则能够快速地解决这个问题。

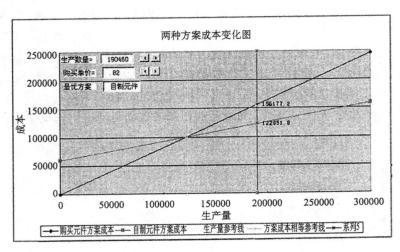

图 5-12　动态图表模型

5.2.3　数据库在学习中的应用

　　数据库是由一个相互关联的数据的集合和一组用以访问这些数据的程序组成的集合,现已成为信息系统的核心和基础技术,是计算机学科领域中发展最为迅速的重要分支。其技术在各行各业中已得到广泛应用,并建立了成千上万个信息系统,和人们的工作、学习、生活紧密相连。

　　数据库的功能十分强大,其中最主要的是信息检索、数据共享和决策支持,它可以帮助学生解决大量复杂的数据处理问题,发展他们的逻辑思维能力、推断和预测能力以及创造力。学生要设计数据库,首先要回答以下问题:①需要存储什么信息;②存储多少信息;③需要建立什么分类;④需要建立多少记录等等。在这种决策的过程中,学生的认知策略可以得到锻炼。

　　目前使用较多的数据库程序有 dBASE、FoxBASE、FoxPro、Visual FoxPro 等几种,这些程序的界面、功能和对运行环境的要求各不相同。

　　数据库在学习中的应用主要表现在以下方面。

　　① http://www. uibe. edu. cn/upload/up_yjsb/yanhui/xueshuqianyan/yemian/luntan6/wangliming. htm. 2004. 11. 14

一、组织信息

教师可以通过数据库管理程序,教学生学习如何组织信息。例如,如果要了解和统计全班同学的有关信息,教师可以让学生完成如下一份简单的"有关我的信息"(见表5-3)的作业,包括姓名、生日、爱好、喜欢的节假日以及喜欢的游戏等。然后,向学生演示模板,包括姓名、出生月份、朋友数、喜欢的节假日及喜欢的球类等各个栏目,为班级里的每一个同学建立一条记录,并将信息输入到对应的记录中。输完所有数据后,教师演示如何用数据库来检索、统计数据,找到每个人的信息,并让学生相互比较。教师可以由问题出发,如"三月份出生的人有几个","喜欢足球运动的人有哪些"等,让学生通过数据库来回答这些问题,并与实际比较是否有差异。

表 5-3 有关我的信息

有关我的信息

姓名: 生日: 年 月 日

我喜欢的节假日是( )

A、春节 B、五一劳动节 C、六一儿童节 D、国庆节 E、元旦

我最要好的朋友有几个( )

A、0个 B、1个 C、2个 D、3个 E、3个以上

我最喜欢的球类运动是( )

A、篮球 B、足球 C、羽毛球 D、乒乓球 E、其他

这里是我的照片:

这一活动的目的是让学生体验什么是信息,信息如何输入到计算机中,并用数据库来分析和统计,根据统计结果回答相关问题。其意义在于让学生直接体验到如何使用计算机处理一些简单信息。教师在引导的过程中可以避开数据库和计算机方面的太过深奥的知识和技能,但要注意应正确使用术语,如记录、查找、检索、命令等。

二、收集、显示和总结信息

教师可以通过数据库管理程序,让学生学会如何收集、显示和总结信息。

例如,让学生收集全班同学在暑假中的旅游情况。教师可以设计一份简单的"我的暑假旅行"问卷,见表 5-4。学生完成问卷后,将信息输入到数据库文件中,然后,教师向学生提各种问题,例如:

表 5-4　我的暑假旅行

我的暑假旅行
姓名:
我去了市内(外):
我去了什么地方:
我是怎么去的:
有几个人一起旅行:
我去了多长时间:

①旅游时间最长的是谁?
②到市外旅游的有多少人?
③有多少人走访了亲戚?
④什么交通工具用得最频繁?
⑤有多少人游览了名字中含有"公园"的地方?

根据这些问题,学生用数据库管理程序进行查找、排序等。值得一提的是,教师可以鼓励学生在完成每项查找之前先作一番预测,再与查找出来的统计数据进行比较。

在这一活动中,教师要引导学生注意以下几个问题。

1. 提问方式。教师在提问时,要注意提问方式,尽量使回答便于查找和排序。例如,问一些形式简单的是非题,而不问"暑假我干什么",以便于查找。

2. 如何进行部分匹配查找。

3. 如何排序。

4. 如何比较。

三、通过设计数据库来促进理解

当学生决定设计数据库时,他们的思维就会出现一个飞跃。他们必须确定数据库中所包含信息的哪些方面比较重要,信息属于什么类型,要如何建立分类。这些工作既是有意义的问题解决活动,也是有价值的批判性思维练习。下面,举例说明数据库的设计过程。

当学生学习中国历史时,可以让学生为中国的历代王朝建立一个数据库文件。首先,让学生分组讨论要建立一个怎样的数据库,可以分成几个栏目,这些栏目的信息属于什么类型的数据,哪些数据是文本型的,哪些是数字型的。建立一个数据库,例如包括朝代名、建立时间、灭亡时间、开国君王、国都、社会制度等各项。给每一组学生提供一个朝代,要求他们将各项数据添加到数据库文件中。当所有学生输完后,合并数据库,并评价数据库结构的合理性。

在这一活动中,如果学生是第一次思考如何描述和组织信息时,可能需要相当多的帮助。如每一信息项需要留出多大空间,需要输入的信息是词、短语还是句子;每一个记录在这一项上有多少信息要输入;建立数据库后可能提出什么疑问,针对这些疑问将如何提取信息等等。而一旦建立了数据库,重点就要转移到如何查找信息上来。

学生学习设计数据库文件,能获得以下一些非常有用的经验:①项目设计和小组决策;②针对信息本身,分析问题;③格式分析,考虑到每项记录的效率和明晰度;④观测、监控和修改计划。

四、通过建立数据库来学习研究方法

当教师指导学生如何设计数据库后,可以放手让学生来设计一个数据库文件,将数据库作为一种研究工具。例如,在地理课上,让学生通过建立世界各国情况的数据库,来学习科学研究过程和方法。在活动中,教师让每一组学生建立一个有关世界各国情况的数据库文件,包括国名、首都、人口、面积、人口密度、政体(社会主义、民主制、君主制、军人政府、其他)、主要自然资源、地理特征(平原、湖泊、山林、其他)、知名旅游风景(地名、城市、事物)等各项内容。学生尝试使用数据库的执行命令和操作,每组学生研究两三个国家,根据所设计的数据库格式,填充各项信息。完成后小组之间相互展开评价,对所建立的数据库进行讨论,它对研究的问题具有什么作用,可获得哪些有用信息,得到什么结果,发展的趋势如何等。然后,每一组学生可写出一系列要研究的问题,通过数据库的查询、检索、分类等功能,研究这些问题。在这些问题中,有些可以直接通过数据库的查找命令来问答,如"讲法语的国家有多少";有些则是较高水平的,如有关关系的疑问"发达国家的环境污染问题是否比不发达国家严重"。

有人指出,学生在发展自己的数据库文件记录时,他们的活动正好与皮亚杰有关学习从具体、符号到抽象发展的框架相吻合。学生"用许多具体的方法……书、影片、地图以及博物馆等收集数据",然后"以有意义的、符号性的方法,标识信息,并对信息进行分类,以建立数据库的格式",最后"综合数据,并以新的方法将它们结合在一起",以便对信息进行更抽象的概括,如前面所列举有关信息项关系的问题。[①]

---

①　陈琦,刘儒德. 信息技术教育应用.北京:人民邮电出版社,1997.53~54

　　在传统教育中,许多学生认为知识从一开始就是以最终的形式存在着的,只能从某些资源如书本或老师处获得。基础教育课程改革指出,让学生学会探求知识的形成过程、探究知识、生成新信息、形成决策也是至关重要的,数据库可以成为实现这一教学目标的理想工具。

5.2.4　PowerPoint 在学习中的应用

　　文字处理软件可以编辑学习生活中的各种文本;电子表格软件可以帮助学习者存储和组织各种数据,计算所需要的数值;数据库可以处理各种数据,提供信息检索、数据共享和决策支持,帮助学习者解决复杂问题;而当学习者要向别人展示自己的观点、学习成果或与别人交流时,PowerPoint 往往是较好的选择。

　　PowerPoint 和 Word、Excel 等应用软件一样,都是 Microsoft 公司推出的Office系列产品之一,主要用于设计制作广告宣传、产品演示的电子幻灯片,制作的演示文稿可以通过计算机屏幕或者投影机以一张张幻灯片的形式播放。利用PowerPoint,不但可以创建演示文稿,还可以在互联网上召开面对面会议、远程会议或在 Internet 上给观众展示演示文稿。在学校教育中,PowerPoint 的应用也越来越广泛。

　　一、PowerPoint 的功能和特征

　　Microsoft PowerPoint 发展到现在已有许多不同的版本,其功能越来越强大,PowerPoint 2003 版和 PowerPoint XP 版是当前最新的版本。作为演示文稿制作的应用程序,学习者可以非常简单地设计出图文并茂、多姿多彩、风格各异的幻灯片。它所具有的基本功能有如下几方面。

　　1. 具有多种视图

　　在编辑制作幻灯片时,PowerPoint 为设计者提供了普通视图、大纲视图、幻灯片视图、幻灯片浏览视图和幻灯片放映视图等多种不同的形式,设计者可以根据自己的喜好或制作演示文稿的方便性,轻松地在各种视图之间进行切换。

　　2. 幻灯片的模板、母板、配色方案和版式

　　通过设计模板、母版、配色方案和幻灯片版式,PowerPoint 可以使演示文稿的所有幻灯片具有协调一致的外观设计风格。PowerPoint 提供设计模板和内容模板两种模板。设计者既可以应用 PowerPoint 软件中自带的模板,也可以自己创建新的模板,并将新的模板添加到内容提示向导中以备下次使用。母版是一类特殊的幻灯片,它控制了某些文本特征(如字体、字号和颜色)、背景色或某些特殊效果(如阴影和项目符号样式等)。如果设计的演示文稿应用了母版,则修改幻灯片背景时,只需修改母版就可,而不必修改每张幻灯片。配色方案用于演示文稿的主要颜色,例如文本、背景、填充、强调文字所用的颜色,若选择了某一种配色方案,则

方案中的每种颜色都会自动用于幻灯片上的不同组件,设计者可以挑选一种配色方案用于个别幻灯片或整份演示文稿中。PowerPoint 还为设计者提供了 28 种幻灯片版式,设计者可以根据需要选择相应的版式,也可选择空白演示文稿自己设计。

3. 创建动画幻灯片

在幻灯片中,每一个对象(如:文本、图形、按钮等)都可以创建自定义动画,并设置动画播放的顺序和快慢。同时,也可以导入 Gif、swf 等动画。

4. 插入声音或视频

在 PowerPoint 中插入声音或视频,可从"剪辑库"中获得声音、音乐、视频,也可选择"文件中的声音和视频",插入自己的声音或视频素材。声音、音乐和视频是作为 Microsoft PowerPoint 对象插入的。如果 PowerPoint 不支持特定媒体类型或功能,则可以将文件作为"媒体播放器"对象插入,"媒体播放器"可以播放多媒体文件,并控制 CD 唱盘和视盘机等播放设备。在 PowerPoint 中,设计者还可以自己录制自己的声音或旁白。

5. 输出与放映

制作好幻灯片后,可以保存为默认的 *.ppt 演示文稿,也可以打印输出,还可发布到 Web 上,与人共享。设计者在设计演示文稿时,还可以为幻灯片设置播放时的切换方式,选择一些特殊的效果,并改变切换的速度,以吸引观众的注意力。

二、PowerPoint 在学习中的应用

PowerPoint 在学校课堂教学中以及演讲和讲座中得到了广泛的应用,它作为演示文稿所特有的功能和特征为教师和学生提供了许多方便。例如,经过精心设计的演示文稿可以图文并茂,并能加入声音和视频;当教学和演讲中需要大量的图形和图表作为论据来说明一个问题或支持一种观点时,PowerPoint 可以详细呈现图形和图表信息。现在,有越来越多的学生都喜欢用 PowerPoint 来展示自己的成果,并与别人交流。

学生可以利用 PowerPoint 展开许多学习活动。

1. 作为演讲和交流的工具

这是 PowerPoint 最本质最强大的功能,它可以更清楚更有条理地呈现学生的观点和看法,并辅以必要的图形、图表、声音和视频等。同时它为学生展示自己的观点提供了讲稿,提高了学生演讲时的自信心,做到有条不紊,从容不迫。演讲者若还想要有更详细的讲稿显示,则可以通过"编辑/备注页"添加更详细的内容。通过大屏幕投影仪将演示文稿呈现给观众,可以加深观众对这一主题的理解,增强演示效果。

2. 作为学习的成果与作品

学生可以使用 PowerPoint 制作故事，并加上音乐和图片；可以选择感兴趣的主题，收集资料，形成一份报告并向他人阐述；或用 PowerPoint 来制作像册，展示自己的成长经历或摄影作品。

3. 支持合作学习

PowerPoint 可以更好地支持小组同学间的合作。小组讨论中，用 PowerPoint 作演讲报告，播放时，点击鼠标右键可以选择"会议记录"（见图 5-13）做电子笔记，便于撰稿者进行修改和整理。也可以选择菜单"插入/批注"展开交流，批注不是幻灯片正文的一部分，它不破坏原稿，在播放时既可以显示又可以隐藏，既有利于批注者的审阅，也有利于撰稿人的浏览和编辑。

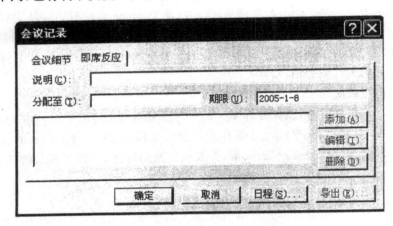

图 5-13　PowerPoint 中"会议记录"对话框

三、与运用 PowerPoint 软件相关的问题

不可否认，PowerPoint 在学校的教与学中已得到非常广泛的应用，但是也有研究者担心它的一些消极因素。例如，耶鲁大学计算机科学、图形设计学教授爱德华·塔夫特（Edward Tufte）在《PowerPoint 的认知风格》（the Cognitive style of PowerPoint）中指出提纲式的讲演有时反而减少了演讲的激情与趣味，将几个词罗列在幻灯片上并不能增加演讲的生动性，而用"很多幻灯片"则容易导致观众眼睛的疲劳，也不利于对重要信息的提取。另外，幻灯片作为演示文稿最主要的缺点是既要求学生倾听演讲者的讲话，又要看幻灯片，记笔记，这通常导致学生顾此失

彼。[①] 也有人指出,因为有了 PowerPoint,演讲者不再要为演讲做更充分的准备,他们通常依靠演示文稿才能使演讲得以继续,这就失去了演讲的最初意义。

教学活动建议:

1. 选择某一计算机辅助教学软件,将其归类,从教学设计与教育性、知识内容、使用者灵活度及技术稳定性四个方面评价这一教学软件,模拟教学过程,将该教学软件运用到教学中。

2. 选择基础教育某一教材中的一节教学内容,选择文字处理软件、电子表格软件、数据库软件和 PowerPoint 文稿演示软件中的一种软件来开展学习活动,检验运用这些计算机应用软件是否促进了学生的学习。

---

① 转引自 Meghan Loisel , Rachel Samantha, GalerRachel. Uses of PowerPoint in the 314L Classroom. Computer Writing and Research Lab,May 2004

第6章　多媒体教学系统的应用

教学目标：

1. 阐述多媒体技术的定义和特点，概述多媒体的关键技术；
2. 列举常见的动画文件、影像文件的格式，能运用这些文件；
3. 列举多媒体教室的类型，辨认多媒体教室的设备，能够使用多媒体教室展开教学活动；
4. 描述语言实验室的四种类型，概述每一种语言实验室能够实现的教学功能；
5. 复述微格教学的特点和过程，描述微格教学系统的基本结构和教学功能。

20世纪90年代后，多媒体技术成为信息技术的重要发展方向，也是人们日益关注的热点之一。以计算机为中心的多媒体技术能够处理和控制多种教学媒体，其传播信息量大、质量高，人机交互性强，操作方便，引起了教育领域中教学方式和学习方式的变革。

6.1　多媒体技术

多媒体技术的研究和应用开发主要包括多媒体数据的表示技术、多媒体创作和编辑工具、多媒体数据的存储技术及多媒体的应用开发。

6.1.1　多媒体技术概述

多媒体技术有效应用于学校教育的前提是，明确与多媒体技术相关的概念，以及多媒体技术的主要特征和关键技术。

一、媒体、多媒体和多媒体技术的定义

媒体(media)是指传递信息的载体，包括存储的实体和传递信息的载体。

"多媒体"(multimedia)这一术语可以追溯到1950年代，为了强调教育效果，早期的描述试图将各种静止的媒体和动态的媒体组合起来。多媒体系统可以由传统的媒体组合而成，也可以是以计算机为中心来显示文本、图形、图像、音频和视频的一体化设备，它不是简单地呈现信息，而是将各种形式的媒体信息整合进一个结构化程序中,其中的每一种元素与其他的元素相互补充,从而获得最佳的媒体效果。①

多媒体技术(multimedia technology)则是指把文字、图形、图像、音频、视频、动画等多种信息通过计算机进行数字化采集、获取、压缩/解压缩、编辑、存储等加工处理,再以单独或合成形式表现出来的一体化技术。狭义的多媒体技术也称为多媒体计算机技术。

二、多媒体技术的特点

多媒体技术以计算机技术为基础,对多种媒体信息进行交互处理,具有多样性、集成性、交互性和非线性等特点。

1. 媒体信息的多样性

传统媒体一般只携带一种或两种信息,如报纸,只含有文本信息,故称单媒体。而多媒体技术除了能够处理文本和数字信息外,还能把音频、视频、图形、图像、动画等多种媒体信息通过相关设备进行交互式综合处理,从而使媒体信息形式多样化。

2. 媒体和设备的集成性

计算机强大的数字处理能力给多种媒体的融合提供了可能。多媒体技术的集成性包括媒体的集成和处理这些媒体设备的集成。媒体的集成包括信息的多通道获取、统一组织和存储、合成等。多媒体设备的集成是指软硬件设备在多媒体系统中的集成,如多媒体系统中有处理多媒体信息的高速处理器,大容量的存储设备,适合多媒体信息多通道输入和输出的外设,宽带的网络接口,集成统一的操作系统平台,方便多媒体信息管理和使用软件系统和创作工具等。

3. 交互性

与传统的报刊、广播电视等单向传播媒体不同的是,多媒体允许用户使用像键盘、鼠标、触摸屏、声音、数据手套等设备,通过计算机程序,对信息进行操作与控制,并获得反馈,实现信息的双向流通。多媒体技术的可选择、可反馈和可控性使它在远程教育领域中具有很大的应用潜力。

4. 非线性

与传统的顺序式获取信息的方式不一样,多媒体技术可以实现信息的非线性存取,运用超链接技术形成超文本(hyper text)和超媒体(hyper media)。超文本和超媒体由节点和关系链组成,节点存放各种信息(包括文字、图形、图像、声音等),关系链将节点连接起来形成语义网络。这种非线性结构类似人类的联想记忆

---

①　Robert Heinich, Michael Molenda, James D, Russell, Sharon E, Smaldino. Instructional Media and Technologies for learning(Seventh Edition). New Jersey: Pearson Education, Inc. 2002. 242

结构,使节点按"联想"关系加以组织,从一个节点可迅速转到另一个与之关联的节点。超文本和超媒体打破了传统的文本和音、视频媒体信息单一的线性结构,使得获取信息的方式由被动转向主动。

三、多媒体技术中的关键技术

当前的多媒体技术正向着高分辨率、高速化、高维化、智能化和标准化的方向发展,要实现这样的目标,需要解决以下多媒体技术中的关键技术:

1. 音频、视频等媒体数据的压缩/解压缩技术

一幅具有中等分辨率(640×480)、彩色(24bit/像素)、数字化视频图像的数据量大约为 1MB,若帧速率为 25 幅/秒,则 1s 的数据量大约为 25MB,一个 640MB 的光盘只能存放约 25s 的动态图像。对于音频信号,以激光 CD—DA 声音数据为例,采用 PCM 采样,采样频率为 441MHz,16 位两声道立体声,则每秒钟的数据量为 176.4KB,一张 640MB 的光盘只能存放大约 1min 的声音数据。[①] 由此可见高速实时地压缩音频和视频信号的数据量是多媒体系统不可回避的关键问题。

2. 数字化多媒体信息存储技术

数字化的多媒体信息经过压缩后仍有大量的数据,比如动态视频图像未经压缩处理前,若采用现有的算法压缩后,存储 1 小时的影视节目约需 500MB 以上。存储技术也是多媒体技术发展和应用的关键技术之一。从目前的技术看,只读光盘 CD—ROM 和移动硬盘是较为理想的多媒体存储介质。

3. 多媒体信息的同步传输技术

多媒体技术的基本特征是感觉媒体在显示媒体上的表现是同步的,视频信息和音频数据信息进行输入/输出、传递、存储和处理时是同步的,不论进行哪种算法进行压缩,当音频和视频回放时,必须实现同步输出。多媒体信息的同步传输技术就是要解决网络的延迟以及无法预料的网络阻塞对媒体同步产生的障碍,实现多媒体信息的传输和播放的稳定性、同步性。

4. 大规模集成电路多媒体专用芯片技术

视频信号和音频信号数据实时压缩和解压缩处理需要进行大量复杂计算,普通计算机一般无法胜任这些工作。因此,大规模集成电路多媒体专用芯片技术成为多媒体发展的关键技术之一。

5. 多媒体网络通信技术

要充分发挥多媒体技术对多媒体信息的处理能力,必须把多媒体技术与网络通信技术结合起来。多媒体网络通信技术处理和传输多种媒体信息,特别是与时

---

① 华东高校计算机基础教育研究会编. 多媒体技术与应用教程. 上海:上海交通大学出版社,2000.
4~5

间有关的媒体信息,以及多个用户和系统各部分之间的协同工作。

多媒体计算机技术的发展将是一幅绚丽多彩的画卷,它将会越来越完善计算机支持的协同工作环境 CSCW(Computer Supported Collaborative Work)。从长远看,智能多媒体技术是多媒体计算机系统发展的必然趋势,文字与汉语语音的识别与输入、自然语音的理解和机器翻译、知识工程和人工智能技术已成为当前研究的重点。

6.1.2 多媒体音频技术

声音携带信息量大、精细、准确,因此音频是多媒体系统中使用最多的信息之一。多媒体技术中常见的音频技术有以记录乐器演奏信息而成的 MIDI 音乐,通过对真实的模拟音效、声频进行数字化采样而成的波形(wave)文件以及由此衍生的压缩与流式音频处理技术,此外还有一种将应用软件及程序中的文本转换为声音输出的"文本到语音"(Text to Speech,简称 TTS)技术。

一、声音信号的数字化

声音是连续变化的模拟信号,而计算机只能处理数字信号。要使计算机能处理音频信号,必须把模拟音频信号转换成数字信号,这就是音频的数字化。音频的数字化涉及采样、量化及编码等多种技术。

1. 采样

声音信号转换成数字信号,必须先按一定的时间间隔对连续变化的音频信号进行采样。一定的时间间隔 T 为采样周期,$1/T$ 为采样频率。根据采样定理:采样频率应大于等于声音最高频率 f_{max} 的两倍。

采样频率越高,在单位时间内计算机取得的声音数据就越多,声音波形表达得就越精确,而需要的存储空间也就越大。

2. 量化

声音的量化是把声音的幅度划分成有限个量化阶距(指量化的步长),把落入同一阶距内的样值归为一类,并指定同一个量化值。量化值通常用二进制表示。表达量化值的二进制位数称为采样数据的比特数,即采样精度。采样数据的比特数越多,声音的质量越高,所需的存储空间就越多;反之则声音的质量越低,所需的存储空间也越少。

音频信息所需的存储空间可用以下公式计算:

存储容量(字节)=采样频率×采样精度(量化数)×声道数×时间÷8

例如一段持续 1min 的双声道声音,若采样频率为 44.1kHZ,采样精度为 16位,数字化后不进行任何压缩,需要的存贮容量为:$44.1 \times 10^3 \times 16 \times 2 \times 60 \div 8 = 10.584MB$。

3. 编码

数字化音频数据在存储和传输中必须进行压缩,但是压缩会造成音频质量下降及计算量的增加。

音频的压缩方法有很多,音频的无损压缩包括不引入任何数据失真的行程编码等,而音频的有损压缩包括波形编码、参数编码和同时利用这两种技术的混合编码。[①]

二、MIDI(Musical Instrument Digital Interface)音乐

MIDI 是一种新兴的电子音乐,因其文件体积小巧而受到人们的喜爱,可以和其他媒体,如数字电视、图形、动画、语音等一起播放,以加强演示效果。

1. MIDI 音乐的概念

MIDI 意为电子乐器数字接口,是音乐合成器(music synthesizers)、乐器和计算机之间交换音乐信息的一种标准协议。它产生于 20 世纪 80 年代初,经过长期的发展,出现了 GS(General Synthesizer,通用合成器,Roland 公司创立的一种 MIDI 标准)、GM(General MIDI Mode,通用 MIDI 的缩写,国际 MIDI 生产者协会 MMA 制定)和 XG(Extended General MIDI,扩展的通用 MIDI,YAMAHA 公司在 1994 年推出的新的音源控制规格)三类音色排列方式的标准,现已成为计算机数字音乐的代名词。

MIDI 文件可以理解为是一种描述性的"音乐语言",通常以 MID、RMI 为扩展名,用于记录所要演奏的乐曲信息(称 MIDI 信息),如使用乐器、起始时刻、时长、力度、音调等。在回放时,再从 MIDI 文件中读取乐曲信息,在声卡中通常以 FM(频率调变)合成或波表合成的方式,生成乐器声音波形,并输出到扬声器。图 6-1 为多媒体计算机中 MIDI 声音的处理过程。[②]

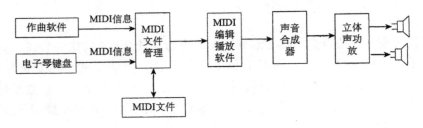

图 6-1　多媒体计算机中 MIDI 声音的处理过程

①　华东高校计算机基础教育研究会编. 多媒体技术与应用教程. 上海:上海交通大学出版社,2000. 47~48

②　刘甘娜,朱文胜,付先平. 多媒体应用基础(第二版). 北京:高等教育出版社,2000. 49

2. MIDI 音乐的特点

和普通音频文件相比,MIDI 不存在对声波的采样、量化和编码处理,文件体积通常都比较小,一段 5 分钟的 MIDI 很可能只有近百 K 的容量,比较适合在网上传播。另外,与波形声音相比,MIDI 声音在编辑修改方面也十分方便灵活,可任意修改曲子的速度、音调,也可改换不同的乐器等。

MIDI 音效虽然有小巧的优点,但它只能模拟乐器和极为有限的环境音效,从而不能再现真实音频。此外,MIDI 音乐的回放质量受合成器质量影响,因此,同样的文件在不同的声卡设备上播放效果相差较大。当然,低档声卡的计算机系统可以通过安装软波表软件提升回放音质。

3. MIDI 音乐的编辑制作

MIDI 文件的制作方法主要有以下三种:

(1)在如 Cakewalk、Finale 等专门的音乐记谱软件中,以鼠标、键盘等操作方式直接输入 MIDI 音乐的乐谱信息,并将其保存为 *. MIDI 或 *. MID 文件。

(2)使用 MIDI 键盘、电子吉他等专用的数字音乐输入设备,配合 Cakewalk、Finale 等软件,采集并记录乐谱信息为 MIDI 文件。

(3)使用第三方软件,将波形及其衍生格式(如 *. WAV、*. MP3 等)的声音文件转换为 MIDI 音乐,用此种方式得到的 MIDI 文件一般只能记录乐曲的大致旋律,无法尽现原始音频信息。

对于缺少专用 MIDI 输入设备,又需要精确记谱的大多数用户来说,通常使用第一种方法制作、编辑 MIDI 音乐。

三、波形音频及其衍生格式

波形声音是在多媒体教学软件中使用最频繁的声音格式,通常以 *. WAV 为后缀,一般用于存储非乐曲音频数据,如语音。通过波形音频设备对声波进行采样、量化、编辑和其他处理,形成千万个独立的数码组数据,进而形成波形声音文件。

1. 用 Windows 自带的"录音机"录制波形文件

现在,几乎所有的音频处理软件都集成了波形音频文件的录制功能,比如利用 Windows 系统自带的"录音机"程序就可以将通常麦克风采集到的声音信息录制为 *. WAV 文件,具体操作方法是:

(1)正确连接麦克风设备后,双击系统栏的音量控制图标,打开音量控制窗口,调整"麦克风"框中的滑块,将音量调整至合适位置,选择选项中的输入(见图 6-2)。

(2)单击"开始"菜单,选择"/程序/附件/娱乐/录音机",打开录音机程序,单击红色录制按钮,对着麦克风说话,此时程序将自动录制麦克风捕捉到的音频信息

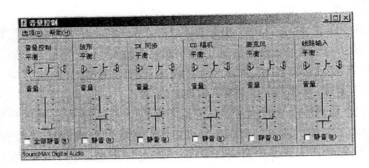

图 6-2 音量控制窗口

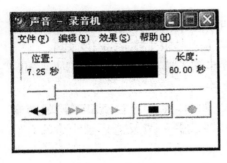

图 6-3 录音机软件

（见图 6-3）。录制完毕，单击"文件/保存"将其保存为 WAV 文件。

用录音机程序进行录音方便快捷，但在默认情况下只可以录制最长 60 秒的声音。如果需要录制更长时间的声音或是需要对录制的声音进行降噪等处理，建议采用 Gold-Wave、CoolEdit 等专业的音频处理软件。

2. 波形音频与流式处理技术

波形音频可以较好地再现人声、环境音效等声音音效，并且数字化音频采样频率越高、编码位数越高、通道数越多，波形音频文件越能得到高保真的音效。但是，在获得高保真音效的同时，波形文件也带来了巨大的文件数据容量。

由于网络带宽与存储介质的限制，巨大的文件数据容量成为约束波形音频应用的主要问题。要在网络上传播音频文件，一般都要先对数据格式进行压缩。

常见的压缩音频格式有 MP3（MPEG-1 Audio Layer-3）、VQF（Twin VQ，Transform-domain Weighted Interleave Vector Quantization Format，采用"矢量化音频编码"的压缩方式）、Real Networks 的 Real Audio、Windows Media Audio 等。

压缩音频极大地减轻了网络带宽的要求，但是限于当前的网络环境，仍然需要经过很长的下载时间才能播放。在这种情况下，流媒体技术应运而生。流媒体技术的出现，使得用户在 Internet/Intranet 上下载音频文件时，无需经过漫长的等待时间，且不占用大量的硬盘空间，因而深受用户的喜爱。有关流媒体技术的具体内容详见 7.2 节。

6.1.3 多媒体视频技术

如今视频点播、可视电话、网上电视、网络视频会议等已梦想成真,并逐渐融入人们的日常生活,这一方面得益于网络传输技术的迅速提高,另一方面应归功于多媒体视频技术的产生和发展。

广义的视频文件可以分为两类,即动画文件和影像文件。动画文件指由相互关联的若干帧静止图像所组成的图像序列,这些静止图像连续播放便形成一组动画,通常用来完成简单的动态过程演示;影像文件是包含了实时的音频、视频信息的多媒体文件,其多媒体信息通常来源于音、视频输入设备,由于包含了大量的音频、视频信息,影像文件的数据量往往相当庞大。

一、常见的动画文件及其应用

动画文件有许多种,如 3DS、AVI、FLC、GIF、MOV、FLASH 等,其中 GIF、FLC、FLASH 是最常见的三种动画文件,它们通常可以用专门的动画制作软件如 Macromedia Flash、3D Studio MAX、Animator Studio 来制作。

1. GIF 动画(. GIF)

GIF 是图形交换格式(Graphics Interchange Format)的英文缩写,是美国 CompuServe 公司于 1980 年代针对当时网络传输带宽推出的一种高压缩比的彩色图像文件格式。GIF 采用无损数据压缩方法中压缩效率较高的 LZW(Lempel-Ziv & Welch)算法,文件容量较其他格式要小,且在显示方式上增加了渐显方式,应用比较广泛。目前 Internet 上大量采用的彩色动画文件一般都为 GIF 格式,并且它还受到大多数视频与图像处理软件的支持。

2. Flic 动画(. FLI/. FLC)

Flic 文件是 Autodesk 公司在其出品的 Autodesk Animator / Animator Pro / 3D Studio 等 2D/3D 动画制作软件中采用的彩色动画文件格式,其中,. FLI 是最初的基于 320×200 分辨率的动画文件格式,而. FLC 则是. FLI 的进一步扩展,具有更高的数据压缩率和分辨率。

Flic 文件采用行程编码(RLE:Run-Length Encoding)算法和 Delta 算法进行无损的数据压缩,首先压缩并保存整个动画序列中的第一幅图像,然后逐帧计算前后两幅相邻图像的差异或改变部分,并对这部分数据进行压缩,因此压缩率较高。

3. Flash 动画(. SWF)

Flash 是由美国 Macromedia 公司开发的主要用于网络动画制作的软件,现在 Flash 已经发展成为完整的多媒体演示解决方案,包含服务器端与客户端产品。

Flash 动画格式以 SWF 为后缀名,它支持矢量图形、流式传输的动画格式,具有较高的图像压缩率,支持 MP3 格式的音频压缩技术,此外,Flash 动画允许制作复杂的交互操作。因而,使用 Flash 技术制作的复杂、精彩的多媒体演示作品,已超越了原始的动画意义。

二、常见的影像文件及其应用

目前,影像文件格式种类繁多,其中 AVI、QuickTime、MPEG、Real Video、Windows Media Video 是最常见的影像文件,它们主要是由视频采集设备将来自于录像带、摄像机或计算机屏幕操作的视频信息记录转换而成。对数字化视频信息进行编辑加工,可以采用专门的视频编辑软件,如 Adobe Premiere、Ulead Video Studio 等。

1. AVI(. AVI)

AVI 是音频、视频交错(Audio/Video Interleaved)的英文缩写,它是 Microsoft 公司开发的一种符合 RIFF(Resource Interchange File Format)文件规范的数字音频与视频文件格式,原先用于 Microsoft Video for Windows(简称 VFW)环境,现在已被 Windows、OS/2、GNU/Linux 等多数操作系统直接支持。AVI 格式允许视频和音频交错在一起同步播放。

AVI 文件格式只是作为控制界面上的标准,没有限定压缩标准,因此它不具有兼容性,用不同压缩算法生成的 AVI 文件,必须使用相应的解压缩算法才能播放出来。

AVI 的回放比其他格式要快一些、平滑一些,因而较多应用于多媒体光盘上,用来保存电影、电视等各种影像信息,有时也出现在 Internet 上,供用户下载、欣赏新影片的精彩片断。

2. QuickTime 文件(. QT/. MOV)

美国苹果(Apple)电脑公司开发的 QuickTime 技术是桌面视频产品的第一个工业标准。QuickTime 诞生于 1991 年,当时苹果公司将其作为视频文件格式和处理“基于时间”的多媒体结构。

QuickTime 文件格式支持 25 位彩色,支持 RLE、JPEG(Joint Photogragh Coding Experts Group,联合照片专家组)等领先的集成压缩技术,提供 150 多种视频效果,并提供了 200 多种 MIDI 兼容音响和设备的声音装置。新版的 QuickTime 还能够通过 Internet 提供实时的数字化信息流与文件回放功能,此外,QuickTime 还采用了一种称为 QuickTime VR(简作 QTVR)的虚拟现实(Virtual Reality)技术,可以实现 360 度虚拟全景展示。

3. MPEG(. MPG/. AVI/. DAT)

MPEG(Moving Pictures Experts Group,动态图像专家组)文件格式是运动图像压缩算法的国际标准,包括 MPEG 视频、MPEG 音频和 MPEG 系统(视频、音频同步)三个部分,它采用有损压缩,同时保证 30 帧/秒的图像动态刷新率,MPEG

的平均压缩比为 50∶1,最高可达 200∶1,压缩效率非常高,同时图像和音响的质量比较好,在微机上有统一的标准格式,具有良好的兼容性,几乎所有的计算机平台都支持 MPEG。

MPEG 是一个庞大的标准组,MP3、VCD、SVCD、DVD 等都是基于 MPEG 技术产生的消费类电子产品。

4. Real Video(. RM/. RMVB)

Real Video 文件是 Real Net Works 公司开发的一种新型流式视频文件格式,它包含在 Real Net Works 公司所制定的音频视频压缩规范 Real Media 中,主要用来在低速率的广域网上实时传输活动视频影像,可以根据网络数据传输速率的不同而采用不同的压缩比率,从而实现影像数据的实时传送和实时播放。目前,Internet 上已有不少网站利用 Real Video 技术进行重大事件的实况转播。

5. Windows Media Video(. WMV/. ASF)

微软公司的 Windows Media 系统是应用较为广泛的多媒体视音频技术,其视频格式为高级流文件格式 ASF(Advanced Stream Format)与 WMV(Windows Media Video)。

ASF 能以多种协议在网络环境下支持数据的传输,支持从 29kb 到 3M 的码率,它的内容既可以来自普通文件,也可以来自编码设备实时生成的连续数据流,所以 ASF 既可以传送事先录制好的内容,也可以用于传送实时内容。它还可以用 Windows Media 编辑工具如 ASFIndexer 等在数据流中插入名称(Title)、作者(Author)、描述(Description)用以标注 ASF 文件信息,这些信息在播放时可以在播放器中显示出来,更重要的是它还可以插入 Mark、Script 等标记,这些标记可以用来快速定位,或者触发浏览器打开网页、播放其他的视音频文件等,从而使得媒体与用户的交互成为可能。

ASF 是 Windows Media Service 7. 0 之前系统中的重要媒体格式,在 Windows Media Service 9. 0 之后,WMV 的应用渐渐取代 ASF。

6.2 多媒体教室

多媒体教学系统综合处理、存储、传送声音、文字、图形、图像、动画和视频等多种媒体信息,并与网络连接,形成交互式教学系统;它充分利用多媒体技术的多样性、集成性、交互性、非线性等特点,创设图文并茂、动静结合、声情融汇的教学环境,激发学生的学习兴趣,实现生动的课堂教学,提高教学效率。

6.2.1 多媒体教室的类型、构成与组建原则

要了解多媒体教室,利用多媒体教室中的教学系统开展教学活动,首先要了解

多媒体教室的类型和基本的组成部分。多媒体技术的发展非常迅速,要设计和建立多媒体教室,还必须注意其组建原则。

一、多媒体教室的类型

多媒体教室按设备的配置情况可分为简易型、标准型和网络型三种。

1. 简易型

配置多媒体教室最简单的方法就是在普通教室内配置 1 台电脑、1 台液晶投影机、1 台电动银幕机和少量辅件。其他的信号源设备、切换器和终端设备根据需要选定。

2. 标准型

标准型多媒体教室结合了多媒体计算机技术与常规教学媒体,是由控制台和计算机统一控制形成的一个有机整体。它主要由多媒体计算机、视频展示台、大屏幕投影电视、多种播放设备(如录像机、影碟机、录音机等)以及电动银幕、音响系统等组成,并与校园网、有线电视网相连接。

3. 网络型

网络型多媒体教室由一台教师用多媒体计算机、学生终端、网络设备、操作系统以及交互式的教学平台软件等构成,是一个包括了数据网络和视频网络等多路信号的多媒体教学网络系统。

简易型多媒体教室投资少,使用的教学媒体比较单一,适合于一般的演讲、报告及讲授型课堂教学,且管理较方便;标准型多媒体教室兼容性好,可以展示实物、播放多种教学媒体,投资要比简易型多媒体教室大;网络型多媒体教室投资最大,功能也最强大,不仅能够实现多种媒体教学,还能实现数字化节目传送和师生间交互操作,具有多重感官刺激、传输信息量大、传输质量高、人机交互性强、操作方便等优点。

另外,也有人把多媒体教室分为多媒体综合教室和多媒体网络教室。

二、多媒体教室的构成

标准型多媒体教室的硬件是以多媒体计算机、视频展示台、大屏幕投影电视、多种播放设备(如录像机、影碟机、录音机等)为主要设备,同时辅以相关配套设备(如电动银幕、音响系统等),由控制台和计算机统一控制形成的一个有机整体。

一个典型的标准型多媒体教室的设备系统结构见图 6-4。

网络型多媒体教室通常以局域网(LAN)为基础,在标准型多媒体教室的基础上,再配置 20~50 台学生终端,将服务器通过路由器或 Modem(调制解调器)与因特网相连,形成一个局域网教学系统。它可以实现各计算机之间屏幕、声音的实时交互切换,并具有多种教学管理功能。

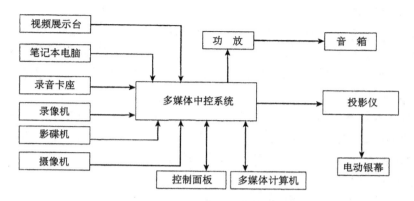

图 6-4 标准型多媒体教室设备示意图

一个典型的网络型多媒体教室的设备系统结构见图 6-5。

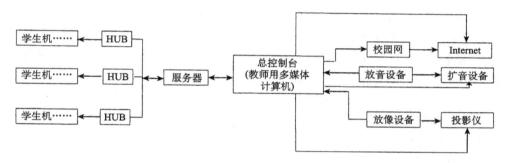

图 6-5 网络型多媒体教室设备示意图

三、组建多媒体教室应遵循的原则

当前,多媒体技术发展非常迅速,各种多媒体设备日新月异。学校在组建多媒体教室时应综合考虑各个方面,如先进性、集成性、可靠性以及经济性等。一般应遵循如下原则。

(1)先进性原则

自 20 世纪 60 年代以来,计算机芯片的集成度以大约每 18 个月就提高一倍的速度指数增长(摩尔定律,Gordon Moore)。而 90 年代中期以后,有人指出互联网用户每 9 个月增加一倍,同时信息流量与带宽也增加一倍。据统计,当前许多中小学校组建的多媒体教室和网络教室每 3～5 年就呈现老化趋势,因此,在组建多媒体教室时,要有超前意识、先进的设计思想以及对计算机硬件和软件产品准确的预计和判断能力。

（2）标准性原则

购买计算机软硬件产品、架构多媒体教室时所采用的布局和网络协议，在考虑先进性的同时，还要考虑符合一般的标准，以满足大众化的要求。遵循一定的标准，有利于学校进行统一管理与维护，并与其他学校合作形成一体化服务。

（3）实用性原则

组建多媒体教室，应充分利用现有资源，发挥现有设备的效益。一般中小学校组建多媒体教室，购买的系统和应用软件还应考虑是否为中文界面，功能是否完善，界面是否友好，以及它们的兼容性是否强大。

（4）可扩展性原则

组建多媒体教室，设计时应采用开放技术，如开放的拓扑结构、系统组件和用户接口，使其具有良好的兼容性、升级和扩展能力，以适应计算机技术和多媒体产品不断发展的要求，实现低成本扩展和升级。同时，良好的升级能力与可扩展性还有利于多媒体教室的维护和更新，有利于信息流的稳定传输。

（5）可靠性原则

组建多媒体教室，采用的系统和标准应具有稳定性、可控性和可靠性，具有容错功能，易于管理和维护。组建时对各产品的选型、安装、调试等各环节进行统一规划和分析，确保系统运行的可靠性。

（6）安全性原则

建立多层次安全控制手段和完善的安全管理体系，拥有可靠的防病毒措施，以免系统和数据受攻击和破坏。

（7）经济性原则

在满足多媒体教室系统需求的前提下，尽可能选用集成化程度和性能价格比高的设备。

6.2.2　多媒体教室的基本教学功能和实例

多媒体教室按照类型和设备的不同，所具有的教学功能也各不相同，通常都可以达到基本的教学功能。

一、多媒体教室的基本教学功能

多媒体教室一般具有以下基本教学功能。

1. 常规教学功能

通过视频展示台、投影仪和银幕可以展示幻灯片、投影片、图片、实物等各种教学材料，教师也可在视频展示台上现场书写，代替黑板的功能。

2. 计算机教学功能

运行各种多媒体计算机教学软件，呈现文本、图像、动画、视频、音频等多种媒体信息,在投影大屏幕上显示与计算机显示器上完全相同的内容。

3. 视、音频播放功能

教师可以利用录音机、录像机、影碟机等设备播放视、音频材料,通过模/数转换器将模拟信号转换成数字信号投影在大屏幕上,并可根据教学需要,通过控制面板进行暂停、快速、搜索、继续播放等操作。

二、网络型多媒体教室的功能

常规的多媒体教室最主要的功能是用来播放和演示多媒体教学材料,而网络型多媒体教室还具有更完善的功能。

1. 屏幕监看和语音监听功能

教师可在教师机屏幕上监看和监听全体学生或某些学生的屏幕,监听学生的朗读、提问和回答。在监听监看过程中,还可将某学生的屏幕或声音转播给其他指定的一个、一组或全体学生,达到有效的交流与学习。

2. 远端遥控功能

通过一定的应用系统,教师只要用鼠标和键盘便可远端遥控某个或全体学生的主机,引导学生进入学习状态,根据需要可以将学生键盘锁定或开放,开展多渠道交互式教学。

3. 网络功能

教师可以向学生传送数字化节目;利用网络,学生可以查阅、浏览因特网上的学习资源。另外,教师可以将学生分组,通过网络每组学生可以互相交谈与讨论,或者协同完成某项学习任务,而教师可以随时参与到任何一组学生的讨论中。

教师要充分发挥多媒体教室的功能,必须能够熟练操作各种多媒体设备及其系统软件,并能够处理常见的问题。

三、多媒体教室实例

组建和设计多媒体教室,通常视各个学校的具体要求和经济条件而定。

以下是一个多媒体教室的系统设备连接示意图,它由多媒体计算机、大屏幕投影系统、视频展示台、录音机、录像机、影碟机及无线、有线话筒、扩音系统等设备组成(见图 6-6)。

该教学系统主要设备的功能为以下几个方面。

1. 功放

这是核心设备,除电脑的 VGA 显示信号直接送投影机外,其他设备的信号都要经由该功放,由它完成对各路设备的音频和视频信号的切换选择,并对音频信号进行放大(包括话筒信号)。

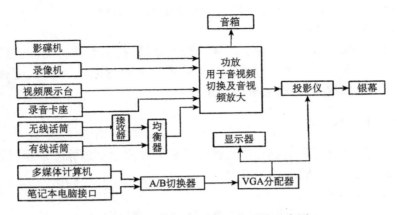

图 6-6　多媒体教室系统设备连接示意图

2. 投影器

这是显示设备,计算机送出的是 VGA 信号,而视频展示台、影碟机和录像机送出的是视频信号,投影器通过摇控器可对需要显示的信号进行相应的切换。

3. 扩音系统

由无线话筒、接收器、有线话筒及均衡器等组成。无线话筒的信号经由无线话筒接收器后送入均衡器,桌面上的有线话筒插孔也连着均衡器,两者的信号都通过均衡器调节,然后送入功放进行放大处理。

4. 笔记本接口与切换装置

桌面上有一个连接笔记本电脑显示信号的接口,台式机和笔记本的信号由桌面下的 A/B 切换器进行选择,然后通过 VGA 分配器同时送往显示器和投影仪。A 口对应台式机,B 口对应笔记本,使用笔记本时需将旋钮调至 B 档。

5. 电动投影幕布

展现通过投影器送过来的各种文本、图形、图像、视频、动画信号。

6.3　语言实验室

语言实验室(language laboratory)是主要用于语言教学和训练的专用教室,最早的语言实验室是由录音机、耳机等听觉设备和教师控制台组合而成。随着电子技术、计算机技术以及学习理论、教学理论的发展,语言实验室已由初期的听音型向视听型及人机交互型发展,成为一种多功能的多媒体教学系统。

6.3.1　语言实验室的种类和基本结构

语言实验室已在学校语言教学(包括外语教学和汉语言教学)中得到广泛的应

用。教师要利用语言实验室开展语言教学与学习活动,需要在了解语言实验室种类的基础上,掌握语言实验室的基本结构及设备的使用技术。

一、语言实验室的种类

根据语言实验室的功能和设备的不同,一般可以分为四种。

1. 听音型(Audio Passive,简称 AP 型)

听音型语言实验室是最简单的一种语言实验室,可以分为无线听音型语言实验室与有线听音型语言实验室,见图 6-7。教师控制台上的一个或多个音源,通过学生座位上的耳机插孔与学生用的耳机相连。学生只能收听教师的讲解及播放的录音教材,而不能与教师通话。由于应用耳机学习可以互不干扰,从而提高收听和示范效果。它只适合于对学生进行听力或听写训练。

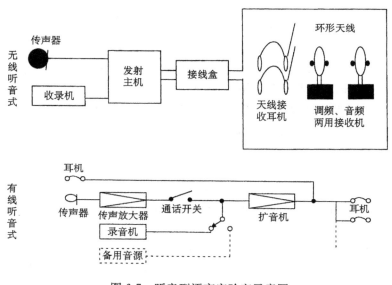

图 6-7 听音型语言实验室示意图

2. 听说型(Audio Active,简称 AA 型)

听说型语言实验室是一种具有听音和对讲功能的语言实验室。其设备在听音型的基础上,增加了学生用话筒、呼叫开关及教师主控台的音源控制和通话控制部分,见图 6-8。这种语言实验室除了可供学生收听教师的讲解和播放的录音教材之外,师生可以直接对话,教师可以监听、监录任意一个学生的学习情况,或选录学生的练习,并及时加以辅导;还可以让学生按不同要求做分组讨论,增加学生训练的机会;学生也可以呼叫教师请求解答问题。这种语言实验室比较经济实用,可用来训练听力、语言、语调和会话等,适用于中小学的语文和外语教学。

实现监听功能的设备。

2. 学生座位厢

学生座位厢通过信号传输线接收来自教师控制台的各种信息。它由专用课桌、学生终端显示器、学生用盒式录音机、耳机话筒、学生座位传声放大器、呼叫按钮等部分组成。

(1)专用课桌　专用课桌即学生座厢,分单座、双联座或三联座等形式。一般都用隔音板或隔音玻璃隔绝,除起到隔音作用外,还可使学生集中注意力。

(2)学生用终端显示器　显示的是教师控制台上发送的视频多媒体信息。

(3)学生用盒式录音机　这种录音机一般为双声道录音机,其中一个声道录制示范读音,另一个声道录制学生的读音。学生读音可以在示范读音不被抹去的情况下反复重录。录音机既可由教师在控制台进行遥控,也可由学生自己控制操作。

(4)学生座位传声放大器和呼叫装置　包括音量调节装置、节目选择装置、呼叫按钮等。

6.3.2　语言实验室的基本教学功能和教学应用

利用语言实验室的控制系统,可以实现多种教学功能。教师能因材施教,有利于个别指导;学生可以随时与教师进行对话,有利于主动学习。

一、语言实验室的基本教学功能

语言实验室在训练学生的听力和口语等方面可以起到强化和个体化的作用,近年来在各种层次的语言教学中得到应用和推广,它可以实现的基本教学功能一般有以下五个方面:

1. 控制与显示

语言实验室的教师控制台通过各种控制按键发出信号,对语言实验室设备进行各种功能控制,并且在教师控制台和学生座位上设有工作状态显示灯,如呼叫显示、操作指令以及音量控制显示等。若配有多媒体计算机,也可用语言学习系统显示学生的出席、操作与学习情况,有利于整个教学过程的有序进行。

2. 呼叫与通话

教师呼叫分为全班呼叫、小组呼叫和个别呼叫,即教师可面对全班、小组或几个学生讲授教学内容,解答问题,布置学习任务,也可以对个别学生进行通话与指导;学生在学习中遇到问题可直接向老师呼叫,请求老师的帮助与通话。学生可通过教师控制台实现几个学生之间的讨论交流,进行合作学习。

3. 播放与示范

教师播放录音示范教材供学生收听或复制。一般教师控制台上有多个录音机,可同时播出几种不同内容、不同进度的录音教材,供学生选择使用。多媒体计算机还可播放各种多媒体音视频材料,提供视觉示范,供学生观看临摩,并加强理解与记忆。

4. 跟读与录音

学生跟着教师或录音教材朗读,学生录音机分别将这两种声音录在不同声道上,以便进行听说对比训练。学生若觉得自己的读音没有达到要求的标准,可将原来跟读的声音抹去重新跟读录音,直到达到标准为止。

5. 监听与录音

在学生朗读或跟读练习时,教师可以在不被学生察觉的情况下,监听任一学生的跟读情况,也可监听指定的几个学生之间的会话练习,还可通过教师控制台上的录音机记录学生的练习情况,以便课后分析教学效果。另一方面,通过教师控制台还能为学生复制录音教材。

二、语言实验室的教学应用

根据语言实验室的基本教学功能,教师可以进行语言和会话训练,帮助学生掌握基本的语音、语调、句型和语法规则,提高会话能力。

1. 语音、语调训练

语音、语调训练是学习语言的基础,学生通过听音、模仿、辨音、正音等训练,达到熟练正确地掌握语音、语调。一般可在听说型或听说对比型语言实验室进行,学生通过播放的教材进行模仿并进行反复跟读练习。

2. 听力训练

听力训练的目的是提高学生听懂某种语言的能力,教师可根据学生的水平采用分句、分段或整篇播出的方式,训练学生的听力,还可通过提问和让学生复述来检查学生训练的情况和提高的程度。

3. 句型训练

句型训练是为了帮助学生掌握句型结构和句式语法规则,提高学生识记、模仿和运用语言的能力。常用的句型训练有:用给定的词或词组替换句子中某一部分的替换训练,把陈述句变为疑问句等的句型转换训练。教师可以自己录制句型训练教材,句型训练教学适宜在听说对比型语言实验室进行。

4. 会话与口译训练

会话训练是发展学生口语能力的重要途径。会话训练过程一般可按以下方式进行:首先让学生听按正常口语语速录制的整篇会话材料,了解材料的大致内容;然后让学生模仿、练习、记录会话的分句材料,或进行分句角色练习。

口译训练难度相对较大,但是对提高学生的语言运用能力,效果比较显著。在制作口译训练教材时,可将口译材料分句或分段间隔录音,间隔时间的长短以口译内容长短而定。学生在听完一句或一段话后,进行口译练习,并记录在口译训练录音教材的空隙处,以便进行重放时对照检查、校正。

　　会话与口译训练可以在听说对比型语言实验室中进行,如果有配套的会话情景视觉材料,则可在视听型语言实验室中进行。

6.3.3　语言实验室的设计及实例

　　语言实验室的发展非常迅速,数字化语言学习系统是网络时代的必然产物,是学校进行数字化语音教学的崭新平台。组建语言实验室,不仅要了解语言实验室技术产品现状和发展趋势,还要考虑语言教学的特点及其特殊的要求。

　　一、语言实验室的设计

　　设计语言实验室要考虑各方面的因素,除遵循多媒体教室组建的原则外,还应符合下面的条件。

　　1. 环境条件

　　首先,语言实验室需要一个安静的环境,要求教室内的噪声应小于 60dB,所以应远离运动场、音乐教室和街道等噪声较大的场所。其次,语言实验室容易受到磁场、电场的干扰,因此要远离变电所、变压器、高压线等设施。一般语言实验室都设在教学楼的上层。

　　2. 工程条件

　　(1)教室的布局与面积　一般的语言实验室座位为 36 个、48 个、56 个或 64 个,两个学生一个桌子(即双联桌),前后两个桌子的距离为 1.1～1.2 米。第一排学生桌子距教师讲台为 0.8～1 米,最后一排学生的座位距墙 1 米以上。

　　(2)声学设计　语言实验室要求有较高的隔音性能,设计时可以采取以下措施:双层窗户,双层门,教室的墙壁和顶棚加装吸音板等。另外,教室内的混响时间控制在 0.4～0.6 秒之间。这样做,一方面可以隔绝外面的噪音,另一方面教室内部学生的朗读声能很快被吸收掉,保证耳机的声音清晰。

　　(3)照明　语言实验室的学生课桌两侧设有隔声挡板,从窗户射入的光线受到挡板的阻挡会产生阴影,桌面上的照度会随之降低。按国家标准规定,学生桌面上的照度不得小于 100～150lx。为了保证桌面上必需的照度,一般采用天然采光和人工照明并用的方法。另外,白天日光直射教室,会造成强烈的亮暗反差,使人眼难以接受,应挂上浅色的窗帘。有电视机和投影仪的教室还应加一层深色的窗帘,降低教室亮度,提高画面对比度。

　　(4)语言实验室的色彩　语言实验室的色彩要让人感觉到明亮和宽阔的气氛,其色彩设计宜冷暖色调结合,教室的墙壁和顶棚以暖色调为主,颜色浅一些(淡黄色为好),学生课桌以冷色调为主。教室里尽量减少装饰,避免干扰学生的注意力。

　　(5)通风换气　为了保持语言实验室空气的流通,一般采取强制的机械通风。

同时考虑到噪音问题,应尽量采用管道送风和排风,而不使用排风扇,通风口设置在教室的墙壁上。在炎热的季节,室内最好设置分体式或中央空调机,用管道送冷气。

(6)电视的配置 语言实验室中若要配置电视机,还应注意距离与视角的问题,以使学生看电视画面时无需倾斜身体。对 29 英寸电视机来说,最近距离不应小于 1.5 米,最远距离不应大于 4.6 米。视角分为水平视角和仰角,水平视角是指观看电视机的角度,应在 45 度以内,仰角是学生抬头的角度,最大不宜超过 30 度。

(7)布线与电缆沟 教师与学生的联系是通过电缆进行的,每一个座位厢都有一根电缆。为了不影响走动,电缆排布在电缆沟里。电缆沟的位置根据教室的面积和座位的排列决定。

二、语言实验室实例

数字化语言实验室是通过数字控制信号控制数字文本信号、数字声音信号来实现语言教学功能的实验室。下面以浙大方圆公司开发的 MQ-LLS-8000 全数字语言学习系统[①]为例,说明全数字化语言学习系统的特点与优势。

1. MQ-LLS-8000 系统的主要特点

MQ-LLS-8000 系统具有许多独特的优势,其比较显著的特点如下。

(1)系统采用嵌入式 Linux 操作系统,控制方式全部采用数字信号控制、大容量的数字化语言节目库、12 路数字音源、4 路模拟音源同步广播,无论是教师授课还是学生自习,都为使用者提供了充裕的可选择内容,使语音教学功能大大拓展。

(2)数字化的节目库支持校园网上用户的远程共享,使得远程用户的使用和访问非常方便,有效提高了语言教学系统的使用率。同时,系统还可以通过因特网不断地丰富和扩充自己的数字化语言节目库,提高学习资料库的实用性和时效性。

(3)数字化控制方式,改变了传统语言实验室被动收听的学习方式,真正实现了自由选择学习。在该系统中学生可自由点播节目库中的节目。在自习时间,语音教室可以同时接纳不同年级和不同语种的学生同时进行自由学习。

(4)数字化语言节目库和数字化控制方式使语言实验室的功能大大增强。学生可以自由进行测验、电子图书阅读、主动检验自己的听力等功能,利于学生语言能力的全面提高。

2. MQ-LLS-8000 系统可以实现的主要功能

MQ-LLS-8000 系统所具有的主要功能如下。

(1)常用教学功能:实名注册、点名、全通话、广播教学、分组教学(多种分组方式)、自习、监听、呼叫清除、16 路节目选听、节目预听、教师插话、教师讲解等,教师

---

① 来自于 http://www.fangyuandz.com/cpsj3.htm,2004.11.18

控制台见图 6-11。

(2)灵活的组合实现：讨论、师生对讲、组对讲、组会议。

(3)多种考试方式：自由测试、随堂测试、无限制试卷测试、无限制卷面混合测试、电子阅卷、电子评分、查阅标准答案、查阅试题评析。

(4)其他功能：多种语言共用、节目制作与管理、资料库创建及管理、远程管理、互联网资源共享、主控制软件及学生终端软件升级。

此外，MQ-LLS-8000 系统中学生终端采用液晶显示，见图 6-12，显示区内分 5 个模块：听力点播、录音、文本、阅读、考试和帮助。学生通过操作按键可自由点播、阅读、呼叫和不限时的录音与复读，可进行试卷和听力测试，可以实现立体声外输出录音，并且具体的操作方式在帮助栏中可获得帮助。

图 6-11 MQ-LLS-8000 系统
教师控制台

图 6-12 MQ-LLS-8000
系统学生终端

6.4 微格教学系统

微格教学(micro-teaching)是师范生和在职教师掌握课堂教学技能的一种培训方法，它又被译为"微型教学"、"微观教学"、"小型教学"等。艾伦(W. Allen)说它是"一个有控制的实习系统，它使师范生有可能集中解决某一特定的教学行为，或在有控制的条件下学习"。英国的布朗(G. Brown)说："它是一个简化了的、细分的教学，从而使学生易于掌握。"①微格教学是建立在教育教学理论、视听理论和技术基础上，系统训练教师教学技能的方法。

6.4.1 微格教学的发展历程、特点与过程

微格教学自 1960 年代初提出以来，经过了 40 多年的发展，受到了许多学校和

---

① 孟宪恺. 微格教学基本教程. 北京：北京师范大学出版社，1992.1

教育者的关注,形成了其自身的独特优势。

一、微格教学的产生与发展

微格教学最先是斯坦福大学艾伦及其同事于 1961 年提出来的,后来许多国家和地区的大学都纷纷仿效这一方法来培训教师的教学技能,如英国、香港中文大学、澳大利亚悉尼大学等。①

微格教学在发展过程中,吸收了许多新的教育思想和方法,不断地日趋完善。布卢姆的"教学目标分类"和"掌握学习",加涅的"学习的条件"等,为微格教学目标的制定,教学设计的思想方法提供了理论基础和依据。摄像机、多媒体计算机等的应用,为教学活动过程中记录和分析被培训者的行为创造了更为理想的条件。

微格教学于 20 世纪 80 年代传入我国,自 1987 年始,北京教育学院的一些教师开展了微格教学的学习和研究,进行了实践应用。2000 年微格教学协作组申请加入中国电化教育协会,成为其专业委员会的分会员,标志着微格教学在我国开始了新一轮的发展时期。

二、微格教学的特点

教学是由一系列的言语和非言语行动所组成的,一套有特定目标并帮助学生学习的有关行为或教学行动就是教学技能。教学技能是可以通过有控制的实践来确定、观察和检测的,微格教学专注于具体的教学行为并在有控制的条件下为实习教师提供掌握新技能的机会,它是一种按比例缩小了的教学样本。另外,它对有经验的教师提高他所拥有的某种技能也非常有帮助。

在微格教学中,教学的复杂过程在下述几方面被简化:①课的长度,一般只选择单独一个简单概念;②课的范围,往往只截取一小段内容;③学生数目,通常为5~6 个,最好是同龄人;④讲课时间,通常为 5~7 分钟。

微格教学强调技能的分析示范、实践反馈、客观评价等环节,主要有如下特点。

1. 技能单一集中性

传统的教师培训,通常用听整节课的方法进行。而微格教学将复杂的教学过程细分为容易掌握的单项技能,如导入技能、讲解技能、提问技能、强化技能、演示技能、组织技能、结束技能等等,使每一项技能都成为可描述、可观察和可培训,并能逐项进行分析研究和训练,以有利于受培训者掌握与提高。

2. 目标明确可控性

微格教学中的课堂教学技能以单一的形式逐一出现,使培训目标很明确,容易控制。课堂教学过程是各项教学技能的综合运用,只有对每项细分的技能都反复

---

① 荣静娴,钱舍. 微格教学与微格教研. 上海:华东师范大学出版社,2000.3~4

培训、熟练掌握,才能形成完美的综合艺术。这就像要当好一名戏曲演员,不能单凭模仿学演一出复杂的戏,而要反复练习说、唱、做等单项基本功,才能将这些单项基本功综合运用到复杂的舞台艺术中,并逐步形成个人的风格。

3. 反馈及时全面性

传统的教学反馈是靠听课者在课堂上观察和记笔记,课后将观察到和笔录下的情况反馈给执教者。但执教者通常会回忆不起自己上课时的某些细节。微格教学利用了现代视听设备作为记录手段,真实而准确地记录了教学的全过程。这样,执教者课后所接收到的反馈信息包括来自于导师、听课的同伴以及记录的教学信息。

4. 角色转换多元性

微格教学冲破了传统教师培训模式中理论灌输或师徒传带的方式,运用现代化的摄像技术,对于课堂教学技能研究既有理论指导,又有观察、示范、实践、反馈、评议等内容。在微格教学的教学理论研究和技能分析示范阶段,指导教师展示理论和示范录像。在实践阶段,学习者的角色转化成执教者,将前面所研究的教学技能理论融合到自己设计的微格教学片断中去。到观摩评议阶段,执教者角色转化为评议者,用学到的理论去分析、评议教学实践。

三、微格教学的过程[①]

自从斯坦福大学的研究者提出微格教学以来,其教学过程已形成了一定的模式,一般包括以下几个步骤(见图 6-13):

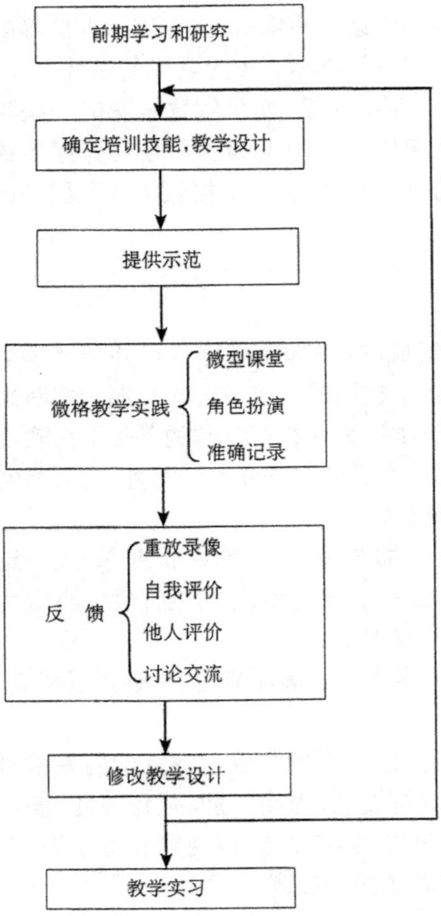

1. 前期学习和研究

进行微格教学训练前,受培训者先进行教学理论的学习和研究非常重要。学习的内容主要有教学设计、教学技能分类、课堂教学观察方法和教学评价等。

图 6-13　微格教学步骤

---

① 孟宪恺. 微格教学基本教程. 北京:北京师范大学出版社 . 1992.1~5

2. 确定培训技能,教学设计

微格教学旨在培训教师的教学技能。把课堂教学分为不同的单项教学技能,分别进行训练,每次只集中培训一两个技能。确立培训技能以后,被培训者选择恰当的教学内容,根据所设定的教学目标进行教学设计,编写出较为详细的教学设计方案。微格教学的教学设计不同于一般的教学设计(见图 6-14),它要详细说明教师的教学行为(即所应用的技能)和学生的学习行为(包括预想的反应)。

微格教学设计表

执教:	年级:	日期:	指导教师:
学科:		内容:	

教学目标				
时间分配	教师行为(讲解、手势等)	应用的教学技能	学生行为(参与活动、应答等)	所用教具、仪器和媒体

图 6-14 微格教学设计表

3. 提供示范

在正式训练前,为了使被培训者明确培训的目标和要求,通常利用录像或实际角色扮演的方法对所要训练的技能进行示范。在放录像时指导教师随着示范的进行做指导说明,以便于对各种教学技能的感知、理解和分析。

4. 微格教学实践

微格教学实践具体可以有三个方面的内容。

(1)组成微型课堂 微型课堂要由扮演的教师角色(师范生或在职教师)、学生角色(被培训者的同学或真实的学生)、教学评价人员(被培训者的同学或指导教师)和摄录像设备的操作人员(专业人员或被培训者的同学)组成。

(2)角色扮演 在微型课堂上被培训者上一节课的部分内容,练习一两种技能,所用的时间一般为 10~15 分钟。

(3)准确记录 在进行角色扮演时,一般用录像的方法对教师的行为和学生的行为进行记录,以便能及时准确地进行反馈。

5. 反馈

反馈可以来自三个方面。

(1)重放录像　为了使被培训者及时地获得反馈信息,角色扮演完成后要重放录像。教师角色、学生角色、评价人员和指导教师一起观看,以进一步观察被培训者达到培训目标的程度。

(2)自我评价　看过录像后,教师角色进行自我分析、检查实践过程是否达到了自己所设定的目标,所培训的教学技能是否掌握。

(3)他人评价　与学生角色、评价人员和指导教师评价实践过程,讨论所存在的问题,指出努力的方向。

6. 修改教学设计

被培训者根据自我分析和讨论评价中所指出的问题修改教学设计,准备进行微格教学的再循环,或进入教学实习阶段。

6.4.2　微格教学系统的组成与设计

微格教学具有特定的教学过程和教学特点,其教学系统的组成也具有相应的特定结构和要求。

一、微格教室的组成

微格教学系统可由控制室、观摩室、示范室及一间或多间微型教室组成,见表6-1。最简单的微格教学系统可由微型教室与控制室组成。

表 6-1　微格教学系统组成

观摩室	微型教室(1)	微型教室(2)
示范室	控制室	微型教室(n)

1. 控制室

装有电视特技台(视频切换器)、调音台(混音器)、录放像机、视频分配器、监视器等设备,见图 6-15。从每间微格教室送来的模拟教师、模拟学生教学活动的两路视频信号经由电视特技台控制,一路送到录像机进行录像,另一路则可经视频分配器把教学实况信号直接送到观摩室,供同步评述分析使用。

2. 微格教室

装有话筒和摄像机,用来拾取受培训者的声音和教学活动形象。有条件的学校,还可再配置一台摄像机用来拍摄模拟学生的学习反应情况。室内还可配备多媒体计算机、投影器、银幕及电视机等,其示意图见图 6-16。微格教室中的电视机

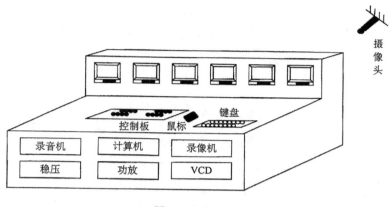

图 6-15 控制室

可用来重放已记录的教学过程录像,也可切换频道观看其他微格教室的培训情况,以供评价与参考。

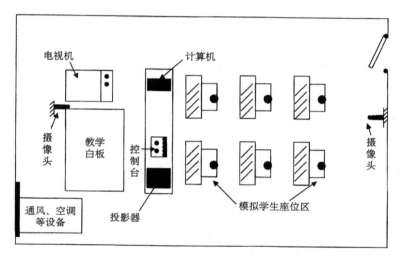

图 6-16 微格教室

3. 观摩室

　　是装有电视机的普通教室,如图 6-17 所示。把控制室中经视频切换器选择后的视频信号送到电视机上,即可实时同步播放教学培训的实况,供指导教师现场评述,或供较多的学生观摩分析。

4. 示范室

　　与各间微型教室、控制室组成一个闭路电视双向传播系统。

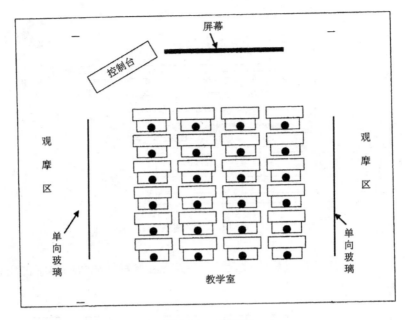

图 6-17　观摩室

　　在示范室可以选择收看任一间微格教室的教学训练活动的实况；也可以将示范室的教学活动情况同步传输到各间微格教室。

二、微格教学系统的设计

　　微格教学是一个有控制的实践系统，是一种特殊的训练教学技能的方式，设计微格教学系统时必须考虑微格教学的特点和规律。

　　1. 教室布局

　　微格教室的数量应根据待训人员的多少和培训的方式决定，微格教室的面积一般在 20 平方米左右，能容纳 6～10 名学生为宜，设计时各个学校应视实际情况而定。如有多间微格教室，则可建立一个与之分离的控制室，以便对各种设备进行统一控制，避免各种操作对模拟课堂的干扰。如有条件，还应为微格教室建立配套的资料室，用于保存教学技能的示范资料和被培训者角色扮演的有关资料供指导教师、研究人员教学和研究使用。

　　2. 设备的配置

　　微格教室是一个具有真实课堂情境的模拟教室，它除了常规的教学设备如课桌、幻灯机、投影器等之外，现在一般还增设多媒体计算机、电子白板等设备。

3. 防震隔音

微格教室应尽量避免靠近环境嘈杂的地方,减少外界的干扰,防止受培训者受到非智力因素的影响。如地面的振动会使摄像机晃动,从而使图像抖动;噪声太大,则影响语言的清晰度。因此,微格教室的门窗应采用隔音材料制造,地板宜采用地毯或其他软质材料,以吸收噪音。

4. 照明采光

微格教室应选取光线柔和均匀、避免直射光照入的房间。直射的阳光容易使画面产生强烈的反差,影响图像效果。窗户安排在侧面,以免摄像机逆光拍摄。

微格教室视听设备与其他教育技术设备具有相似性,其控制室可以和卫星教育电视、闭路电视系统、电视节目制作的控制室合并,形成一个相互关联的网络。

教学活动建议:

1. 选择中小学教材中的一节教学内容,用 PowerPoint 制作一个简单的演示软件,并为其添加合适的音乐。

2. 操作多媒体教室中的各种设备。

3. 参观语言实验室和微格教室。

第7章 Internet 的教学应用

教学目标：

1. 阐述网络教学的涵义；
2. 比较各种网络技术的特点并说明它们在教学中的应用；
3. 描述计算机网络的发展趋势及其对教育的影响。

1969 年，美国国防部高级研究计划署 ARPA（Advanced Research Project Agency）建立了 Internet 的雏形 ARPAnet，从此，Internet 的应用从最初的军事试验逐渐发展到教育、科研以及商业领域。目前，Internet 作为继纸质媒介、广播为代表的电波媒体以及基于图像传播的电视之后的"第四媒体"（现称网络媒体），已渗透到人类社会的政治、经济、文化、教育等诸多方面。Internet 在教育中发挥着重要作用。

7.1 Internet 概述

7.1.1 计算机网络的概念及分类

利用通信线路和通信设备将分布在不同地点的具有独立功能的多台计算机系统互相连接起来，在网络软件的支持下实现彼此之间的数据通信和资源共享的系统，称为计算机网络。

从该定义可以看出，构成计算机网络的三个必备条件是：多台计算机（2 台以上）；通信设备与线路介质；网络软件和通信协议的支持。

一、计算机网络的分类

通常所指的网络、"上网"一般指的是 Internet，中文译作"互联网"或"因特网"，它是全球最复杂、最大的计算机网络，覆盖范围遍布全世界，是上亿台相互独立的计算机通过电缆、光缆等方式相互连接在一起的计算机集合。

计算机网络的分类标准很多。按照网络的覆盖范围分，通常可以分为局域网（Local Area Network，简称 LAN）、城域网（Metropolitan Area Network，简称 MAN）、广域网（Wide Area Network，简称 WAN）。局域网是指分布在一个较小范围内（几米到 10 公里内）的计算机网络，通常位于一个建筑物或一个单位内，是最为常见、应用最广的一种网络。城域网在地理范围上可以说是 LAN 网络的延伸,在一个大型城市或都市地区,一个 MAN 网络通常连接着多个 LAN 网。而广域网一般指分布在不同城市之间的 LAN 或者 MAN 网络互联。

二、网络地址与域名

1. IP 地址

为了使 Internet 上信息的传输成为可能,每台连接到 Internet 上的计算机都必须按网络互连协议 IP(Internet Protocol)的规定,拥有一个连入 Internet 的主机的地址,这个地址是全网惟一的,称之为网络地址,也称为 IP 地址。

2. IP 地址的分类

一个 IP 地址由网络地址和主机地址两部分组成,网络地址标识了主机所在的逻辑网络,主机地址则用来识别该网络中的一台主机。按 IP 地址的第一段数字的大小,IP 地址被分成 A、B、C、D、E 五类,见表 7-1。

表 7-1   IP 地址的分类

类别	第 1 字节的取值范围	网络地址长度	主机地址长度	适用的网络规模
A 类	0~127	1 字节	3 字节	大型网络
B 类	128~191	2 字节	2 字节	中型网络
C 类	192~223	3 字节	1 字节	小型网络
D 类	224~239			备用
E 类	240~255			Internet 试验和开发

例如:210.33.83.13 是 C 类 IP 地址,其中 210.33.83 表示主机所在的网络号,13 表示主机号。

注意:第一段数为 0 或 255 的 IP 地址有专门的用途,任何主机都不能够使用。

3. 域名

Internet 的域名系统是为了反映出网络层次结构及网络管理机构的性质而设立的,它采用层次结构,书写中用圆点将各个层次隔开。在机器的地址表示中,从右到左依次为顶级域名、二级域名、三级域名等,最左的一个字段为主机名。

从域名上,人们便可以知道主机所属机构的性质和类别。例如,www. crtuv. edu. cn 中,顶级域名为 cn,代表中国;二级域名为 edu,代表教育机构;三级域名为 crtuv,代表中央电大;主机名为 www,表示该主机是 www 服务器。一些常用域名含义见表 7-2。

表 7-2　常用域名及其含义

域名	com	edu	org	mil	gov	net	int
含义	商业机构	教育机构	组织机构	军事部门	政府机构	大型网络	国际组织

上述域名是按照机构域来划分的,称之为组织型域名;同理,还可以按照地理位置来划分,称之为地理型域名。例如:中国浙江杭州的域名为 hz. zj. cn。当然,也可以将上述两种方法结合起来使用,例如:zjnu. edu. cn 代表中国的教育机构浙江师范大学。

7.1.2　Internet 的产生与发展

Internet 最早来源于美国国防部高级研究计划局 DARPA(Defense Advanced Research Projects Agency)的前身 ARPA 建立的 ARPAnet,它的发展经历了军事试验网络、学术性网络及商业化网络等历史阶段。

一、Internet 的发展历史

20 世纪 60 年代,为了建立一个能够承受核打击的军用网络,美国国防部高级研究计划局建立了一个采用存储转发方式的分组交换广域网 ARPAnet,当时的网络仅有 4 个节点。1983 年,由美国国家科学基金会(National Science Foundation,简称 NSF)发表的 TCP/IP 协议正式在 ARPAnet 上启用,这是 Internet 发展中的一个里程碑。

1985 年,美国科学基金会 NSF 资助建立了连接五大超级计算机中心的计算机网络 NSFnet,推广 Internet 的最大贡献在于向科研、教育界开放,至此,Internet 进入学术性网络阶段。

随着 Internet 的深入发展,美国的私人企业开始建立自己的网络,向用户提供商业的联网服务。1991 年这些企业组成了"商业 Internet 协会",纷纷宣布自己开发的子网可用于各种商业用途。1995 年,NSFnet 结束了它作为 Internet 主干网的历史使命,从学术性网络转化为商业网络。

二、Internet 在我国的发展

国际上,把我国第一个跨园区的光纤互联计算机网络——北京中关村地区教育与科研示范网络(NCFC)国际线路开通的时间(1994 年 5 月)作为中国加入Internet的时间。到 1996 年初,中国的 Internet 已形成了四大主流体系,分别是中国教育网、中国邮电网、中国金桥网、中国科技网。

随着 CHINANET 的建设与发展,一个覆盖全国的多功能、多层次的公用数据通信网络平台已经基本建成。其中包括中国公用数字数据网（CHINADDN）、中国公用分组交换数据网（CHINAPAC）、中国公用帧中继宽带业务网（CHIN-AFRN）、中国电信 IP 电话。CHINANET 还允许国内 ISP 作为接入单位连入，为 Internet 在中国的普及和发展起了很大的作用。目前，我国网络国际出口带宽总量为 27216M[①]，连接的国家有美国、加拿大、澳大利亚、英国、德国、法国、日本、韩国等。

7.1.3　Internet 发展的意义与影响

当前，Internet 的应用已渗透到了各个领域，从学术研究到股票交易、从学校教育到娱乐游戏、从联机信息检索到在线居家购物等，其发展的脚步是任何力量都无法阻止的。Internet 以其自身的开放性、内容的广泛性和传递的交互性对世界产生了其他任何技术都无法比拟的影响，它的发展具有极其深远的意义[②]。

1. Internet 增加了政治的开放性和透明度

Internet 使得世界各国前所未有地紧密联系在一起，各国之间的互动日益突出，这就为全球化提供了基础。人们可以通过 Internet 获取广泛的信息，主动参与国家的政治生活。

根据中国互联网信息中心（CNNIC）的调查，截至 2003 年 12 月底，注册以 gov. cn 结尾的英文域名总数为 11764 个，占. cn 下注册域名数的 3.5%（见表 7-3）[③]。各政府网站已成为承载当地政府信息资源的主流网站。

表 7-3　CN 下注册的域名数

	AC	COM	EDU	GOV	NET	ORG	行政区域名	二级域名（. CN）
数量	666	140779	1915	11764	16189	7369	3286	158072
百分比	0.2%	41.4%	0.5%	3.5%	4.7%	2.2%	1.0%	46.5%

2. Internet 给世界各国的经济带来了极大的冲击

Internet 的迅速发展，对传统行业造成了深远的影响，并推出了一个新兴的行业——Internet 行业。

---

① 中国互联网络发展状况统计报告（2004/1）. http://www. cnnic. net. cn/develst/2004-1/, 2004-08-20

② 谢新洲. 网络传播理论与实践. 北京：北京大学出版社，2003. 1

③ 中国互联网络发展状况统计报告（2004/1）. http://www. cnnic. net. cn/develst/2004-1/, 2004-08-20

3. Internet 给人类最基本的传播活动带来了巨大的震憾

Internet 的出现,真正突破了时空的限制,增加了人类传播的途径,引起了人类传播领域的实质性变革。

4. Internet 给教育领域带来了新的教学方式和学习方式

网络让学生能更好地认识新事物、形成新观念、体验和接触现代技术和工具,并改变其思维习惯、学习方式等。网络媒体的出现使得网络教学变为可能。与传统的课堂教学方式相比,网络教学方式最重要的特点在于突破了时空的限制,教师与学生无需直接面对面,而是通过网络在虚拟的环境中进行交流;教学方式由传统的教师按教学大纲制定学习目标、控制教学进度,变为由学生自己确定学习目标、选择学习内容、安排学习进度,以及进行自我评价,从而满足了个性学习的需要,并推动继续教育和终身教育的发展。

7.2　网络技术应用

网络技术、通讯技术、多媒体技术的迅猛发展对 Internet 产生极大的影响,人们可以利用快速而廉价的网络认识缤纷的世界。

7.2.1　网络通信手段

Internet 不仅有丰富的信息资源,而且还为用户提供了强大的通信功能。BBS、E-mail、ICQ、Netmeeting、Blog 等通信手段可以使人们方便快捷地与他人交流。

一、BBS(网上论坛)

1. BBS 概述

BBS(Bulletin Boards System),即电子公告系统,是许多人参与的网络论坛系统。随着网络技术的迅速发展,BBS 的交互功能日显强大,BBS 是目前网络用户互相交流和沟通的主要方式之一。依据 CNNIC 在 2004 年 1 月的中国互联网络发展状况统计报告中,至 2003 年底,国内网络用户使用 BBS 的比例已经达到 18.8%,其中在校大学生是主要的使用人群[①]。

从传播媒体的角度看,BBS 是一种

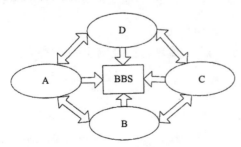

图 7-1　BBS 的传播方式

---

① 中国互联网络发展状况统计报告. http://www.cnnic.net.cn/develst/2004-1/,2004-08-20

集合了一对一、一对多、多对一,以及多对多传播方式的综合模式,见图 7-1。

2. BBS 的使用

目前访问 BBS 网站主要有两种方式:一是利用远程登陆软件 Telnet 登陆到 BBS 站点上,因其操作较繁琐,且不太符合普通用户的使用习惯,使用者相对较少;二是利用基于 WWW 的浏览器直接访问 BBS 站点。下面以浙江大学海纳百川 BBS 网站为例,简单介绍访问 BBS 站点的基本方法。

(1)启动浏览器 在地址栏中输入 http://bbs.zju.edu.cn,登陆浙江大学海纳百川 BBS 网站,见图 7-2。

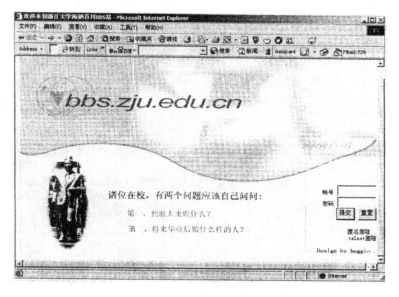

图 7-2 海纳百川 BBS 网站主页

通过 Web 浏览方式来访问 BBS 有两种方式:会员方式和匿名方式。以会员方式登陆,可以使用 BBS 的所有功能,但必须进行注册,填写相应的个人资料,经审核通过,获得会员资格;以匿名方式登陆,通常只能查阅文章而不能发表。

(2)登陆 这里以匿名方式登陆,单击[提交]按钮,弹出 BBS 讨论区的首页,见图 7-3。

不同的 BBS 站点,布局有所不同,但基本功能是相似的。在图 7-3 中,左侧设有"本站精华区"、"十大排行榜"、"热门讨论区"、"推荐讨论区"等栏目,帮助用户及时了解 BBS 中的一些热点话题。

单击某一讨论区的名称,即可进入该讨论区。窗口中会列出关于这一主题所有的相关文章,用户可以阅读文章、发表评论或新文章。为了维护 BBS 站点的正常秩序,通常每个讨论区都会有相应的规定,并有版主进行管理。因此,在发表或评论文章时应遵守 BBS 的规定。

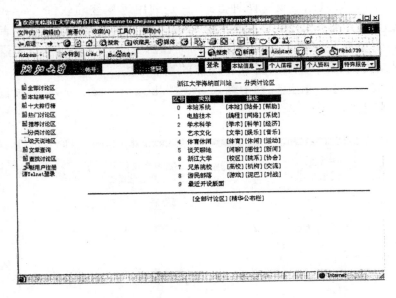

图 7-3　海纳百川 BBS 讨论区首页

二、E-mail (电子邮件)

1. 电子邮件概述

E-mail(Electronic Mail),即电子邮件,是 Internet 上非实时的通信手段,也是 Internet 最基本的功能之一,已经成为人们生活中不可缺少的基本通信手段。依据 CNNIC 在 2004 年 1 月的中国互联网络发展状况统计报告,至 2003 年底,国内网络用户使用电子邮件已达到 88.4%,位居所有网络服务功能的榜首[①]。

与发送普通信件一样,电子邮件的发送和接收也需要一个“地址”,这个地址是惟一的,用来区分不同的用户,准确地在用户之间传送电子邮件。通常情况下,这个地址称为“电子邮件地址”(E-mail Address),它由用户名和主机域名两部分组成,中间用代表“at”的“@”符号连接,即

用户名@提供电子邮件服务的主机域名

如 sysun@21cn. com,“sysun”是用户名,“21cn. com”是提供邮件服务的主机域名。

通过 Internet 收发电子邮件需要服务器的帮助,这个邮件服务器类似于邮局

---

① 中国互联网络发展状况统计报告. http://www. cnnic. net. cn/develst/2004-1/,2004-08-20

的功能,可以传递、存储和转发电子邮件。

2. 电子邮箱的申请与使用

通过 Internet 收发电子邮件之前需要有电子邮箱,用户可以到提供邮箱申请的网站申请电子邮箱。许多网站如微软 hotmail(http://www. Hotmail. com)、网易(http://www. 163. com)等都提供了电子邮件服务。

早期的电子邮箱一般都是免费的,随着网络服务趋向于商业化,许多网站开始对电子邮箱服务进行收费。目前,部分网站的电子邮件服务依然是免费的,如微软hotmail、网易、新浪等,用户可以根据自己的需要进行选择。对于电子邮箱的申请,各个网站都会有详细的向导和提示信息,其操作步骤也比较简单,这里不作具体介绍。

电子邮件的收发有两种方法:一种是进入提供电子邮箱的网站直接收发邮件;另一种是利用专门的邮件程序,第一种方法相对容易掌握。这里以 Foxmail 为例介绍邮件程序的基本使用方法。

(1) 从网上下载 Foxmail5.0 软件并安装。首次运行 Foxmail,软件会出现一个向导,要求用户建立新的帐户,见图 7-4。

(2) 在弹出的"向导—建立新的用户帐户"窗口输入用户名,这个用户名只是邮箱的代号,并不要求填入在申请电子邮箱时注册的用户名。

(3) 单击[下一步]按钮,弹出"向导—邮件身份标记"对话框,按照对话框上内容的要求,输入发送者姓名和您的邮件地址,见图 7-5。

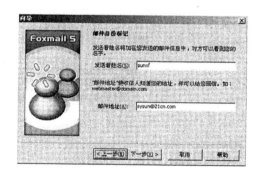

图 7-4　向导—建立新的用户帐户　　　　图 7-5　向导—邮件身份标记

(4) 单击[下一步]按钮,弹出"向导—指定邮件服务器"对话框,在对话框中输入您的邮箱密码。见图 7-6。

(5) 单击[下一步]按钮,弹出"向导—帐户建立完成"对话框,用户可以根据自己的要求,选择对话框中的选项,见图 7-7。

图 7-6　向导—指定邮件服务器

注：HTTP 帐户为雅虎和 hotmail 独有，POP3
帐户为普通帐户，一般情况选择 POP3 帐户。

图 7-7　向导—帐户建立完成

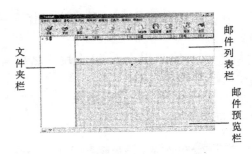

图 7-8　Foxmail 运行主界面

（6）单击［完成］按钮，启动 Fox-
mail，出现其主界面，见图 7-8。

在 Foxmail 工具栏中列出了邮件
的常用操作，如果需要回复邮件，可以
单击［回复］按钮，弹出"回复邮件"窗
口，与网站收发电子邮件相似。如要撰
写新邮件，可直接单击［撰写］按钮，弹
出"写邮件"窗口，见图 7-9。

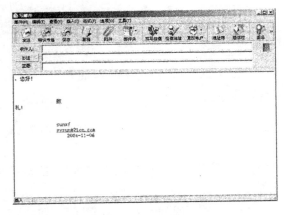

图 7-9　写邮件

用户可以根据窗口内容要求,在该窗口的"收件人"栏中输入收件人的电子邮箱地址,在"主题"栏中输入邮件的标题,在下面的大文本栏中输入邮件正文的内容。如果要添加附件,可以在工具栏中单击[附件]按钮,弹出"打开"对话框,见图7-10。然后选择要与电子邮件一起发送的文件,单击[open]按钮,返回邮件撰写窗口,可以看到"附件"栏中显示出附件的名称和大小。

图 7-10 选择附件

三、ICQ 与 IP Phone

1. ICQ(网络寻呼)

ICQ 是英文"I seek you"的简称,中文意思是"我找你"。ICQ 最大的功能就是即时信息交流,无论在哪里,只要记得对方的号码,人们就可以通过网络随时交流。OICQ 是在 ICQ 基础上发展起来的,是 OpenICQ 的简称,为一个免费的中文软件,可以在 http://www.tencent.com/或其他网站中下载。OICQ 的主要功能有以下几方面。

·支持显示朋友在线信息、即时传送信息、即时交谈、即时发送文件和传送语音网址;

·可以自动检查您是否已联网;

·如果您的电脑已连入 Internet,可以搜索网友、显示在线网友;

·如果对方登记了寻呼机或开通了 GSM 手机短消息,即使离线了,您的信息也可"贴身追踪"。

2. IP Phone(网络电话)

作为 Internet 上的一项重要应用,快捷、省钱的网络电话,已深受人们的喜爱。这里主要介绍微软公司的 Netmeeting。

(1) Netmeeting 概述

Netmeeting 是目前应用较为广泛的一套基于 Internet 和 Intranet 的实时多媒体会议系统,是进行交谈、召开会议以及共享程序的全新方式。NetMeeting 具有以下功能[1]。

·通过 Internet 或 Intranet 向用户发送呼叫;

·通过 Internet 或 Intranet 与用户交谈;

·看见您呼叫的用户与其他用户共享同一应用程序;

·在联机会议中使用白板画图;

[1] Netmeeting 主页. http://www.wzptt.gx.cn/netphone/,2004-08-20

息张贴和发布的人通常称为 Blogger)。例如您可以去 www. blogspot. com 申请，整个过程就像申请免费邮件那样简单，写作、编辑、上传也像发送电子邮件一样。

Blog 的概念于 2002 年进入中国之后，发展迅速，应用涉及个人、家庭、商业、教育等，尤其是在教育教学及科研中的运用已成为关注的热点。有学者把 Blog 在教育上的应用按应用形式分成三种，即教师专业发展交流、师生交流、学伴交流；按组织粒度分，可以分为个人 Blog、班级 Blog、学校 Blog。

Blog 在教育上的应用不仅可以作为一种交流工具，更是为师生搭建了一个沟通反思、知识共享、展现自我的平台。它通过构建电子档案袋（e-Portfolio)，能够反映出学生的整个学习进程和各个学习阶段的发展过程，帮助教师、学生和家长定期了解各个阶段学生的进步情况，以便在学校甚至更广泛的范围内形成新的有效的评价体系；同时它灵活的"写-录"方式，能够帮助教师收集教育教学资料，从而促进教师的发展。

7.2.2 信息共享

计算机连网的最主要目的是使计算机之间能够相互传递信息，实现资源共享。文件传输是信息共享的重要内容之一。尽管电子邮件也能传送文件，但它一般用于简短信息的传递。由于相连的计算机在机型、操作系统方面都不尽相同，因此需要建立一个统一的文件传输协议，即 FTP(File Transfer Protocol)。这样，不管两台计算机之间相距多远，也不管它们运行的操作系统是否相同，采用什么技术与网络连接，都能实现网络上两个站点之间的文件传输。

一、FTP 的定义与原理

FTP，中文译作文件传输协议，指通过网络将文件从一台计算机传送到另一台计算机上，是实现网络上的计算机之间复制文件的一种简便方法。

FTP 的工作原理见图 7-15。

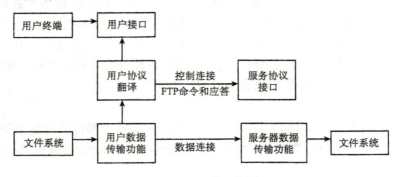

图 7-15   FTP 的工作原理

(1) FTP 服务器运行 FTPd 守护进程,等待用户的 FTP 请求;

(2) 用户运行 FTP 命令,请求 FTP 服务器为其服务;

(3) FTPd 守护进程收到用户的 FTP 请求后,派生出子进程 FTP 与用户进程 FTP 交互,建立文件传输控制连接,使用 TCP 端口 21;

(4) 用户输入 FTP 子命令,服务器接收子命令,如果命令正确,双方各派生一个数据传输进程 FTP-DATA,建立数据连接,使用 TCP 端口 20,进行数据传输;

(5) 本次子命令的数据传输完,拆除数据连接,结束 FTP-DATA 进程 ;

(6) 用户继续输入 FTP 子命令,重复(4)、(5)的过程,直至用户输入 quit 命令,双方拆除控制连接,结束文件传输,结束 FTP 进程。

二、匿名 FTP

FTP 可方便用于文件传输,在正常情况下,要成功地获取 FTP 服务,用户必须首先要注册到那台机器上,建立合法的帐号和口令。这对大多数用户来说是很困难的,也极大地限制了 FTP 的作用。因此,所有 FTP 站的系统管理员都建立了一个特别的用户帐号即 Anonymous,这是一个公共帐号。通过这个帐号进行的 FTP,就称为匿名 FTP。

匿名文件传输(Anonymous FTP),允许用户临时连接到 Internet 上的某一个 FTP 站,并拷贝下所需要的公共文件。也有些计算机通过匿名 FTP 来发布软件和各种信息,匿名 FTP 与普通 FTP 的使用方式一样,只是用户固定为"Anonymous",口令为用户的 E-mail 地址,也有的口令要求为"guest",但大多数匿名 FTP 对口令不作要求,任意输入一个字符串就可以了。当然,匿名用户一般只能获取文件,不能在远程计算机上建立新文件或修改已存在的文件,并且对可以拷贝的文件也有严格的限制。Anonymous 只能访问提供此服务的主机。

正因为有了匿名 FTP,才使得 Internet 的 FTP 流行起来,有人称它为人类历史上最重要的发明之一。利用匿名 FTP,可以免费下载各种最新的信息资料和最新版本的软件。

7.2.3 计算机网络技术及其应用

流媒体技术、虚拟现实技术、网格技术等对网络教学的深入发展,起着重要作用。

一、流媒体技术

Internet 的迅猛发展和普及为流媒体业务的发展提供了强大的市场动力。目前,流媒体技术广泛用于多媒体新闻发布、在线直播、网络广告、电子商务、视频点播、远程教育、远程医疗、网络电台、实时视频会议等互联网信息服务的方方面面,革新了信息交流的途径。

1. 流媒体概述

(1) 流媒体基本概念

自 1995 年 Realnetworks(原名 Progressive Network)公司推出了第一个流产品以来,Internet 上的各种流应用迅速涌现。自此,只须短短的几秒或几十秒的启动延时就可以欣赏到精彩的多媒体影像,而有关流媒体的应用也逐渐成为网络界的研究热点。

流媒体技术,也称为流式媒体技术(Stream Media),就是把影像和声音信息经过压缩处理后放到网络服务器上,让浏览者一边下载一边观看、收听,而不需要等整个多媒体文件下载完成才可以观看的技术。[①]

所谓流媒体是指在 Internet/Intranet 中使用流式传输技术的连续媒体,例如:音频、视频、动画或其他多媒体文件。FLASH 动画就是流媒体的一种形式。

(2) 流媒体文件格式

为适合在网上边下载边播放,流媒体文件的格式是经过压缩编码的,即先将文件数据进行解压缩,再重新进行数据位的编排,见图 7-16。

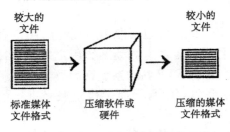

图 7-16　流媒体文件压缩过程

此外,在编码时,还需要向流媒体文件中加入一些其他的附加信息,例如计时、压缩和版权信息。目前 Internet 上有多种流式媒体格式,主要以 Realnetworks 公司、Microsoft 公司、Apple 公司等为主。表 7-4 为各公司开发的流媒体文件格式。

表 7-4　流媒体文件格式

公司	文件格式(扩展名)
Microsoft	ASF(advanced stream format)
Realnetworks	RM(real video)
	RA(real audio)
	RP(real pix)
	RT(real text)
Macromedia	SWF(shock wave flash)
Vivo	viv
Apple	MOV(quicktime movie)
	QT(quicktime movie)

---

① 张丽. 流媒体技术大全. 北京:中国青年出版社,2001.2

（3）流媒体技术的传输特点

在传输过程中，首先要对文件进行压缩处理，然后将压缩处理后的多媒体文件分成一些小片段（clip），当用户端发出请求后，服务器会连续、实时地传送这些小片段，用户可以利用播放器对这些小片段进行解压，继而播放和观看；同时，后继的小片段继续在后台从服务端以稳定的速率向用户发送，而不影响前台的播放。

目前实现流媒体传输主要有两种方法：顺序流（progressive streaming）传输和实时流（realtime streaming）传输。顺序流传输是按数据的先后顺序进行传输，在下载的同时用户可以在线播放多媒体数据，但在给定时刻只能观看已经下载的部分，用户不能快进或后退，也不能在传输期间根据网络状况对下载速度进行调整。由于它基于 HTTP 协议，因此也常常被称作 HTTP 流式传输。实时流式传输保证媒体信号带宽能够与当前网络状况相匹配，从而使得流媒体数据总是被实时地传送，用户可以通过快进或者后退操作来观看前面或者后面的内容。与顺序流传输不同的是，实时流传输需要用到特定的流媒体服务器，而且还需要特定网络协议的支持。

与传统的网络多媒体技术相比，流媒体技术的优势是显而易见的，见表 7-5。

表 7-5　传统多媒体技术与流媒体技术的比较

	传统多媒体技术	流媒体技术
传输延时	延时长、非常明显	延时短
传送速率	很低	显著提高
实时控制	较难实现	简单易行、控制方便
存储空间	占用本机的存储空间	不必将文件下载到本机上
用户交互性	差	好
媒体服务质量	质量低	质量高
媒体播放方式	下载后播放	实时播放、顺序播放

（4）流媒体播放方式

①单播

单播（unicast）指客户端与媒体服务器之间建立一个单独的数据通道，即从一台服务器送出的每个数据包只能传送给一个客户机。当每个用户分别对媒体服务器发送单独的查询时，媒体服务器必须向每个用户发送所申请的数据包拷贝，因此服务器的响应需要很长时间，有时候甚至停止播放。这种方式对服务器的硬件和带宽要求比较高。

②点播与广播

点播(on-demand unicast)是客户端与服务器之间的主动的连接。用户可以开始、停止、后退、快进或暂停流。点播提供了对流的最大控制,但这种方式由于每个客户端各自连接服务器,会迅速用完网络带宽。

广播(broadcast)指的是用户被动接收流。在广播过程中,客户端接收流,但不能控制流,媒体服务器会将数据包发送给网络上的所有用户,而不管用户是否需要。这种方式十分浪费网络带宽。

③组播

组播(multicast)基于 IP 组播技术,允许路由器一次将数据包复制到多个通道上。当媒体服务器发送一个信息包时,所有发出请求的客户端(而不是所有客户)都能共享这一信息包。这种方式克服了单播和广播两种方式的弱点,减少了网络上传输的信息包总量,大大提高了网络利用效率。

(5) 流媒体系统的组成

流媒体系统包括以下 5 个方面的内容。[①]

- 编码工具:用于创建、捕捉和编辑多媒体数据,形成流媒体格式
- 流媒体数据
- 服务器:存放和控制流媒体的数据
- 网络:适合多媒体传输协议甚至是实时传输协议的网络
- 播放器:供客户端浏览流媒体文件

这 5 个部分有些是网站需要的,有些是客户端需要的,而且不同的流媒体标准和不同公司的解决方案在某些方面会有所不同。到目前为止,Internet 上流媒体传输系统主要有 Realnetworks 公司的 Real System、Microsoft 公司的 Windows Media Technology 和 Apple 公司的 QuickTime。

2. 流媒体技术在网络远程教学中的应用

(1) 促进教育电视的发展

教育电视在教学中具有"多种感官刺激、丰富的表现力、教学过程的可分离性"等多方面优点,因此,传统教育电视是传统远程教育的排头兵。然而,传统教育电视存在着明显的不足,如缺乏双向沟通的渠道,师生间往往不能进行多方面交流;在课程难易程度、学习的时间、地点等方面,学习者没有主动选择权等。

信息技术的飞速发展使电视技术产生了巨大的变化。计算机网络技术的出现,改变了传统教育电视的"单向、线性"结构,使计算机网络上传输的视频信号集视频信息的直观性、计算机的交互性、网络的分布性及有关的通信技术的优势于一

---

① 骆雪超. Internet 流式技术综述. http://www.cmr.com.cn/distance/wangluo/008.htm,2004-08-20

体,实现了视音频信号的数字化、网络化。

(2) 推动现代远程教育系统的构建

以网络技术为基础的现代远程教育系统主要由同步远程教学和异步远程教学两大部分组成。同步远程教学是模拟真实课堂教学方式而形成的双向实时交互式的网上教学,将教师授课内容及教学情景实时传送到学生端,同时学生在远端可以回答教师提出的问题或向教师提问,教师在授课时可看到学生端的全貌。异步远程教学则采用基于网络技术的多媒体教学平台,将教学课件或信息存入信息服务器中,学生可通过网络接入多媒体教学服务网,以点播方式进行课件的下载。

①异步远程教学的实现

异步远程教学的实现需要将制作好的课件放在网上供学习者随时浏览学习。课件主要以视频和声音为主,同时以文字、图像加以说明。学习者在使用时必须先将多媒体课件下载到本地计算机再进行播放,这种方式存在着三个突出的问题[①]:一般的多媒体课件容量较大,下载整个课件需要等待很长的时间;把多媒体课件下载到本地计算机,占用了计算机的存储空间;一些用户可能会对下载的资料进行再传播,因此制作单位的知识产权有可能受到侵害。

流式多媒体课件是基于流媒体技术的多媒体课件,它具有以下特点:a. 资源共享,访问不分时间地点;b. 等待时间短,与文件大小无关;c. 访问方便,交互性强;d. 客户端操作简单,系统使用方便;e. 无需下载流媒体课件,保护了制作单位的知识产权。

因此,流式多媒体课件的出现解决了上述三个亟待解决的问题。

②同步远程教学的实现

同步远程教学系统是通过 Internet 将教师端(教师授课的设备)和学生端(学生听课教室的设备)连接在一起,它支持多个教师端和多个学生端,每个学生端在同一时间只能和一个教师端相对应,而一个教师端可同时和多个学生端相对应。在授课时,信息通过教师端的网络交换机与 Internet 相连进行网络传输。在学生端,通过投影或电视将接收的信息呈现出来,从而达到"面对面"授课的教学效果。

从表 7-5 中可以看出,流媒体技术在传输延时、传送速率、实时控制、存储空间、用户交互性等方面均优于传统的多媒体技术。流媒体技术对同步远程教学的最大贡献是,实现了网上实时内容的同步传输和播放,为此,可以采用"带有控制的视频流"技术和高性能的视频文件系统技术,提供在线的高质量视频观看,从而建立教师与学生、学生与学生之间的实时交互。

流式多媒体课件同样适用于同步远程教学。虽然不同的流式课件在结构和模板的使用方面会有一些差别,但总体上都包括以下几部分。[②]

---

① 曹功靖. Real 流媒体技术及其在远程教学中的应用. 计算机应用研究,2001,(6):106
② 王新国. 流媒体网络课件应用的探索与实践. 中国电化教育,2002,(8):52

视频区：用于放置教师讲课形象、声音的流媒体视频文件，具有时间进度条以及播放、暂停、停止、快进、快退等视频控制按钮；

标题区：注明了课程名称、制作单位、主讲老师等信息；用于放置课程的章节目录，一般采用树状折叠式菜单，并同步高亮度显示当前讲课进度；点击相应目录可在不同章节之间及知识点之间进行切换；

讲义区：用于放置授课教师的电子板书、辅助资料，支持公式、图表、图片、动画等教学教材，多数支持 txt、doc、ppt、html、jpeg、gif、swf 等文件格式；还可以具有超链接功能，将相关资料采用弹出页面的方式显示；还具有翻页功能，在观看视频的同时，可播看前后页面，甚至支持电子教鞭等功能；

字幕区：同步显示老师讲课字幕，可以同时支持中、英文字幕。

这样，学习者在网上不仅可以看到教师的生动讲解，而且还可以看到内容提要、章节提示和教学内容等，最重要的是学生可以现场与教师对话交流、可以和其他学员进行合作学习、可以随时随地进行自主学习，极大地促进了网络远程教学的发展。

二、虚拟现实技术

虚拟现实技术（Virtual Reality，简称 VR）是 20 世纪末才兴起的、崭新的综合性信息技术。虚拟现实思想的起源可追溯到 1965 年伊凡·萨瑟兰特（Ivan Sutherland）提出的把计算机屏幕作为"观看虚拟世界的窗口"，其设想是：利用计算机系统构造一个使用者"看起来景物真实、运动真实、声音真实、感觉真实"的世界。20 世纪 80 年代初，美国 VPL 公司的创建人之一加龙·拉尼尔（Jaron Lanier）正式提出了"Virtual Reality"一词。

虚拟现实技术实时的三维空间表现能力、自然的人机交互式操作环境以及身临其境的感受，将从根本上改变人与计算机之间枯燥、生硬和被动的现状，为人机交互技术开创了新的研究领域。

1. 虚拟现实的定义

虚拟现实技术是融合了计算机图形学、多媒体技术、人工智能、人机接口技术、传感器网络以及并行处理技术等多个信息技术分支的最新发展成果而发展起来的一门综合性信息技术。其定义可以概括为：由计算机产生一种人为虚拟的环境，这种虚拟的环境是通过计算机构成的三维空间，或把其他现实环境编制到计算机中去产生逼真的"虚拟环境"，并通过多种专用设备使用户"投入"到该环境中，从而使得用户在视觉、听觉、触觉、味觉等多种感官上产生一种沉浸于虚拟环境中的感觉。[①]

虚拟现实技术的特征可归纳为 3 个"I"，即沉浸（Immersion）、交互（Interac-

---

① 杨守凯、吴砥、刘清堂．网络教育标准与技术．北京：清华大学出版社，2003.231

tion)、构想(Imagination)。这 3 个"I"突出了人在虚拟现实系统中的主导作用。

(1)沉浸感

沉浸感是指用户作为主角存在于虚拟环境中的真实程度。理想的虚拟环境应该使用户感觉不到身体所处的外部环境而"融合"到虚拟世界中去。虚拟现实技术是根据人类的视觉、听觉的生理心理特点,由计算机产生逼真的三维立体图像,使用者通过多种传感器与多维化信息系统的环境发生交互,即用集视、听、嗅、触等多感知于一体的、人类更为适应的认知方式和便利的操作方式来进行,以自然、直观的人机交互方式来实现高效的人机协作,从而使用户沉浸其中,使参与者有"真实"的体验。

(2)交互性

交互性是指用户对虚拟环境内物体的可操作程度和从环境得到反馈的自然程度。虚拟现实系统中的人机交互是一种近乎自然的交互,使用者不仅可以利用电脑键盘、鼠标进行交互,而且能够通过特殊头盔、数据手套等传感设备进行交互。计算机能根据使用者的头、手、眼、语言及身体的运动来调整系统呈现的图像和声音。例如,用户可以用手去抓虚拟物体,这时,手有握住东西的感觉,并可以感觉到物体的硬度和重量,被抓的物体随着手的移动而移动。

(3)构想

构想是由虚拟环境的逼真性与实时交互性而使用户产生更丰富的联想,它是获取沉浸感的一个必要条件。

2. 虚拟现实系统的类型

虚拟现实最早只能在工作站以上的硬件环境下才能进行,如需要大型计算机、头盔式显示器、数据手套、洞穴式投影、密封仓等昂贵设备,研究开发和使用都受到一定限制。但随着科学技术的飞速发展,虚拟现实技术出现了多样化的发展趋势,根据"沉浸"程度的高低,可分为四种类型。

(1)桌面虚拟环境

桌面虚拟环境利用个人计算机进行仿真,将计算机的屏幕作为用户观察虚拟境界的一个窗口。通过各种输入设备实现与虚拟现实世界的充分交互,操纵其中的物体。它要求参与者使用输入设备,通过计算机屏幕观察 360°范围内的虚拟境界,这些外部设备包括鼠标、追踪球、力矩球等。桌面虚拟现实最大特点是缺乏真实的现实体验,但是成本也相对较低,因而,应用比较广泛。常见桌面虚拟现实技术有:基于静态图像的虚拟现实 QuickTime VR、虚拟现实造型语言 VRML、桌面三维虚拟现实、MUD 等。

(2)沉浸的虚拟现实

沉浸的虚拟现实利用头盔式显示器或其他设备,把参与者的视觉、听觉和其他感觉封闭起来,提供一个新的、虚拟的感觉空间,并利用位置跟踪器、数据手套、其他手控输入设备、声音等使得参与者产生一种身临其境、全心投入和沉浸其中的感觉。常见的沉浸式系统有:基于头盔式显示器的系统、投影式虚拟现实系统、远程存在系统。

(3) 增强现实性的虚拟现实

增强现实性的虚拟现实不仅利用虚拟现实技术来模拟现实世界,而且增强参与者对真实环境的感受。典型的实例是战机飞行员的平视显示器,它可以将仪表读数和武器瞄准数据投射到安装在飞行员面前的穿透式屏幕上,飞行员不必低头读座舱中仪表的数据,从而集中精力盯着敌人的飞机或导航偏差。

(4) 分布式虚拟现实

分布式虚拟现实系统就是将多个用户通过计算机网络连接在一起,同时参加一个虚拟空间,共同体验虚拟经历。在分布式虚拟现实系统中,多个用户可通过网络对同一虚拟世界进行观察和操作,以达到协同工作的目的。目前最典型的分布式虚拟现实系统是 SIMNET,SIMNET 由坦克仿真器通过网络连接而成,用于部队的联合训练。通过 SIMNET,位于德国的仿真器可以和位于美国的仿真器一样运行在同一个虚拟世界,参与同一场作战演习。

3. VRML 语言及其应用

(1) VRML 语言概述

VRML (Virtual Reality Modeling Language)是在 Internet 上营造虚拟环境的技术。它在 Web 网上创建可导航的、超链接的三维虚拟现实空间。

1997 年 12 月,VRML 作为国际标准正式发布,并于 1998 年 1 月获得 ISO 批准,通常称为 VRML 97。它是 VRML2.0 经编辑性修订和少量功能性调整后的结果。作为 ISO/IEC 国际标准,VRML 的稳定性得到了保证,它将推动 Internet 上交互式三维应用的迅速扩展。

(2) VRML 的基本结构

一个 VRML 文件主要包括四个主要成分:VRML 文件头、造型节点、域值和注释。

①文件头

在这四个要素中,只有文件头部分是必须的,它用来告诉浏览器该文件符合的规范标准以及使用的字符集等信息。例如:vrml2.0 文件的开始必须有如下字符:

＃VRML V2.0 utf8

以便解释器能够识别 VRML 2.0 文件。

②节点

造型节点是 VRML 中的基本建造模块,它构成了 VRML 文件的主体部分,正是由于造型节点定义而产生了虚拟的 VRML 空间。VRML 定义了许多类型的节点,这些节点大致可以分为以下几类:

· 形体节点：包括 cone、cube、cylinder、sphere 等，构建三维实体的任务主要由它们来完成；

· 性质节点：这种类型的节点最多，主要用于规定形体节点的性质，对形体节点施加影响，如 Material、Texture2、Rotation 等；

· 组节点：该类型的节点可含有子节点，往往一个 VRML 程序就是一个由大的组节点构成，其下分为 N 个子节点，形成一种树状结构。主要包括 Group、Separator、Switch 等；

· 感知节点：该节点主要用于产生一些事件。

③域值

VRML 有类似其他编程语言中数据类型的东西，一个节点由一些不同的参数来说明，这些参数的类型称为域。域值是用来描述及改变节点属性的大小，它存储着节点的各种值。

④注释

VRML 文件中的注释语句是以"♯"号开始的字符串，范围是从"♯"号到这一行的行尾，不影响文件的执行。

（3）VRML 语言的应用

VRML 在远程教育、科学计算可视化、工程技术、建筑、电子商务、交互式娱乐、艺术等领域都有着广泛的应用前景，利用它可以创建多媒体通信、分布式虚拟现实、设计协作系统、实境式电子商务、网络游戏、虚拟社区、赛博空间等全新的应用系统。特别是在教育领域，把 VRML 用于建造人体模型、电脑太空旅行、化合物分子结构显示等领域。由于数据更加逼真，大大提高了人们的想像力、激发了受教育者的学习兴趣，学习效果十分显著。随着计算机技术、心理学、教育学等多种学科的相互结合、促进和发展，能够提供更加协调的人机对话途径。

4. 虚拟现实技术在网络教学中的应用举例

亲身经历和感受比空洞抽象的说教更具说服力；主动地交互与被动的观看，有质的差别。虚拟现实技术的出现对教育领域产生了广泛的作用和影响，特别是在理工科的建筑、机械、物理、化学等学科的教学中产生了质的突破。

虚拟技术在教学上的应用模式有两种：虚拟课堂，即以学生为虚拟对象或教师为虚拟对象的所谓"虚拟社区"；虚拟实验室，设备为虚拟对象，即应用计算机建立能客观反映现实世界规律的虚拟仪器，可以部分替代在现实世界难以进行的，或费时、费力和费资金的实验，学生和科研人员在计算机上进行虚拟实验和虚拟预测分析。这里重点介绍虚拟实验室。

虚拟实验室是在网上开辟的开放实验园地，总体设计思路是：建立每一个实验室中所有设备仪器，如：机械设备、度量设备、传感设备、所有工具（专用工具、通用工具）、所有试件试剂的实物模型。在这些模型基础上，建立逻辑仿真，使其可按照各自的规则自主运动。这样,对某个特定实验的每个实验步骤,学生可以按照实验规程要求交互式地操作实验设备,完成每一个虚拟实验步骤,记录每一条实验数据,最终将实验数据整理,分析实验结果,写出实验报告。因此,虚拟实验室具有以下特征:①与现实的一致性(或现实的延伸);②高度交互性;③实时的信息反馈。

以下介绍国内几个典型的虚拟实验室。

(1) 中国科技大学的虚拟现实应用

中国科技大学运用虚拟现实技术在物理实验方面,有着丰富的经验,较高的水准。他们已经形成了比较成熟的产品,主要有基于本地的大学物理仿真实验软件,广播电视大学物理虚拟实验,几何光学设计实验平台等。

① 大学物理仿真实验(基于局域网)

该教学软件开创了物理实验教学的新模式,它利用计算机将实验设备、教学内容(包括理论教学)、教师指导和学习者的思考、操作有机融合为一体。它克服了实验教学长期受到课堂、课时限制的困扰,在内容上进行了扩展。内容包含了基本物理的测量、基本实验仪器的使用、基本实验技能的训练和基本测量方法与误差分析、综合性实验、设计性实验等,涉及到力、热、电、光、近代物理各个学科。

图 7-17,7-18 就是分光计的仿真实验图示。

图 7-17

图 7-18

② 广播电视大学物理虚拟实验

该软件根据广播电视大学教学大纲编制而成,内容和难易程度根据广播电视大学的要求制作,是适合全国广播电视大学物理教学的软件。它通过计算机把实验设备、教学内容、教师指导和学生的操作有机地融合为一体,形成了一部活的、可操作的物理实验教科书;通过仿真物理实验,学生对实验的物理思想和方法、仪器的结构及原理的理解,可以达到与实际实验相媲美的效果,实现了培养动手能力、学习实验技能,深化物理知识的目的。同时增强了学生对物理实验的兴趣,大大提高了物理实验教学水平,是物理实验教学改革的有力工具。见图 7-19,7-20。

图 7-19

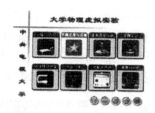

图 7-20

③几何光学设计实验平台

这是全国第一套基于虚拟现实的教学软件,也是国内教育界第一个对虚拟现实技术进行研究的课件。它利用计算机模拟的智能仪器代替价格昂贵、操作复杂、容易损坏、维修困难的实验仪器,具有操作简便、效果真实、物理图像清晰、着重突出物理实验设计思想的特点。

该系统运用了纯三维的表现方法让学生在一个大的实验室环境下进行操作,并且通过 VR Glasses 表现了一个真正的三维场景,达到了桌面式的虚拟现实设计水平。该系统还完成了整个光学虚拟实验室的设计,通过实验所提供的一系列光学仪器,学生可以基本上完成所有的单透镜实验和组合透镜实验,并且提供了完整的文档和习题系统。见图 7-21~7-24。

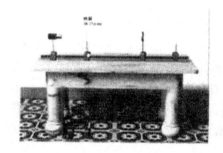

图 7-21

图 7-22

图 7-23

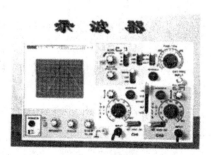

图 7-24

（2）中国地质大学地质晶体学研究和教学应用

中国地质大学利用虚拟现实技术把空间格子、晶体的内部对称、最紧密堆积、硅氧骨干等这些晶体结构教学中的重点和难点内容演示出来，直观明了，使学生加深了对晶体结构的了解。见图 7-25，7-26。

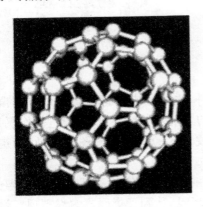
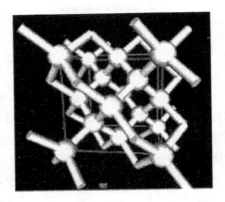

图 7-25　巴基球的分子图　　　　　　图 7-26　　金刚石的晶体结构图

三、网格技术

1. 网格的定义和组成

网格（Grid）技术是近年来国际上兴起的一种重要信息技术。目前，人们对它的称呼尚不统一，国外媒体常用"下一代 Internet"、"Internet2"、"下一代 Web"等指称与网格相关的技术。中国科学院李国杰院士认为，网格是继传统 Internet、Web 之后的第三个大浪潮，可以称之为第三代 Internet。即传统 Internet 实现了计算机硬件的连通，Web 实现了网页的连通，而网格试图实现 Internet 上所有资源的全面连通，包括计算资源、存储资源、通信资源、软件资源、信息资源、知识资源等。[①] 他还认为，网格的根本特征是资源的统一性，即消除资源分散、零散问题，而不是它的规模。

被公认为"网格计算之父"的伊安·福斯特（Ian Foster）认为，网格是构筑在 Internet 上的一组新兴技术，它将高速 Internet、计算机、大型数据库、传感器、远程设备等融为一体，为科技人员和普通老百姓提供更多的资源、功能和服务。比 Internet 主要提供的通信功能强大的是，网格能让人们共享计算、存储和其他资源[②]。

综上所述，网格是把整个 Internet 整合成一台巨大的虚拟计算机，实现计算资

---

① 　清华大学网格计算机研究组．http://hpclab. cs. tsinghua. edu. cn，2004-08-20
② 　清华大学网格计算机研究组．http://hpclab. cs. tsinghua. edu. cn，2004-08-20

源、存储资源、数据资源、信息资源、知识资源、专家资源的全面共享。

网格主要由六部分组成,即网格节点、数据库、贵重仪器、可视化设备、宽带主干网和网格软件。网格节点是一些高性能的计算机;数据库是存储信息和数据的"仓库";贵重仪器包括科学仪器和精细的打印设备;网格计算机软件包括网格操作系统、网格编程与使用环境以及网格应用程序。

2. 网格的研究现状

目前网格的研究主要在美国和欧洲。英国政府已投资 1 亿英镑,用来研制"英国国家网格(NK National Grid)";美国政府用于网格技术基础研究经费已达 5 亿美元,而且美国军方正规划实施一个名为"全球信息网格(Global Information Grid)"的宏大计划,预计在 2020 年完成。

在我国,已经完成的网格研究项目主要有清华大学的先进计算基础设施 ACI (Advanced Computational Infrastructure)和以中科院计算所为主的国家高性能计算环境 NHPCE(National High Performance Computing Environment)[①]。目前,我国对网格技术高度重视:2002 年 4 月 5 日至 6 日科技部召开了"网格战略研讨会",并把网格的研究和应用列为国家"863"计划;2004 年 5 月在上海召开的亚太地区城市信息化论坛第四届年会(CIAPR4),主题是信息技术促进发展,此次分会由上海交通大学和中科院网络信息中心联合承办,邀请了国内外网格计算领域的专家学者,对国内外网格项目进展和应用情况进行了较为全面的介绍;Grid Computing World China2004 研讨会在北京隆重召开,会议上 IBM、Oracle、HP、CA、联想等公司介绍了与网格相关的产品和应用,报告了 863 计划支持的"中国国家网格"(China National Grid,简称 CNGrid)和"上海教育科研网格"等网格项目的进展。

7.3 网络的综合教学应用

随着信息技术的发展,Internet 的出现,很多深刻的变革在人们不经意的过程中静悄悄地发生和蔓延着。从无所不在的互联网辅助教学到像雨后春笋般涌现的网络大学,人们不得不承认,互联网正在深刻地改变着教育的面貌,传统的教育受到了严重的冲击。

7.3.1 网络教育的定义

网络教育作为 Internet 与传统教育相结合的产物,是 Internet 发展到一定阶段的产物。本世纪,国民受教育的程度已成为衡量一个国家综合国力的重要因素。

---

① 武法提. 网络教育应用. 北京:高等教育出版社,2003.30~31

网络教育将在提升国民的受教育程度中发挥重要作用。

　　广义上看,利用网络获取信息的所有形式都属于网络教育的范畴;狭义而言,网络教育是通过 Internet 现代信息技术手段(包括:多媒体技术、数据库技术和通讯技术等),利用网上资源所进行的教学活动。通常所说的网络教育一般指的都是狭义的网络教育。由于网络所具有的跨时空性、交互性、开放性及网络资源的非线性、共享性等特点,使网络教学与传统课堂教学相比呈现出不同的特点。

　　1. 学习活动不受时空限制

　　传统意义上的学习受到时间、空间的限制,很多学习者不得不选择上夜校、读周末或双休日班等学习方式。网络教育是全天候的,可超越时空的限制,无论何时、何地,学习者都可以根据自己的实际情况来确定学习时间和进度,进行弹性的、循序渐进的学习。

　　2. 实现个性化的学习

　　课堂教学中,教师很难兼顾到每个学习者的具体需要,而在网络教育中,具有更大的自主性,学习者能结合自身的需要,进行个性化的学习。

　　3. 有利于培养学习者获取与应用知识的能力

　　网络拓宽了获取信息的途径,它与多媒体技术、虚拟现实技术相结合,创建了虚拟图书馆、虚拟实验室、虚拟课堂等学习环境。学习者可以在其中便捷地获取各种信息,并利用有关信息学习新的知识。

　　从获取信息的时效比较,学校教育中知识和信息相对滞后。一般学校中一本教科书起码要用上两三年,而网络使信息和知识的更新速度加快,学习者可以在第一时间获取自己想要的知识与信息。

　　从教育内容的结构来看,传统课堂教学中的教学内容呈线性排列,教学多以学科为界,分科进行,在一定程度上割裂了学科之间的有机联系;而在网络教学中,学习者面对的是大量非线性、具有一定相互关联性的信息,使学生有条件实现学科交叉学习,并能充分地利用资料,进行独立地思考、分析,在吸取前人经验的基础上,充分发挥自己的主观能动性。

　　4. 有利于建立协作互动关系

　　网络教学中的协作互动关系包括教师与学习者、教师与教师、以及学习者之间的合作关系。网络教学彻底打破了人们头脑中固有的师生观念,使师生之间的关系由原本的教与学转变为互相学习、互相合作。网络教学为学习者提供了在线讨论的平台,学习者和教师都可以利用这个平台进行广泛的交流与讨论。网络教育中的电子交流比教室的实时讨论更有反思性却少了竞争性。电子的异步形式为那些口头交流能力不是很强的学习者提供了一个优势,有助于参与交流的学习者的观点达到稳定和谐的输入并且消除了交流由某个人支配的情况。①

7.3.2 网络教育的形式

从广义看,网络教育的形式包括网络提供的各种在线资源、网络课程、虚拟社区等。

一、数字图书馆

数字化图书馆(Digital Library)的概念最早是由威尼瓦·布须(Vannevar Bushy)于 1945 年在著名的《大西洋月刊》上发表的论文中提出的,但真正出现数字图书馆是在 90 年代。

1. 数字图书馆的概念与基本组成

数字图书馆是以数字形式存储和处理信息的图书馆。从图书馆的角度来定义,数字图书馆的概念应该包括以下几方面②:

·数字图书馆仍然是一个能感觉到的图书馆,必然具有图书馆的文献收集、加工、整理、保存、服务的基本功能;

·数字图书馆以计算机可处理的数字形式存储文献信息,而不同于传统图书馆以纸质为主的文献收藏方式;

·数字图书馆的数字化信息收藏范围从广泛性和深层性上远远超出传统图书馆,所以它是以文献资源内容为基础的系统;

·数字图书馆提供更广泛、迅速、便利、多种形式的服务。依托 Internet,利用先进的数字处理技术和网络工作站为全球用户提供远程服务;

·数字图书馆是传统图书馆的补充。

数字图书馆有三个基本要素:数字化资源、智能化服务和分布式管理。大量的数字化资源是数字图书馆的"物质"基础。智能化的知识服务是数字图书馆的建设宗旨。分布式管理是数字图书馆发展的高级阶段,它意味着全球数字图书馆遵循统一的访问协议,即全球数字图书馆将像现在的 Internet 连接网站一样,可把全球的数字化资源连为一体,组成一个巨大的图书馆,使组织和共享人类所有知识成为一种可能。

2. 数字图书馆的特征

(1)文献内容数字化

在数字图书馆中,所有的资源都是以数字形式存放在物理介质上通过网络使

---

① Beverly Abbey,丁兴富等译. 网络教育——教学与认知发展新视角. 北京:中国轻工业出版社,2003.146

② 王大可. 数字图书馆. 深圳:海天出版社,2002.32~33

用。原有的传统图书馆的馆藏如印刷型文献、缩微制品和视听资料的内容均采用数字技术实现数字转换和处理,并存储在大容量、高密度的装置中,采用数字图书馆有关数据存储和标识技术,对数字文本、图像、视频、音频图书分级存储,用调度系统把它们有机地集成在一起。采用这种方式,可以节省存储空间,延长资料的寿命。

(2) 利用计算机技术管理各种数字化文献信息资源

在数字图书馆中,各类文献信息的加工、采集、存储、检索、传递和业务管理全部都用计算机技术来实现。

(3) 文献信息传递网络化

数字图书馆在范围上远远超出了传统图书馆界定的场所。通过 Internet,把分散在世界各地的网络资源有效地连结起来,超越了时空的限制,使用户能在网络所及的任何时间、任何地点以多种方式获得所需文献信息资源。

(4) 其他特征

数字图书馆还表现出许多其他的功能特征:如资源共享、开放性、信息资源利用率等。

3. 数字图书馆应用实例

超星数字图书馆(www. ssreader. com)是国家"863"计划中国数字图书馆示范工程项目,2000 年 1 月,在互联网上正式开通。见图 7-27。它由北京世纪超星信

图 7-27　超星数字图书馆网站主界面

息技术发展有限责任公司投资兴建,设文学、历史、法律、军事、经济、科学、医药、工程、建筑、交通、计算机和环保等几十个分馆,目前拥有数字图书十多万种。

下面简单介绍"超星数字图书馆"的使用方法[①]:

(1)"超星数字图书馆"中电子图书的检索

超星数字图书馆的图书搜索引擎,以先进的中文全文检索系统为平台,按照文化行业标准"数字式中文全文文献通用格式"进行著录标引,提供书名、作者、分类、主题以及目次、文摘等检索方式,可在网上直接获得原文和播放多媒体节目。

(2)超星图书的浏览

每一位读者通过互联网都可以免费阅读超星数字图书馆中的图书资料,凭超星读书卡可将数字图书下载到用户本地计算机上进行离线阅读。超星图书浏览器(SSReader)是阅读超星数字图书馆藏书的必备工具,可从其网站免费下载,也可从世纪超星公司发行的任何一张数字图书光盘上获得。

二、网络课程

1. 网络课程与网络课件

课件是根据教学目标设计的、表现特定教学内容、反映一定教学策略的计算机教学程序。它可以用来存储、传递和处理教学信息,能让学生进行交互操作,并对学生的学习过程做出评价。网络课件有广义和狭义之分。广义的网络课件是关于一门课程的完整而系统的基于 Web 的教学软件;在该层面上,网络课件常常等同于网络课程。狭义的网络课件是对一门课程中的一个或几个知识点实施相对完整的教学的基于 Web 的教学软件;在该层面上,网络课件是网络课程的重要组成部分,是网络课程中按一定的教学目标、教学策略组织起来的教学内容。

网络课程是通过网络表现的某门学科的教学内容及实施的教学活动的总和。它包括两个组成部分:按一定的教学目标、教学策略组织起来的教学内容和网络教学支撑环境,其中,网络教学支撑环境特指支持网络教学的软件工具、教学资源以及在网络教学平台上实时的教学活动。从静态来看,网络课程提供了网络学习的内容;从动态来看,网络课程还包括传递这些内容的实时过程与互动活动。

根据美国麻省理工学院的网络开放课程,网络课程的要素包括以下几方面:

(1)专门学科的教学内容

包括课程简介,目录,教学目标,学习内容,学习指导,课程实验等等。

(2)面向学科的教学资源

包括视频讲座(授课实况),学生报告,相关资源(包括文献网站),素材库(图形库、词汇库、视频库),习题试题库等等。

---

① 曾英姿.《超星数字图书馆》及其使用方法.图书馆数字化技术平台,2002,(1):51~52

（3）基于网络的教学环境

包括教学论坛，检索索引，思考联系，辅导答疑，作业测试，虚拟实验，教学讨论，笔记区，图书馆，资源下载等等。

（4）实施课程的教学管理

包括课程导航，教学安排，考试评价等等。

2. 网络课程的特点

（1）网络课程是一种跨时空的开放的课程体系

传统的课程教学是基于课堂的集体授课，师生之间进行的是面对面的交流，但当班级人数过多时，教师就不能很好地照顾到每一个学习者的个别需要（见图 7-28）。[①]在网络课程中，它的系统结构是开放的，教学信息通过 TCP/IP 协议进行流通，提供的教学内容不仅是系统本身所固有的，还可以是分布在不同地方的。网络的开放性使得学习者可根据不同的学习目标，重组教学内容与教学策略，体现出良好的自适应性，实现超越时空的自主学习。

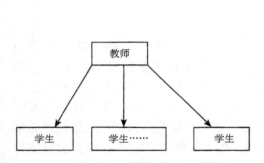

图 7-28　传统课堂中师生之间的信息交互

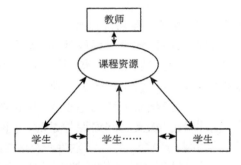

图 7-29　网络课程中的信息交互

（2）网络课程满足多点对多点的交互，更强调合作学习

传统课堂中的交互性一般以师生之间的交互为主，信息集中在教师那里处理，学生得到的信息量相对较少。而网络课程则实现了更深层、更广泛的交互，借助互联网络强有力的通讯能力，使分布于不同地方的学习者和教师可以同时坐在一起学习、讨论，学生之间还可以一起协商，通过网络组成了一个学习信息网，对信息的利用率大大提高了（见图 7-29）。[②]

（3）学习资源的全球共享性

网络以资源丰富和信息递送方便见长。除了提供相应参考书目和简单的内容介绍方便学习者选择和查阅外，网络课程还推荐了教师精选与课程相关的资源链

---

① 　李丽萍. 网络课程的设计和实施. 现代教育技术，2002，（3）：42～47

② 　同①

接。教育心理学认为,概念和理论的学习是要通过理解这一概念或理论在不同背景下的各种阐述和表现,才能完整、深刻地认识,网络提供的丰富资源则适应了学习者的这一需要。[①]

3. 网络课程的分类

从网络与教学的整合程度看,网络课程可以分为辅助传统教育的增加型课程和代替传统教育的基于网络的课程。

网络增加型课程是面对面教学的辅助手段。"传统"教学要求学生和教师在同一时间内处在同一个特定的空间,全班的课程由教师统一安排。当学生人数超出一个教室所能容纳的数量时,网络增加型课程能满足分布式教学的需求。这种分布式教学类似于传统教学,只不过学习者可以在几个不同地点参与课堂教学而已。从该角度看,目前很多网络课程(如在 Web 上表现的电子化了的系统而完整的学科知识内容)都属于网络增加型课程。

在基于网络的课程中,学习者完全依赖网络进行学习。该类课程深受建构主义的影响,侧重于学习情境、学习资源、学习环境(非教学环境)、学习活动的设计,注重学习者在网上的自主、探究和合作学习。一般地,基于网络的课程包括:课堂教学视频形态的案例、教学问题和任务、BBS 论坛以及其他一些交互工具。

4. 网络课程实例

(1) 美国麻省理工学院的开放课程

美国麻省理工学院的开放课程是全球最大的网络课程,提供了 700 门在线课程,包括了 33 种学科以及所有五个学院资源,而且不需要任何注册。可以说,它是麻省理工学院教材的网络版,但不提供麻省理工学院的入学申请和学位。其主页地址是 http://ocw.mit.edu/index.html。见图 7-30。

图 7-30　麻省理工学院开放课程主界面

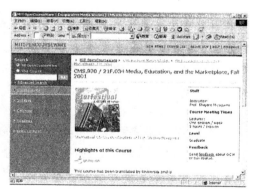

图 7-31　开放课程"媒体、教育、市场"主界面

① 李丽萍. 网络课程的设计和实施. 现代教育技术,2002,(3):42~47

　　下面以麻省理工学院开放课程中的比较媒体研究系的研究生课程"媒体、教育、市场"为例,简单给予介绍。见图 7-31。

　　比较媒体研究的目的是检验媒体科技和它们的文化、社会、美学、政治、道德和经济的影响力。在麻省理工学院,要求学生们以批判的态度面对某一时期或不同时代所有媒体的特征、不同媒体所共有的特征以及一般媒体所共有的特质和功能。在该系中,设置了五门大学部课程、一门研究生课程和一门大学部/研究生课程。

　　在开放课程"媒体、教育、市场"主界面的右上角会显示课程提供者、上课时数、适用学生、反馈等(见图 7-32)。在主界面的左边,则罗列了课程首页、教学大纲、教学时程、相关阅读资料、影视教学等项目。在教学大纲中,提供了这一学科需要学习的几个主题,并罗列了相关的教师信息;在教学时程中,提供了从第一周一直到最后一周每一周的教学主题;相关阅读资料模块为学习者提供了学好本学科的各种阅读资料;影视教学则提供了各教师讲课或对某一教学主题发表意见的影视片断。

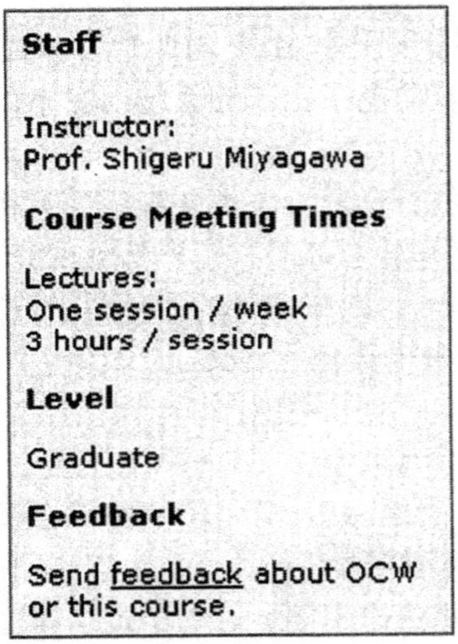

Staff

Instructor:
Prof. Shigeru Miyagawa

Course Meeting Times

Lectures:
One session / week
3 hours / session

Level

Graduate

Feedback

Send feedback about OCW
or this course.

图 7-32

　　(2) 新世纪网络课程(http://col. Njtu. edu. cn/zskj/)(见图 7-33)

　　新世纪网络课程是教育部高等教育司在 2000 年实施的工程。2000 年,为了贯彻第三次全教会精神,抓紧落实《面向 21 世纪教育振兴行动计划》,加快现代远程教育工程资源建设步伐,支持若干所大学建设网络教育学院,开展现代远程教育试点,同时推动优秀教学资源的全国共享,促进我国高等教育整体质量和效益的提高,根据"关于实施'新世纪高等教育教学改革工程'的通知"(教高[2000]1 号)精神,教育部高等教育司决定实施新世纪网络课程建设工程。

　　"新世纪网络课程建设工程"包括 200 多门网络课程,这些课程大多数是以名校、名师、名课为基础建设的,在教学理念、教学内容、教学方法、制作水平等方面达到了国际先进水平,既可以支持高等学校开展远程教育,又可以支持校内的网络化教学。

　　下面以清华大学的《机械原理网络课程》为例进行介绍①。见图 7-34。

---

　　① 高等教育出版社."新世纪网络课程建设工程"成果展示系列. 中国远程教育,2003.9～15

图 7-33　新世纪网络课程主界面　　　　图 7-34　清华大学网络课程《机械原理
　　　　　　　　　　　　　　　　　　　　　　　　　网络课程》主界面

　　《机械原理网络课程》由申永胜主编,包括内容介绍、导航、学习内容、典型例题、思考题、学习指导等模块。其主要内容分三部分:机构的运动设计、机械的动力设计、机械执行系统方案设计。每一部分学习的侧重点不同。

　　《机械原理网络课程》界面设计合理,在设计中清晰地表达了课程地位、学习目标,强调了教育心理学与课程的结合;案例实现了理论与实践相结合,导航清晰,各种媒体与学科的专业内容有机结合,充分发挥了计算机网络技术的优势和多媒体的表达方式,营造了一种良好的学习环境和气氛。既可作为学生在网络环境下自主、完整、系统地学习,也可用作教师的教学参考教材和学生的辅助教材。课件中大量的多媒体素材还可以直接用于课堂教学。

三、虚拟学习社区

　　英国学者霍华德·莱英古德(Rheingold,1993)最早提出虚拟社区的概念,他将虚拟社区定义为:以虚拟身份在网络中创立的一个由志趣相同的人们组成的均衡的公共领域。虚拟学习社区有一定的社区行为准则,社区的每个成员有共同的利益,每一个人都有参与创建和维护社区的权力和责任,他们在社区内通过共享信息、资源、彼此的思想、观点、创意、劳动和经历,来促进自身的学习和发展。

　　1. 虚拟学习社区的特征

　　虚拟学习社区是建立在计算机网络和通信技术之上,以网络通信为基本通信方式,以交互学习、合作学习和自主学习为特征的社区。从技术层面看,虚拟学习社区是互联网推出的一种远程登录服务,每个网络学习社区都有一个高性能的服务器,虚拟学习社区的所有服务都由该服务器提供,学习者的每一个指令都由该服务器进行处理。

　　虚拟学习社区不仅具有远程教育的两大特性:时空不限和资源共享,而且还具有方便开展计算机网络支持的合作学习的特点。它不但能够帮助学生学习学科知识,而且还能引导学生掌握获取知识的方法、途径、技术和技巧。

2. 虚拟学习社区的设计原则

根据对学习者个性心理因素与远程教育的学习态度、学习方式、学习评价需求和上网时间相关性的研究,虚拟学习社区的设计应遵循以下 5 个原则[①]。

(1) 考虑学习者的实验性个性因素,社区应具备完善的管理制度,并应以多种学习活动促进社区的管理和成员的交流;

(2) 考虑学习者的创造性和在新环境中的成长能力,社区应实行学习者自治制度,以促进发展并完善学习者自主学习方式;

(3) 社区应具有学习资料中心、虚拟图书馆,以及信息检索工具等,以方便学习者搜寻有关学习资料;

(4) 考虑学习者的有恒性因素,社区应提供完善的学习评价及学习监测系统,以保证学习者的学习进度与质量;

(5) 考虑性别因素和实验性因素,社区应提供多种学习方式,如个别化学习方式和协作化学习方式等,提高学习者的学习质量。

3. 虚拟学习社区的结构体系

虚拟学习社区是依托于网络与多媒体技术而构建的。从应用角度看,它可以分为三层:资源层、功能层、管理层[②]。它们的关系见图 7-35。

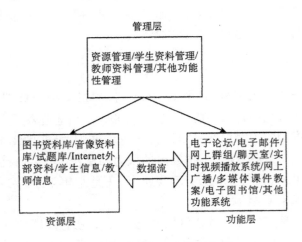

图 7-35 虚拟学习环境的构成

---

① 王陆等. 考虑学习者个性因素的虚拟学习社区的设计方案 . GCCCE2001 国际会议论文集. 63~67

② 周亚杰. 虚拟学习:网络时代的新型学习方式. 现代教育技术,2003,(3):7

从图中我们可以看出,资源层提供了构建学习环境的基础资源数据,包括文字、声像、WWW,为功能层中各种具体应用的基础数据调用提供了保障。

功能层则提供了与学习者直接交互的友好的用户界面(User Interface,简称UI),实现了如电子论坛、网上群组、电子邮件、实时视频播放系统、评价学生学习效果的评价系统等具体的应用功能。因此,这一层是学习者对虚拟学习的感性接触的来源。

管理层实现了对资源层中各种资源数据实施有效的监控,并保证数据的安全性,对社区的各项功能进行日常维护,对注册学生、教师的基本资料的管理,从而保障整个虚拟学习环境高效运行。

一般情况下,虚拟学习社区由学习者注册、学习资料中心、学科论坛、教师公告板、作业展示台、学习排行榜、教师信箱、选举投票区、FAQ、学习评价、个别化学习指导和协作小组园地等几部分组成,见图 7-36[①]。

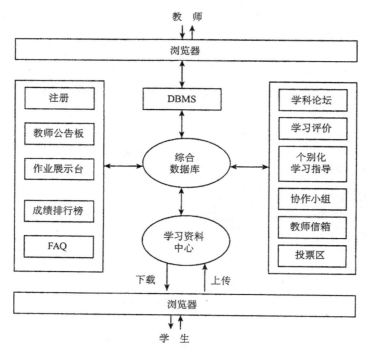

图 7-36　虚拟学习社区的结构

因此,虚拟学习社区的结构有以下几方面特点。

---

① 王陆等.考虑学习者个性因素的虚拟学习社区的设计方案.GCCCE2001 国际会议论文集.63~67

· 虚拟学习社区的组织方式为实际教学应用提供了方便；

· 既为学生提供各种学习服务，同时也为任课教师提供各种教学服务，支持教学研究；

· 运用了智能技术，实现了教学过程的自动化和智能化控制；

· 社区设计充分考虑了学习者的心理因素，因此，可以增强学习者对新环境的适应能力。

4. 虚拟学习社区的形式

最初，虚拟学习社区的形成与网络上的电子公告栏（BBS）、新闻讨论组和聊天室等密切相关。它的组织形式是一种自发的松散的形式，成员主要是在网络上的电子公告栏（BBS）、新闻讨论组和聊天室中进行学习讨论的学习者群体。这种自发式的虚拟学习社区由于在知识水平、学习兴趣、学习者年龄、个性等方面的差异，导致学习者对主题的讨论缺乏持久性、深入性、有效性。随着通信技术的迅速发展，各种学习方式的涌现，虚拟学习社区出现了新的组织方式。

（1）以学校或班级为中心的组织方式

这种组织方式的成员大多是同一学校中的校友或同学、教师等。这种组织方式的优点是：能使社区成员具有高度认同感，增强虚拟真实感，从而具有较高的交互性。然而，实践证明这种组织方式会使社区成员只重视感情交流，忽视对学习问题的深入讨论和研究。

（2）以学科为中心的组织方式

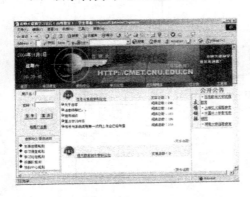

图 7-37　首都师大虚拟学习社区主界面

在同一学科的背景下，参与的社区成员都有共同的学习方向和目标，因此他们之间会保持长久的交流；而且，随着问题讨论的深入，成员间会自动形成学习讨论小组，具备了开展合作学习的良好条件。但是，这种组织方式需要较多的技术支持，如学习资料库、快速查询检索工具以及个性化的信息服务等。

（3）以兴趣为中心的组织方式

以兴趣为中心的社区成员的最大特点就在于成员参与的兴致很高，他们愿意相互交流、分享自己的经验。

5. 虚拟学习社区应用实例①

首都师范大学虚拟学习社区是由省部级技术鉴定会鉴定的达到国际先进水平

---

① 王陆等. 网络学习环境——虚拟学习社区的研究与应用,《天津电大学报》,2001(3),22～27

的智能网络教学支撑平台。见图 7-37。

（1）首都师范大学虚拟学习社区的结构和功能

首都师范大学虚拟学习社区前台服务主要包括学习课堂、教师园地、学科论坛、资料中心、聊天室和工具箱等六大模块,见图 7-38。

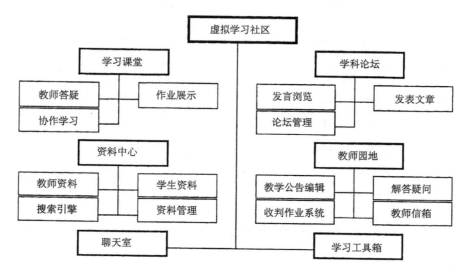

图 7-38　虚拟学习社区提供的前台服务

学习课堂模块是虚拟学习社区的核心部分,学习者在其中进行合作学习。

在学科论坛内,社区成员主要就指导教师或社区活动组织者提供的有关学习的主题进行讨论和交流,发表各自的观点和看法。

资料中心模块提供了社区成员所需的各种各样的学习资源,社区成员有责任向社区不断地提供资源和更新信息,同时每一个社区成员又是其他社区成员的学习资源。

教师园地模块主要包括教学公告编辑、解答疑问、收判作业系统、教师信箱四个部分。

首都师范大学虚拟学习社区提供的后台服务主要属于管理层,包括权限管理、用户管理、论坛管理、资料管理、学习进度监测程序、学习成绩管理等。

（2）首都师范大学虚拟学习社区的教学实施过程

①教师在教学过程中的活动

在虚拟学习社区中,教师由教学的主导者,转变为教学的组织者和辅导者。教师的概念已从特指从事教书职业的特定人群,发展到其外延包括电子教师和智能导师等智能系统的层面。在虚拟学习社区中教师需要完成三方面的活动:教学组织、教学管理和教学辅导,见表 7-6。

表 7-6　教师在教学过程中的活动

教师活动	具体内容	提供服务的社区软件系统
教学组织	发布公告,组织各种教学活动	教师园地中的公告编辑系统
	组织学习讨论	虚拟社区中的学科论坛及后台的论坛管理系统
	组织社区建设	资料中心中的学生资料系统
教学管理	监测教学/学习全过程	后台的评价与监测代理程序
	学习奖惩管理	后台的学习奖惩管理系统
	教学资料管理	后台的教学资料管理系统
	学习成绩管理	后台的学习成绩管理系统
教学辅导	网上个别答疑	教师园地中的教师答疑室
	集体在线讨论	虚拟学习社区中的学科论坛
	作业讲评	学习课堂中的作业展示台
	网上收/判作业	后台的作业收/判系统

②学生在教学过程中的活动

在虚拟学习社区中,学生的学习方式由"独学"转变成"群学",学习结构由原本的"封闭"转为"开放",从而真正达到知识建构的目的。学生在虚拟学习社区中也有三类活动:个别化学习、合作学习和社区活动,见表 7-7。

表 7-7　学生在教学过程中的活动

学习活动	具体内容		提供服务的社区软件系统
个别化学习	学习各种学习资料		资料中心的教师资料和学生资料
	向教师提问		学习课堂解答疑问
	网上学习资料搜索		虚拟学习社区中的相关站点链接
	完成作业		资料中心的资料管理模块
合作学习	参加学习讨论	与教师讨论	虚拟学习社区中的学科论坛模块
		与同学讨论	
		求助	
	作业讲评		学习课堂中的作业展示台模块
	参加合作小组的实践擂台		学习课堂中的实践擂台程序

续表

学习活动	具体内容	提供服务的社区软件系统
社区活动	评选论坛及资料中心的管理员	虚拟学习社区中的投票区程序
	社区自治管理	论坛管理员系统和资料管理员系统
	社区建设活动	资料管理和资料上传系统

（3）虚拟学习社区的展望

虚拟学习社区的出现和发展是伴随着 Internet 的产生和发展而逐步壮大起来的。虚拟学习社区以其功能的强大性，交互的多样性，学与教的灵活性而被越来越多的大学、网络学校和远程教育机构所采用。它通过 Internet 建构了一个灵活的动态的双向交互的协作化学习环境，即融合合作学习、自主学习和自适应学习于一体，为适应教育的全球化和建构终生学习体系提供了一个开放的平台，对网络环境下的学习模式的发展具有重大的现实意义和应用价值。

教学活动建议：

学生通过自主搜索、上网查找等多种方式进行某一主题的学习。

第 8 章　现代远程教育

教学目标：

1. 描述远程教育的概念和发展过程；
2. 说出远程教育系统的要素；
3. 阐述基于计算机网络的远程教育的特点。

远程教育作为独立的教育形态，在近十年内发展规模不断扩大，并逐渐为更大范围的群体提供了多层次高质量的学习机会。基于计算机网络的远程教育，正在改变着传统教与学的理念和方法，为学习者提供更多自主学习的机会，是实现教育全球化的新方式，并成为各国政府实现终身教育的第一选择。在我国，基于信息技术的远程教育已经成为促进欠发达地区基础教育发展的重要战略措施。

8.1　远程教育的概念和系统要素

8.1.1　远程教育的概念

远程教育是对教师和学生在时空上相对分离，学生自学为主、教师助学为辅，教与学的行为通过各种教育技术和媒体资源实现联系、交互和整合的各类学校和社会机构组织的教育的总称①。

远程教育的发生和发展始终都与信息传播技术、教育技术的发展紧密地联系在一起，并形成一系列历史发展阶段。至今为止，远程教育已经历了 19 世纪中叶兴起的函授教育、20 世纪初期兴起的广播电视教育和 20 世纪末出现的双向交互网络教育三个发展阶段（见表 8-1）。需要指出的是，新的远程教育形态的出现并不意味着否定和抛弃原有的远程教育形态。

"现代远程教育"是一个发展的概念，通常指上述远程教育形态中的第三代。换言之，现代远程教育是计算机信息技术和互联网在远程教育领域的新兴运用。现代远程教育具有超时空性、交互性、共享性、独立性等优点，这使得它能在学校教育、继续教育、职业培训和成人教育领域发挥巨大作用，对教育领域产生革命性的影响。

---

① 丁兴富．远程教育学．北京：北京师范大学出版社，2001.11～26

表 8-1 远程教育的发展阶段

发展阶段	兴起时间	技术基础	教学形态
第一代	19 世纪中后期	适合自学的函授印刷材料	函授教育
第二代	20 世纪中期	广播、电视、录音、录像等视听技术	广播电视大学
第三代	20 世纪末	信息技术,特别是多媒体和计算机网络技术	网上大学、虚拟大学

现代远程教育作为一种新的教育理念和教育技术,能提供公平、广泛和廉价的教育,可以有效地扩大教育规模,提高教育效率。学习者不再受到地理位置和上课时间等因素的制约,拥有优秀教育资源的网站可以被世界上的任何学习者在任何时间所使用。现代远程教育对于我国这样一个地域辽阔、人口众多、师资力量严重不足、教育发展不均衡的大国来说,更具有非常巨大的意义。

8.1.2 远程教育系统的基本要素

远程教育是由一组不同的相关要素构成的系统,其基本要素有:传播者、教学资源、学习者和媒体等。

一、传播者

在远程教育系统中的传播者往往不是单一的个体,而是一组团队成员。这些成员包括课程开发者、教学者、辅助人员和课程技术人员等。

1. 课程开发者

课程开发者的主要职责是根据教学目标将现有的课程重新设计,或设计某门新课程,使之适应远程教育形式下教与学的要求。他们必须综合运用教学设计原理、远程教育原理并结合各种传播技术的功能特性和信息表现特点,以设计出有效的课程。

2. 教学者

在远程教育中,教学者不再只是呈现者和表演者,更是设计者、执行者和管理者。教学者面临着与传统教学形式迥然不同的难题,为了适应教学的需求,教学者必须具备新的或精练的教学技巧。

远程教育教学者角色的最大变换在于:首先,教学者不再是经常出现在课堂讲台上的讲授者,而是为学习者创设学习环境、开发学习资源、提供学习服务的教学设计者;其次,教学者也不再是既定的完备的学科知识体系的教导者和演绎者,而是作为学习者自主学习和求知探索的辅导者和导学者;最后,教学者不再是神圣不可侵犯的学术权威,而是学习者终身学习历程中可以信赖和求助的朋友。

远程教育的教学者实现了向助学者角色的转换,这并不意味着教学者职责的削弱或降低,相反,它要求远程教学者职责的相应变换和加强。

二、教学资源

远程教学资源是指传播者按照教学目标,依据教学设计原理,设计与开发的供学习者学习的资源,主要包括文本、图像、广播、录音、电视、录像、计算机辅助教学课件和网络课程资源。由于远程教育中教育者和学习者在时空上是分离的,学习者直接与学习资源发生作用,因此,学习资源更要进行合理的设计,以起到吸引、促进和推动学习者的自我学习过程。

远程教育资源的开发和建设要适合远程学习者的需求,应具备如下特征:①课程设计以问题为中心;②重视学员的经验背景,重实用或应用;③课程设计应便于学员自学和自我检测,也要便于学习者自定学习步调,并能与其自身的工作或经验产生联系;④根据内容特点选用合适、恰当的媒体和信息呈现方式。

三、学习者

远程教育是学习者在师生分离的情况下,与教育者、教育机构之间主要采用多种媒体手段进行系统学习和通信联系的一种教育形式。

面对一种迥异于普通面授教学的学习方式,远程学习者应该更新原有的学习能力,构建起与远程学习相匹配的能力结构。由于远程教育在任何时间招收来自各行各业的学生,其文化程度、学习态度、学习目的、学习方法都存在很大的不同。远程教育没有时间和地点的限制,学习环境和媒体技术较为复杂,干扰因素太多,学习容易中断,所以学习者也必须不断改进学习技能、改变学习习惯,以适应远程学习自主性程度更高的要求。

四、媒体通道

媒体是远程教育系统中的重要组成要素。教学者和学习者之间的教学信息的交流正是依靠媒体才得以实现。媒体在远程教育实践中具有举足轻重的地位。远程教育的发展历程是和传媒技术及传播方式的变革紧密相连的。第三代远程教育系统引进了电子通讯技术,使远程教育成为一种可以进行社会交流的过程。从通讯技术的观点看,第一、第二代远程教育属于从教育者到学习者的单向通讯或有限的双向通讯,第三代远程教育则是教育者与学习者之间以及学习者之间相互作用的双向通讯。媒体是远程学习者直接的作用对象,它扮演着信息源、信息通道和传播者的多重角色,担负着教学者和学习者之间联系和沟通桥梁的角色。

8.2 远程教育的教学模式

随着信息传播技术的发展,远程教育经历了三个不同的发展阶段。如果把第三阶段的教学形态称为现代远程教学模式,那么第一、二阶段就属于传统远程教学模式。

8.2.1 远程教育的传统教学模式

一、函授教学模式

函授教学模式主要借助邮政网络系统,用印刷媒体教材传递教学信息,是最早的远程教学形式,也是目前仍然广泛使用的远程教育形式之一。在这种形式下,学生以自学印刷教材为主,并定期或不定期地参加函授机构主持的面授与辅导、实验、实践和考试;学习者和教学者之间主要依靠信函的传递进行交流与沟通。

随着通信技术的发展,函授教学模式也被赋予新的内涵,教学者和学习者可以借助电子邮件进行沟通,邮政特快传递业务也为函授教学注入了新的活力。

二、无线电广播教学模式

无线电广播教学模式主要是利用无线电广播媒体传送声音教学信号,并辅之以印刷媒体教材的远程教学模式。这种模式特别适合于语言类和音乐类课程的教学。学习者可以按时收听广播节目,并结合印刷教材进行自学,但由于收听广播节目的时间安排局限性很大,节目内容又稍纵即逝,加上更先进的媒体冲击,该模式没有得到太大的发展。

三、电视广播教学模式

电视广播教学模式以电视信号为传输教学信息的载体。在运用时,除电视媒体之外,还必须有印刷的文字材料和学习指导资料作为辅助的学习材料。在运用广播电视节目进行学习时,可以采用不同的组织方式。学习者可以在家中通过收看电视节目进行学习,也可以把学习者组织在一起,组成一个班级一起收看电视节目进行学习。由于广播电视节目的即时性,学习者很难把握学习进度。录像带和VCD的出现弥补了这一缺点,学习者可以随时播放节目进行学习。但另一方面,长期对着屏幕听课很容易使学习者感到疲劳和厌倦,因此,要精心设计与创作节目内容,在不影响学术水平的基础上增加趣味性,以激发学习者的学习兴趣。

广播电视具有传输距离远、覆盖范围大等特点,是我国使用面最广的媒体,它提供从无线到有线以至卫星传输的广播电视节目传播服务,拥有数量最多的信息受体,是远程教育重要的传输媒体和技术平台之一。

8.2.2　基于计算机网络的远程教育教学模式

一、基于计算机网络的远程教育的特点

基于网络的远程教育作为现代远程教育发展的主流趋势,与广播电视远程教学相比较,具有以下几方面的特点:①交互性。网络的信息传递是双向的,网络中的任何用户既可能是信息的接收者,也可能是信息的发布者。教师设计的网上课程可以具有交互的功能。通过网络,教师和学习者可以及时地交换信息,使教和学互相促进,达到良好的教学效果。②个别化。学生可以根据自己的实际情况,自主地决定学习内容和学习进程,发挥积极性和主动性。当然,网络的个别化学习还支持合作学习。③时效性。学生通过网络接收教学信息既可以是实时的,也可以是非实时的。所谓实时就是教学信息一旦上网就能被所有学生及时接收。所谓非实时就是指学生对教学信息的访问不局限于某个时刻,在某一个相当长的时间段内(只要该教学信息不被删除)都能进行自由、有效的访问。这种实时和非实时结合的方式,一方面有利于学生及时地接收学习信息;另一方面,它支持学生的重复学习,保证学习效果,因此带有很强的实效性。④共享性。网络和其他通讯媒体相比最大优势就在于信息共享,互联网上存在着大量的教学资源,可为网络中的所有用户共享。对于学生而言,网络的共享性一方面使他们能够最大限度地占有教学信息,有利于开阔他们的视野;另一方面,有利于他们正确地理解和整合教学信息,因为他们可将相关的教学信息进行对比、对照,取长补短,以促进学习。⑤全球性。互联网是连接着世界各地的巨大网络,任何信息一旦上网,就能被全球的用户所接收。它突破了时间和空间上的限制,任何学生无论身处何地,只要通过网络就能获得所需要的信息。

二、基于网络的远程教学模式

信息技术的发展,不仅对现代远程教育带来了极大的冲击,也为其注入了新鲜血液。

1. 以集体学习为主的远程教学模式——讲授型模式

讲授型模式源于传统的课堂教学模式,因其可用于一定规模的学生在短时间内接受系统知识、技能的培训,被认为是最经济的教学模式之一。在网络环境中,不仅可以利用资源进行教学,而且不受传统课堂的人数、时间和地点的限制。因此,根据教师和学生登陆网络的时间差异,该模式可以划分为异步式讲授和同步式讲授,不同的方式所采取的程序、策略和评价方式等也不同。

（1）同步式讲授

同步式讲授是指分布在不同地点的教师和学生在同一时间登陆网站进行教与学,其教学程序与传统的课堂教学"诱导学习动机——感知理解教材——巩固知识——运用知识——检查反馈"相同。在这种教学中,教师在远程授课教室中通过直观演示、口头讲解、文字阅读等手段向学生传递教学信息,网络将这些信息传递到学生所在的远程学习教室,学生通过观察感知、理解教材、练习巩固、领会运用等过程进行学习。通过一定的设备可允许学生和教师进行互动,最后由教师对学习结果进行及时检查。教学材料及学生的作业可通过网络、通信等系统实时呈现和传送。这些材料通常是以多媒体信息方式呈现,包括文本、图形、声音、视频等。

（2）异步式讲授

异步式讲授通常借助网络课程和流媒体技术实现,流媒体技术是边下载边播放的低带宽占用的网络视频点播技术,这种技术可以在 Internet 上实现,包括音频、视频的教师授课实录的即时播放。

在异步教学中,学生学习的主要方式是访问存放在 Web 服务器上的事先编制好的网络课程。这些网络课程的网页左边通常采用树状结构的布局(类似 Windows 资源管理器),右边显示相应的章节内容,能非常方便地在课程结构中浏览课程的内容,同时听到教师的讲授。对网络课程的设计和开发有很高的要求,其中不仅要体现学科的课程结构和内容,还要包含教师的教学要求、教学内容、以及教学评价方式等,这些材料可以是文本,也可以是音频或视频,以利于学生按照要求进行自我检查。

在异步讲授中,当学生遇到疑难问题时,可以通过 E-mail 向网上教师或专家进行咨询,也可以通过 BBS、新闻组(News Group)或在线论坛等形式和网络上其他学习者进行讨论交流。

2. 以个体学习为主的远程教学模式

该模式可分为:自学辅导型、掌握学习型、案例学习型、问题教学型、探索学习型(见表 8-2)。

以上教学模式尽管在操作上存在差别,但也有共性。如学习支持的方式都有以下途径:①电子邮件——异步非实时地实现;②通过网上的在线交谈方式实时实现;③教师编写的存放在特定服务器上的问题库;④BBS 系统不仅能为学生的学习提供强大的交流功能,也能为学习提供支持。

3. 以小组学习为主的远程教学模式

（1）讨论学习模式

基于 Internet 的 BBS 可以很轻松地实现网上的讨论学习。在讨论学习模式中,讨论的深入需要通过学科专家或教师来参与。讨论学习模式也可以分为在线讨论和异步讨论。

表 8-2　以个体学习为主的远程教学模式的部分要素比较

名称	教学程序	策略及学习材料的要求
自学辅导模式	阐明学习任务和要求—学生自学—讨论交流—教师启发答疑—练习—总结	(1)激发自学兴趣，传授自学方法 (2)存放在网上的 CAI 软件库 (3)直接在网上运行的网络 CAI 课件
掌握学习模式	划分教学目标—划分单元教学内容—选取教材与教法—诊断性测验—安排相应的教学进度	(1)每个单元的诊断性测验 (2)对应目标的单元学习任务 (3)学习进度的建议
案例学习模式	阅览大量案例—对案例进行信息加工—接受教师指导—形成新的概念	(1)存放在 Internet 上的案例库 (2)制作成 CD-ROM 形式的案例库 (3)访问资源网站
问题教学模式	创设情境、确定问题—收集信息、自主学习—合作学习、交流信息—分析信息、构建答案—答案展示、效果评价	(1)创设问题情境 (2)提供有关的信息材料 (3)提供解决问题的提示
探索学习模式	问题分析阶段—信息收集阶段—综合阶段—抽象提炼阶段—反思阶段	(1)创设适合于探索的问题 (2)提供大量的与问题相关的信息资源

①在线讨论。在线讨论类似于传统课堂教学中的小组讨论，由教师提出讨论问题，学生分成小组进行讨论。在网络教学环境中，教师要通过网络来"倾听"学生的发言，并对讨论的话题进行正确的引导，最后要对整个讨论过程作总结，对讨论组中不同成员的表现要进行点评，讨论的主题可由教师或讨论小组的组长来提供。在讨论过程中，教师要善于使用策略，一方面要善于发现和肯定学生发言中的积极因素进行鼓励；另一方面要以学生可以接受的方式指出学生的不当言论，切忌挫伤学生自尊心，最终的目的是保证讨论的顺利进行，解决问题或达成一定的共识。

②异步讨论。由学科教师或学科专家围绕主题设计能引起争论的初始问题，并在 BBS 系统中建立相应的学科主题讨论组，学生参与到某一讨论组，进行讨论或发言；教师还要设计能将讨论逐步引向深入的后续问题，让组内的学生获得进一步的学习。在讨论的过程中，教师通过提问来引导讨论，一般不宜直接告诉学生应该做什么（即不能代替学生思维）；对于学生在讨论过程中的表现，教师要适时作出恰如其分的评价。

这种讨论可以由组织者发布一个讨论期限，在这个期限内学习者都可以在平台上发言或针对别人的发言进行评论，教师要定期对网上的言论进行检查和评价，并提出一些新的问题供深入讨论。

（2）合作学习模式

合作学习的主要思想就是以小组的形式去共同完成某一任务。在合作学习中，学习者借助他人（包括教师和学习伙伴）的帮助，实现学生之间的双向互动，并利用必要的共享学习资料，充分发挥其主动性和积极性，进行意义建构，获得事物的性质、规律以及事物之间的内在联系，强调学习者的创造性、自主性和互动性。

合作学习的一般程序是：明确任务和学习目标——成员设计——进行作业——总结性评价。在第一阶段，合作组成员还要一起讨论设计进程计划表、工作环境、所使用的资源、成员应该遵守的原则等内容，以使组中每位成员都有参与感，并能够最大限度地发挥其潜能。第二阶段，要明确每个成员的任务和职责，解决将各个成员的工作、学习结果统一成一个有机整体的问题。成员个人根据合作组对自己提出的要求，设计个人学习的目标、程序和方法等。

合作学习的策略有：学生小组成绩分工、小组游戏竞赛法、切块拼接、共学式、小组调查等。合作学习和其他方式（如自学、探索等）的结合，还会产生一些新的模式。

网络环境为合作学习的开展提供了空间。北京师范大学网络教育实验室所开发的基于 Web 的合作学习平台（http://www.webcl.net.cn）已在网络远程教学方面进行了很好的尝试，并取得了不错的效果。

三、网络远程教育中存在的问题

与其他媒体相比，计算机网络在多媒体资源共享、师生或生生间的交互，及虚拟学习社区这三个方面具有明显的优势。但是，网络远程教育并非完美无缺，从某些角度来说，网络教育显然还没有找到自己统一的逻辑结构，还只是利用媒体在复制学校教育。这种忽视教育对象群体文化特征和社会文化转型期变化的克隆和复制，正好将网络教育的弱点在传统教育面前暴露无遗，也使得网络教育在教育的新旧价值、新旧传统之间游移不定，成为"边缘化"的角色。

远程教育的问题还表现在其盲目性扩张上。一方面是数量的扩张，另一方面是观念的扩张，更多的计算机，更快的网络，更丰富的资源，在教学支持服务上，推崇沃尔玛模式，货柜式学习服务，即学即用。在这种模式下，远程教育的质量难以得到有效的保障。

从另一个角度来说，资源越丰富并非完全是好事，教学资源量的激增会使学习者产生焦虑感，信息过载带来的信息餍足比信息匮乏下的信息饥渴更不利于学习的发生。电子化界面的屏幕加重了本已严重的人与自然、人与事物之间的隔膜、疏离。"即学即用"的知识恰好是我们这个"速食时代"的本质，稳定的价值观很难形成，或者说人们只是不再追问价值，人类群体的盲目性也由此加剧。因此，是否能够有效、充分地发挥网络的优势，是否能够真正利用网络帮助和促进学生的学习，还有赖于有效的技术应用和高水平的教学设计。

　　远程开放教育是应学习化社会需要孕育的教育体制,教育管理者、教师与学习者均需确定适应新体制的教育观、思想与方法,积极开展探索试验,远程开放教育才能健康发展。

　　未来远程教育将使教学的内容更加丰富,形式更加多样,工具更加先进;将使教育覆盖全民化,学习者不分学历、年龄、性别、国别、种族、贫富等差异,人人可获得受教育的权利,"教育面前人人平等"有望真正实现。构成远程教育的上述这些特征正在成为未来远程教育的内在特征,并使远程教育在未来的各种教育的候选者中,最具竞争力和生命力。

教学活动建议:
　　1. 评价一种基于网络的远程教学模式。

第9章　教学设计概述

教学目标：

1. 描述教学设计的定义,阐明教学设计的基本内容;
2. 解释教学设计与备课之间的区别;
3. 阐明教学设计过程模式的特点、功能和要素;
4. 概述教学设计的一般模式;
5. 辨认迪克-凯瑞的教学设计模式和史密斯-瑞根的教学设计模式。

教学设计是在美国教育技术学领域发展起来的,并于 20 世纪 60 年代末,在教学系统方法的统领下,建立教学设计学科①。教学设计的最终目的是通过优化教学过程来提高教学的效率、效果和吸引力,以利于学习者的学习与发展。

对于教师系统掌握教学设计的意义,教学设计专家马丁(B. L. Martin)指出: "没有系统掌握教学设计的教师,没有教学设计就是'一个系统'的观念。他们不知道怎样在教学设计过程中走捷径,或'剖析'一门课程或一个模型,他们对应用教学设计过程来解决问题的理解是很有限的。对于这些教师而言,他们是脱离具体背景理解他们所知道的教学设计内容的,并认为教学设计是令人厌烦并且是乏味的。"②我国教育的实际也表明,教师应当成为教学设计者,理由有三:①教学设计已是引起广泛关注的研究领域和实践领域;②教育作为一个系统,其内部的要素在不断发展变化,各种要素之间相互联系又相互制约,如教学内容越来越复杂,学习方式多样化,教学媒体越来越先进,在这样的背景下,不进行教学设计,就不可能实现教学过程的最优化;③教学设计是教师专业化过程中必须掌握的专业技能之一。

9.1　教学设计简介

教学设计是教育技术学的一门分支学科,具有自身的概念体系、发展历程和理论基础。

---

① 张祖忻,朱　纯,胡颂华. 教学设计——基本原理与方法. 上海:上海外语教育出版社,1992. 1
　张祖忻. 美国教育技术的理论及其演变. 上海:上海外语教育出版社,1994. 167
② B. L. Martin. ISD:The'S' Is for Systems. Educational Technology, March-April 2004. 19

9.1.1　教学设计概念

教学设计可以应用于不同层次的教学系统。国外教学设计的应用比较灵活，如运用于公司、企业、军队等部门，也可以运用于利用计算机网络开展的远程教育中的设计和各类课程的设计，甚至还可以指导一个机构的运作等。在我国，一般集中于学校的教学设计。就学校而言，其运用焦点主要是学科教学设计、单元教学设计和课堂教学设计等。在进行课堂教学设计时，必须同时重视单元和学科的教学设计。

一、教学设计的定义

当代国际著名的教学设计理论家赖格卢斯(C. M. Reigeluth)指出：不同的人对"教学设计"这一术语有不同的理解。一种是将它看作过程，一种是将它看作结果。将教学设计看成是结果的人，主要关注教学设计最后要形成的产品或者要实现的任务。将教学设计看成是过程的人，重点放在探讨如何指导教师制定计划，如何一步一步地达到目标。但无论是将教学设计看成结果还是过程，其根本任务都是为改进教学实践服务的。[1] 在我国，对于"教学设计"的理解，持"过程观"的较多，据此，可以把教学设计界定为：以获得优化的教学过程为目的，以系统理论、传播理论、学习理论和教学理论为基础，运用系统方法分析教学问题、确定教学目标，建立解决教学问题的策略方案、试行解决方案、评价试行结果和修改方案的过程。[2]

二、教学设计的特征

教学设计的基本特征如下。

（1）以系统思想和方法为指导，探索解决教学问题的有效方案，目的是实现效果好、效率高和富有吸引力的教学，最终促进学习者的学习和个性的发展　教学设计活动是一种系统而非偶然的随意的活动，需要考虑系统与要素、结构与功能、过程与状态之间的关系而进行综合设计。

（2）以关于学和教的科学理论为基础　由于这种科学理论是对教学现实的假设性说明，因此教学设计的产物是一种规划、一种教学系统实施的方案或能实现预期功能的教学系统。

（3）重视学习背景和学习者的分析　教学设计是一种产生学习经验和学习环境、提高学习者获得特定知识、技能的效率和兴趣的过程，而学习者的学习总是在一定的背景下发生的。通过学习背景分析，能为后续教学设计的决策提供依据和

---

①　盛群力，程景利. 教学设计要有新视野——美国赖格卢斯教授访谈. 全球教育展望，2003，(7)：3～5
②　蔡铁权等. 现代教育技术教程. 北京：科学出版社；2000. 167

指导;进行学习者分析,能使设计的方案更符合学习者的需要。

(4)教学设计既遵循科学性又体现艺术性 科学性保证了教学设计工作的合理、有效,艺术性反映了教学设计的创造性。因此,教学设计活动是一种具有决策性和创造性的研究和实践活动,它是背景范畴、经验范畴和组织化的知识范畴等三方面综合作用的产物。

总之,正如布里格斯(L. J. Briggs)和魏更(W. W. Wager)早在 1981 年就指出的,教学设计过程既是合理有序的,同时又是富有弹性的。

三、教学设计的基本内容

针对不同层次学习任务、不同学习者的教学,教学设计的具体内容有所不同。其基本内容包括以下几方面。

1. 前期分析

前期分析主要包括学习需要分析、学习任务分析、学习者分析和学习背景分析。前期分析有利于教学设计工作更加科学化,更具针对性。

2. 教学目标的阐明和评价试题的编制

教学目标的阐明是建立在前期分析的基础上的。在教学设计中,阐明明确的教学目标,既有利于教学策略的制定、教学媒体的选择,又有利于教学设计形成性评价的进行。而评价试题的编制,既能为学习者起点水平的确定提供科学的依据,又能使后续的评价有的放矢地进行。同时,教学目标在教学的过程中,是可以动态生成和随时修正的。

3. 教学策略的制定

根据前期分析提供的信息和教学目标,同时根据学习理论和教学理论,制定合适的教学策略。

4. 教学媒体的选择

选择恰当的教学媒体,实现教学信息传递的最优化,并考虑到课程资源的合理开发和利用。

5. 教学设计方案的编制和实施

教学设计方案既是教学设计工作的总结,也是实施教学的依据。教学设计方案的实施是依据制定的方案,结合课堂教学的实际,灵活地实施的。

6. 教学设计的评价与修改

教学设计的形成性评价主要是评价教学设计方案的质量和效果,评价的目的是获得教学设计方案成功或不足的反馈信息。教学设计的修改是在对教学进行仔细检查的基础上,对教学设计方案进行更新或发展。

四、教学设计与备课

传统的备课要求做好三项工作,即钻研教学大纲与教材,了解学生和考虑教法。教学设计与备课显然是不同的,并且备课的三项工作与教学设计中的学习任务分析、学习者分析、教学策略制定之间也是有本质上的区别的。

1. 学习任务分析与教材分析

在传统教学中,教师在教学前的教材分析主要是依据教学大纲进行的,是为"教"服务的,而不是从学生的具体情况出发分析教学任务的类型、结构、特点等内容。教师是教学大纲的执行者,教学是教学大纲的具体化,教学过程是教学大纲的忠实体现。而学习任务分析是从学习者的角度进行的,分析学习任务的目的是为了帮助学习者更好的学习提供决策依据。

2. 学习者分析和学情分析

学情分析的目的是为了确定学生已学了什么,为复习旧知提供依据,显然,这种学情分析是从教学内容的角度进行的。而学习者分析的最根本出发点是从学习者自身出发,通过分析,为有效教学的设计提供依据。

3. 教学策略的制定与教法的考虑

教学策略主要包括如下要素:教学过程的确定、学习方式的设计、教学方法的选择、教学组织形式的确定、教学媒体的选择和设计,显然,考虑教法只是其中的一个方面。尽管有学者扩展了教法所包括的内容,但仍与教学策略不同。

五、教学设计的发展历史

教学设计起源于美国。尽管美国教学设计的确切起源也仍存有争议,但有学者认为:"塞尔冯(L. C. Silvern)的著作代表了把一般系统论和系统分析作为方法应用于解决问题的一种早期尝试。塞尔冯最感兴趣的是,怎样把一般系统论用于创造既有效率又有效果的宇宙空间和军队用的培训材料,并出版了可以被看作是第一个教学设计模式的著作。"[①]美国教学设计的发展主要经历了构想阶段、理论形成阶段、学科建立与深入发展阶段。

1. 构想阶段

有的学者认为,最早提出教学设计构想的是美国哲学家、教育家杜威(J. Dewey)和美国心理学家、测量学家桑代克(E. L. Thorndike)。[②] 杜威早在 1910

① R. A. Reiser, J. V. Dempsey. Trends And Issues In Instructional Design And Technology. New Jersey: Pearson Education, Inc, 2002. 17

② R. D. Tennyson, etc. (eds). Instructional Design: International Perspectives (Vol. I). New Jersey: Lawrence Erlbaum Associates, Inc, 1997. 1~16

年出版的《我们怎样思维》一书中就设想建立起理论与实践之间的桥梁。桑代克在1912年就已经设想过相当于现在的程序学习的控制学习过程的方法。

2. 理论形成阶段

教学设计作为一门学科,是在各种新兴的教学媒体和理论包括系统理论、传播理论、学习理论、教学理论应用于教育、教学过程中发展起来的。在教学设计理论形成的过程中,较突出的几个事件是:教学设计起源于第二次世界大战期间;20世纪40年代末和50年代初,传播理论对教学设计理论的形成产生了重要的作用;20世纪50年代中期诞生的程序教学理论直接影响了教学设计理论和实践的发展;20世纪60年代初期加涅等人扩展了任务分析的概念,并强调了把行为目标作为教学设计的标准;形成性评价和标准参照测试运动对教学设计的发展产生重要影响;系统方法为教学设计理论的形成提供了方法论基础。

3. 学科建立

教学设计理论的真正建立是在20世纪60年代末,它以独特的理论体系耸立于教育科学之林。自70年代以来,教学设计的研究已形成一个专门的领域,成果日益丰富。

4. 深入发展阶段

20世纪70年代,学习需要分析是对教学设计模式的重要补充。人们不仅关心"是什么"、"如何做",还关心"为什么",这使得教学设计更加有的放矢。20世纪70年代期间,出现了一系列教学设计模式[①]。1975年,布兰生(R. K. Branson)等人发展了一套"联合军种教学系统开发模式"(Interservice Procedures for Instructional Systems Development,简称IPISD),是教学设计发展中的又一个里程碑。此后,教学设计在各个层面开始受到更多重视,包括在学术界、商业和工业领域、企业培训领域等。

1980年,安德鲁斯(D. H. Andrews)和古德森(L. A. Goodson)回顾了当时的教学设计研究,发现已有上百个系统化教学设计模式。80年代期间,教学设计主要还是应用于商业、工业和军队等领域,对学校的影响仍然很少。教学设计研究者开始关注认知心理学、微机和绩效技术对教学设计的影响。在20世纪90年代期间,绩效技术运动对教学设计实践产生了重要影响。[②]

20世纪80年代后期,由于建构主义和交互媒体的发展,使教学设计更趋整体化、更具弹性。为了强调变化,人们把前者称为系统化教学设计(systematic instructional design),后者称为整体化教学设计(systemic instructional design)。就

---

① 注:如肯普,1971;格兰克和伊利,1971;加涅和布里格斯,1974;迪克和凯瑞,1978;等等

② R. A. Reiser, J. V. Dempsey. Trends And Issues In Instructional Design And Technology. New Jersey:Pearson Education, Inc, 2002. 42~43

本质而言,整体化教学设计是系统化教学设计的扩充、延伸,因此也沿袭了系统化教学设计在分析、设计、发展和评价等阶段的特质。[①]

教学设计是在 20 世纪 80 年代传入我国的,并在 80 年代中期开展教学设计的理论和实践的研究。

9.1.2　教学设计的理论基础

人们常说,"优秀的理论比什么都有价值。理论为我们提供了关于某一现象的更广阔的视野,同时也为我们提供了解决问题和作出恰当决策的原理。"教学设计吸收了相关学科的理论作为自己的理论基础,这些理论基础主要包括学习理论、系统论、教育传播理论和教学理论。

1. 学习理论

学习理论是心理学的一门分支学科,是对学习规律和学习条件的系统阐述,它主要研究人类与动物的行为特征和认知心理过程。学习理论主要为教学设计提供了不同流派的学习理论对学习过程和学习规律等的不同解释、不同年龄阶段的学习者的认知特点和个性特征等方面的依据。如在学习任务分析时,主要借鉴了知识分类的理论;在学习者分析时,借鉴了学习动机、学习风格、焦虑等方面的研究成果。

2. 系统论

由一般系统论发展而来的系统论的思想和观点不同程度地为教学设计理论的研究提供了依据。早期,系统论应用于教学设计,主要体现在以下四方面:分析学习任务,决定如何开展教学,试验和修改(即形成性评价),评定教学实施后学习者的掌握情况(总结性评价)。随着应用和研究的深入,人们把系统论应用于教学设计的基本要素归纳为:分析、设计、开发、实施和评价或控制。

系统论不仅为研究教学设计提供了基本的概念基础如系统、要素、结构、功能、控制、反馈等,基本观点如整体观、开放系统观、动态系统观等,以及基本的系统分析过程;而且还为教学设计理论的研究提供了基本原理,这些原理主要包括反馈原理、有序原理和整体原理。系统论还为教学设计研究提供了基本工具(如流程图、关键路径技术等)。

3. 教育传播理论

教学设计是以教学系统为研究对象的。

教育传播理论主要从以下几方面为教学设计理论提供了理论依据:①教育传播系统的研究为教学系统的研究提供了依据;②教育传播过程和模式的研究为教学设计过程的研究提供了依据;③教育传播理论中关于教育传播符号、教育传播通道和教育信息等的研究为教学设计中教学媒体的选择提供了依据;④教育传播理

---

① 朱湘吉.教学科技的发展——理论与方法.台北:台湾五南图书出版公司,1994.211

论对教育传播过程的一般规律的研究为教学设计提供了依据。

4. 教学理论

教学理论是研究教学一般规律的科学。包括教学基本原理、基本原则、教学目标、教学内容、教学方法等等,这些都为教学设计的理论和实践提供了关于教学的科学依据。

9.2 教学设计的模式

教学设计中所使用的模式有两种:实物模式和思考模式,根据瑞奇(R. C. Richey)的观点,教学设计的过程模式是教学设计思考模式中的一种。① 教学设计过程模式是连结教学设计理论和实践应用之间的桥梁。这里介绍的教学设计的一般模式主要是从对教学设计过程模式的研究中归纳得到的。

9.2.1 教学设计的过程模式概述

20 世纪 60 年代末,从教学设计研究者提出第一个教学设计过程模式起,至今已有数百个可以应用于不同领域的教学设计过程模式,这些模式为不同领域的工作者有效开展教学设计工作提供了理论依据和操作规范。

一、教学设计过程模式的定义

教学设计过程模式的定义尚无明确的界定。目前,主要有以下三种观点:第一、教学设计模式具有类似的过程,用来完成各项目标的设计;它以文字或图表的形式描述,被用来指导不同环境下的设计,如商业或学校,并为实现不同的目的服务,如为发展国家的教育或培训飞行员等。② 第二、模式是再现现实的一种理论性的简化形式,教学设计过程的模式则是在教学设计的实践当中逐渐形成的,运用系统方法进行教学开发、设计的理论的简化形式。③ 第三、采用文字或图解的形式对教学设计过程进行描述是教学设计研究中体现系统论思想的一个特色。根据以上观点,教学设计的过程模式至少具备以下几个特点:①以特定的理论为基础、在教学设计的实践过程中形成的,是教学设计实践的简化形式;②可以用来指导不同背景下的项目设计,并为实现特定的目标服务;③以文字或图表的形式进行描述,或者两者结合进行描述。

---

① 孙可平. 现代教学设计纲要. 西安:陕西人民教育出版社,1998. 36~37
② Barbara Seels, Zita Glasgow. Making Instructional Design Decisions (2nd.). New Jersey:Prentice Hall, Inc, 1998. 165
③ 乌美娜. 教学设计. 北京:高等教育出版社,1994. 43

二、教学设计过程模式的形式和功能

教学设计过程模式可以用不同的形式阐明。尽管不同的过程模式具有不同的功能,但几乎所有的模式都具备基本的功能。

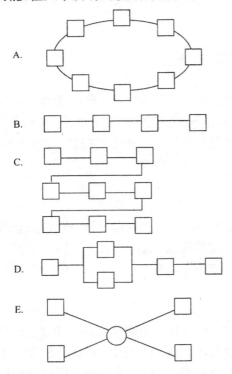

图 9-1　教学设计过程模式的图表形式

1. 教学设计过程模式的形式

教学设计过程模式可以采用不同的表现形式,比较典型的有:文字形式、图表形式或者是文字和图表相结合的形式,不管采用哪种形式,其目的都是展示教学设计者对现实的看法。西尔斯(Barbara Seels)和格拉斯哥(Zita Glasgow)归纳了五种不同的图表形式(见图 9-1)。[1]

2. 教学设计过程的功能

教学设计过程模式是人们在开展教学设计工作时遵循的过程或基本步骤的描述。根据西尔斯和格拉斯哥的观点,不管是哪种模式,都具有下述的共同功能:①使教学设计过程形象化,过程中的所有要素为达成共同的目标服务;②提供了管理设计过程和项目的工具;③通过整合理论和所应用的实践模式来检验理论本身;④为设计者安排了能被当作优秀设计标准的任务。

三、教学设计过程模式的要素

随着理论研究的深入和实践领域的拓展,人们对构成教学设计过程模式的基本要素的认识也是在发展的。

1980 年,安德鲁斯和古德森从 18 个维度比较了 40 个教学设计模式,认为这些模式的共同要素是问题的界定、教学的交替解决方案、限制条件的确定和教学程序的费用。[2] 他们认为,这些模式中的很多模式只是展示了一系列机械的或线

---

① Barbara Seels, Zita Glasgow. Making Instructional Design Decisions (2nd.). New Jersey: Prentice Hall, Inc, 1998. 169～170

② Barbara Seels, Zita Glasgow. Making Instructional Design Decisions (2nd.). New Jersey: Prentice Hall, Inc, 1998. 167

性的步骤,而非有效地运用系统方法展示复杂的分析和控制过程。1986 年,瑞奇回顾了安德森和古德森的分析过程,并把教学设计过程模式的核心要素归纳为六个,分别是确定学习需要、确定目标、构建评价程序、设计/选择传递方法、试用教学系统和安装与维护系统。

20 世纪 90 年代,有学者在回顾了各种教学设计模式的基础上,认为对象、目标、方法与评价是教学设计模式的四个相互联系、相互制约的基本要素;[1]也有学者在梳理和分析了系统化教学设计和整体化教学设计的基础上,归纳得出,教学设计过程模式的基本要素是分析、设计、开发和评价。[2]

近年来,在回顾和分析已有的教学设计过程模式的基础上,普遍认为,教学设计过程模式的核心要素包括分析、设计、开发、实施和评价,即所谓的 ADDIE 模式 (analysis, design, development, implementation and evaluation)(见图 9-2)。[3]

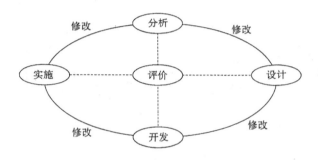

图 9-2 教学设计的核心要素

分析国外已有的典型的教学设计过程模式,可以发现这些模式基本上都包含了上述五个要素,只是不同的模式在构建时结合特定的需要采用了不同的术语,而非都用上述五个术语,如迪克-凯瑞(2001 年)的模式、史密斯-瑞根(1999 年)的模式等。西尔斯等人认为,教学设计过程模式的新颖之处,不在于模式过程本身,而在于如何解释过程。[4] 尽管很多模式都包括上述五个要素,但对要素本身的解释和阐明是很不相同的,模式构建的背景和适用的场合也是很不相同的。由此可见,设计者在实施教学设计时,教学设计过程模式的选择不是随心所欲的,而应根据设计对象的特定需要有针对性地选择适宜的教学设计过程模式;当然,设计者也可以

① 张祖忻. 美国教育技术的理论及其演变. 上海:上海外语教育出版社,1994. 172

② 朱湘吉. 教学科技的发展——理论与方法. 台北:五南图书出版公司,1994. 148,211

③ R. A. Reiser, J. V. Dempsey. Trends And Issues In Instructional Design And Technology. New Jersey:Pearson Education, Inc, 2002. 18

④ Barbara Seels, Zita Glasgow. Making Instructional Design Decisions (2nd.). New Jersey:Prentice Hall, Inc, 1998. 167

结合设计的需要,局部修改选用的教学设计过程模式,以便更好地开展设计过程。

9.2.2 迪克-凯瑞的教学设计模式

迪克等人认为他们的模式是运用系统方法设计而成的,模式(见图 9-3)的具体内容包括如下几个方面[①]。

1. **评价需要以确定目标**(assess needs to identify goals)

该环节主要是决定,当教学结束后,学习者将能做什么。可以通过多种途径确定教学目标,如通过需要评价,根据实践中发现的学生的学习困难,分析实际工作场所中工人的行为,或者新教学的其他需要。

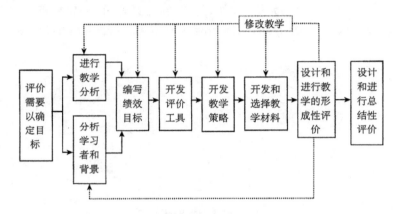

图 9-3   迪克-凯瑞的教学设计模式

2. **进行教学分析**(conduct instructional analysis)

确定教学目标后,设计者将逐步确定,当学习者执行教学目标时将能做什么。教学分析过程的最后一步是确定学习者学习的起点行为,即教学开始之前,学习者在知识、技能和态度方面的起始水平。

3. **分析学习者和背景**(analysis learners and contexts)

与教学分析并列的一个环节是学习者分析和背景分析,学习者当前的技能、喜好和态度是由教学环境的特征和迁移背景的情况所决定的。这些分析将为系统设计模式中的后续步骤提供信息,它们对于教学策略的制定尤其重要。

4. **编写绩效目标**(write performance objectives)

在完成教学分析和起点行为的陈述后,设计者就可以编写目标了。这些目标阐明了学习者的学习内容、学习条件和学习取得成功的标准。

---

① Walter Dick etc. The Systematic Design of Instruction (5th Ed.). Addison-Wesley Educational Publishers, Inc, 2001. 2~8

5. 开发评价工具(develop assessment instruments)

设计者应基于上述目标来开发评价工具,用评价工具来检查学习者达成目标的情况。评价的重点是目标中所描述的行为。

6. 开发教学策略(develop instructional strategy)

教学策略包括教学预备活动、内容呈现、练习和反馈、测试、总结活动。教学策略的制定主要依据学习理论和关于学习研究的成果、用于传递教学的媒体的特征、教学内容的性质和学习者的特点。

7. 开发和选择教学材料(develop and select instructional materials)

该环节主要包括学习者指南、教学材料(包括教师指南、学生模型、投影器、光盘、基于计算机的多媒体程序和用于远程教学的网页等)。设计者应依据学习的类型、已有的相关材料、可供开发过程中使用的资源来决定教学材料的开发。此外,还应提供开发教学材料的标准。

8. 设计和进行教学的形成性评价(design and conduct the formative evaluation of instruction)

初步完成教学材料的制作后,设计者应根据从评价中收集到的数据修改教学。在这个环节中,形成性评价的方法一般有三种类型:一对一的评价、小组评价和现场评价。每一类评价都为设计者提供用于修改教学的不同信息。上述评价类型还可以应用于对已有材料和课堂教学的形成性评价。

9. 修改教学(revise instruction)

最后一步(即循环圈中的第一步)就是修改教学。根据形成性评价环节收集到的数据,试图确定学习者无法达到既定目标的原因和教学中存在的问题。修改教学不仅仅只意味着修改实际教学本身,还包括重新检查教学分析的有效性、对学习者特征和起点行为假定的可行性、绩效目标的陈述、评价工具的有效性、教学策略等,根据这些信息可以更好地开发出适合教学的材料。

10. 设计和进行总结性评价(design and conduct summative evaluation)

尽管总结性评价是关于教学效果的最后评价,但通常它不是教学设计过程中的一个部分。它是对教学的绝对或相对价值的评价,是在完成教学的形成性评价和修改教学以满足设计者的标准后进行的。总结性评价是由评价者而非设计者完成的,因此,总结性评价本身不是教学设计过程中必备的一个要素。

9.2.3 史密斯-瑞根的教学设计模式

梅格(R. F. Mager)认为,从最基本的角度看,教学设计者主要回答如下三个问题:①我们将要到哪里(教学的目标是什么)? ②我们将怎样到达那里(选择什么教学策略和教学媒体)? ③我们怎么知道我们已到达那里(我们编制的测试题应该是怎样的? 我们怎样评价和修改教学材料)? 根据梅格的观点,史密斯-瑞根认为,教学设计过程主要完成三项设计活动：①执行教学分析以决定"到哪里去"；②开发教学策略以决定"怎样到达那里"；③开发和进行评价以决定"怎样知道我们已到达那里了"。据此，史密斯-瑞根认为，他们的教学设计模式包括分析、策略开发和评价三个阶段（见图 9-4），具体内容如下。

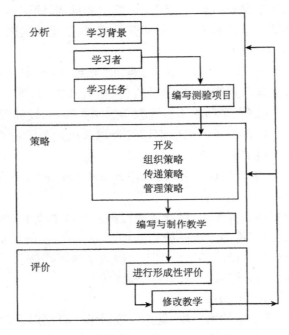

图 9-4　史密斯-瑞根的教学设计模式

1. 分析阶段

该阶段称之为前期分析阶段，设计者主要分析三个要素：学习背景、学习者、学习任务。学习背景分析主要完成两项工作：①教学需要的具体化，以帮助学习者达成教学目标；②教学得以进行的学习环境的描述。学习者分析主要分析学习者的特征和具体的起点水平。学习任务分析阐明了任务分析的基本步骤，并列举了不同领域的例子以作示范。学习任务分析的基本步骤是：①编写学习目标；②确定学习目标的类型；③进行信息加工分析；④分析先决条件，决定各类学习所需的先决知识和技能；⑤根据学习目标和先决条件，编写行为目标。

在分析的基础上，编写测验项目。作者在讨论了评价目标的基础上，阐明主要采用标准参照测试的方式评价教学设计的成果。对学习者的评价，主要讨论了起点水平测试、前测和后测；阐明了三种评价方法：表现性评价、真实性评价和纸笔测试；主要通过信度、效度和实用性三个指标衡量评价方法本身；最后，运用具体例子阐明不同类型试题的编制。

2. 策略开发阶段

在策略开发阶段,主要阐明了组织策略、传递策略和管理策略的开发。组织策略主要包括怎样确定教学顺序、呈现哪些教学内容、怎样呈现教学内容;传递策略主要包括运用什么教学媒体、学习者如何分组;管理策略主要指教学资源的安排和分配。该模式分别阐明了宏观水平和微观水平的上述三种策略。宏观水平是指较大层次的设计对象的策略,如某门课程设计的策略,微观水平主要是较具体的设计如设计某节课的策略。在阐明策略的基础上,讨论了各类教学材料的编写和制作。

3. 评价阶段

该阶段主要阐明了形成性评价和总结性评价。尽管在模式中没有体现总结性评价,但还是以较多的篇幅阐明总结性评价实施的问题。

9.2.4 教学设计的一般模式

在借鉴迪克-凯瑞的教学设计模式、史密斯-瑞根的教学设计过程模式的基础上,结合我国基础教育课程改革的背景和教学实践的需要,完整的教学设计过程可以包括以下组成部分:教学设计的前期分析,教学目标的阐明和评价试题的编制,教学策略的制定(包括教学媒体的选择),教学设计方案的编制与实施,教学设计的评价与修改。上述各部分相互联系、相互制约,组成一个有机的教学设计系统,但并非是线性的关系,该过程可以用教学设计的一般模式来概括(见图 9-5)。

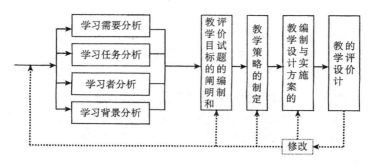

图 9-5 教学设计的一般模式

思考题:

1. 什么是教学设计? 教学设计的基本内容有哪些?
2. 比较教学设计与备课的异同。
3. 教学设计过程模式的要素有哪些? 有何共同功能?
4. 简要阐明迪克-凯瑞、史密斯-瑞根的教学设计模式。
5. 教学设计的一般模式有哪些要素组成?

第 10 章　教学设计的前期分析

教学目标：

1. 说出前期分析的基本内容；
2. 描述学习需要、学习需要分析的概念；
3. 根据学习需要分析的模式，选择学习需要分析的方法，分析学习需要；
4. 描述学习任务分析的概念，应用学习任务分析的一般过程，分析学习任务；
5. 描述学习者分析的概念，进行学习者分析；
6. 描述学习背景分析的概念，能运用学习背景分析的一般过程，分析学习背景因素。

前期分析（前端分析）是美国学者哈里斯（J. Harless）于 1968 年提出的一项技术，即意在教学设计过程的开端分析教学中存在的问题，以避免后续工作无的放矢，浪费人力物力[①]。在不同的教学设计过程模式中，前期分析所分析的内容有所不同。

教学设计的前期分析主要包括学习需要分析、学习任务分析、学习者分析、学习背景分析。

10.1　学习需要分析

通过多种途径了解教学实际中存在的问题，既是教学设计工作的起点，也是教学设计能否真正解决教学问题的基本前提。通过学习需要的分析，可以确定学科课程的总目标、单元的总目标和课堂教学的总目标，为后续的教学设计工作提供依据。

10.1.1　学习需要分析概述

设计对象总目标的确定应以学习需要为依据，以学习者为中心，而非以现有的任何教科书为依据。

一、学习需要

需要是指"是什么"和"应该是什么"之间的差距，也即目前的状态和期望达到

---

① 张祖忻. 教学设计——基本原理与方法. 上海：上海外语教育出版社，1992.39

的状态之间的差距。由此可见,需要是结果方面的差距,而非过程或资源上的差距[1]。所谓学习需要,就是指学习者在学习方面的目前状态和期望达到的状态之间的差距。

根据伯顿(J. K. Burton)和梅里尔(P. F. Merrill)的研究,与教育有关的需要可以分为六类[2]。

1. 常模的需要(normative needs)

常模的需要是将全国性标准与对象群体进行对比后确定的。这些常模包括各种统一的考试标准或国家的课程标准。当一个对象的行为低于常模时,常模的需要就产生了。要确定常模需要,首先是获得常模数据,接着收集对象与常模相比较的数据或资料。

2. 比较的需要(comparative needs)

比较的需要是通过把对象组与其他被认为是规范的或优秀的群体相比较而确定的。当两者之间存在差距时,比较的需要就产生了。当然,这种比较要注意到条件的可比性。

为了确定比较的需要,设计者首先需要确定比较的范围(如:物理成绩、环境设施等);接着,收集要比较双方的有关数据;最后,得到比较的需要及教学设计所要解决的问题。

3. 感到的需要(felt needs)

感到的需要是个人或对象群体提高业绩的渴望,它表达了个体或对象群体现有的业绩或技能水平与期望的业绩或技能之间的差距。当教学设计者分析感到的需要时,必须明确提高业绩的需要和提高业绩之外附加的个人需要之间的区别。

收集感到的需要的数据,可以用访谈法和问卷法。面对面的交谈能减轻焦虑,探讨更为详细的原因,因此该方法往往比较有效;而当个体希望用文字来表达自己的需要时,运用问卷法比较恰当。

4. 表达的需要(expressed needs)

表达的需要就是指个体把感到的需要转变为实际行动的一种需要。教学设计者主要应关注能提高个体或群体业绩的表达需要。

要获取表达需要的数据,既可以从选修课的登记表中找出,也可以查阅个人的档案,还可以考查表达学生需要的具体行为。

5. 期望或未来的需要(anticipated or future needs)

期望的需要是明确将来会发生变化的一种方式。把握期望的需要是顺应变化

---

[1]　Roger Kaufman. Means and Ends. Educational Technology,November 1982. 33

[2]　盛群力,褚献华译. 现代教学设计应用模式. 杭州:浙江教育出版社,2002. 386~390
　　孙可平. 现代教学设计纲要. 西安:陕西人民出版社,1998. 152~155

不可或缺的。当前的基础教育课程改革中提出要实现学习方式的转变,如果提前训练学生与学习方式转变有关的技能,那么,就能为新的学习方式的实施作好准备。

收集期望需要的数据,可以在了解社会对教育提出的新政策、新要求的基础上,运用访谈法和问卷法。

6. 批评性事故的需要(critical incident needs)

批评性事故的需要是一种很少发生但却会引起重大后果的失误,例如化学药品从试管中泼洒出来、原子核事故等。

批评性事故的需要的数据主要通过分析潜在的问题而获取,也可以通过提出假定性的问题来确定,如"如果……,将会……"之类的问题。

这种分类法为教学设计者提供了将需要进行分类和收集各类需要的信息的基本框架。

二、学习需要分析

学习需要分析是以系统的方式找出学习者在学习方面的目前状态与所期望达到的状态之间的差距。其核心是在了解问题以及解决问题的必要性和可行性的基础上提出解决方案,即只有先明确问题及其原因,才可能找出合适的解决方法。

对于国家课程,教育工作者需要依据国家的课程目标,结合当地的实际情况,提出适合本地发展的具体的课程目标。同时,还要开发地方课程、校本课程。

10.1.2　分析学习需要

要实施有效的学习需要分析,关键是要掌握学习需要分析的基本方法和分析模式,在此基础上,根据数据收集的方法收集与学习需要有关的数据,为学习需要分析的完成提供科学依据。

一、学习需要分析的方法

目前常用的学习需要分析方法是内部需要分析法和外部需要分析法。

1. 内部需要分析法

内部需要分析法是将学习者学习的现状与教师期望学习者达到的目标进行分析,找出两者之间存在的差距,从而了解学习需要的一种分析方法。教师可以采用观察法、访谈法等方法收集所需要的数据。

2. 外部需要分析法

外部需要分析法是根据社会的要求制定教学目标,以此为标准来衡量学习者的状况,找出两者差距的一种方法。采用外部需要分析法时,需要通过各种方法了解社会对教学的要求和需要,并结合学习者的基本情况确定教学目标。

除了上述两种方法外,还可以采用内外相结合的需要分析法,以此找出差距。

通过分析社会需要和对学习者的期望状态,比较差距,调整期望值;通过分析学习者的现状和期望状态,找出差距,也即学习者的学习需要是通过上述三者的协调、分析、比较得出的。

二、学习需要分析的模式

学习需要分析的模式有:①哈莱斯(J. H. Harless)的"缺陷模式",考夫曼(R. Kaufman)的需要分析模式,李(W. S. Lee)的需要分析模式等。根据学习需要分析的定义,学习需要分析的基本模式可概括为如下几方面。

(1)确定期望达到的状态,即确定预期的结果并按重要性进行排序。由于结果是以目标的形式反映出来的,因此,也可以归纳为:确定设计对象的目标并按重要程度进行排序。

(2)确定目前的状态,也即确定上述目标的现状。

(3)分析和确定目前的现状和目标之间的差距,确定差距的类型(即学习需要的类型)。

(4)根据差距找出问题,分析问题存在的原因。

(5)根据分析结果确定问题解决的优先顺序,并制定设计对象的目标。

三、学习需要分析的结果

根据上述学习需要分析的一般模式,学习需要分析的结果或输出如下。

1. 确定从设计对象中反映出来的各种问题是否都是可以通过教学设计解决,如果不是,那么应通过其他途径解决。例如通过分析,学习者的现状远未达到某门课程的基本目标,其原因可能是由教师的素质或该课程的基础课程的教学实效引起的。显然这不是该课程的教学设计能解决的问题。

2. 提出关于设计对象的总目标。设计对象可能是学科课程、单元或课时等。设计对象的总目标为学习任务的分析提供了依据。如果目标的定位出现了偏差,势必影响学习任务分析的有效性和可行性,同时也将影响学习者起点水平的有效分析。

四、收集数据的方法

学习需要分析的最终目的是确定教学问题,制定关于设计对象的总目标。从教学过程的要素出发对教学问题进行分类,主要应考虑如下问题:①原来的教学中是否存在不能满足学习者学习的目标? ②教学结束后,学习者是否明显地表现出没有达到教学目标? ③课程中是否增加了新的教学目标? ④学习者的组成有变化

---

① 孙可平. 现代教学设计纲要. 西安:陕西人民出版社,1998. 150~151

吗？⑤已采用的学习方式、教学组织形式、传送方式和教学媒体使用的方式有效吗？是否符合学习者的认知特点、年龄特征和学习风格等？⑥教学是否吸引人？能否提高学习者的学习动机、兴趣和耐力？⑦已有的教学评价方式科学、可行吗？要确定教学问题，必须对学习者的现状和期望达到的状态进行认真的调查和分析。

在学习需要分析中，数据收集的目的是：获取关于问题性质方面的信息，决定问题产生的原因是否是行为或知识方面的缺失，确定教学是否是解决问题的最恰当方法，确定其他必要的解决办法。

数据收集的有效性和可靠性直接影响设计对象目标的确定，而设计对象的目标是教学设计后续工作的基础和依据，因此，数据的收集对整个教学设计工作的完成起着很重要的作用。一般可以用于收集数据的方法有观察法、访谈法、问卷调查法、案例法、测验法等方法。在收集学习需要方面的数据时，往往不是单一地运用某种方法，而是根据需要多种方法结合起来使用。

在完成数据的统计和分析后，教学设计者可以设计一张"学习需要评价表"[①]（见表 10-1），提供决策和交流之用，也可以邀请相关人员评价学习需要分析的结果，为后续的设计工作提供更有效的依据。

表 10-1　学习需要评价表

学习科目：

现　状	目　标	差　距	原因分析

五、学习需要分析应注意的问题

综上所述，学习需要分析的主要作用是：①使教学设计者明确学习者的具体需要，并确定关键的需要；②使教学设计者明确对教学进行干预时应优先考虑的需要；③为教学设计者提供一个评价有效教学的起点；④为教学设计者提供后续设计工作的充分依据。需要指出的是，教学设计者在进行学习需要分析时应注意如下问题。

（1）学习需要是学习者的差距，而非教师的差距。

（2）应该用学习结果来描述差距，而不是用过程、手段或资源等进行描述。

（3）避免在确定问题之前，就去寻找解决方案。

（4）不要把学习需要的分析从整个教学系统中孤立出来。

总之，根据上述分析，可以科学地确定学习者的真实需要。教师可以结合实

---

① 张祖忻. 教学设计——基本原理与方法. 上海：上海外语教育出版社，1992.49

践,总结出个人的需要分析方法和需要分析的模式。根据需要分析阐明关于设计对象的总目标,以此作为学习任务分析的依据。这种需要也是一种期望,这样的期望如果成为学生自己对自己学习的期望,就可能真正体现出学生在学习中的主体地位,真正激发学生的学习动机和兴趣,学习的主动性将得到极大的提高,这是一个值得我们研究与实践的重要课题①。

10.2 学习任务分析

学习是知识与技能、过程与方法、情感态度与价值观的获得,学习者不可能仅仅通过阶段性的学校教育就能完成。学习内容也不仅仅只是教科书,而是丰富的课程资源;其次,教师必须在丰富的课程资源中选择适合学生的、符合地方和学校特色的资源,并把教学所需的课程资源整合到教学过程中;最后,教师要对所选资源进行评价。

10.2.1 学习任务分析概述

学习任务分析是教学设计中非常关键的资源分析阶段。

一、学习任务分析的定义

所谓学习任务分析就是指对学习者必须掌握的知识与技能、过程与方法、情感态度与价值观等进行分析的程序或过程。学习任务分析旨在揭示学习者从起点行为到终点行为之间必须掌握的任务及其任务间的关系。所谓起点行为(entry behaviors)指的是在教学开始之前,学习者学习的现状。终点行为(terminal behaviors)是指通过教学活动后所达到的结果。

二、学习任务分析的类型和功能

任务分析包括微观的任务分析和宏观的任务分析②。微观的任务分析适用于相对小的教学部分,如单个目标、一个简单的思想或一份简单的任务。宏观的任务分析指的是单元或课程(course)层面的任务分析。任务分析的基本功能包括③:①编制任务清单;②描述任务;③选择任务;④序列化任务和任务要素;⑤分析任务和内容层次。此外,任务分析的功能还应包括为设计具有思考性的问题和创设学习情境提供理论依据。

---

① 蔡铁权等. 现代教育技术教程. 北京:科学出版社,2000. 191
② Gary J. Anglin. Instructional Technology:Past,Present and Future (2nd Ed.). Englewood,1995. 202
③ Gary J. Anglin. Instructional Technology:Past,Present and Future (2nd Ed.). Englewood,1995. 199

10.2.2   学习任务分析的一般过程

不同的教学设计过程模式,其任务分析的过程不完全相同,如史密斯和瑞根根据信息加工理论,认为任务分析由如下步骤组成:①编写学习目标;②确定学习目标的类型;③进行信息加工分析;④分析先决条件,决定各类学习所需的先决知识和技能;⑤根据学习目标和先决条件,编写具体的学习目标。由于不同的学科既有其特性,也有共性,因此,可以从学科的共性角度出发,概括任务分析的基本过程。

一、根据学习需要分析确定关于设计对象的目标,确定任务分析的目标

目标可以是学科课程的目标、该课程的单元目标或课堂教学目标,显然,这些目标的大小是不同的。对此,如果是课程或单元的目标,则可以先细化,再作为任务分析的目标,如果是课堂教学的目标则直接可以作为任务分析的目标。

二、根据学习任务分析的理论依据,初步分析任务的类型并评价

学习任务分析是根据特定的理论依据进行的,许多理论都可以作为任务分析的依据,而且根据不同的学科可以选择不同的任务分析依据。确定任务的类型后,必须进一步分析,旨在阐明学习者达成目标后能做什么。

三、根据任务的类型或不同类型的组合,选择任务分析的方法

任务分析的方法主要包括:簇分析法、层级法、信息加工法和综合式的任务分析方法等。按照加涅的学习结果分类理论,学习任务可以分成五类:言语信息、智慧技能、认知策略、动作技能和态度,其中,智慧技能又可以分为辨别、具体概念、定义性概念、规则和高级规则(问题解决)。对于问题解决,问题有简单和复杂之分,还有结构良好问题和结构不良问题。结构良好的问题,指可以从初始条件,求出惟一正确的解,如某些代数问题。对于结构不良的问题,指可能不是所有解决问题所需的初始条件都具备,甚至问题解决的目标也有可能不是非常明确。对于结构不良的问题,一般可以通过多种途径解决,其结果也是不惟一的。如教学设计本身就是一个非常典型的结构不良的问题。对于不同类型的任务可以运用不同的任务分析方法,但更多的是几种方法综合运用;但对于结构不良问题,可以提供给学习者整体的任务或问题情境,对此,关键是怎样根据目标设计整体的任务或问题情境。

四、确定任务分析的程序

如果学习任务是上述类型中结构不良问题以外的任务,那么任务分析的关键是,确定每一步任务的大小和每一步中应具体包括的内容。一般主要依据学习者

的基本情况而定①。同样的主题内容,如果学习者的年龄很小,那么每一步的任务可以小一些;如果学习者的年龄较大,则可以把该步的内容整合到其他任务中,以较大的内容作为一步。对于结构不良问题的任务分析目前尚处于探索阶段,而且由于问题本身的复杂性,尚无特定的分析程序。

五、根据具体执行的情况,适当地调整分析过程

根据任务分析的结果,对照设计对象的目标,判断与目标相应的任务有没有遗漏;同时,也可以依据任务分析的结果,判断根据需要分析确定的目标是否遗漏了重要的任务,如果是,则修改目标(见图 10-1)。此外,如果通过任务分析,发现目标太大或太小,那么同样需要修改,太大,则按重要程度排序,选出最重要的,太小,则修改或重新分析学习需要。由此可见,任务分析和需要分析是密切联系的两个环节。同样,教学设计的其他要素之间也存在这样的关系。

图 10-1　学习需要分析与学习任务分析的关系

六、将任务分析收集到的数据进行详细描述,为阐明教学目标、设计教学策略、实施形成性评价等提供依据

任务分析的结果是不同的,具体结果依据目标的类型而定。如果该目标是课程目标,那么,任务分析的结果是适合本校或本班学生学习的学科课程的结构;如果是单元目标,则分析的结果是某个单元的学习任务的结构;如果是课时,则分析的结果是课堂教学任务的结构。

需要指出的是,由于目标本身的大小区别很大,因此,任务分析过程的复杂程度也不一样。一般而言,总的教学目标越小,则越容易分析,且分析的复杂程度也越低;反之,则越复杂。任务分析过程中,每一步任务的确切描述非常重要。一般而言,每个步骤任务的表述可以遵循如下原则②:对于其行为是可观察的任务,那么,必须用一个描述可观察行为的动词;如果是无法观察的内部心理过程,则可以阐明学习者达到该任务后能做什么(即从学习者最后的学习结果中来判断)来表

---

① Walter Dick etc. The Systematic Design of Instruction (5th Ed.). Addison-Wesley Educational Publishers,Inc, 2001. 43

② Walter Dick etc. The Systematic Design of Instruction (5th Ed.). Addison-Wesley Educational Publishers Inc ,2001. 42

述;对于涉及决策过程的任务,则可以用疑问句的形式表述。

10.2.3 学习任务分析的实施

在实际实施学习任务分析时,由于学习任务都是比较复杂的,为了便于说明,先根据任务分析的理论依据分别阐明,在此基础上,阐明综合任务的分析。

一、言语信息

言语信息是指学习者通过学习能够记忆并在需要时将其表达出来的信息。

对于言语信息的分析,主要运用簇分析法(a cluster analysis)[1]。簇分析的目的是旨在确定信息的主要种类,便于记忆和提取。言语信息的教学目标就是通过教学,学习者能学会目标中阐明的类别。可以从多种角度对言语信息进行归类[2]:①揭示知识之间的内在联系,让学生理解和把握知识间的本质规律;②总结知识的类似表现特征,将知识组块;③对同类特征的知识在适当归类和加工的基础上组织教学。此外,也可以按照时间顺序、螺旋结构、类别的性质等进行分类,但不管按照什么进行归类,必须考虑到学科的特点。因为,不同的学科归类的依据不同。如任务分析的目标是阐明教学媒体的种类,那么,就要根据媒体理论关于媒体的分类标准进行归类;又如欲将汉语词组按词性的不同进行分类,那么,就要根据汉语中对词性的分类标准进行归类。总之,归类的最好方法就是依据学科特点。归类后的信息一般可以用层级图(见图 10-2)或提纲的方式示意,但要注意的是,这里的层级图的上下内容之间不存在难度的层级关系,而只是为了示意的需要,通过层级图,可以直观地反映不同的类别。

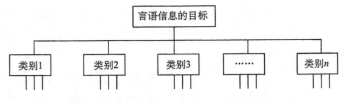

图 10-2 言语信息分析的层级图

二、智慧技能

智慧技能是指学习者通过学习获得了使用符号和概念与环境相互作用的能力。智慧技能按照心理过程的复杂程度不同,可以分为辨别、具体概念、定义概念、

---

① Walter Dick etc. The Systematic Design of Instruction (5th Ed.). Addison-Wesley Educational Publishers, Inc, 2001. 65

② 李晓文,王 莹. 教学策略. 北京:高等教育出版社,2000. 55

规则和高级规则(问题解决)。

1. 辨别

所谓辨别就是在一个或更多的物理维度上对互不相同的刺激作出不同反应的能力,也即对差异作出反应的能力。刺激可以是实物、图片、动画、音频、视频或关于对象的描述等。如辨别"三角形"和"菱形"的模型。

2. 具体概念

具体概念是在一系列事物中找出共同特征并给同类事物赋予同一名称的一种习得能力。如指出圆形的物体和方形的物体,以此阐明该类事物的属性。

3. 定义概念

定义概念是指有些事物及其性质和关系需要用定义来表示(也称抽象概念)。许多概念只能作为定义性概念获得,如"教学设计"、"信息"等,而有些定义性概念则有与此相对应的具体概念。对于定义性概念的学习,一般需要经过两个环节,先是获得概念,然后需要为学习者创设一个能表明他已掌握该定义性概念的情境,如相关的练习、演示等。

4. 规则

规则是揭示两个或更多的概念之间的关系的一种言语表达。规则可以是一条定律、一条原理或一套已确定的程序。不同的学科有不同的规则。规则学习的内部条件是能回忆起组成规则的每一个概念,外部条件是具备运用规则的情境。

5. 高级规则

高级规则(问题解决)是指由简单的规则组合在一起,用来解决一个或一类问题的复杂的规则。研究指出,问题解决不仅仅只是规则等的简单组合,而是远比此复杂。问题解决需要涉及学习者的各种各样的认知成分,如命题信息、概念、规则和原理,结构性的知识(信息网络、语义图、概念网络和心理模式),扩展性的技能(建构/应用论据、分析和推断),元认知技能(确定目标、分配认知资源、评价先前的知识、评价进展/错误清单)。问题解决还需要动机/态度成分和关于自我的知识[1]。问题还有结构良好和结构不良之分。

对于智慧技能的任务分析,可以根据问题的分类,分别对结构良好和结构不良的任务进行分析。对于结构良好的任务,一般可用层级法(hierarchical approach)。运用层级法分析任务的关键是如何确定从属的技能[2]。对于从属技能的确定,教师可以根据如下问题确定:"通过实施最少的教学,学习者学习这一任务前

---

① David H. Janassen. Instructional Design Models for Well-Structured and Ill-Structured Problem-Solving Learning Outcomes. ETR&D. 1997. 45(1):65~66

② Walter Dick etc. The Systematic Design of Instruction (5th Ed.). Addison-Wesley Educational Publishers ,Inc, 2001. 60

必须先掌握什么?"确定从属技能后,教师可以继续根据类似的问题来确定每一项从属技能的子技能,一直到某项技能的从属技能的最低水平,才结束任务的分析。上述过程见图 10-3[①]。

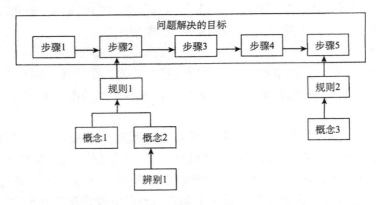

图 10-3　问题解决的任务分析

　　对于结构不良任务的分析,由于初始条件或目标本身具有不确定性,因此不可能提出一种普遍适用的分析方法,而只能概括出有关的原理或原则。有如下的解决过程:[②]学习者清楚地表述问题的空间和背景限制条件;确定并阐明持股者(stakeholders)的交替意见、立场和观点;提出可能的解决方案;通过建构论据和清楚地表明个人的信念来评价交替方案的有效性;监控问题空间和方案的意见;实施和监控方案;采用方案。一般地,对于结构不良的问题的解决,可以根据目标为学习者设计出与真实世界相关的任务或问题或任务情境等。成功的个案如抛锚式教学(anchored instruction)、基于问题的教学设计模式等。此外,认知弹性超文本是适合结构不良知识领域的最佳媒介。这种理论把学习分为三类:适用于初学者的导论式学习;高级知识的获得;专业知识与技能的学习。导论式的学习属于学习中的低级阶段;高级知识的获得是一种比较高级的学习类型,它要求学习者通过知识表征的建构,掌握概念的复杂性与跨越案例的变化性,使认知具有适应不同的真实情境的弹性。斯皮诺(Paan Spiro)指出,"高级知识获得"学习适用于结构不良知识领域。

　　对于结构不良领域任务的学习,学习者必须达到两个基本目标:①掌握概念的复杂性;②具备将已有知识独立应用至新情境的能力。这就要求教师设计出能呈

　　①　Walter Dick etc. The Systematic Design of Instruction (5th Ed.). Addison-Wesley Educational Publishers, Inc, 2001. 62

　　②　David H. Janassen. Instructional Design Models for Well-Structured and Ill-Structured Problem-Solving Learning Outcomes. ETR&D. 1997. 45(1). 79~83

现多重化背景的学习任务,力求将内容镶嵌在相关的上下文或背景之中,以避免知识的抽象性并有助于对复杂性的理解与掌握。除了提出设计多重化背景的思想外,认知弹性超文本开发了情境敏感的知识集群(situation-sensitive knowledge assembly)的加工方法。该方法不同于将一样东西与另一样东西简单连接起来的做法,它提供了学习者在随机访问文档时根据需要对原有链接进行动态编辑的可能,以便更深刻地揭示概念的本质,并使其能更好地与相关主题联系,由此,学习者可基于具体情境或案例整体构建知识集群。①

三、动作技能

动作技能是指在内部心理过程控制下学习协调自身肌肉的能力。动作技能的学习并非是纯肌肉的协调能力,而是与认知成分、情感成分交织在一起的。一般,可以运用层级法分析动作技能的任务,分析过程见图 10-4。而且,动作技能的学习是和知识的学习紧密联系的。

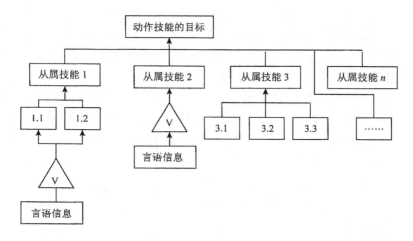

图 10-4 动作技能的任务分析

四、态度

态度是通过学习形成的影响个体行为选择的内部状态。对于态度任务的分析,教师可以通过如下问题进行:"当学习者具备某种态度时,他能做什么?""为什么学习者需要具备该态度?"②对于第一个问题的回答,实际上就是动作技能或智慧技能的学习,如上所述,对于动作技能或智慧技能的分析,可以运用层级法分析。第二个问

---

① 高文. 教学模式论. 上海:上海教育出版社,2002. 325~326
② Walter Dick etc. . The Systematic Design of Instruction (5th Ed.). Addison-Wesley Educational Publishers Inc. . 2001:66

题的答案实际上是言语信息的学习,对于言语信息的分析既可以运用簇分析法,也可以作为层级分析中的从属技能。因此,态度分析的结果可以用图10-5表示。

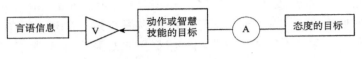

图 10-5　态度的任务分析

五、认知策略

认知策略是学习者借以调节他们自己的注意、学习、记忆和思维等内部过程的技能。显然,认知策略是无法看到的,但认知策略的运用实际上是一种结构不良问题的解决过程,因此,可以根据结构不良任务的解决来学习。

六、综合任务的分析

在动作技能和态度分析中用到了两个新的符号——三角形和圆形,三角形表示连接智慧技能和言语信息,同样也可以用于动作技能和言语信息的连接,圆形用于连接动作技能、智慧技能和态度[①]。据此,对于综合性任务的分析,可以根据态度中的示意图分别分析出其从属任务或技能。

实际上,对于某门课程、某个单元甚至是某节课,实现得最多的可能是综合性的任务,因此,需要综合分析。由于任务分析是为教学策略的制订或教学情境的创设提供依据的,因此,根据不同的学科,任务之间的关系可能是并列的或从属的关系,也可能是综合的(见图 10-6)。

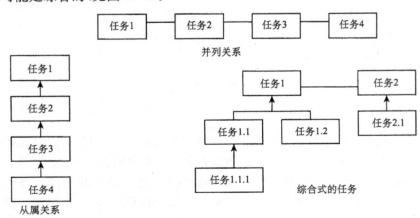

图 10-6　任务之间的关系

---

① Walter Dick etc. The Systematic Design of Instruction (5th Ed.), Addison-Wesley Educational Publishers, Inc, 2001. 67

　　任务分析的结果是初步确定学科课程、单元以及课时内容的深度和广度,确定任务的重点和难点,并确定任务的起点水平。在实际的任务分析过程中,必须充分重视与学习者进行有效的交互,从学习者中收集必要的信息。此外,教师也可以通过任务分析的结果来决定教科书的选用。

10.3　学习者分析

　　学习者分析是为了确定关于学习者学习的起点水平、认知特点、认知结构、个体差异、学习动机、学习风格等方面的基本情况。教学前,如果教师不了解学习者的情况,就需要进行详细的分析。

　　许多学者一直非常重视学习者分析对教学的重要作用。加涅认为对学习起至关重要的影响因素在于任何一个特定的新学习开始前个体已具备了什么样的先决条件;奥苏贝尔在1978年修订再版的《教育心理学》的扉页上写道:"如果我不得不将教育心理学还原为一条原理的话,我将会说,影响学习的最重要因素是学习者已经知道了什么。根据学习者的原有知识状况进行教学。"在他看来,根据学生原有知识基础进行教学,乃是教育心理学中最重要的原理[①]。

10.3.1　学习者分析的要素

　　影响学习者学习的因素包括智力的发展、个性特征、学习动机等等。但在教学中,教师更关心的是哪些因素将对特定的学习者的有效学习产生重大的影响。据此,学习者分析除了了解学习者的基本信息如年龄、性别、年级、学习科目等基本内容外,更重要的是要分析学习者的学习准备状态、学习风格、学习动机和焦虑等内容。

一、学习准备状态

　　学习准备状态是指学习者在从事新的学习时,原有的知识水平和原有的心理发展水平对新的学习的适合性。据此,可以从学习者的学习起点水平和认知发展的一般特点对学习者的学习准备状态进行分析。

1. 学习起点水平

　　所谓学习起点水平是指教学前,学习者原有的知识与技能、过程与方法、情感态度与价值观等方面的基本情况。对于学习准备问题,建构主义认为知识并不能简单地由教师或其他人传授给学生,而只能由每个学生依据自身已有的知识和经

---

① 张春兴.教育心理学.杭州:浙江教育出版社,1998.219

受挫,或使失败感和内疚感增加,所形成的一种紧张不安且带有恐惧色彩的情绪状态。[①] 对于学习者而言,根据焦虑的程度与反应的特征可将焦虑分为:高焦虑、适度焦虑和低焦虑。高焦虑者的主要表现是过度紧张、忧虑、慌乱、行为失常、思维混乱或僵滞,常伴有心情烦躁、失眠、不思饮食、头痛、易发脾气等症状;适度焦虑的主要表现是适度的不安、紧迫感与忧虑感,学习时注意力集中,思维紧张而不混乱,行为迅速而理智;低焦虑的主要表现为对学习持无所谓态度,缺乏紧张,消沉、不易激动,反应迟缓,行为松懈。

　　一般而言,高焦虑会妨碍学生的学习,低焦虑的学习动力不足,只有适度水平的焦虑有助于学生的学习效率达到最佳水平。焦虑水平与学习任务的难易程度有关。焦虑对不同年级的学生的影响不同,焦虑往往抑制小学生的学习,因为他们还不善于控制自己的情绪;对于中学生的研究具有不同的看法。教师在分析学习者的焦虑时,应重视分析焦虑产生的原因和焦虑的类型,根据分析结果帮助学习者更好地调整焦虑水平,为有效学习创设内部条件,同时,教师应运用关于焦虑与学习关系的研究成果,提供适当的学习任务、创设良好的学习环境,为有效学习创设外部条件。此外,教师应注意到学生因无法在学习中有效运用各种现代教学媒体(包括在线学习)而引起的焦虑。

　　除上述要素外,学习者生理发展的特征也是学习者分析应考虑的因素。

10.3.2　学习者分析的阐明

　　学习者分析的结果可以文本和表格相结合的形式加以阐明。

一、文本形式

　　根据上述学习者分析实施的内容,学习者分析的结果可以概括为如下几个方面。

1. 知识和技能

对即将学习的知识和技能,学习者目前的状态如何?

对即将学习的知识和技能,学习者已有的经验如何?

学习者对即将学习的知识和技能可能存在哪些误解?

对即将学习的知识和技能,学习者已掌握了多少术语?

学习者的学习技能水平如何,需要多少外部的指导和反馈?

学习者能否使用相关的教学设备和教学媒体,能否运用新的学习方式进行学习?

2. 过程与方法

对即将学习的过程和方法,学习者目前的状态如何?

对即将学习的过程和方法,学习者已有的经验如何?

_____

① 李洪玉,何一粟. 学习动力. 汉口:湖北教育出版社,1999.230

学习者对即将学习的过程和方法可能存在哪些误解？

对即将学习的过程和方法，学习者已掌握了多少术语？

学习者已具备的过程和方法如何，需要多少外部的指导和反馈？

3. 情感态度与价值观

学习者对学习任务的一般态度如何？对哪些任务可能存有喜好或反感的情绪？

学习者喜欢什么教学风格？

学习者喜欢什么学习方式、教学组织形式和教学媒体？

学习者喜欢什么样的评价方式？

4. 其他

学习者的焦虑水平如何？

学习者的一般认知发展水平如何？

二、表格形式（见表 10-2）

表 10-2 学习者分析

内容	收集数据的方法	学习者特征的描述
已有的知识和技能	访谈、行为背景中的观察、前测	
过程与方法	访谈、调查问卷、观察	
情感态度与价值观	访谈、调查问卷、观察	
焦虑水平	访谈、观察、问卷	
一般认知发展水平	查阅文献或学习者的档案、观察	

10.4 学习背景分析

学习背景分析曾一度在教学设计中被忽视，这种现象与人们对背景和教学设计关系的认识有关。

10.4.1 学习背景分析概述

尽管人们对背景已有一定的感性认识，然而很少有人真正把背景分析作为教学设计模式中的一项具体任务或一个阶段。泰斯摩和瑞奇（Martin Tessmer & Rita C. Richey）曾开发了一个完整的背景分析的理论模式。这个模式包括（见表 10-3）：对背景进行了广义性定义，背景在教学设计中扮演的角色，教学设计中背景的层次和因素,利用背景分析信息进行设计的过程,背景分析的数据收集工具。[1]

表 10-3　广义的、理论性的背景模式

概念模式	分析模式	例子和问题
背景的定义	过程和原理	案例研究、例子
背景的角色	数据收集工具	关注的问题和研究方向
层次和因素		

　　史密斯和瑞根在他们的《教学设计》(第 2 版)中概述了学习背景分析的研究。他们认为,学习背景主要包括学习需要分析和教学环境方面的思考。此外,迪克-凯瑞在他们的《教学设计》(第 4 版和第 5 版)中也描述了学习背景分析的内容。

　　一、学习背景分析的概念

　　在传统的教学观念中,学习背景就是课堂,课堂是由学校预先布置好的、固定的、客观的,而且假定这种布置对于学生的学习是有效的,学习者的学习就是被动地适应这种背景。在今天看来,学习环境是可以被创设的,教师可以根据学习需要、学习任务的特征、学习者的学习特点创设学习环境,而且信息技术的发展为此提供了条件。此外,课程资源是与学习任务密切相关的,课程资源是可以开发的,背景不再只是固定和客观存在的了。当然,也并不否认客观存在的背景因素,如学校的文化、社会的制度等。

　　那么,什么是背景呢? 早期,教学设计者一般把背景等同于教学环境,如教学所发生的背景或环境的重要性正变得越来越明显[2];后来,教学设计者发现,背景因素非常复杂,于是,教学设计专家们分别从各自不同的出发点和侧重点,对背景进行了界定[3],但不管如何界定,都有一个共同点,即背景是一个与学习密切相关的复杂系统,它是由多方面、多维度的因素组成的。据此,可以认为,学习背景就是持续影响学习者学习的、由多因素组成的复杂系统。所谓学习背景分析就是考察各种影响学习者学习的因素。因此,学习背景分析的目的就是确定影响学习者学习的复杂因素系统。

---

　　[1]　Martin Tessmer, Rita C. Richey. The Role of Context in Learning and Instructional Design. ETR&D, 1997,45(2):86

　　[2]　Rita C. Richey. Instructional Design Theory and a Changing Field. Educational Technology, 1993, (2):17

　　[3]　Martin Tessmer, Rita C. Richey. The Role of Context in Learning and Instructional Design. ETR&D, 1997,45(2):87

二、学习背景分析的基本因素

在教学设计中,泰斯摩和瑞奇提出了影响学习的背景因素,这些因素由三类背景因素组成,分别是指导性背景因素、教学背景因素和迁移背景因素,其中每类背景因素又可以分为三个层次,分别是学习者因素、直接的环境因素和组织因素。① 那么,针对我国的教育而言,应分析哪些学习背景因素呢? 根据不同的划分标准,背景因素可以划分为许多不同的类型,但不管是哪种分类,目的都是帮助教师更好地理解背景分析的涵义并有效地进行学习背景分析。

1. 时间角度

从时间角度看,影响教学发生的背景因素主要包括教学前、教学过程中、教学后的背景因素。教学前的因素是指发生在教学前的,对预期的学习兴趣和动机、学习者的已有知识和经验产生影响的因素,主要包括学校环境、教师(含教学管理者)、学习者。教学过程中的因素是指发生在课堂教学过程中,对学习者的学习产生影响的因素,主要包括课堂教学环境、教师、课程资源、学习者。教学后的背景因素是指影响学习迁移的背景因素,如学习者学习的内容与后续学习的关系、与学习者生活的关系等,要尽可能为学习者提供多样化的迁移背景。

2. 空间角度

从空间角度看,影响教学发生的背景因素可以分为校内的背景因素和校外的背景因素。凡是学校范围之内的、影响学习者学习的因素,就是校内背景因素,超出学校范围就是校外的背景因素。校外的因素主要指社会环境(包括家庭因素)。

3. 综合角度

学习背景分析的因素主要包括学校环境、教师、学习者、课程资源、迁移因素、社会环境等。

(1) 学校环境 学校应为学习者的学习提供和谐、科学的环境,包括物质环境、心理环境。物质环境主要是由学校的物力和财力决定的教学设施和设备;心理环境主要是学校能否为学习者的学习创设健康、向上的学习文化,包括校风、班风和学风等。具体到课堂教学,是指教师能否根据学习任务和学习者分析为学习者的学习创设有效的学习环境、真实的问题情境与和谐的心理环境。

(2) 教师 教师对学习者的学习将产生深刻的影响,特别是对于教学策略的制定深受教师因素的影响。教师对教学过程中学习者角色的定位、学习方式的认识、师生对话的重要性等的认识将影响教学策略制定的理念。

(3) 学习者 学习者本身对学习的期望、学习任务的价值、教学实效的理解、教

---

① Martin Tessmer、Rita C. Richey. The Role of Context in Learning and Instructional Design. ETR&D, 1997,45(2):92~102

第 11 章　教学目标的阐明

教学目标：

1. 解释教学目标的概念，区别教学目标和教学目的；
2. 概述几种目标分类体系，并能恰当运用；
3. 编写正确的教学目标；
4. 根据不同层次的教学目标，编制评价试题。

根据教学设计的前期分析，就可以阐明学习者通过教学后所要达到的结果性或过程性目标，这种结果性或过程性目标的明确化和具体化的过程就是教学目标的阐明。教学目标不仅是编制评价试题的依据，而且也是教学策略制定、教学设计形成性评价实施的依据。

11.1　教学目标阐明的理论依据

教学目标理论主要有布卢姆的教学目标分类理论、加涅的学习结果分类理论等。教师可以结合特定的学习任务，选择适当的目标分类理论。

11.1.1　教学目标概述

国外教学目标的研究大约从 20 世纪初开始，到 20 世纪 50 年代左右掀起研究的高潮，至今方兴未艾。国内在 1985 年引进布卢姆教学目标分类理论的认知领域分类。通过近 20 年的研究，其研究成果已体现在当前的基础教育课程改革纲要之中。按照国家的教育方针以及素质教育的要求，从知识与技能、过程与方法、情感态度与价值观三方面阐述本门课程的总体目标与学段目标（如果有学段的话）；学段的划分大致规定在一至二、三至四、五至六、七至九年级，有些课程只限在一个学段，有些课程兼两个或两个以上学段。由此可见，目标本身就是一个多层次的体系（见图 11-1）。

所谓教学目标就是指通过教学后，学习者在知识与技能、过程与方法、情感态度与价值观等方面发生的预期的变化。由此可知，教学目标阐明的是学习者的行为而非教师的行为；教学目标达成后，学习者在学习结果和过程方面都发生了变化，即实现了结果目标和过程目标。结果目标一般可以通过学习者的行为反应加以判断，因此也称之为行为目标。进入 20 世纪 90 年代后，按照复杂系统理论的观

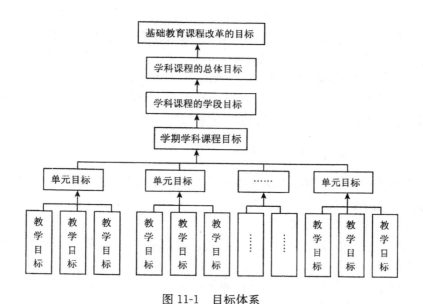

图 11-1　目标体系

点,教学目标是自发产生的、可变的、同时不断被学习者发展着的[①]。但应该认识到学生的学习是一种有组织的高度结构化的认识活动,因此,预先设定目标是需要的。同时也允许随着学习的进行,不断生成自己的目标,而且目标本来就不是一种僵化的、束缚教育的条条框框,而是应该随着教学过程的展开动态生成和不断调整的。

如前所述,教学目标表明的是学习者的行为。而教学大纲中的教学目的是在教学领域给教师提出的一种概括性的、总体的要求。如:全日制普通高级中学物理教学大纲中教学目的之一就是这样的:"使学生学习物理学基础知识及其实际应用,了解物理学与其他学科以及物理学与技术进步、社会发展的关系。"显然这是对教师的要求,阐明的是教师的行为。教学目标和教学目的两者具有本质的区别。

11.1.2　教学目标阐明的理论依据

对于教学目标理论的研究主要是从美国著名心理学家布卢姆开始的,他于1956年在纽约发表了《教育目标分类:认知领域》一书,该书的出版标志着布卢姆认知领域教育目标分类理论的成熟。加涅认为认知领域主要由言语信息、智慧技能和认知策略组成;此外,认知领域的分类还有奥苏伯尔的机械学习和有意义学

① Ikseon Choi,David H. Jonassen. Learning Objectives from the Perspective of the Experienced Cognition Framework. Educational Technology, 2000,(11~12):36

习,安得森(J. R. Anderson)的陈述性知识和程序性知识,梅里尔(M. D. Merrill)的目标—内容矩阵理论等。这些理论为认知领域目标的阐明提供了依据。除了认知领域的分类外,国外学者还对情感领域、动作技能领域和人际交往领域的目标分类进行了研究①。如罗米斯佐斯基(A. J. Romiszowski)把人际交往领域的目标分为寻求与提供信息、提议、构筑和支持、排除和引起、异议、概括②。这里主要介绍典型的目标分类理论和我国当前基础教育课程改革中提出的目标理论。

一、布卢姆的教学目标分类理论

布卢姆的目标分类理论由认知领域、情感领域、动作技能领域组成,每个领域的目标又由低级到高级分成若干层次。

1. 认知领域的目标分类

以学习知识和发展智力为主要任务的认知领域,可以按智力特性复杂程度将目标分为六级。

(1) 知道　指对已学习过的信息知识的再认、回忆和重复,包括对具体事物、具体事实、方法、过程、概念、原理等知识的回忆。知道是这个领域中最低水平的认知学习结果,它所要求的心理过程主要是记忆。

(2) 领会　指理解交流内容中所含的文字信息的各种目标、行为或者反应。可以通过三种形式来表明对材料的领会:"转化",指个体把交流内容转化成自己的话或另一种交流形式;"解释",指把交流内容加以说明或概述;"推断",根据对交流内容中所描述的趋势、倾向、或条件的理解作出估计或预测。领会高于单纯的记忆,但还是低水平的理解。

(3) 运用　指学生会正确地把抽象概念应用于特定的具体情境。这种抽象概念包括一般化的概念、原理、方法和理论,也包括运用技术的原理、观念和理论,这是一种较高水平的理解。

(4) 分析　指注重把材料分解成各个组成部分,知道各部分之间的相互关系及其构成的方式。还可包括那些用来传递意义或确定交流结果的技术和手段。通过分析,不仅可以明确传达内容,揭示内容的构成,还可以反映出内容的基础和排列,以及使用什么方法能产生效果。作为一种目标,分析可以分成三级水平:①要求学生把材料分解成各个组成部分,鉴别交流内容的各个要素,或对它们进行分类;②要求学生辨清各要素之间的相互关系,确定它们的相互联结和相互作用;③要求学生把交流内容组合成一个整体的那些组织原理、排列和结构。

(5) 综合　指将各种要素和组成部分组合起来,以形成一个整体。它既包括

---

① 王丽华. 对课堂教学设计中教学目标阐明的思考. 现代教育技术,2003,(6):66～68
② 蔡铁权等. 现代教育技术教程. 北京:科学出版社,2000. 216～217

了对要素和部分进行操作的过程,也包括了对未知形式和结构的要素与部分的操作。在认知领域中,综合是对学习者的创造性行为提出最明确要求的类别。

（6）评价　指为了某种目的,对观念、作品、答案、方法和资料等的价值作出判断。评价包括用准则和标准来评价这些项目的准确、有效、经济、满意等的程度。判断可以是定量的,也可以定性的。准则可以是学生自己制定的,也可以是别人为他制定的。

这些具体目标还可以进一步划分为更加具体的亚目标群。这些更加具体化的目标群是设计行为目标和测量的基础。

2. 情感领域的目标分类

情感是人对客观事物的态度的一种反映,表现为对外界刺激的肯定或否定,如喜欢、厌恶等。情感学习主要与形成或改变态度、提高鉴赏能力、更新价值观念等有关,也影响认知的发展和动作技能的形成,这是教育的一个重要方面。然而,这方面的教学目标却不容易编写。1964 年,克拉斯沃尔(D. R. Krathwohl)等人制定的情感领域的教育目标分类发表,依据价值内化的程度将该领域分成五类。

（1）接受（或注意）　指学生对某种特定现象或客观刺激的感知,即准备接受或予以注意。学习结果包括觉察到某事物的存在、愿意接受、有控制或有选择的注意,是一种低级的价值内化水平。

（2）反应　指学生不仅注意现象,而且受到充分驱动或积极地注意,专注于一小部分有关的现象,并对现象有所作为。学习的结果包括默认的反应（被动的顺从）,愿意的反应（自愿承担责任）,满意的反应（伴随喜悦和兴奋的冲动行为）。这是一种低水平上的参与,还谈不上具有某种"态度"或者价值判断。

（3）价值判断　指学习者用一定的价值标准对特定的现象、行为或事物进行判断。而当个人对价值作出价值判断后,有一部分被接受、内化,从而转化为个人自身的价值标准。这时表现出来的态度、信念、行为具有稳定性。这种稳定性不是服从的结果,而是受个人对指导行为的基本价值的信奉所驱使的。

（4）组织化　指学生在不断地将价值加以接受、内化时,对多种价值加以比较,确定价值之间的相互关系,确立占主导地位的和普遍的价值,从而形成个人的价值观体系。当然,这种个人已建立的价值观体系会因为新观念的介入而改变。

（5）个性化　指学习者通过对价值观体系的组织,逐渐形成个性特征和世界观。是价值内化的最高水平。在这个层次上,包括了关于一切已知、可知事物和现象的价值体系,宇宙观、人生观、世界观都在这里得到反映。个人言行受其所确定的价值体系的支配。这一阶段的行为是一致的和可以预测的。

3. 动作技能领域的目标分类

动作技能涉及骨骼和肌肉的使用、发展和协调。主要在实验课、体育课、职业培训、军事训练等科目中学习、掌握。动作技能领域的目标分类,目前尚无公认的最好的分类,这里介绍辛普森等人的分类方法。

辛普森(E. J. Simpson)等人1972年的分类将动作技能领域的教学目标分成七类。

(1) 知觉 指通过感觉器官觉察客体或关系的过程,由此获得信息以指导动作。主要了解某动作技能的有关知识、性质、功能等。

(2) 准备 指为适应某动作技能的学习作好心理上、身体上和情绪方面的准备。包括心理定向(操作某动作的心理准备)、生理定向(解剖意义上形成的准备姿势)、情绪定向(有利于作出动作的态度)。我国有人把知觉和准备阶段统称为技能学习的认知阶段。

(3) 有指导的反应 指在教师或在自我评价标准指导下表现出来的外显的行动。是形成复杂技能的早期阶段,也是构成复杂技能的能力要素,包括模仿(根据教师的示范动作进行学习)、试误(尝试各种各样的反应,直至作出正确的动作)。

(4) 机械动作 指学生对某种动作已有一定的信心和熟练的程度。这一阶段的学习结果涉及各种形式的操作技能,但动作模式并不复杂。

(5) 复杂的外显行为 指学生能迅速、连贯、精确和轻松地从事比较复杂的动作。整套动作娴熟协调、得心应手。

(6) 适应 指技能的高度发展水平,学习者能修正自己的动作模式以适应特殊的装置或满足具体情境的要求。此阶段的动作技能具有应变能力。

(7) 创新 指根据在动作技能领域中形成的理解力、能力和技能,创造新的动作方式。

二、梅里尔的"成分显示理论"

梅里尔(M. D. Merrill)在借鉴加涅和布卢姆等人理论的基础上,提出成分显示理论,为分析认知领域学习内容和目标水平提供了一种操作性更强的工具。梅里尔认为,可用两个维度对认知学习结果进行更详细的分类。他提供了一个目标水平——内容矩阵(或简称目标——内容二维模型)的分类模型。见图11-2。

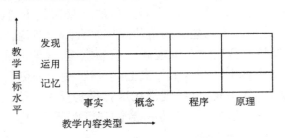

图11-2 梅里尔学习结果分类模型

图 11-2 中横轴表示教学内容类型,包括事实性、概念性、程序性和原理性内容,纵轴表示教学目标的等级,由低到高分为记忆、运用和发现。由于事实性内容只要求记忆,这样就把认知学习结果分成了十类。见图 11-3。它比加涅的学习结果分类更加具体,为目标的编写和教学策略的制订提供了更切实可靠的依据。

	发现概念	发现程序	发现原理
	运用概念	运用程序	运用原理
记忆事实	记忆概念	记忆程序	记忆原理

图 11-3 梅里尔学习结果分类

在目标分类理论的推动下,不断出现了其他的分类理论。如格拉奇-沙利文的六类学习行为,奥苏伯尔等的五类学习,加涅-梅里尔的四水平行为,安德森的两类知识等。

对教学设计而言,上述理论为教学目标的阐明提供了一定的理论依据,经实践证明是恰当的。当然教学设计是一种创造性的活动,教学目标的分析和确定也不应该拘泥于每一个细节。在不同的情境中,目标具有一定的独特性。另外,也不能把目标的理论框架看成是教学的“框架”。否则,将会造成教学僵化,适应性差。

但是也应认识到,任何一种理论都不是万能的,同样布卢姆的分类理论也存在他自身难以克服的时代局限性,主要体现在:[①]①布卢姆认知领域的理论虽然是以能力为维度进行分类的,但是他却无法阐明能力的本质是什么;②一线的教师应用后认为,布卢姆认知领域从领会到评价这五类分类的界限不明确,难以掌握和运用;③并没有提供和目标相对应的教学策略,不可能真正对课堂教学过程起到指导作用;④情感领域和动作技能领域的教学目标分类理论还不成熟,可操作性较差;⑤比较适用于理科教学。

三、基础教育课程改革中教学目标的分类

基础教育课程改革对目标提出了如下的分类,即分成结果性目标和体验性或表现性目标。

1. 结果性目标

结果性目标主要是用于明确阐明学生的学习结果,阐明结果的行为动词要求明确、可测量、可评价,同时还把结果目标分为知识领域与技能领域。其中,知识领域分为三个层次。

---

① 王丽华. 对课堂教学设计中教学目标阐明的思考. 现代教育技术,2003,(6):66~68

（1）了解水平　包括再认或回忆知识；识别、辨认事实或证据；举出例子；描述对象的基本特征等。

（2）理解水平　包括把握内在逻辑联系；与已有知识建立联系；进行解释、推断、区分、扩展；提供证据；收集、整理信息等。

（3）应用水平　包括在新的情境中使用抽象的概念、原则；进行总结、推广；建立不同情境下的合理联系等。

技能领域也分为三个层次。

（1）模仿水平　包括在原型示范和具体指导下完成操作；对所提供的对象进行模拟、修改等。

（2）独立操作水平　包括独立完成操作；进行调整与改进；尝试与已有技能建立联系等。

（3）迁移水平　包括在新的情境下运用已有技能；理解同一技能在不同情境中的适用性等。

2. 体验性或表现性目标

体验性或表现性目标是描述学生自己的心理感受、体验或明确安排学生表现的机会，所采用的行为动词往往是体验性的、过程性的，这种方式指向无需结果化的或难以结果化的课程目标，主要应用于"过程与方法"、"情感态度与价值观"领域。该领域的目标同样也分为三个层次。

（1）经历（感受）水平　包括独立从事或合作参与相关活动，建立感性认识等。

（2）反应（认同）水平　包括在经历基础上表达感受、态度和价值判断；做出相应的反应等。

（3）领悟（内化）水平　包括具有相对稳定的态度；表现出持续的行为；具有个性化的价值观念等。[①]

对比国外的教育目标分类和基础教育课程改革纲要中提出的目标分类体系，从中可以认为这一分类是对上述理论的概括，也是对上述理论的超越和发展。

11.2　教学目标的编制

目标的阐明建立在前期分析的基础之上，并根据上述理论依据进行。教师应首先了解教学目标的要素，并运用教学目标阐明的方法阐明目标。

11.2.1　教学目标的基本要素

根据梅格的研究，教学目标由三要素组成，即行为（behavior）、条件（condi-

---

① 　钟启泉等. 基础教育课程改革纲要（试行）解读. 上海：华东师范大学出版社，2001. 176～180

tion)和标准(degree)。有学者在梅格的三要素基础上加了对象(audience)要素,于是就得出了教学目标的 ABCD 要素。在这四要素中,对象,即学习者;行为,是指完成教学后,学习者的终点行为;条件,是指学习者终点行为表现的条件;标准,是指终点行为的最低标准。如使用上述四要素阐明这样一个目标:参加培训的学员在编制教育电视节目时,应能主动地把教学设计的理论和方法贯彻始终,以保证该节目的教育性。由于在实际阐明教学目标时,学习对象是特定的,而且条件和标准可以在编制测试题时再做规定。因此,实际阐明时,往往可以简化。

11.2.2 教学目标编写的方法

教学目标阐明的模式主要有布卢姆模式、梅格模式、麦克阿瑟(Mc Achan)模式、格朗伦(N. E. Gronlund)模式、加涅模式等[1]。一般认为目标阐明的方法有以下三种。

一、行为术语法

行为术语法就是用可以观察或测量的行为来描述教学目标的方法。在我国当前的基础教育课程改革中,结果性目标就主要是运用行为术语法。对于行为动词,课程标准中也提出了可供参考的动词(见表 11-1,11-2)。

表 11-1 知识领域可供选用的行为动词

学习水平	可供选择的行为动词
了解	如说出、背诵、辨认、回忆、选出、举例、列举、复述、描述、识别、再认等。
理解	如解释、说明、阐明、比较、分类、归纳、概述、概括、判断、区别、提供、把……转换、猜测、预测、估计、推断、检索、收集、整理等。
应用	如使用、质疑、辩护、设计、解决、撰写、拟订、检验、计划、总结、推广、证明、评价等。

表 11-2 技能领域可供选用的行为动词

学习水平	可供选择的行为动词
模仿	如模拟、重复、再现、例证、临摹、扩展、缩写等。
独立操作	如完成、表现、制定、解决、拟订、安装、绘制、测量、尝试、试验等。
迁移	如联系、转换、灵活运用、举一反三、触类旁通等。

---

① 肖 锋.五种课堂教学目标编写模式述评.杭州师范学院学报,2000,(4):112～115

二、表现性目标表述法

表现性目标表述法是指不需要精确陈述学习者学习结束后的结果的方法,该法主要是针对属于内部心理过程或体验等目标而言。与当前的基础教育课程改革中的过程与方法,态度、情感与价值观等相对应,也即过程目标。对于过程目标课程标准中也提出了可供选择的行为动词(见表 11-3)。

表 11-3　表现性目标可供选用的行为动词

学习水平	可供选择的行为动词
经历	如感受、参加、参与、尝试、寻找、讨论、交流、合作、分享、参观、访问、考察、接触、体验等。
反应	如遵守、拒绝、认可、认同、承认、接受、同意、反对、愿意、欣赏、称赞、喜欢、讨厌、感兴趣、关心、关注、重视、采用、采纳、支持、尊重、爱护、珍惜、蔑视、怀疑、摒弃、抵制、克服、拥护、帮助等。
领悟	如形成、养成、具有、热爱、树立、建立、坚持、保持、确立、追求等。

三、内部心理和外显行为相结合的方法

诺曼·格朗伦于 1972 年提出了一种将学生内部认知过程和外部行为结合起来的课堂教学目标的编写方法,即所谓的总体目标—具体行为的方法。他把课堂教学目标分为两个水平:①总体目标。侧重描述学生内部的心理发展,用"记忆"、"理解"、"应用"、"分析"、"创造"、"欣赏"等抽象语言来表述学习结果,反映教师总的教学意图;②具体行为。侧重描述学生达到目标时的具体行为,是总体目标的具体化,是达到总体目标时具有代表性的行为例子,是评价总体目标有否实现的证据[①]。这种方法既避免内部心理过程描述目标的抽象性,又克服了行为目标的表面性和机械性。因此,应该是一种较好的描述方法。

11.3　评价试题的编制

与教学设计相关的评价主要包括起点水平测试、前测、课堂练习和课后练习。起点行为测试(entry behaviors test)是指评价学习者在教学开始前先决技能掌握程度的测试。[②] 对于学校而言,学习者教学前应具备的不仅仅是技能,据此,可以

---

① 肖锋. 五种课堂教学目标编写模式述评. 杭州师范学院学报,2000,(4):114
② Walter Dick etc. The Systematic Design of Instruction (5th Ed.). Addison-Wesley Educational Publishers,Inc,2001.147

用起点水平测试指称关于教学前学习者的已有知识、技能、态度等方面的掌握程度的测试。前测(pretest)是指关于学习者教学前对即将学的内容的掌握程度方面的测试。课堂练习是为了检验学习者对所学内容的掌握程度,并给予即时反馈的测试。课后练习是根据终点目标编制的、检验学习者终点目标达成程度、判断教学质量的测试。上述四方面的评价,起点水平试题是在学习任务分析后就编制的,在学习者分析时使用;前测可以根据教学设计过程的需要在课前或课堂教学开始时实施;课堂练习是在课堂教学过程中运用,具体的使用方式视策略制定的结果决定;课后练习供教学结束时使用。

一、试题类型

对于上述四种评价,试题的题型可以多种多样,如填空题、是非题、单项或多项选择题、匹配题、简答题、论述题、解释性练习等方法,上述题型可以归纳为两种,即客观题和表现性评价题。客观题大致可以归纳为两类:一类是需要学生提出答案,另一类是需要从给定的备选答案中做出选择。表现性评价题包括论述题、解释性练习、口头陈述、作图、制作模型、使用设备或科学仪器、打字以及演奏乐器等形式,对于这些形式,根据学生反应的自由度大小,可以分为扩展型和限制型。客观测验和表现性评价都能提供有价值的关于学生成就的证据,它们也都有自己的长处和不足[①]。

二、评价试题的编制

对于填空题、是非题、单项或多项选择题、匹配题、简答题等客观题的编制,教师们都已有一定的认识和经验,因此,主要介绍表现性评价中的解释性练习和论述题的编制[②]。

1. 解释性练习

解释性练习(interpretive exercise)是由一系列基于同一资料的客观题组成的,这些资料是以书面材料或者图表的形式呈现的。运用解释性练习的目的是要求学生判断资料中的各种关系,辨别正确的结论,评价假设和推论,考查资料的正确运用等等。解释性练习的形式可以多种多样,如可以用文字材料与推断题相结合,也可以是图示材料与口头回答相结合。

对于解释性练习的编制可以遵循如下建议:①挑选与课程目标相关的说明材

---

① 〔美〕Robert L. Linn & Norman E. Gronlund. 教学中的测验和评价. 国家基础教育课程改革"促进教师发展与学生成长的评价研究"项目组译. 北京:中国轻工业出版社,2003.74~75

② 〔美〕Robert L. Linn & Norman E. Gronlund. 教学中的测验和评价. 国家基础教育课程改革"促进教师发展与学生成长的评价研究"项目组译. 北京:中国轻工业出版社,2003.138~152,156~166

料;②说明材料对于学生的课程经验和阅读水平而言应该是恰当的;③挑选新的说明材料;④挑选的说明材料必须简短而又有意义;⑤按照清楚、简明、解释价值更大的原则修改说明材料;⑥设计需要分析和解释说明材料的测验试题;⑦使测验题目数与说明材料的长度成正比;⑧在设计一个解释性练习的测验题目时,应参考设计客观题的相关建议;⑨在设计答案分类题时,答案类别必须是同质的而且包括了所有可能的选项,且要尽可能地创造标准的答案类别。

2. 论述题

论述题是评价学生理解能力和在某些领域组织和应用信息的能力的有效方法。运用论述题的主要目的是测量那些不能被客观题很好测量的,与概念化、建构、组织、整合、关联和评定观点的能力相关的学习结果。编制论述题可以遵循如下建议:①将论述题的使用对象限制于那些不能被客观题很好测量的学习结果;②设计的问题应包含学习标准中要求的技能;③用短句表述问题以便清楚地说明学生的任务;④给每个问题的回答以足够的时间限制;⑤避免使用选做题。

对于上述四种评价,相对而言,起点水平测试和前测以客观题为主,测试的范围也较小,难度相对较低。课堂练习和课后练习则必须包括所有的关键性的教学目标,试题的类型根据教学目标的类型确定。

思考题:

1. 什么是教学目标? 与教学目的有何区别?

2. 简要阐述布卢姆的教学目标分类理论、梅里尔的学习结果分类理论。

3. 教学目标阐明的基本要素包括哪些? 怎样正确阐明教学目标?

4. 试述解释性练习和论述题的编制。

第 12 章　教学策略的制定

教学目标：

1. 说出教学策略的基本内容；
2. 描述迪克-凯瑞、史密斯-瑞根的教学策略体系；
3. 阐明教学过程的涵义、本质、要素和阶段理论；
4. 针对特定的学习任务，能选择学习方式，选用教学组织形式和教学方法。

如何帮助学习者达到教学目标，就是研究"如何教"的问题，这需要制定教学策略。

12.1　教学策略概述

不同领域的学者对教学策略的阐释是不同的，有的认为，教学策略是由动态的教学活动维度和静态的内容构成维度组成的。在动态的教学活动过程维度上，它指教师为提高教学效率而有意识地选择策划的教学方式方法与灵活处理的过程，其明显特征是：①对教学目标的清晰意识和努力意向；②具有对有效作用于教学实践的一般方法的设想；③在目标实现过程中对具体教学方法进行灵活选择和创造。教学策略静态的内容构成维度是动态的教学活动过程维度的反映，它有三个层次：①影响教学处理的教育理念和价值观倾向；②对达到特定目标的教学方式的一般性规则的认识；③具体的教学手段和方法。[①]

在教学设计中，最初，教学策略是指加涅的《学习条件》(1970年)中的教学事件。[②] 加涅认为，九个教学事件代表了支持学习的内部过程的外部教学活动。迪克-凯瑞等人在加涅研究的基础上，深化了教学策略的内涵和基本内容；史密斯-瑞根根据他们在学校、企业培训等领域的研究，认为教学策略主要是解决"怎样到达那里"的问题，他们认为教学策略主要包括组织策略、管理策略和传递策略。

12.1.1　迪克-凯瑞的教学策略体系

迪克-凯瑞认为影响学习过程的主要因素是：动机、先决技能与从属技能、练习

---

① 李晓文，王莹. 教学策略. 北京：高等教育出版社，2000. 5～6,11～12

② Walter Dick etc. The Systematic Design of Instruction (5th Ed.). Addison-Wesley Educational Publishers, Inc, 2001. 189

和反馈。他认为,不论实现哪一类教学目标,针对单元或课时的教学策略均包括如下内容:所教授的内容组块的顺序,即将进行的教学的学习要素的描述,怎样将学生进行分组的规范,教学媒体的选择。①

一、教学内容的顺序

教学内容顺序的确定包括内容顺序的确定和内容组块(the cluster of material)大小的确定。

1. 内容顺序的确定

确定教学顺序的基本方法是根据教学分析得出的学习任务层级图,按照从左到右或从起点到终点的次序确定。图 12-1 就是教学分析的一个图示,根据该图示,教学顺序确定为:步骤 1 的从属技能,步骤 1,步骤 2 的从属技能,步骤 2 的从属步骤,步骤 3,……,步骤 6。需要指出的是,如果有两个或两个以上的步骤需要同样的从属技能,那么,该从属技能只需在第一次出现时教授即可,而无须重复教授;同样,如果某堂课需要重复使用某设备,那么教师只需在第一次使用时教会学生基本的使用方法即可。

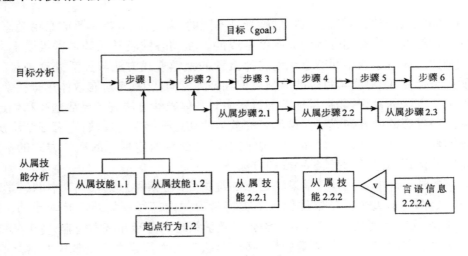

图 12-1　教学分析层级图

2. 内容组块大小的确定

教学内容组块的大小主要由下列因素决定:①学习者的年龄水平;②教学材料的复杂程度;③学习的类型;④活动是否多样化,如果是,那么把注意力集中于任务

① Walter Dick etc. The Systematic Design of Instruction (5th Ed.). Addison-Wesley Educational Publishers ,Inc, 2001. 186~197

上;⑤学习每块教学内容所需的教学时间。

二、学习要素

在确定教学顺序和教学内容组块大小的基础上,决定如何呈现教学内容、学习者怎样参与内容的学习、在某个行为背景中怎样进行测试或怎样迁移于某个行为背景,这就是学习要素包括的内容。根据迪克等人对策略所进行的研究,他们把加涅的九个教学事件归纳为五个学习要素,作为教学策略的一部分,其要素为:①教学预备活动;②呈现教学内容和实例;③学习者参与;④评价(assessment);⑤后续的活动(follow-through activities)。

1. 教学预备活动

教学预备活动是指新内容的教学开始前应完成的活动。在该活动中主要考虑三个因素:①激发学习者的学习动机;②告知学习者目标;③告知学习者先决技能。

(1)激发学习者的学习动机 在学习者分析的学习动机中已指出,一些教学设计专家如凯勒(J. M. Keuer)已提出了激发学习者学习动机的模式。凯勒以心理学关于动机研究的成果为依据,开发了 ARCS 模式。该模式由四个要素组成:分别是注意(attention)、相关性(relevance)、自信(confidence)和满意(satisfaction)。凯勒认为,为了激发学习者的学习动机,这四个要素必须在教学策略的制定过程中加以考虑。①注意。教学应引起学习者的注意并在整个教学过程中维持学习者的注意。刚开始时,可以运用能触动学习者的情感或与学习者相关的信息、提问、引起认知冲突、举例等方式引起学习者的注意,也许最有效的方式是运用学习者感兴趣的例子。②相关性。教学应让学习者意识到所学内容对他有价值。一般,教学人员都能运用有效的方式维持学习者暂时的学习兴趣,但是,如果学习者无法意识到后续的学习和他相关或对他有意义时,也即学习者无法建立新知和旧知的联系时,后续学习的兴趣就很难维持了。③自信。教学人员应帮助学习者建立学习的自信心。一般,对于动机高度激发的学习者而言,具有完成学习任务的自信心。而对于缺乏自信心的学习者,可以考虑如何帮助他们相信自己已具备后续学习的技能。④满意。动机的维持依赖于学习者对所学内容的满意程度。教学人员应该让学习者体会或领悟到掌握教学内容后的价值。需要指出的是,单独运用上述四要素中的任一要素都无法有效地维持学习者的学习动机。ARCS 模式与五个学习要素的关系见图 12-2。如果学习者都能肯定地回答图中的三个问题,那么所制定的教学策略是有效的。为了能保证策略的有效性,就应该充分依据前期分析的结果。一旦学习者无法把他们的已有知识和经验与教学内容等建立联系时,学习动机就无法有效地激发和维持。

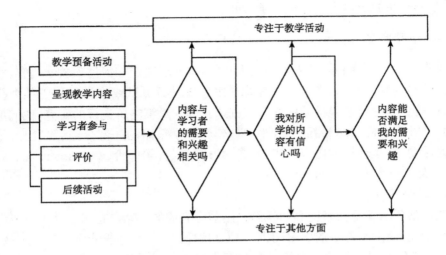

图 12-2　ARCS 模式与学习要素的关系

　　（2）告知学习者目标　告知学习者目标,既能帮助学习者有效运用与学习内容相关的学习策略,又能帮助学习者对所学内容与自己的相关性程度作出决策。

　　（3）告知学习者先决技能　先决技能是指学习新内容所必须具备的技能,也即教学所需的旧知。告知学习者先决技能的目的是判断学习者是否已具备先决技能,进而判断他们能否在新知和旧知之间建立联系。判断学习者是否具备先决技能的方法为:①提供给学习者简要的前测试题,并告知与试题相关的内容是学习新内容必须掌握的;②向学习者简要描述与起点行为相关的技能,从学习者的反应可以判断。

　　2. 呈现教学内容和实例

　　呈现的教学内容包括即将学习的所有内容。这些内容包括与学习任务相关的概念、规则、原理等,还包括如何帮助学习者正确掌握概念、规则、原理,界定概念、规则、原理之间的相互关系;此外,还包括呈现适当的教学内容的方式和方法,如在教学中运用正例和反例。

　　3. 学习者参与

　　学习者参与是教学活动过程中的重要因素之一。这里的学习者参与主要是指为学习者提供能给予反馈的练习。反馈可以多种形式体现,也可以强化的形式提供,针对不同年龄阶段的学习者,强化的方式也应该是不同的。强调指出,应该为学习者提供整合所有目标的综合练习,这种练习能为学习者提供是否掌握所有教学内容的判断依据。

4. 评价

标准参照测试有三种形式:起点行为测试、前测和后测。在制定教学策略时,设计人员必须对即将为学习者实施评价的内容做出决策。对此,可以思考如下几个问题:①我将测定起点行为吗? 评价将在什么时候实施? ②需要对即将教的技能实施前测吗? 什么时候实施? 将评价哪些技能? ③将于何时以何种方式实施后测? 除了对上述方面进行评价外,教学人员还可对学习者实施态度评价。

5. 后续的活动

后续的活动主要是指回顾整个策略并作出决策,学习者的记忆和迁移方面的需要是否已达成。对此,可以通过回顾学习背景分析并判断。

(1) 记忆技能

可以通过如下设问:①达成教学目标后,学习者将能做什么,能回忆起什么? ②为了能达到目标,学习者必须从记忆中提取什么? ③有些内容的提取是否需要快速并且是在没有提示和参考资料的前提下完成? 如果上述问题的答案是肯定的,那么关于言语信息教学的策略在教学中就非常有效。实际上,记忆信息并不重要,重要的是学习者能成功执行所学的技能。

(2) 学习迁移

教学人员可以提出如下问题:必须发生的学习迁移的本质是什么? 即学习背景和行为背景的区别到底有多大? 迁移有两种,一种是学习背景和行为背景的区别不大,理想情况下,所学的技能能全部迁移;一种是学习背景和行为背景差别很大,这就要求设计者设计各种各样的学习情景,这些情景尽可能与多样化的迁移背景类似,这样容易迁移成功。如果学习者迁移失败,就需要回顾从需要评价到策略制定的整个环节,并判断到底哪些环节出了问题。

三、学生分组

在计划学习要素时,也需要考虑学生分组和媒体选择。尽管三者的考虑是同时进行的,但学习要素的确定仍然是最重要的,因为它决定了学习效果,因此,应在制定学习要素的前提下考虑学生分组和媒体选择。对于是否需要进行学生分组,可以考虑如下问题:①在行为背景和学习背景中是否需要进行社会交互? ②陈述学习目标时,是否需要社会交互? ③在上述的学习要素中是否需要进行社会交互? ④某种教学/学习过程的基本观点是否认为需要进行社会交互? 学生小组的类型(个别、两人组、小组、大组)取决于具体的社会交互要求,同时,还应考虑到动机、教学方法因素的影响。

四、媒体选择

瑞泽和加涅(1983 年)出版了怎样选择最佳教学媒体的模式,该模式通过"问-

答形式"来确定教学媒体的选择。在运用该模式选择教学媒体时,主要应考虑如下两个问题:①需要智力的、适宜反馈吗? ②需要实物练习吗? 据此,可以针对不同学习结果(如智慧技能、言语信息等)的目标选择不同的教学媒体。要尽可能结合学习结果选择适宜的、多样化的教学媒体。媒体选择时,还应考虑教学目标中:①是否有需要特定感官辨别的目标(如视觉、听觉、触觉的),如果有,那么所选择的教学媒体或媒体组合在呈现教学内容、学习者参与、评价等方面必须符合上述要求;②是否需要社会交互。此外,还应考虑媒体的易获得性、设计者或教学人员的制作能力、媒体的持续性和便利性、成本效益等因素。

12.1.2　史密斯-瑞根的教学策略体系

根据赖格卢斯(1983 年)的观点,教学策略主要包括组织策略、传递策略和管理策略。组织策略主要包括怎样确定教学顺序、呈现哪些教学内容、怎样呈现教学内容;传递策略主要包括运用什么教学媒体、学习者如何分组;管理策略主要指教学资源的安排和教学时间的分配。史密斯和瑞根分别从宏观水平和微观水平阐明了上述三种策略,这里主要介绍他们的微观水平的策略。[①]

一、组织策略

史密斯-瑞根认为,不论哪类教学目标,课时水平的组织策略都包括如下阶段:导入阶段(introduction)、主体阶段(body)、结尾阶段(conclusion)和评价阶段(assessment)。一般情况下,任何一个课时都包括上述四个阶段中的前三个阶段。对于第四个阶段,如果某一教学内容需要连续的几个课时完成,那么评价阶段将在最后一个课时中实施。上述四个阶段所组成扩展性的教学事件(expanded events of instruction),见表 12-1。

表 12-1　扩展性的教学事件

生成性……　学生生成	替代性……　教学支持
导入阶段	
激活注意	引起注意
建立目标	告知学习者教学目标
唤起兴趣和动机	刺激学习者的注意
预习新课	提供概要

---

① P. L. Smith, T. J. Ragan. Instructional Design (2nd.). Hoboken: John Wiley & Sons, Inc, 1999. 112~300

续表

生成性…… 学生生成	替代性…… 教学支持
主体阶段	
回忆相关的先前知识	刺激先前知识的回忆
加工信息和实例	呈现信息和实例
集中注意	引起和引导注意
运用学习策略	引导或鼓励运用学习策略
练习	诱引反应
评价反馈	提供反馈
结尾阶段	
总结和回顾	提供总结和回顾
迁移学习	增强迁移
再激发动机和结束	提供再激发动机和结束
评价阶段	
评价行为	进行评价
评价反馈	提供反馈和补救教学

在表 12-1 中,把组织策略分成两种:生成性策略和替代性策略。选择策略时,应根据学习任务、学习者的特征、学习背景和教学目标的类型作出决策,在有些条件下,用生成性策略更有效,而在另一些条件下,用替代性策略更佳,甚至在某些情形中,运用介于两者之间的策略更合适。也不能简单地认为采用生成性策略,学习者进行的就是主动学习;采用替代性策略,学习者进行的就是被动学习。

导入阶段的目的是让学习者为新课学习做好准备,提高选择性注意,把相关的已有知识和经验提取到工作记忆中,在这里,已有的知识和经验可以使新信息得到更好的处理和加工。导入阶段也为特定的教学目标建立了期望,引导学习者运用促进学习的策略。

主体阶段是扩展性教学事件的核心部分。其主要功能是为新课教学的实施提供操作规范。

结尾阶段主要让学习者回顾和精细化刚学的内容,为未来的运用打基础。

评价阶段的目的是判断学习者是否达成教学目标,并根据反馈信息决定是否需要采取补救教学。在计划扩展性教学事件时,一个典型的课时一般可以遵从如下教学事件的顺序:导入阶段、主体阶段、结尾阶段、评价阶段。

此外,根据上述的扩展性教学事件的框架,还详细阐明了各类详细结果的组织策略,包括问题解决、概念、程序性知识、规则、认知策略、动作技能和态度。

二、传递策略

传递策略包括教学媒体的选择和分组的实施。

1. 选择教学媒体

最基本的传递策略就是为"组织策略阶段"计划的教学选择恰当的教学媒体。没有万能的教学媒体,因此需要选择教学媒体,选择的依据为:①学习任务和教学条件;②学习者的特征;③学习背景和其他影响教学媒体恰当选择的实际物质;④可供选择的教学媒体的属性。这里引用了瑞泽和加涅根据媒体的属性和它们与学习任务类型之间的联系得出的教学媒体选择流程图的一部分,阐明了教学媒体的选择。见图 12-3。

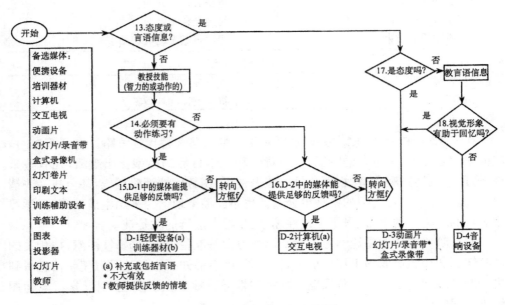

图 12-3 教学媒体选择流程图

由于教学媒体的属性是影响教学媒体选择的重要因素,这里概述了 7 种普遍运用的教学媒体的属性:计算机、印刷物、视频、交互多媒体、幻灯片、电影胶片和动画片等。

没有一种教学媒体会优于其他的教学媒体,即使是当前最现代的高科技产品。只有当教师把媒体的属性与学习任务的需要、学习者的特性和学习背景等因素进行匹配时,教学媒体方显示出它的独特优势。

2. 分组

加涅、布利格斯、瑞根(1988)根据他们的研究,提出了四种基本的小组结构:两人组（导师）、小组（交互式的）、小组或大组（回答问题式的）、大组和很大的组（讲授式）。此外，还有个别化（适应性的）教学。

两人组就是一个教师教授一个学生，这种教学主要强调学习者通过仔细的观察、导师的纠正和再示范进行实践。由于两人组费用极高，只有在其他分组形式都行不通的情况，才建议选择此种方式。

在个别化教学中，学习者利用各种材料进行学习。个别化教学的主要特点是，教学能满足学习者的需要和特殊需求，能适应学习者的学习步调，学习者具有学习控制权，组织策略随学习任务类型的变化而变化。

小组学习分为交互式小组和回答问题式小组。研究表明，交互式小组结构中，最有效、最流行的一种方式就是合作学习。合作学习往往由 2 个及以上学习者组成，学习者之间通过互相帮助进行学习。回答问题式小组最多由 20 至 30 个学生组成，主要是教师和学生进行交互，学生的角色就是回答教师提出的问题，该形式要求学习者课前准备好教师事先布置的问题。

讲授式是面向一个中等规模或大规模的班级的，这种教学传递形式被广泛运用于学校和培训机构。

三、管理策略

管理策略是协调和综合组织策略和传递策略的策略，主要包括教学时间的安排和获取学习者所需的教学资源的技巧。微观水平的管理策略，可以由教师、培训者、协调者做出决策，在很多情况下，也可以由计算机完成。宏观水平的管理策略往往需要通过设计完成。

12.1.3　教学策略体系的构建

根据迪克-凯瑞的教学策略体系和史密斯-瑞根的教学策略体系，认为适合我国学校教育的教学策略体系主要包括如下要素：教学过程的确定（主要指教学过程的阶段论）、学习方式的设计、教学方法的选择、教学组织形式的确定、教学媒体的选择和设计。其中教学媒体要素在第 13 章专门论述。

12.2　教　学　过　程

教学是教师与学生以课堂为主渠道的交往过程，是教师的教与学生的学的统一活动。[①] 而教学是以教学过程为其外在的表现形式的，因此研究教学过程应是探讨教学问题的逻辑起点。

---

① 张华.课程与教学论.上海：上海教育出版社，2000.73

12.2.1　教学过程概述

教学过程是为实现学习任务和达成教学目标,通过对话、沟通和合作,以动态生成的方式推进教学活动的进程的,是教学策略制定的首要因素。

一、教学过程的涵义和本质

教学过程的本质是首先需要解决的核心问题。

1. 教学过程的涵义

教学过程是教师和学生协同活动的过程,是学生在教师指导下,依据课程计划和课程标准的要求,积极主动地掌握系统的文化科学知识和基本技能,发展身体素质、心理素质和社会文化素质,并形成一定思想品德和心理品质的过程。[①]

2. 教学过程的本质

教学过程的本质属性就是教学过程所固有的,由其内在矛盾的特殊性所规定的,是教学过程与其他非教学过程区别开来的根本属性。教学过程的本质主要表现为:①教学过程是师生个体认识过程与人类一般认识过程的统一;②教学过程是师生课堂教学交往过程的统一;③教学过程是教养与教育过程的统一。[②]

二、教学过程的要素

从不同的理论依据出发,教学过程包括的要素不完全相同,据此,分别从教育传播学、系统科学角度阐明教学过程的要素。

1. 教育传播学角度

教育传播理论的研究表明,教学系统是由教育者、教学信息、教学媒体和受教育者组成的。据此,课堂教学系统就是由教师(或教师的代理)、教学内容、教学媒体和学生组成的,这四个要素相互联系、相互作用,形成了复杂的、多样化的关系,其中任何一个要素的变化都将引起该系统的结构和功能的变化。据此,课堂教学过程就是上述四要素为完成特定的教学目标而进行的相互作用的过程。

2. 系统科学角度

从系统科学的角度看,教学过程的因素主要有教师、学生和教学文本。教学文本是在教学沟通的过程中生产和接受的,是教师和学生一起合作创造的极其复杂的产物。[③] 对教学过程有影响的文本有:①课程改革指导纲要或是咨询报告之类的文本;②"学科课程标准"所代表的赋予学校以方向的教育政策文本;③"教学指

---

① 钟启泉. 课程与教学概论. 上海:华东师范大学出版社,2003. 154
② 钟启泉. 课程与教学概论. 上海:华东师范大学出版社,2003. 155~156
③ 钟启泉. 学科教学论基础. 上海:华东师范大学出版社,2001. 276~277

导书"所代表的赋予教师的教学活动以方向的文本;④提供教学内容的科学领域与文化领域的文本;⑤以"教科书"与"教材"为代表的经过教学论加工的专业文本;⑥以广播、录像、电视、课件为代表的与一定媒体相结合的视听文本;⑦以"教学方案"为代表的沟通策略与沟通计划——教师的教学设计文本;⑧教学设计中教师所准备的提问与问题设定之类的教师的语言行为;⑨学生作业、考察报告之类的学生预先准备好的语言行为;⑩教学中教师的语言操作;⑪教学中学生的语言操作;⑫教学结束后所产生的文本(如教师的教学记录、学生的作文等)。组成教学系统的上述三要素,相互融合,相互影响,相互作用,相互制约,形成多姿多彩的复杂教学过程。

12.2.2 教学过程阶段理论

教学过程阶段理论是构成教学理论的一个核心问题。因而,教学理论一般决定着教学过程阶段的形态,即教学过程阶段表征着教学理论的突出特征。

一、教学过程阶段理论的类型

教学过程的理论主要有以下几种表现形态:①以知识授受为基本理念的教学阶段范型及其变式;②以智力发展为目标的教学阶段范型及其变式;③以情意为发展动力的教学阶段范型;④系统优化观的教学过程阶段范型。①

1. 知识授受型及其变式

知识授受型的教学过程阶段理论与教学理论的主流理念相一致,在很长一段时间内,它一直是经典的教学过程阶段理论。这一范型早在昆体良(M. F. Quintilianus)那里就有表现,夸美纽斯(J. A. Comenius)也做过自己的论述,但作为一个完整的理论形态,则是经由赫尔巴特(J. F. Herbart)提出的。赫尔巴特以其"兴趣"说为基础,提出了著名的教学过程四阶段说,即清楚、联合、系统和方法。其继承人则在此基础上提出了"五阶段说",即准备、提示、联合、概括与运用,为广大教师的教学提供了一个模式,受到广泛的欢迎。解放后对我国教育界影响最大的则是20世纪50年代出版的前苏联教育家凯洛夫(И. А. КаЙРОВ)主编的《教育学》教科书。书中关于教师中心、教科书中心和课堂教学中心的"三中心论";教学过程由"准备、复习旧课、教授新课、巩固练习、布置家庭作业"组成的"五环节说"等内容,当时几乎每个教师皆知。除了上述理论外,知识授受型的教学过程阶段理论出现了不同的变式:如斯金纳(B. F. Skinner)程序教学模式的教学过程阶段范型;奥苏贝尔(D P. Ausubel)"接受学习"模式的教学过程阶段范型;布卢姆(B . S. Bloom)"掌握学习"模式的教学过程阶段范型;以及加涅(R. M. Gagné)的信息加

---

① 李定仁,王兆璟.教学过程阶段诸说的比较研究.比较教育研究,2000,(2)

工理论模型的教学过程阶段范型,等等。由于知识授受是教学得以进行的一个必不可少的条件,所以知识授受型曾经成为占主流地位的教学过程阶段范型。然而这一范型固有的局限性也是显然的。

2. 探究发现范型及其变式

"探究发现"范型与"知识授受型"同样源远流长,如孔子的"启发式"与苏格拉底(Socrtes)的"产婆术"即属此列。但具体化为"科学"的理论范型,则是在杜威(John Dewey)对赫尔巴特学派批判的基础上确立的。从表面上看来,"探究发现"范型的"活动"属性是明显的,但其核心范畴却在于"方法",即方法甚于一切,方法的获得是其动力与旨归。杜威在《我们如何思维》一书中,提出了教学过程阶段"探究发现"的经典范型,即人们通常所说的"思维五步教学法":设置问题的情景、确定问题或课题、拟定解决课题方案、执行计划和总结与评价。在杜威之后出现了诸多"探究发现"的变式,如克伯屈(W. H. Kilpatrick)所倡导的"设计教学法"的教学过程阶段范型:决定目的、拟订计划、实施计划和评价结果;布鲁纳(J. S. Brunner)"发现法"的教学过程阶段范型:明确课题结构、掌握课题、提供资料、建立假设、推测答案、验证和得出结论;萨奇曼的(J. R. Suchman)"探究训练模式":遭遇问题、搜集资料与验证、搜集资料与实验、形成解释和分析探究过程等等。着眼于"方法"获得的探究发现的教学过程阶段范型是"知识授受型"的一大发展,并表现出与"知识授受型"截然不同的思想:如与"知识授受型"的"学会"理念相对立,它注重的是"会学",但也不断从"知识授受型"中吸取合理的养分,布鲁纳就是一个明证。应该看到,"探究发现"的教学过程阶段范型对问题的看待尽管趋于辩证,但还不是全景的,它不利于使学生掌握系统的知识,而且,应用范围也有一定的局限性。因而,在一定意义上,其理论价值要大于实践价值。

3. "情意"型的教学过程阶段范型

尽管"探究发现"的教学过程阶段范型以"知识授受型"对立面的形态出现,但它又有与"知识授受型"共同的一面,即二者都把学生认知的发展作为教学目标的价值取向,从而认知也就成为以上两大范型及其变式的动力依据。20世纪50年代以来,人本主义教育家对把认知作为教学过程的始发与终极目标的认知主义心理学持批判态度。在他们看来,师生之间的"情意交往"才是教学过程持续的"群体动力"。在这一理念的引导下,"情意交往"的教学过程阶段范型逐渐在两大范型之外找到了自己的位置,并发展出不同的变式。较具代表性的有罗杰斯(C. Rogers)"非指导性教学"的教学过程阶段范型:确定情境、探索问题、发展洞察、计划与决策和统整。此外还有"开放教育"的教学过程阶段范型:学习准备、建立气氛、诊断学习、个别指导和评价;"暗示教学"的教学过程阶段范型:组织教学、放松练习、检查复习、讲授新教材、巩固新教材、课堂练习、课堂讨论、课堂小结、布置课外作业。情意交往范型在一定程度上克服了认知范型只重认知、不重情感,教与学各持一端的缺陷,并进而把教与学的和谐作为教学过程阶段的始发机制展现出来。同时,这一范型也刻意强调了教学过程阶段中的教师"智慧",这是与两大范型大异其趣的地方。尽管如此,它仍然有其不足之处:一方面,它未能使认知层面与情感层面有机地统合;另一方面,虽然它强调了教师的"智慧"作用,但与此同时,它又显现出教学过程缺乏一定的逻辑性的倾向;而最根本的,受其哲学观的束缚,它未能从根本上对认知范型的教学过程阶段理论进行合理的解构,从而它就不可能占据教学过程阶段的主导地位。

4. 系统优化观的教学过程阶段范型

作为形态、价值取向迥异的三种教学过程阶段的理论范型,"知识授受型"、"探究发现型"、"情意交往型"在表现出多极化的同时,也显露出相互借鉴、融合的趋势。尤其在各自演变的后期,它们大都抛弃了早先褊狭的一面,而趋于"中庸"。这种融合随着教学实践的不断深入,更随着架构它的方法论依据——系统论的出现而得以完成。对教学过程阶段做系统化研究成为教学过程阶段范型趋于成熟的表征,系统优化观进而也成为教学过程阶段的主导范型。由于对教学过程本身及其要素认识上的差异,系统优化观又表现出不同的范型,有代表性的如巴班斯基(Юрии Констиновни Бабанский)"教学过程最优化"的教学过程阶段范型等。由于充分顾及到教学过程阶段影响因素的复杂性,在对以往诸种范型进行扬弃的基础上,教学过程阶段的系统优化观看待问题是全景式的,而且,它也表现出强大的内部张力。可以认为,它是教学过程阶段发展、演化的集大成者,不仅如此,它也为我们研究教学过程阶段提供了一种基本理念,表明并预示着教学过程阶段的发展方向。

二、教学过程理论的发展

从纯粹教学论的角度观察教学过程阶段的上述范型,导源于对教学过程本质与师生关系的理性认识。由此,考察教学过程理论的发展也可从教学中师生角色变化的角度来反观。当前教育学及教学论的一种发展趋势是倡导"以学生为主体的教学"和"自主学习"。这种教学构想既不是"教师中心论"也不是"学生中心论"。"教师中心"或"学生中心"是从教与学各自侧面提出的两个命题,各有其存在的依据,但是这两个是二律背反、不能两立的命题。克林伯格(L. Klingberg)提出了教学论"三段论",可以作为解决这两个命题的媒介。[①]

(1)教学是由教师指导的过程,这就是教师指导作用的原理。

(2)学生必须处于能动的、愈益自觉的学习主体的地位,这就是学生的自主性原理。

(3)教师的指导作用与学生的自主活动的地位是一种教学现象的两个侧面,

---

① 钟启泉等.基础教育课程改革纲要(试行)解读.上海:华东师范大学出版社,2001. 218~219

它们可以作为教学现象的矛盾关系加以分析和把握,而这种关系是不断生产、否定、再生产的。这就是教学理论的基本性质。

克林伯格的教学论三段论,可以使我们辨证地把握教学现象的矛盾。教学过程的中心既不是单纯的学生,也不是单纯的教师。学生学习经验的获得不是单向的构成,而是在教学情境中经由师生沟通与互动而产生意义的建构与交流。在此过程中师生是交互主体,各有其"自我观念"与"主观认知"。在此,既不简单地否定"教师中心论",也不片面地推崇"学生中心论",而是主张"交互主体论"。

12.3　学习方式的设计

基础教育课程改革提出了探究学习、合作学习、自主学习、情境学习等学习方式。由于与特定学习方式相适应的学习任务,有其特定的教学顺序,因此,言语信息、智慧技能、动作技能和态度教学的教学顺序的确定,这里不专门讨论,有兴趣的读者可以参阅本书的第一版。不同的学习方式,有其特有的特点、功能、实施程序,因此,简要探讨上述四种学习方式的相关内容及其各自的实施。

12.3.1　探究学习

探究学习(inquiry learning)在国外的研究已有 40 多年的历史,我国于 20 世纪 90 年代中期开始探究学习的研究。在课堂教学实施中,教师可以结合学习者的兴趣和能力、学科特点等,选择不同的探究学习方式,并采用相应的实施模式。

一、探究学习概述

探究学习是一种开放的、强调过程的学习方式,注重在事物与其他事物联系的基础上去了解事物。施瓦布(Joesph J. Schwab)认为:探究学习是指儿童通过自主地参与知识的获得过程,掌握研究自然所必需的探究能力;同时,形成认识自然的基础——科学概念;进而培养探索世界的积极态度。[①]

二、探究学习的实施

尽管不同类型的探究学习,其实施过程是有区别的,但一般都可以分为教学准备、正式进行教学、教学后三个阶段。[②]

1. 教学准备
该阶段主要完成确认内容目标和思考能力、根据学生背景准备思考问题的工

---

① 钟启泉. 现代教学论发展. 北京:教育科学出版社,1988. 363
② 沈翠莲. 教学原理与设计. 台北:五南图书出版有限公司,2001. 332~340

作。

（1）确认内容目标和思考能力

首先,确认内容目标。就所提出的问题进行假设、收集资料,再解释提出的问题,最后归纳总结。据此,教师必须在课前熟知教学内容的目标。其次,确认思考能力。探究学习重视学生思考能力的培养,因为探究过程需要学生利用分析、综合、评论、判断、推测、想像等思考技巧解释探究问题,因此,教学目标应兼顾达成教学内容目标和思考能力的要求。

（2）根据学生背景准备问题

学生概念的形成、抽象表达和收集资料等学习背景是教师必须考虑的因素,各学科如要开展探究学习,教师可以借助各种媒体以多种形式准备明确的探究问题来发展探究概念。提问具有引起学生的兴趣和注意、诊断和检查学生的学习能力、回忆特殊事实和资料、激励高级思维能力等作用,因此,教师应了解学生组织问题程度的高低。

2. 正式进行教学

根据探究教学基本程序开展教学,如美国国家研究理事会提出的 5 个基本环节。该阶段是能否有效实施教学的关键,因此,教师课前应认真设计和规划。

3. 教学后

教学后的工作主要是实施评价,包括形成性评价和总结性评价。进行探究教学时,可把"提出问题"作为形成性评价,据此知道学生是"怎样通过质疑提出解决问题的方法"的经过。在该阶段,教师可以要求学生找出探究过程中的困惑和事件询问学生,为了能挑选出最有趣的问题,还可以在班上实施竞赛。教学后的总结性评价工作,可以测试学生是否可以归纳出内容目标和思考技巧的原理与原则,也可以通过辩论或实验报告,评价学生是否能应用这些原理与原则于其他情境中,以此作为评价成绩。

12. 3. 2 合作学习

合作学习(cooperative learning)是 20 世纪 70 年代兴起于美国,并在 70 年代中期至 80 年代中期取得实质性进展的一种富有创意和实效的教学理论与策略体系。由于它在改善课堂内的社会心理气氛、大面积提高学生的学业成绩、促进学生形成良好的非认知心理品质等方面实效显著,被誉为"近几十年来最重要和最成功的教学改革。" 20 世纪 80 年代末、90 年代初,我国开始了合作学习的研究与实验,并取得了较好的效果。

一、合作学习概述

理解合作学习活动的基本涵义,领会合作学习的基本要素,是教师在教学中运用真正的合作学习的前提。

1. 合作学习的基本涵义

我国学者王坦认为,"合作学习是以学习小组为基本组织形式,系统利用教学动态因素之间的互动来促进学习,以团体成绩为评价标准,共同达成教学目标的活动。①"根据该定义,合作学习的内涵至少涉及以下几个层面:①合作学习是以小组活动为主体进行的一种教学活动;②合作学习是一种同伴之间的合作互助活动;③合作学习是一种目标导向活动;④合作学习是以各个小组在达成目标过程中的总体成绩为奖励依据的;⑤合作学习是由教师分配学习任务和控制教学进程的。②

2. 合作学习的基本要素

合作学习有很多类型,不同类型的合作学习其基本要素是不同的,如三因素论、四因素论、五因素论等。从目前的研究文献看,比较公认的当推美国明尼苏达大学合作学习中心约翰逊兄弟(D. W. Johnson & R. T. Johnson)提出的五因素理论:积极互赖;面对面的促进性互动;个体责任;人际和小组技能;小组自评。③

二、合作学习的基本方法及其共同特征

当今世界上几乎每个国家都有研究者在从事合作学习原理的应用研究,并且有许多合作学习方法正在实践中得到充分的运用。目前研究最深入、运用最广泛的基本合作学习方法主要有:学生小组学习(student team learning),该方法又可分为学生小组成绩分工法(student teams-achievement divisions,简称 STAD)、小组—游戏—竞赛法(teams-games-tournament,简称 TGT)、小组辅助个人(team assisted individualization,简称 TAI)和合作性读写一体化(cooperative integrated reading and composition,简称 CIRC);切块拼接法(jigsaw);共学式(learning together);小组调查(group investigation)等。

尽管合作学习的形式千差万别,但具有共同特征:小组目标(group goal);个人责任(individual accountablity);成功的均等机会(equal opportunities for success);小组竞争(team competition);任务专门化(task specialization);适应个人需要(adaptation to individual needs)。

12.3.3　自主学习

20 世纪 50 年代以来,许多心理学派都从不同角度对自主学习作出了探讨。20 世纪 90 年代以后,西方学者在综合各派观点的基础上,试图对自主学习作出更

---

① 王坦. 合作学习——原理与策略. 北京:学苑出版社,2001. 11
② 王坦. 合作学习简论. 中国教育学刊,2002,(1):32
③ 王坦. 合作学习——原理与策略. 北京:学苑出版社,2001. 18~25

为确定的界定,其中最有代表性的是美国华盛顿城市大学的齐莫曼(B. J. Zimmerman)。

一、自主学习概述

基础教育课程改革对自主学习给予了特别的关注,自主学习的有效实施关键在于教育工作者能真正领会自主学习的本质和实施的必要条件。

1.　自主学习的本质

齐莫曼认为,当学生在元认知、动机和行为三个方面都是一个积极的参与者时,其学习就是自主的。特别是任务条件中的要素,如学习动机、学习方法、学习时间、学习的行为表现、学习的物质环境、学习的社会性等方面对自主学习的实质作出了解释。他认为,自主学习的动机应该是内在的或自我激发的,学习的方法应该是有计划的或已经熟练达到自动化程度,自主学习者对学习时间的安排是定时而有效的,他们能够意识到学习的结果,并对学习的物质和社会环境保持高度的敏感和随机应变能力。

2.　自主学习的必要条件

自主学习的必要条件,不同理论学派看法不一,一般认为有内在必要条件也有外在必要条件:①必须以一定的心理发展水平为基础,即"能学";②必须以学生的内在学习动机为前提,即"想学";③必须以学生掌握一定的学习策略做保障,即"会学";④必须以学生的意志控制为条件,即能"坚持学";⑤必须有社会性物质性条件作支持,即"可以学"。

二、促进自主学习的方法

齐莫曼和里森伯格(R. Risemberg)提出了系统地促进自主学习的方法。

1.　激发学生的内在动机

提供具体的能完成的近期学习目标,让学生学会自己设置合适的目标。学生对自己的学习学会实施自我强化。增强学生的自我效能感。

2.　注重学习策略教学

要教给学生学习的一般学习策略和具体学习策略,并渗透在具体的学科教学之中。要教会学生如何读书、如何思考、如何分析问题。自主学习不是一下子就让学生自己学,而是学会了学习才有可能自主学习。并且在运用学习策略的同时,必须勤奋刻苦地学习。

3.　指导学生对学习进行自我监控

让学生学会对学习情况进行自我记录,并做到经常性、及时性、准确性。学会利用新型的评价工具,如用成长记录袋进行经常性的自我评价,及时吸取他人评价的意见,进行自我监控,自我调整,自我提高。

4. 教会学生利用社会性和物质性的资源

鼓励学生克服自卑心理,在难以克服困难时,向教师、成人、同伴寻求帮助,给学生提供榜样和范例。学会收集、处理信息,并将信息转化成知识、能力、智慧和德行,学会营造适合于学习的环境的方法。

12.4　教学组织形式

教学活动离不开一定的组织形式,教学组织形式有不同的类型。探究学习、合作学习、自主学习都可以在不同的教学组织形式中根据学习者的需要加以实施。由此可见,教学组织形式与学生的学习方式密切相关,而且只有当教学组织形式与学生的学习方式相匹配时,才有可能充分调动学习者的学习积极性和主动性。

在学校教学活动中,根据学生组织方式的差异,可以把教学组织形式分为 3 种类型:班级授课、分组教学和个别化教学。①

12.4.1　班级授课

班级授课是以固定的班级为基础,把年龄大致相同的学生编成一个班级,由教师按照固定的课程表和统一进度,主要以课堂讲授的方式分科对学生进行教育的一种教学组织形式。从 19 世纪后半期以来,班级授课逐步成为全世界范围内广泛采用的、最基本的教学组织形式。

一、班级授课的特点

班级授课具有如下特点。

1. 以班为教学单位,每班有固定人数,班级成员是按一定的年龄和知识水平编定的。

2. 按班级实行分科教学,不同学科由不同专业教师分别承担,教学内容基本统一。

3. 教学以课时为单位,并严格按照上课时间进行。国家课程计划规定了每周各科的教学时数。一周中每日教学时间分配及其次序由各班的课程表规定。

二、班级授课的优点

班级授课具有相当的优越性。

1. 一位教师能同时教许多学生,扩大了单个教师的教育能量,有助于提高教学效率。

---

① 钟启泉.“学校知识”与课程标准.教育研究,2000,(1):54

2. 教学内容被划分为彼此相关又相对独立的课,以课的形式安排教学活动,可使学生的学习循序渐进、系统完整。

3. 班级授课中共同的教学目标、丰富的集体生活、多形式的互动,便于学生在学习上相互激励,互相促进,有利于学生个性的健康发展和社会化。

4. 由教师设计、组织并上"课",以教师的系统讲授为主而兼用其他方法,使教师的教育理想和智慧、才华得到充分展现,便于发挥教师的主导作用。

5. 以班级为组织单位,并在固定统一的教学时间进行教学,便于学校合理安排课程内容和教学进度,实现了教学管理上的计划性和规范化,使教学质量有了保障。

三、班级授课的局限性

班级授课的特点也决定了其局限性。

1. 一个教师同时教几十个学生,容易从学生的"平均水平"出发施教,照顾了中间忽视了两头,难以兼顾学生的个别差异。

2. 教学活动多由教师组织和设计,学生要尽力适应教师的教学,这在一定程度上限制了学生学习的主动性和独立性,影响了学生主体性的发挥。

3. 以"课"作为教学活动的单位,而"课"的时间和内容又规定得较死,难以适应不同学科的特点,也容易割裂学习内容的完整性,造成学生学习上的困难和狭隘。

4. 以"讲授—接受"为主的教学,旨在强化对现成知识成果的接受,学生参与的机会少,实践性不强,不利于培养学生的探索精神、创造能力和实际操作能力。

5. 缺乏真正的集体性。从学生学习的总体情况看,每个学生基本上是独自完成学习任务的。

基于班级授课的优缺点,可以把班级授课形式用来实现认知目标,如用于导入新内容、介绍背景知识、系统讲解观点或总结复习等;也可以用于讲学或放映录像、碟片等。

12.4.2 分组教学

针对班级授课暴露出的重教轻学、机械死板等弊端,人们开始寻求进一步改革教学组织的新形式。分组教学组织形式就是改革班级授课的一种尝试。分组教学是把学生按一定的标准(能力、成绩、兴趣、愿望等)编入不同的学习小组来进行教学的一种组织形式,目的在于以最佳的方式为学生提供多种学习,使教学更好地适应学生的特点和需求。

一、分组教学的类型

分组教学大致可以分为两种类型:外部分组型和内部分组型。

1. 外部分组型

外部分组即打破传统的按年龄编班,而按学生的能力、兴趣或学习成绩标准重新编组。其主要形式有:跨学科能力分组、学科能力分组、选修分组和综合学校多轨分组等形式。

2. 内部分组型

内部分组是保持传统的按年龄编班的班级教学条件下,根据学生的学习能力、学习速度和学习兴趣等因素进行分组,这种分组是一种经常变动的临时分组形式,不断分组和不断合并。其主要形式有:①不同学习内容和教学目标的分组。学生经过一段时间的班级教学后,进行诊断测验,根据测验成绩分成若干小组,分组后学生依据自身的不同情况学习不同的教学内容,或拓宽,或加深,或辅助,经过一段时间达到教学目标后再进行班级教学。②相同教学目标和相同学习内容而采用不同方法和媒体的分组。

二、分组教学的优点

与班级授课相比,分组教学的优点如下。

1. 学生的学习态度是能动的,可以大幅度减少同步学习中常见的学习分化现象。

2. 学生共同、自主地解决学习课题,自觉、创造性地掌握知识和技能。

3. 学生可以积极地获取知识,对症下药地提高能力,同时大大促进其自主学习能力的发展。

4. 实施因材施教,切实照顾了学生的差异。

5. 有利于意义的建构和情感领域目标的实现。

三、分组教学的局限性

1. 加重了教师的工作职责,对教师的职业素养、教学能力提出了更高的要求。

2. 由于班级组织处于不断的变动之中,无形中影响了教学的连续性、有序性。

3. 不利于形成良好、和谐的师生关系、同学关系。

4. 分组后,不同水平的学生之间缺乏足够的交流和沟通,可能不利于学生的全面发展。

12.4.3　个别化教学

个别化教学组织形式是改革班级授课组织形式的又一种尝试,它发端于世界各国古代学校的个别教学组织形式,但又不同于个别教学(one to one tutoring)。个别化教学(individualized instruction)是指试图打破传统的班级教学,采用较灵活的方式,使教学适应学生学习的个别差异并注意个性发展的教学。而个别教学是一个教师在同一时间里只教一个学生的教学。[①]

一、个别化教学的特点

1. 从内容上看,它既是一种适应学生个别差异的教学,同时又注重发展学生的个性。

2. 从形式上看,个别化教学比班级授课更具灵活性,它可以按学生所需进行个别学习、按教材在任何地方自学以及班级讨论视学生情况分别安排等多种形式。

二、个别化学习的优点

1. 个别化学习是适应性教学,允许有差异的学生都能按自己的能力选择相应的学习条件,如内容的水平、进度、媒体资源的种类,让每个学生都能最大限度地获得学习效益。

2. 学习者自己控制,有利于学习能力的培养,有助于学习责任感和良好学习习惯的建立。

3. 学习时间和空间有很大的灵活性。

4. 允许教师花更多的时间去关注个别学习。

三、个别化学习的缺点

1. 如长时间作为惟一的教学组织形式,将缺少师生间和学生间的互动和交流,易影响学生学习的深入和人际交往技能的培养。

2. 并非所有学生都适合个别化学习,缺乏自觉性或不具备先决技能的学生可能会因此而延误学业。

3. 需要准备好充足的媒体资源和辅助设施,因此,准备复杂,费用较高。

一般,认知领域和动作技能领域的大多数目标都可采用个别化教学来达成。个别化教学的设计层次不尽相同,最简单的是为所有的学生设计同样的学习途径,不同学习能力的学生都达到同样目标,只是花费时间不同;较为高级的是以配合教学目标的大量学习资源为基础,构成一系列不同学习程序,供不同学生使用;更高级的个别化学习准备了包含许多媒体材料的教学,允许学生根据自己的学习需要,自行选择学习空间、学习时间、学习内容、学习程序和学习进度。

12.4.4 教学组织形式的设计

任何教学组织形式的选择和设计都是建立在对该形式本身的优缺点、适用条

---

① 金明华. 个别化教学与我国现代远程教育. 现代远距离教育,2001,(2):32

件和使用范围的研究的基础上的。有学者研究了制约教学组织形式选择的因素：[①]①客观因素。包括师生数量，学校的物质资源，课程的性质和内容，学生之间的差异。②主观因素。包括所持的关于教学过程的认识论、心理学见解，教育者的社会价值取向，已有经验和教育视野，对诸客观因素的认识。一般，对于一节课的教学组织形式的设计而言，不仅仅只是选用其中的一种形式，往往有几种组织形式交叉使用；对于教学组织形式的决策，一般可以依据教学过程中师生交互的情况、学习任务的特点、学生参与程度、学习迁移的考虑、学校的教学条件等因素综合考虑。由于教学组织形式是针对特定的教学情境而言的，因此，判断教学组织形式合理与否的依据就是，针对特定教学情境能否充分调动学习者的学习积极性、主动性和参与意识。

12.5　教　学　方　法

教学方法是教学实践中产生并发展起来的。随着教学理论的日渐丰富和教学媒体的不断发展，新的教学方法不断出现。

12.5.1　教学方法概述

传统意义上，教学方法被描述为诸如讲授法和讨论法之类的"呈现方式"。现代意义上的教学方法或教育技术学中讨论的教学方法主要是与教学媒体使用有关的方法。运用教学方法的目的是帮助学习者达成教学目标或内化学习的内容和有关信息。教学媒体就是运载这些内容和信息的载体。近年来，随着教学媒体的不断发展，教学方法也得到不断发展。海涅克（Robert Heinich）等人概括了 10 类与选择和利用教学媒体相关的教学方法：[②]

一、呈现法（presentation）

呈现法是把一个信息源告知、表演或传播给学习者。该法由一条单向的传播途径所控制，它既没有从学习者中得到及时的反应，也没有与学习者进行交互。信息源可以是录音带、录像带、电影、教学软件等等。

二、演示法（demonstration）

这是学习者通过观看真实的或栩栩如生的关于将要学习的技能或过程的事例

---

①　叶泽滨. 制约教学组织形式的因素. 中国教育学刊,1995,(4):37～39

②　Robert Heinich, Michael Molend, James D, Russell, Sharon E, Smaldino. Instructional Media and Technology for Learning(7th). New Jersey: Pearson Education, Inc, 2002,16～21

来学习的方法。可以利用视频媒体将信息记录下来并播放。如果运用该方法时，需要教学者和学习者的相互交流或者反馈，那么，必须有教师或指导者在场。

演示法的目标可以是，学习者模仿某种行为（诸如为小车换油）或接受某个榜样人物的态度和价值观。在演示过程中，允许提出问题和回答问题，以纠正出现的错误和误解。

三、讨论法（discussion）

讨论法包括学生间、师生间思想和观点的互换。该方法可以用于教学过程中的任何阶段，既可以用于小组教学，也可以用于集体授课。在确定教学目标之前，讨论法是一种评价学生群体知识、技能和态度的有效方法，尤其是对于教学者不熟悉的学习者更为有效。在讨论的背景下，讨论能够帮助教学者和学习者建立某种关系，并在学习者群体内培养合作的关系。

讨论可以用作唤起学习者的好奇心或引导学习者注意要点的呈现方式。在讨论过程中，某些教学媒体比另外的教学媒体更具感染力。

讨论也有助于每个学习者内化所学的信息。讨论和学生项目都是评价教学效果的技术。尽管这些技术适用于所有年龄阶段的学习者，但对成年人更为有用，因为他们愿意有更多与其他成年人一起共享经验的机会。

四、训练和实践法（drill-and-practice）

训练和实践法是学习者通过一系列设计好的实践练习，增加新技能的熟练程度或更新已有的技能的方法。运用该方法的前提是，假定之前学习者已掌握了与实践有关的概念、原理或程序。为了使训练和实践法更为有效，它应包括用以纠正和修改学习者在该过程中可能产生的错误的反馈。

训练和实践法常用于学习诸如数学事实、外语和增加词汇之类的任务。某些形式的媒体和传递系统如语言实验室或计算机辅助教学特别适合学习者参与训练和实践法的练习。盒式录音磁带对于拼写、算术和语言教学的训练和实践特别有效。

五、个别指导（tutorial）

该方法是指导者以个人、电脑或特殊的印刷品形式呈现内容，提出问题，要求学习者回答问题，分析其答案，给予适当的反馈，提供实践的机会，直到学习者真正达到了预先确定的能力水平为止的一种方法。个别指导经常以一对一的形式出现，主要用于教授诸如阅读和算术之类的基本技能。

个别指导的方式包括教师与学习者之间（例如苏格拉底式的谈话）、学习者与学习者之间（例如个别辅导或程序辅导）、计算机与学习者之间（例如电脑辅助个别指导软件)、印刷品与学习者之间(例如分支式程序教学)。计算机由于能快速地为学习者所输入的不同信息发送出一系列复杂的反应,因此尤其适合担任指导者的角色。

六、合作学习法(cooperative learning)

越来越多的研究机构或个人都支持这样的观点:当学生们组成一个团队进行某项活动时,他们能够互相学习。坐在电脑终端前的两三个学生,当他们对某个指定的问题展开讨论时能学到更多东西。诸如 SimEarth : The Living Planet 之类的计算机程序,使得几个学生在分离的计算机上进行交互学习成为可能。

学生们不仅可以通过讨论文本和观看媒体进行合作学习,而且也可以通过制作媒体进行合作学习。例如,设计和制作与某门课程相关的视频、幻灯系列就可以为学习者提供合作学习的机会。在合作学习情境中,教师应该是学生学习的伙伴。

七、游戏法(games)

游戏法是指在一种娱乐的环境中,学习者遵循一定的规则并努力达到具有挑战性的目标的方法。游戏法是一种高动机的方法,尤其适合学习枯燥、重复的内容。它可以由一个学习者或几个学习者一起参加,经常需要学习者运用问题解决的技能,或表明他们已掌握了非常精确和有效的特殊内容。

八、模拟法(simulation)

模拟法是让学习者面对按比例缩小的真实事物,进行真实的实践活动的教学方法。运用该法所使用的费用或风险都比较少。该法包括参与者的对话、资料和设备的操作、与计算机进行交互作用等活动。

九、发现法(discovery)

发现法是运用归纳或探究进行学习的方法,它通过试误的方式呈现将要解决的问题。其目的是通过参与促进学习者更深刻地理解所学的内容。学习者以参考书或储存在电脑中的数据库为基础,并根据他们先前的经验,发现所要学的规则或程序。

十、问题解决法(problem—solving)

逼真的问题能为学习提供起点。在接受真实世界挑战的过程中,学生能获得毕业后的真实世界中所需的知识和技能。问题解决法是让学习者面对真实世界中的某个新奇的问题,并在解决该问题过程中扮演主动的角色的方法。尽管开始学习时学生的知识有限,但是经过合作和协商,他们发展、解释并捍卫了某个解决方案或者问题中的某个立场。他们所使用的基于现实的、以问题为中心的材料通常是用媒体来呈现的(如书面案例、基于计算机的某个情形、录像带中的小插图等)。作为解决问题的一部分,学生去图书馆的媒体中心并通过因特网进入数据库。

当学习者面对真实世界的问题并承担起某个角色时,他们需要为他们的学习承担更多的责任。教师并不呈现内容,而是通过质疑、促进和模拟实践的推理和批判性的思考,推进群体的信息加工过程并监控个人的学习。

问题解决的学习结果包括分析技能、问题架构技能、问题解决技能和批判性思维技能。也需要习得内容知识,以便学生能应用这些知识解决真实的问题。其他的结果包括合作学习技能和群体交往技能,在当今世界中,这两种技能都非常重要。

以上所描述的教学方法能够而且应该运用教学媒体,这些方法适用于任何学习群体以及任何教学内容,只是有些教学方法特别适用于某些学习者或某类教学内容。

12.5.2 教学方法的设计

国内教学方法的研究主要经历了三个阶段:①介绍和引进阶段(1978～1985),②理论研究及实验阶段(1985～1990),③教学方法分类研究的深化及科学应用的理论探讨阶段(1990～);并在此基础上,总结了国内教学方法研究存在的问题:①教学方法的界定不规范;②教学方法的分类标准混乱;③教学中"泛方法化"的倾向严重;④教法"学法化"提法不妥当;⑤教学方法的实验研究"简单化"及"照搬照抄"倾向盛行;⑥教学方法研究的历史薄弱。[①] 上述研究中总结出的许多问题理应成为教师进行教学方法设计时考虑的问题。此外,还应充分认识到,当前的基础教育课程改革提出了全新的教学实施理念,同时信息技术飞速发展也为教学方法的研究提出了新的挑战,这都需要教师重新认识和思考教学方法设计的问题。那么,教师应如何设计与教学过程、学习方式和教学组织方式、教学媒体等相应的教学方法呢? 对于教学方法的设计,应注意以下方面。

① 教学活动的复杂性和教学情境的特定性,需要多样化的教学方法。

② 充分考虑到学习者的学习需要。从各级各类学校课堂教学中存在的问题看,单一的教学方法易使学习者产生疲劳,这就需要教师注意到,不要从只用讲授法的极端走向只用其他某种方法的另一极端,而应根据教学内容、学习者的情况采取多种教学方法,从而通过调动学生的各种感官参与教学活动来提高学生学习的积极性、主动性和能动性。

③ 在依据上述的 10 大类与教学媒体运用有关的教学方法的基础上,重视研

---

① 高天明. 教学方法研究:历程、问题与反思. 西北师大学报(社会科学版),2001,38(3):75～78

究适合学科教学的各种教学方法,科学探索学科教学方法设计的一般规律。各种教学方法都有其优缺点,这是由教学方法本身的性质和作用决定的。为此,教师应在研究的基础上,博采众长,综合地运用教学方法,争取教学过程的最优化。

④ 教学方法的设计应充分考虑到三维目标的实现,过去过多地把教学方法设计的重点放在传授知识而引起的诸多问题应引起广大教师的重视。

思考题:

1. 教学策略的基本内容包括哪些?

2. 什么是教学过程,其基本要素包括哪些? 有哪几种阶段理论?

3. 新课改提倡哪些学习方式? 这些学习方式应该怎样进行有效地设计并在课堂教学中实施?

4. 试比较各种教学组织形式的优缺点。

5. 谈谈你对教学方法的认识。

第 13 章　教学媒体的选择和设计

教学目标：

1. 描述教学媒体的概念，阐明教学媒体的特性和类型；
2. 解释教学媒体的功能；
3. 运用教学媒体选择模式选择教学媒体。

教学媒体的选择和设计，是教学设计中十分重要的环节，是体现现代教育技术特点和落实信息技术与课程整合的核心。

13.1　教学媒体概述

教学媒体是传播的通道，它能把教学信息从信息源传送给接收者。教学媒体不同于大众传播媒体，这是由它的概念和特性决定的；不同类型的媒体既有不同的功能，又能适用于不同的学习者和学习任务。

13.1.1　教学媒体及其分类

自古以来，人类就懂得运用各种简单的声音或符号，进行教育活动。随着社会的不断发展，所使用的语言、文字、图片、数字、声音等也越来越复杂。尤其是电子技术的发展，带动了传播革命，使得信息传播的精确性、多元性和超时空性得以实现。

一、教学媒体的概念和特性

教学媒体是记录和传递教学信息的介质。最初的"教学媒体"仅仅指美国 20 世纪 60 年代出现的教学机器，现在它已用来泛指"任何用来传播知识的通讯手段"，既包括教材、教学资料等印刷材料，也包括模型、图片、幻灯片、电影、电视、电脑、网络等。[①]

根据瑞泽和加涅(R. A. Reiser & R. Gagné, 1983)的观点，教学媒体是指传递教学信息的物理手段。据此，教师、教科书、录音磁带、用于教学的电视节目和计算机软件等都是教学媒体。不过，根据美国教育技术学委员会的观点，在讨论教学媒

---

① 孙可平. 现代教学设计纲要. 西安：陕西人民教育出版社，1998. 261～262

体的发展历史时,往往把教师、黑板和教科书从教学媒体中分离出来。鉴于此,可以把教学媒体界定为除了教师、黑板和教科书以外的、传递教学信息的物理手段。[①]

各种教学媒体既有共性,又有个性。教学媒体的共同特性是:①固定性。教学媒体可以记录和存贮信息,以供需要时再现。②扩散性。教学媒体可以将各种符号形态的信息传送到一定的距离,使信息在扩大的范围内再现。③重复性。教学媒体可以重复使用。④组合性。若干种教学媒体能够组合使用。⑤工具性。教学媒体与人相比处于从属地位。⑥能动性。教学媒体在特定的时空条件下,可以离开人的活动独立起作用。对于各种教学媒体的个别特性,我国常从以下 5 个方面加以鉴别:①表现力。教学媒体表现事物的空间、时间和运动特征的能力。②重现力。教学媒体不受时间、空间的限制,把储存的信息内容重新再现的能力。③接触面。教学媒体把信息同时传递到学生的范围的大小。④参与性。教学媒体在发挥作用时,学生参与活动的机会。⑤受控性。教学媒体接受使用者操纵的难易程度。[②]

二、教学媒体的种类

按照教学媒体的不同特性,教学媒体可以分成不同的种类。例如,按作用的通道分,可以分为单通道知觉媒体和多通道知觉媒体;按接收的感官分,可以分为视觉媒体、听觉媒体、视听觉媒体;按媒体同时传递的学生的范围分,可以分为远距离教学媒体、课堂教学媒体和个别化教学媒体;按媒体的功能形式分,可以分为平面媒体、立体媒体、即时媒体和情境媒体等。

13.1.2　教学媒体的功能

教学媒体在教学中能发挥怎样的功能呢? 这里简要介绍教学媒体的基本功能和现代教学媒体的功能。[③]

一、教学媒体的功能

日本筑波大学的大内茂男教授从教育技术学角度分析了教学媒体的基本功能。

1.信息的记录、固定、再现、提示,即教学媒体具有记录、保存事物与现象、概念

---

① R. A. Reiser, J. V. Dempsey. Trends and Issues in Instructional Design and Technology. New Jersey: Pearson Education, Inc, 2002. 28

② 蔡铁权等. 现代教育技术教程. 北京:科学出版社,2000. 255~256

③ 钟启泉. 学科教学论基础. 上海:华东师范大学出版社,2001. 320~321,306~310

与思维过程,并视需要随时再现、提示的功能。

2. 信息的操作与编辑,即信息记录时或记录后可以选择和加工教学所需的信息。

3. 概念与价值的具象化,即能够在某种程度上把概念、关系、法则、原理乃至价值之类的抽象的本质的东西加以具象化。

根据上述三大基本功能,可以概括出教学媒体在教学中的基本作用是:协助教师教学;教学媒体的运用使得教师在教学中具有更大的弹性和变化;便于学生自学。

二、现代教学媒体的功能

这里所指的现代教学媒体主要是 20 世纪 90 年代发展起来的多媒体计算机及其以后出现的各类新媒体。这些媒体的主要功能如下。

1. 作为教与学、教师培训和学校信息管理的工具

现代教学媒体不仅包括离线工作工具(如磁盘或光盘),而且也是在线处理问题的手段(如计算机网络上的学习活动),如果将两者结合,这些媒体将是有力的教与学的"工具",它们能将多媒体的展示、交互、模拟与远程通讯等形式结合起来。现代教学媒体也可以作为教师培训的工具;此外,还可以作为学校信息管理的重要工具。

2. 促进教学模式开发与应用

教学中使用各种现代教学媒体,并不能保证现代教学媒体真正融入教学。教育工作者必须把现代教学媒体的特有功能和教学模式的改变结合起来,才可能有效发挥现代教学媒体的功能。

3. 作为教学内容的教学媒体

鉴于现代信息与通讯技术发展的动态性,在媒体教育中应该加强和完善对学生媒体素养的培养。一方面,强调学生利用现代教学媒体的能力,同时,培养他们对信息和知识的责任意识,其中知识的管理能力应该成为媒体素养的重要组成部分。

可从如下方面提高学生的媒体素养。

(1) 学生应该具有内涵丰富的阅读能力。除了语言能力,包括对图像和动态过程的感觉、分析与表征能力;他们应该具备基于网络的交往和合作能力,解释与评价残缺的信息和社会文化情境的能力。

(2) 学生应该能够适应媒体世界,即应该有认识媒体提供的各种内容与技术的机会,应该有接触网络的机会,能够使用搜寻程序以及其他技术工具。

(3) 学生应该区分真实与模拟世界,并进行相应的评价;能区分有意义与无意义的信息、真实与不可靠的信息。

（4）学生应该具备认识和使用多媒体与计算机网络进行设计的能力，因此，有必要了解（掌握）各种不同的符号系统、多媒体设计技术以及其他技术。

（5）学生能够对现代教学媒体传播的社会效应进行反思，技术发展对社会的影响进行讨论。学生能够评价现代教学媒体环境下的真实与虚拟的价值，具有分析和创造真实或虚拟环境的能力，能够体验和评价现代教学媒体的识别功能。

13.2　教学媒体的选择

在教学设计过程中，教学媒体的选择非常重要。多年来，研究者一直在思考：对某一学科或者某一学科中的特定内容，选择什么媒体才是最适合的？在大量研究的基础上，得出了影响教学媒体选择的因素，进而提出教学媒体选择的各种模式。

13.2.1　教学媒体选择的依据

教学媒体的选择是一项非常复杂的工作，影响教学媒体选择的因素众多。除了前述史密斯和瑞根等人的影响媒体选择的因素外，这里再介绍罗米斯佐斯基（A. J. Romiszowski）提出的影响媒体选择的因素模型[①]，加涅和布里格斯等人提出的影响媒体选择的七个因素[②]。

一、罗米斯佐斯基提出的模型

罗米斯佐斯基认为影响媒体选择的主要因素（见图 13-1）如下。

1. 教学目标

教学目标直接影响了学习任务的分析和学习人数的确定，因此，对媒体的要求也有所不同。

2. 特定的教学方法对媒体有不同的要求

例如，采用课堂讨论的教学方法，那么单向媒体（录音机、电视机等）就不太适用，因为单向媒体限制了反馈和相互交流。

3. 学习任务的影响

学习任务的类型不同，所采用的教学方法就不同，选用的教学媒体便有差异。

4. 学习者的特点

例如，对某些阅读有困难的小学生而言，如果选择视觉材料作为教学媒体，就会给他们的学习带来很大的障碍。

---

① 转引自孙可平. 现代教学设计纲要. 西安：陕西人民教育出版社，1998. 279
② R. M. 加涅等著. 皮连生等译. 教学设计原理. 上海：华东师范大学出版社，1999. 246～253

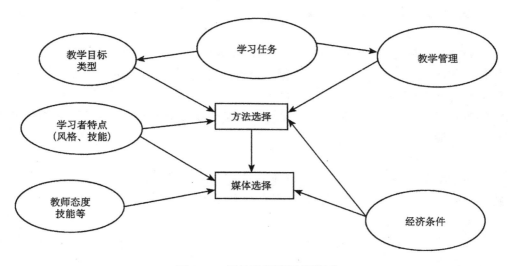

图 13-1　媒体选择的因素模型

5. 教学管理因素必须考虑

教学管理因素包括教学规模、教师能力、教学安排等。

6. 经济的现实条件

媒体的选择要考虑到经济实用性。如果可以用较便宜的教学媒体来上课,其效果与用价格高的教学媒体上课一样好,则应选用价格便宜的媒体。

7. 教师也是不可忽略的因素,特别是教师对教学媒体的运用技能和态度。

二、加涅等人的媒体选择模型

加涅等人提出 7 种影响因素。

1. 物理因素

这类因素主要由媒体的物理特性所决定。例如,有些媒体具有听觉功能(录音机等)、有些媒体具有视觉功能(静止图像等)、有些媒体能呈现运动的画面(动画片、电视等)。据此,教师可以根据不同媒体所具有的物理特性选择。

2. 学习任务

选择教学媒体时,必须仔细考虑不同类型的学习结果。如学习智慧技能时,为学生提供关于反应正误的准确反馈,对于学习的有效性非常重要。

3. 学习者

选择媒体时必须考虑学生的特点。已有的研究指出,教学效果随学生的特点如焦虑、控制点的不同而不同;喜欢特定学习方式的学习者,可以从适合其学习方式的媒体中受益。此外,学习者的某些个人因素也会影响媒体的选择,如学习者的阅读理解能力、经验水平(根据戴尔的"经验之塔")都是影响媒体选择的重要因素。

4. 学习环境

媒体的运用与学习环境的特点有关:①学校经费的多少;②班级大小;③开发新材料的能力;④广播、电视及其他媒体设备的可利用性;⑤教师从事教学设计的能力及可能性;⑥所设计的课件材料的可利用性;⑦校长与教师对革新的态度;⑧学校建筑。尽管这些因素在教学设计之初就已决定,但它们必须与特定的媒体相匹配才能发挥作用。

5. 开发环境

对于某项任务而言,如果设计与开发的资源不足,那么设计与此相应的传递系统,只能是空谈。也即时间、经费、可利用的人员,将影响传递系统的设计。

6. 经济和文化

该因素对媒体选择的影响非常复杂,因为它对人们选择媒体的态度产生非常重要的影响。

7. 实践因素等

在实际情境中,媒体是否适合主要取决于如下因素:学生人数、学生类型、预期的反应、刺激呈现的方式、班级环境布置的简单程度、室内光线以及其他环境条件。

显然,影响媒体选择的因素十分复杂,而忽略其中任何一种因素都可能影响教学设计的效果。但如果每次选择都对所有因素加以考虑,不仅耗时,事实上也很难做到。因为制约媒体选择的各种因素间的关系有时是相互抵触的,很难统一在同一选择目标上。一般采用先考虑重要因素,后考虑次要因素,必要时有些次要因素甚至可以忽略。通常认为,学习任务和学习者是最重要的因素,其余因素可以根据与教学活动关系的远近来划分主次因素。

13.2.2　教学媒体选择的模式

目前,已设计出多种媒体选择的模式,如矩阵分析模式、工作单分析模式、流程图分析模式等[①],此外,还有美国教育技术学专家海涅克提出了 ASSURE 模式。[②]

一、矩阵分析模式

该模式通常是两维排列,一维是媒体种类,另一维是教学功能,然后根据特定的评判尺度反映两者之间的关系。评判尺度可以用"适宜与否"或"高、中、低"等文字表示,也可用数字和字母表示(见表 13-1、13-2、13-3)。

---

①　孙可平. 现代教学设计纲要. 西安:陕西人民教育出版社,1998.291~298

②　Robert Heinich, Michael Molend, James D. Russell, Sharon E. Smaldino. Instructional Media and Technology for Learning(7th). New Jersey:Pearson Education, Inc, 54~80

表 13-1 矩阵式媒体选择表

功能 ＼ 种类	实物演示	声音传播	静止图像	活动图像	有声电影	教学机器
呈现刺激	Y	Li	Y	Y	Y	Y
引导注意和其他活动	N	Y	N	N	Y	Y
提供所期望行为的示范	Li	Y	Li	Li	Y	Y
提供外部刺激	Li	Y	Li	Li	Y	Y
指导思维	N	Y	N	N	Y	Y
产生迁移	Li	Y	Li	Li	Li	Li
评定成绩	N	Y	N	N	Y	Y
提供反馈	Li	Y	N	Li	Y	Y

注：Y——有功能；N——没有功能；Li——功能有限

表 13-2 媒体教学特性比较表

教学特性 ＼ 媒体种类		程序课本	模型	幻灯片	电影	投影	电视	反应分析装置	模拟机	录像	教育信息处理器	计算机教学系统
功能	呈现信息	★	□	★	★	□	★	×	□	★	×	□
	反馈信息	□	△	×	△	□	×	□	★	□	×	★
	激起反应	★	□	★	□	□	★	×	△	★	×	★
	控制反应	★	△	□	□	△	□	×	★	△	×	□
	诊断、评价	□	△	×	×	×	×	★	□	×	★	★
目标	知识	★	□	★	★	★	□	⋮	×	★	⋮	★
	技能	△	□	×	□	□	×	⋮	★	★	⋮	△
	方法	□	□	△	□	△	□	⋮	□	□	⋮	□
	态度	△	□	★	×	□	★	⋮	△	△	⋮	△
代价	准备的精力	△	□	×	□	□	□	△	×	□	×	×
	设备投资	△	△	△	△	△	△	×	×	×	×	×
	日常耗费	★	□	×	□	□	★	□	★	△	□	□
	保存性	□	□	△	★	□	△	△	□	★	□	□
	反复性	□	★	△	★	★	×	×	□	★	△	△

续表

教学特性＼媒体种类		程序课本	模型	幻灯片	电影	投影	电视	反应分析装置	模拟机	录像	教育信息处理器	计算机教学系统
使用方式	便利性	□	□	△	★	★	★	□	□	□	×	△
	个别指导	□	□	×	□	×	□	×	★	★	×	★
	集体指导	□	□	★	□	★	★	★	×	□	□	□
	实用性	□	□	□	□	★	★	□	★	□	△	△

注：★很有利，□较有利，△困难，×不利。

表 13-3　教学媒体特性一览表

教学特性＼媒体种类		模型	无线电	录音	幻灯	电影	电视	录像	计算机
表现力	空间特性	+	—	—	+	+	+	+	+
	时间特性	—	+	+	—	+	+	+	+
	运动特性	—	—	—	—	+	+	+	+
重现力	即时重现	—	—	—	—	—	+	+	+
	事后重现	+	—	+	+	+	—	+	+
接触面	无限接触	+	—	—	—	—	+	—	△
	有限接触	+	—	+	+	+	+	+	+
参与性	感情参与	—	+	+	—	+	+	+	+
	行为参与	+	—	+	+	+	—	+	+
受控性	易　控	+	—	+	+	+	+	+	*
	难　控	—	+	—	—	—	+	—	—

注："+"表示强，"—"表示弱，"△"表示随着网络的发展，接触面将迅速扩大，"＊"表示稍有难度。

二、工作单分析模式

这种模式主要通过 7 个具体步骤来实现。

①陈述媒体呈现后所表现出来的新行为（活动、表现）。

② 将这些新行为分类（认知的、情感的、动作技能的），如果是多种行为根据其

重要性排序。

　　③ 列出工作单,选出最适合这种学习的媒体,并列出其生产的最低花费。

　　④ 陈述学生使用哪一种感觉显示新的行为,多于一种感觉则按其重要性列出顺序。

　　⑤ 指明第③步骤中花费最低的媒体;在学生对表现行为采取同一种观点的条件下,指明什么场合、呈现哪一种信息学生才会使用?

　　⑥ 从第⑤步骤所列的项目中选择最可能使用的信息呈现设备。

　　⑦ 用这种媒体是否适合所设计的信息呈现模式? 如果不适合,选择下一个最便宜、最可行、最符合要求的媒体。

　　表 13-4,13-5 是媒体花费和内容适当性的调查表和选择媒体的工作单。

表 13-4　媒体选择工作单

媒体	产品花费	复制花费	听众类型	内容适当性			使用的感觉
				认知的	情感的	动作技能	
录音带	低	低	群体或个人	差	一般	差	听
幻灯片	低	低	群体或个人	好	好	好	看
投影膜片	中等、低	低	群体	好	一般	一般	看-听
幻灯片/音像带	中等、低	低	群体或个人	好	好	非常好	看-听
电视	高	中等、低	群体或个人	一般	非常好	非常好	看-听
电影	非常高	中等、低	群体或个人	一般	非常好	非常好	看-听
模拟	非常高	非常高	个人	好	好	非常好	看-听、嗅-触、身体运动
计算机	高	中等、低	群体或个人	好	差	好	看-听、触、身体运动

三、流程图分析模式

　　流程图分析模式将选择过程分解成一套按序排列的步骤,每一步骤都设有一个问题,由选择者回答"是"或"否",然后按逻辑被引入不同的分支,回答完最后一个问题,就得到一种或一组被认为是最适合于特定教学情境的媒体。这种模式考

表 13-5 媒体选择调查表

1. 新行为：
2. 将新行为分类（如果多于一种学习任务类型，列出重要程度的顺序）：
   认知的（事实的信息）_____
   情感的（价值、感情、情感）_____
   动作技能（身体移动）_____
3. 适合于这种学习类型的媒体（从上表中）：
4. 用于呈现新行为的感觉（如果多于一种感觉，按重要性列出顺序）：
   感觉_____
   听觉_____
   嗅觉_____
   触觉_____
   身体移动_____
5. 媒体的花费（从上表）：
6. 媒体最容易生产和局部使用：
7. 所推荐的媒体用于：
   群体呈现_____
   个体使用_____

虑的因素非常全面，但缺点是过于复杂，也过于死板。必须指出，教学媒体的选择
及其流程图的设计，是受一定的学习理论及规律指导的，并非是一个单纯的技术问
题。图 13-2 是罗米斯佐斯基的视觉媒体选择流程图。图 13-3～13-5 是肯普依据
不同教学组织形式而提出的班级授课、小组相互作用和个别化学习的媒体选择流
程图。这些流程图仅是一种示范，在实际使用时，必须根据指导教学的理论进行灵
活的变通。

四、ASSURE 模式

1. 分析学习者（analyze learners）

教师必须了解学习者的特征，才能选择最佳教学媒体，以达成教学目标。教师
主要分析学习者的如下特征：①一般特征，包括年龄、性别、心智成熟度、文化和社
会经济背景、语言能力、一般学习能力、兴趣以及媒体偏好等；②具体的起点能力，
主要指学习者学习新内容前已具备的先决经验、知识、技能和能力等；③学习风格，
学习风格是指学习者对于学习环境在心理层面的感知、交互方式和情感反应。学
习风格变量主要包括感知偏好和程度、信息加工习惯、动机因素和生理因素。

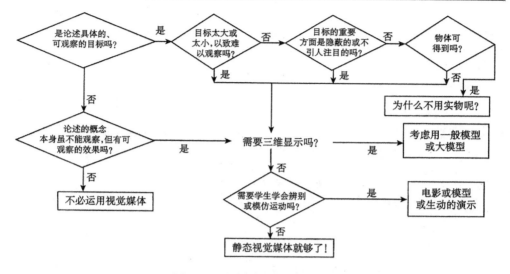

图 13-2　视觉媒体选择流程图

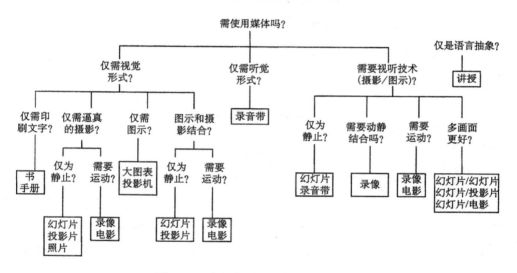

图 13-3　班级授课的媒体选择流程图

2. 陈述教学目标(state objectives)

教学目标是教学的起点和归宿。编写教学目标时,一般包括如下要素:①对象;②行为,不宜用"懂得"、"了解"、"欣赏"等不具体、含糊的动词进行叙述;③条件,应阐明被观察的行为发生的根据;④程度或标准,详尽叙述的目标必须包括可以接受的行为、评价的标准,包括时间限制、精确程度、所要求的正确反应的比例、定性标准。

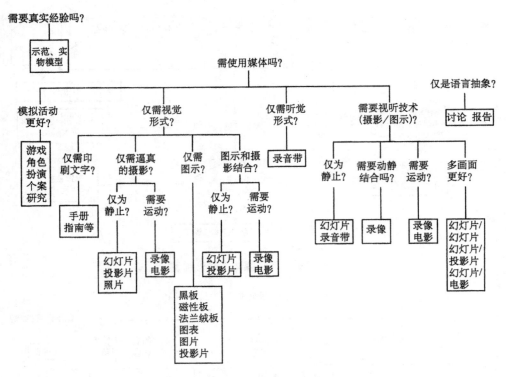

图 13-4　小组相互作用媒体选择流程图

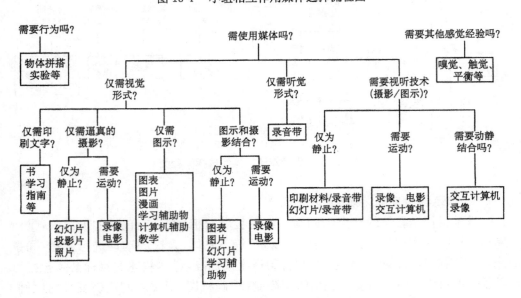

图 13-5　个别化学习的媒体选择流程图

3. 选择方法、媒体和材料(select methods，media and materials)

选择过程包括三个步骤：①根据给定的学习任务选择适当的方法；②选择与方法相匹配的媒体形式；③选择、修改和设计适合媒体形式的具体材料。

4. 利用媒体与材料(utilize media and materials)

接着需要计划如何运用媒体与材料，其基本步骤是：①预览或试用材料；②准备媒体和材料；③安排环境；④学习者做好准备，其作用包括引导注意、增加动机、提供理性；⑤提供学习经验。

5. 要求学习者参与(require learner participation)

学习者的主动参与包括学习者本身的主动参与和对其参与作出反馈。学习者主动参与学习过程有助于提高学习效果。讨论、简短的测验、应用性的练习等都可以为学习者提供参与的机会。反馈可来自于自身、设备或他人。研究表明，最重要的反馈是人际间的反馈，这是因为面对面的反馈比图片等信息更生动、更加人性化。

6. 评价和修改(evaluate and revise)

评价包括评价学习者的学习成就和媒体与方法的使用情况。评价本身有很多目的，这里仅介绍与媒体有直接或间接联系的两项评价：①学生学习成就评价。评价方法要视目标的性质而定。有些目标只要求学生学习简单的认知技能，采用传统的纸笔测验和口试即可；有些目标要求学生表现"过程行为"，例如解答四则运算应用题、示范体操动作，对此，教师可以布置一种情境，以观察评价实际的行为表现；有些目标要求表现某方面的态度，通常可用"态度量表"，从各个层面作较长时间的观察记录。②媒体运用和教学方法的评价。包括所使用的教学媒体和方法是否有效实现了教学目标？能否加以改进？从学生的学习成就看，是否确实有效？等等。

最后，根据评价中所收集到的数据，修改媒体、方法和材料。

思考题：

1. 什么是教学媒体，有哪些类型？
2. 试述教学媒体的功能。
3. 阐明教学媒体选择的依据。
4. 怎样根据特定类型的学习任务，运用适当的教学媒体选择模式进行媒体选择？

第 14 章　教学设计方案的编制

教学目标:

1. 描述教学设计的文本、流程图形式;
2. 制作规范的教学设计方案。

教学设计方案既是教学设计工作的总结,也是教学实施的依据。教学设计方案的编制需要服从一定的原则,按照合理的程序。教学设计方案的形式可以是多种多样的,不同的学科也可以用不同的表现形式,如文本形式、文本和流程图相结合的形式、文本和表格相结合的形式等等。

这里介绍文本、流程图形式。所谓文本、流程图形式,就是指根据方案编制的需要,以文本和流程图相结合来编制教学设计方案。

14.1　教学设计方案编制的原则和程序

教学设计方案的编制应遵从一定的原则,否则,设计的方案相互之间就缺乏共同的学术交流语言。如果各行其是,随心所欲,就会有损于教学设计的科学性和严肃性;同时,也不利于学术积累、学术建设和学术创新。教学设计方案编制在很大程度上取决于设计者的理论水平、业务水平和实践能力;教学设计方案编制也有自身的规律,因此,教学设计方案编制要按照一定的程序来做,以保证教学设计方案编制的有序进行。

14.1.1　教学设计方案编制的原则

由于教学设计的特点,在编制教学设计方案时,需要遵从一定的原则,以保证教学设计的规范、科学,同时又是可以在实际教学活动中能操作的一种实用的预定的实施方案。

基础教育课程改革提出以学生发展为本,为了每一个学生的发展。这就是说,既要保证全体学生的发展,也要保证每个学生个体全面的和谐的发展,还要使学生全程发展,即可持续发展、终身发展,而且要让每个学生主动地发展。教学设计要为学生的这种发展,设计合理的教学策略,运用各种媒体,创设情境,创造条件,让学生在知识与技能、过程与方法、情感态度与价值观等方面得到全面的教育。

提高全体学生的科学素养,是科学的使命和科学教育的宗旨。当前,公民的科学素养已经成为社会进步的基本因素,是国家昌盛兴旺的根本,提高公民的科学素养成为世界各国科学教育改革的核心议题,也是我国基础教育课程改革的重要目标之一。教学设计方案必须落实科学素养的培养。

激发学生自主学习的热情,创设自主学习的情境,引导学生主动参与,乐于探究,勤于体验,积极互动,在沟通和对话中,建构知识,掌握和运用知识。

基于上述理念,可以认为教学设计方案的编制具有以下原则。

1. 规范性与创新性共存

教学设计方案的编制应遵从一定的规范,例如教学目标的编写,形成性评价的实施等等。只有是规范的,才是科学的。规范反映教学的客观规律,发挥理论的指导性,规范保证教学的质量和效率。但教学设计方案又应充分反映教师的个性,反映教师的风格,体现教师的水平和处理教学问题的独特的艺术。创新是对规范的完善和发展,规范是对创新的引领和保障。

2. 理论指导与实际操作结合

教学设计方案编制不能脱离理论的指导,任何一种方案的确定,都与所遵从的理论相联系。建构主义理论、认知发展理论分别指导下的设计方案肯定是不一样的。但是,教学设计方案是教学实施的蓝图,要转化成教学实践的行为,因此必须表明具体的教学流程,给出教学策略,明确可操作的方法。

3. 要素分析与整体综合统一

对教学设计中的各种要素都要事先进行具体的分析与阐释,这种分析,揭示了教学中各个要素的内涵,确定了它们在教学中的地位与作用,揭示了教学过程的本质。但如果没有整合,则这些要素是分裂的,不可能产生整体的功能,更不可能达到教学系统的优化。

4. 教师施教与学生学习协调

教学是教与学共同的活动,在教学过程中,要实现"交互主体性"原则,教师与学生交互协调,沟通对话。

5. 静态设计与动态教学兼顾

教学设计方案编制前的前期分析,固然是建立在科学理论的基础上的,但它对教学设计过程的作用是一种实施实际教学前的准备。教学目标的阐明,教学策略的制定是对教学实施的预设,设计方案的制定是静态的。但实际教学过程的发生和进展是动态的,是不断变化的,而且其变化是很难预测的。因此必须兼顾静态教学设计与动态教学实施之间的协调,设计方案要留有充分的空间和具有足够的弹性。

14.1.2 教学设计方案编制的程序

根据我们几年来的教学设计实践,根据基础教育课程改革的新理念,教学设计

尽管课文的篇幅不长,但内容生动,寓意深长。

全文共有 8 个自然段,可以分成 2 课时进行学习。第 2 课时主要学习 4 至 8 自然段。第 4 至 7 自然段,具体描述了狐狸是如何一次又一次地奉承乌鸦,使乌鸦逐渐失去警惕,最后受骗上当的经过;第 8 自然段,概述了狐狸骗到肉后跑掉了。课文通过三次对话,形象地表现了狐狸的狡猾和乌鸦的轻信。对话过程中,狐狸和乌鸦的神态生动地反映了它们的心理变化。据此,教师应恰当运用教学媒体,引导学生分析和领会课文的寓意;提出恰当的问题,为学生的有效讨论作好铺垫;设计符合小学生特点的朗读和表演环节。

(1) 教学重点

①狐狸的 3 次施计;

②乌鸦的 3 次不同反应;

③有感情地朗读;

④懂得"爱听奉承话,容易受骗上当"的寓意。

(2) 教学难点

①表述乌鸦的 3 次不同反应的心理过程;

②懂得"爱听奉承话,容易受骗上当"的寓意。

2. 学习者分析

对乌鸦和狐狸的寓言形象和寓言故事的特点已有一定的认知基础。通过第 1 课时的学习,已能正确朗读生字、生词;初步具备语言表达能力和合作学习的技能;已能根据事实进行简单的是非判断。但是,对于讨论问题的提出、寓意的深入理解和归纳总结等内容,还有一定的难度。

3. 教学目标

(1) 知识与技能

①识记生字、生词;

②叙述狐狸欺骗乌鸦的经过;

③正确、流利、有感情地分角色朗读狐狸和乌鸦的三次对话;

④解释狐狸对乌鸦所说的三次话的用意。

(2) 过程和方法

讨论乌鸦被骗、狐狸得逞的经过;

(3) 情感、态度与价值观

初步懂得"喜欢听奉承话容易受骗上当"的道理。

4. 教学准备

多媒体课件;4 人一小组,每组自制一套狐狸和乌鸦的头饰,收集乌鸦和鹦鹉羽毛的图片,查找乌鸦和黄莺叫声的录音。

5.板书设计

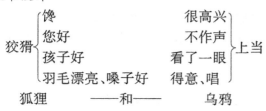

6.教学过程设计

【导入新课】

通过上节课的学习,我们已经知道,乌鸦叼着肉,心里很高兴;狐狸看见乌鸦叼着肉,馋得直流口水。那么,狐狸是怎样骗到乌鸦嘴里的肉的呢? 以此激疑,引发学生的学习动机和学习兴趣,并根据小学二年级学生的认知特点,运用多媒体课件播放故事的开头和结尾,以此创设教学情境,集中学生的注意力,自然地引入教学主题。

【新课教学】

①初读 4 至 8 段,整体感知

根据播放的片段,同学们有何想法? 学生可能会提出如下问题:"乌鸦找到一片肉,站在窝旁边的树枝上,狐狸这时也出来找食,乌鸦怎么张嘴了呢?","狐狸馋得直流口水,它会想什么? 会怎么做? 目的达到了吗?","狐狸是怎么把肉骗到手的呢?"

教师在学生提问的基础上,引导学生借助教材通过小组合作的形式,带着问题学习新内容。各组的同学默读课文,在此基础上,请某位同学朗读课文,组内的其他同学判断并纠正该同学的读音、情感,巩固上节课已学的生字。请某一小组概述4 至 8 段的大意。

②合作讨论,揭示寓意

继续运用合作学习方式熟读课文。教师在学生学习的基础上,结合学生提出的上述问题,归纳提出讨论的核心问题:"狐狸说了几次话? 分别是怎么说的? 乌鸦有何反应?"组内讨论上述问题。组内讨论时,可以借助课前搜集的有关资料,如鹦鹉和乌鸦的羽毛,黄莺和乌鸦叫声的录音;也可以让某位同学模仿黄莺和乌鸦的叫声。教师进一步提出讨论问题:"狐狸说的话是真的吗? 从哪里可以看出? 它为什么要这样说? 乌鸦开始为什么不作声? 后来看了一眼还是不作声,'看了一眼'是什么意思? 乌鸦最后却张开嘴唱了,说明了什么?"

在学生讨论的基础上,教师播放全文内容的多媒体课件,加深学生的理解。随机地请一小组汇报讨论的结果。学生回答时,教师随时抓住重点词语进行点拨,结合已播放的多媒体课件,帮助学生深入理解寓意,进而引导学生进行如下总结。

狐狸对乌鸦说了三次话:

第一次:"笑着"是装出一副笑脸,"您"是"你"的尊称,目的是讨好乌鸦。

第二次:称"亲爱的乌鸦"、"问孩子好",表示亲近、关心,进一步讨好乌鸦。

第三次:"羽毛漂亮"、"嗓子好"、"会唱歌",为了奉承,别有用心地吹捧——使乌鸦张嘴。

乌鸦听了狐狸的话后:

第一次:"不作声",觉得狐狸的话虽然好听,但嘴里有肉不便回答。

第二次:"看了一眼,还是不作声",乌鸦有点动心了,但怕丢了肉,还是有所警惕。

第三次:得意极了,高兴得把一切都忘了,也忘了嘴里的肉,结果乌鸦受骗了,狐狸的骗局得逞。

最后,教师把讨论的结果填入下面的表格。

	狐狸的话	乌鸦的反应
第一次		
第二次		
第三次		

③角色扮演,朗读训练

在此基础上,教师趁热打铁,指导学生分角色朗读或分角色表演,从朗读或表演中获取学生是否真正懂得了寓意的反馈信息。

教师播放"4 至 7 自然段"内容的多媒体课件,要求学生认真听狐狸说话的语气,注意观察狐狸和乌鸦的表情。对此,教师可以给予如下指导并示范之:

狐狸第一次用尊敬、问候的语气,想讨好乌鸦;第二次用亲近、关切的语气,想对乌鸦献媚;第三次用夸奖、赞美的语气,欲吹捧乌鸦。乌鸦的表现是愿听好话,越听越高兴,读"哇……"时,声音要适当放低、拉长。

学生在揣摩课件内容的基础上,拿出准备好的头饰,分组练习朗读。教师请两位同学分别扮演狐狸和乌鸦,其他同学担任评委。如果时间许可,教师还可以请学生表演乌鸦受骗上当后的感受。

④教学内容延伸

教师引导学生讨论,"你们能帮助狐狸找到除了骗之外能吃到肉的好办法吗?""乌鸦怎样才能不丢掉肉?"以此训练学生的发散性思维。学生的回答可能是多角度的,对此教师应恰当对待。

学生还可以围绕如下问题进行讨论:"在生活中如何避免上当受骗?","狐狸和乌鸦的故事留给我们的教训是什么?"

【小结】

请不同的同学概述本节课的寓意。全班有感情地齐读 4 至 8 自然段。

【形成性练习】

① 填空

乌鸦（　　）给她的孩子找东西吃。她找到（　　　），（　　）回来，（　　　）窝旁边的树枝上，心里（　　　）。狐狸抬起头看见乌鸦嘴里的肉，馋得（　　　），并笑着说："（　　）。"见乌鸦不作声，狐狸又说："（　　　）。"最后，又说："（　　　　　　）。"

② 造句

—……就……

③给下列句子加上标点符号，并按语气朗读。

乌鸦的嗓子好吗

乌鸦的嗓子不好

亲爱的乌鸦您唱几句吧

④续写寓言故事

以《肉被骗走后》为题编一个小故事。

⑤ 把寓言故事讲给爸爸妈妈听。

7. 资源及媒体的应用

课前利用网络查找和收集乌鸦、鹦鹉羽毛的图片和黄莺、乌鸦叫声的录音。利用网络查找狐狸和乌鸦的视频资源，并根据教学设计方案的要求事先制作好上述内容的课件，提供教学之用，这既为提高课堂教学效率做好准备，又为课堂教学过程中师生之间有效的沟通和对话打下基础。运用多媒体课件导入新课，这样，既比以往的用语言导入新课更能激发起学生的学习动机和学习兴趣，也更加符合小学生的认知特点并充分体现学习内容的特点。利用学生自制的头饰，开展情境学习，这既有利于学生更好地理解寓言，也为师生之间的有效交互提供了平台。

8. 教学设计后记

本内容的设计遵循了小学《语文课程标准（实验稿）》的理念，并结合课文内容恰当创设情境。利用多媒体课件创设情境，引导学生理解课文，变抽象为具体，突破教学重、难点。小学生的好奇心容易被激发，于是，在教学设计时，根据学生的认知特点，恰当地提出讨论问题，并创设了师生互动、生生互动、合作学习的情境，引导学生通过讨论，寻找并归纳寓意。这样，既有效地促进了学生参与到教学活动中，并进行主动学习和自主建构知识，又能充分发挥教师的指导作用。此外，情境学习也是一个特色。

14.2.2 案例二："曲线运动"（高中物理）

教学设计思路：根据高中物理教学过程的特点之一———突出探究和信息技术

的速度方向朝得分区方向? 曲线运动的速度方向究竟沿什么方向?

　　学生经讨论提出了猜想:沿着曲线的切线方向。为了验证这一猜想,各小组讨论并提出可能的实施方案:①旋转带水的雨伞,观察水滴飞出时的方向;②观察砂轮切割物体时,火星沿着砂轮飞出的方向;③完成教材中设计的实验探究。在上述三个方案中,考虑到器材的问题,教师可以播放事先制作好的视频片段,供学生小组收集证据和讨论之用;对于方案三,教师可以根据学校的器材情况,引导各小组根据各组设计的实验步骤进行实验探究,仔细观察并记录与实验现象有关的数据与证据。

　　各小组讨论和交流实验结果,提出各种解释,进而在师生互动的基础上得出结论。对学生而言,做出正确的解释较难,教师应做好引导工作。通过引导,教师和学生一起得出结论:质点在作曲线运动时,在某一位置的速度方向就是曲线在这一点的切线方向。

　　B. 理性探究

　　学生思考教材中的问题:曲线运动的瞬时速度和直线运动的瞬时速度意义是否相同? 学生利用电脑开展理性探究:曲线运动转化为直线运动。各小组根据研究的需要,选取适当的线段进行放大,并仔细观察经放大后的现象。

　　教师鼓励各小组大胆阐述自己的探究结果,并根据学生的讨论归纳出:从很短的距离看,一切曲线运动都可以看作直线运动。由此可见,曲线运动的瞬时速度和直线运动的瞬时速度的意义在本质上是相同的。

　　③曲线运动的条件和实例分析

　　A. 曲线运动的条件

　　在生活中,为什么有的物体作直线运动,而有的物体作曲线运动? 什么时候物体才能作曲线运动呢?

　　学生思考教师提出的问题。教师引导:曲线运动是一个变速运动,根据牛顿第二定律,要使物体的速度发生改变,必须对物体施加力的作用。那么,这个力应该怎样施加给物体呢?

　　学生在教师的引导下,分小组进行实验探究。实验探究的内容是:钢珠在水平面上做直线运动,磁铁要在什么方向上吸引钢珠,钢珠才会偏离原来的运动方向而作曲线运动?

　　学生开展实验探究时,教师可以根据具体的探究情况做好如下引导:①条形磁铁放在小钢珠运动的前方,能使小钢珠作曲线运动吗? ②条形磁铁放在小钢珠运动的后方,能使小钢珠作曲线运动吗? ③条形磁铁放在什么位置才能使小钢珠作曲线运动?

　　各组根据实验结果,提出各种解释。最后,教师在学生讨论的基础上,归纳得出:当运动物体所受合外力的方向跟它的速度方向不在同一直线上时,物体就作曲

【小结】

请不同的同学概述本节课的寓意。全班有感情地齐读 4 至 8 自然段。

【形成性练习】

① 填空

乌鸦(　　)给她的孩子找东西吃。她找到(　　)，(　　)回来，(　　)窝旁边的树枝上，心里(　　)。狐狸抬起头看见乌鸦嘴里的肉，馋得(　　)，并笑着说："(　　)。"见乌鸦不作声，狐狸又说："(　　)。"最后，又说："(　　)。"

② 造句

　　—……就……

③给下列句子加上标点符号，并按语气朗读。

　　乌鸦的嗓子好吗

　　乌鸦的嗓子不好

　　亲爱的乌鸦您唱几句吧

④续写寓言故事

　　以《肉被骗走后》为题编一个小故事。

⑤ 把寓言故事讲给爸爸妈妈听。

7. 资源及媒体的应用

课前利用网络查找和收集乌鸦、鹦鹉羽毛的图片和黄莺、乌鸦叫声的录音。利用网络查找狐狸和乌鸦的视频资源，并根据教学设计方案的要求事先制作好上述内容的课件，提供教学之用，这既为提高课堂教学效率做好准备，又为课堂教学过程中师生之间有效的沟通和对话打下基础。运用多媒体课件导入新课，这样，既比以往的用语言导入新课更能激发起学生的学习动机和学习兴趣，也更加符合小学生的认知特点并充分体现学习内容的特点。利用学生自制的头饰，开展情境学习，这既有利于学生更好地理解寓言，也为师生之间的有效交互提供了平台。

8. 教学设计后记

本内容的设计遵循了小学《语文课程标准（实验稿）》的理念，并结合课文内容恰当创设情境。利用多媒体课件创设情境，引导学生理解课文，变抽象为具体，突破教学重、难点。小学生的好奇心容易被激发，于是，在教学设计时，根据学生的认知特点，恰当地提出讨论问题，并创设了师生互动、生生互动、合作学习的情境，引导学生通过讨论，寻找并归纳寓意。这样，既有效地促进了学生参与到教学活动中，并进行主动学习和自主建构知识，又能充分发挥教师的指导作用。此外，情境学习也是一个特色。

14.2.2　案例二："曲线运动"（高中物理）

教学设计思路：根据高中物理教学过程的特点之一——突出探究和信息技术

与高中物理教学整合的理念,进行整体设计。在前期分析(包括学习需要、学习任务、学习者、学习背景分析)的基础上结合《普通高中物理课程标准(实验)》,制定了教学目标,选择和设计了教学策略,进行教学设计方案的形成性评价。在"选择和设计教学策略"环节中,主要突出了学习方式的设计和教学媒体的有效运用。对于"曲线运动概念"的引入,主要采用情境学习方式;对于"曲线运动的速度方向"内容,主要采用探究学习和合作学习方式;对于"曲线运动的条件"内容,主要采用以实验探究学习方式为主、案例分析和接受性学习相结合的方式。对于教学媒体的选择,在课堂教学开始之际,运用四个表现曲线运动的视频片段,引导学生讨论得出曲线运动的定义;在学习"曲线运动的速度方向"时,播放三个作曲线运动的视频片段,引导学生提出探究问题,在此基础上,选择多媒体计算机,研究"从很短的距离看,曲线运动和直线运动的本质是否一致";在学习"曲线运动的条件"时,运用了两张图片和一个视频片段,引导学生深入讨论曲线运动的条件。

1. 学习任务分析

"曲线运动"是教育科学出版社 2006 年出版的《物理(必修 2)》(普通高中课程标准实验教科书)第一章抛体运动中第一节的内容,主要内容包括:曲线运动的速度方向和曲线运动的条件。

根据加涅的学习结果分类理论,曲线运动的速度方向和曲线运动的条件都属于"智慧技能"范畴,这两个内容都比较抽象,因此,学习者无法通过接受性的学习而习得;但与此同时,根据该任务的结构特点和学习者初中已学的内容,可以判断:学习者对上述内容的学习已有一定的知识和经验基础,经过努力是能达到主动建构的,此外还能获得许多接受性学习无法给予的体验,故能采用新的学习方式。本节课的内容又为学生学习"运动的合成与分解"、"平抛运动"和"斜抛运动"等内容打下基础。

(1) 教学重点

①曲线运动速度方向的确定;

②曲线运动的条件。

(2) 教学难点

①曲线运动速度方向的确定。

2. 学习者分析

学习者是高中一年级第一学期的学生。通过初中相关内容的学习和平时生活经验的积累,对"曲线运动的速度方向和曲线运动的条件"的内容已有一定的生活经验和认知基础,并对生活中曲线运动现象比较感兴趣。初步具备开展探究学习和合作学习的能力,但是对于探究实验的设计、探究结论的得出等方面,对学生来说还有一定的难度。因此,从学生的认知能力看,本节内容处于学生学习的"最近发展区"。

3. 教学目标

(1) 知识与技能

①描述曲线运动的定义;

②说出曲线运动的特征;

③在给定的情境中,能标出作曲线运动物体的速度方向;

④能判定作曲线运动的条件;

(2) 过程与方法

①探究物体作曲线运动的规律和条件;

②掌握"确定作曲线运动物体的速度方向"的方法;

③建立"取值范围足够小时,曲线和直线的统一性"的观点。

(3) 情感态度与价值观

①认识物理实验在物理研究过程中的重要作用;

②体会物理学与技术发展、日常生活的关系。

4. 教学准备

与课堂教学相关的 7 个视频片段、两张图片;4 人 1 小组(异质分组),每组 1 套下列器材:水平底板、透明胶片、小钢球(或钢珠)、红印泥、条形磁铁,每组 1 台多媒体计算机;课件;多媒体教室。

5. 教学过程设计

(1) 具体的教学过程

【导入新课】

为了激发学生的学习动机和学习兴趣,并根据高一学生的认知特点,教师播放"过山车的运动"、"赛车在弯道上的运动"、"鸟沿优美的弧线飞行"和"运动员踢出的'香蕉球'"4 个视频片段,创设教学情境。引入教学主题:曲线运动。

【新课教学】

①曲线运动的定义和特征

学生分析、比较上述四种运动共同点。经过讨论,发现:上述四种运动的轨迹都是弯曲的。

教师在学生讨论的基础上,归纳得出:物体运动轨迹是曲线的运动叫做曲线运动。

②曲线运动的速度方向

A. 实验探究

学生举出生活中物体作曲线运动的例子。在学生举例的基础上,教师播放"运动员掷出链球和铁饼的运动"的视频片段,并提出问题:投掷链球和铁饼时,什么时候放手才能使它们落入得分区?师生共同讨论得出:必须使它们的速度方向朝得分区方向时,才能使它们落入得分区。接着,教师进一步提出探究问题:什么位置的速度方向朝得分区方向？曲线运动的速度方向究竟沿什么方向？

　　学生经讨论提出了猜想:沿着曲线的切线方向。为了验证这一猜想,各小组讨论并提出可能的实施方案:①旋转带水的雨伞,观察水滴飞出时的方向;②观察砂轮切割物体时,火星沿着砂轮飞出的方向;③完成教材中设计的实验探究。在上述三个方案中,考虑到器材的问题,教师可以播放事先制作好的视频片段,供学生小组收集证据和讨论之用;对于方案三,教师可以根据学校的器材情况,引导各小组根据各组设计的实验步骤进行实验探究,仔细观察并记录与实验现象有关的数据与证据。

　　各小组讨论和交流实验结果,提出各种解释,进而在师生互动的基础上得出结论。对学生而言,做出正确的解释较难,教师应做好引导工作。通过引导,教师和学生一起得出结论:质点在作曲线运动时,在某一位置的速度方向就是曲线在这一点的切线方向。

　　B. 理性探究

　　学生思考教材中的问题:曲线运动的瞬时速度和直线运动的瞬时速度意义是否相同？学生利用电脑开展理性探究:曲线运动转化为直线运动。各小组根据研究的需要,选取适当的线段进行放大,并仔细观察经放大后的现象。

　　教师鼓励各小组大胆阐述自己的探究结果,并根据学生的讨论归纳出:从很短的距离看,一切曲线运动都可以看作直线运动。由此可见,曲线运动的瞬时速度和直线运动的瞬时速度的意义在本质上是相同的。

　　③曲线运动的条件和实例分析

　　A. 曲线运动的条件

　　在生活中,为什么有的物体作直线运动,而有的物体作曲线运动？什么时候物体才能作曲线运动呢？

　　学生思考教师提出的问题。教师引导:曲线运动是一个变速运动,根据牛顿第二定律,要使物体的速度发生改变,必须对物体施加力的作用。那么,这个力应该怎样施加给物体呢？

　　学生在教师的引导下,分小组进行实验探究。实验探究的内容是:钢珠在水平面上做直线运动,磁铁要在什么方向上吸引钢珠,钢珠才会偏离原来的运动方向而作曲线运动？

　　学生开展实验探究时,教师可以根据具体的探究情况做好如下引导:①条形磁铁放在小钢珠运动的前方,能使小钢珠作曲线运动吗？②条形磁铁放在小钢珠运动的后方,能使小钢珠作曲线运动吗？③条形磁铁放在什么位置才能使小钢珠作曲线运动？

　　各组根据实验结果,提出各种解释。最后,教师在学生讨论的基础上,归纳得出:当运动物体所受合外力的方向跟它的速度方向不在同一直线上时,物体就作曲线运动。

B. 实例分析

教师呈现图片一:人造卫星绕地球运动;图片二:速滑运动员做弯道滑跑。要求学生讨论:人造卫星和运动员各靠什么力来改变运动方向而作曲线运动的? 教师在学生讨论的基础上,引导学生得出:①地球对卫星有作用力;②速滑运动员是靠侧身弯腰和摩擦力作曲线运动的。

为了进一步阐明"运动员踢出的'香蕉球'的成因",教师慢镜头重播"运动员踢出的'香蕉球'"片段,并利用课前制作的课件,讲解"香蕉球"的成因。

【小结】

教师与学生一起完成本节课的总结。

【形成性练习】

① 关于曲线运动,下列说法正确的是(　　　)。

　　A. 曲线运动一定是变速运动

　　B. 曲线运动速度的方向不断变化,但速度的大小可以不变

　　C. 曲线运动的速度方向可能不变

　　D. 曲线运动的速度大小和方向一定同时改变

② 物体在力 F_1、F_2、F_3 的共同作用下做匀速直线运动,若突然撤去外力 F_1,则物体的运动情况是(　　　)。

　　A. 必定沿着 F_1 的方向作匀加速直线运动

　　B. 必定沿着 F_1 的方向作匀减速直线运动

　　C. 不可能作匀速直线运动

　　D. 可能做直线运动,也可能作曲线运动

③图 14-2 为一汽车在训练场上的运动轨迹,汽车先后经过 A,B,C 三点。已知汽车经过 A,B,C 三个位置时,速率计上的读数分别为 20km/h,25km/h,30km/h。试在图 14-2 上作出物体在三个位置的速度矢量。

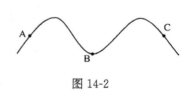

图 14-2

（2）教学过程流程图（见图 14-3）

6. 教学设计后记

本教学设计的突出特点主要表现在以下几个方面:①根据基础教育课程改革的理念,着重运用探究学习方式,解决了本节课教学的重点和难点,即曲线运动的速度方向和曲线运动的条件。改变了以往"以定论式的结果告诉学生"的接受性学习方式,重视了学生的体验;②充分体现信息技术和高中物理教学整合的理念,根据整合实施的需要,运用媒体创设情境;③适当运用实验探究和理性探究的学习方式,并结合采用合作学习。

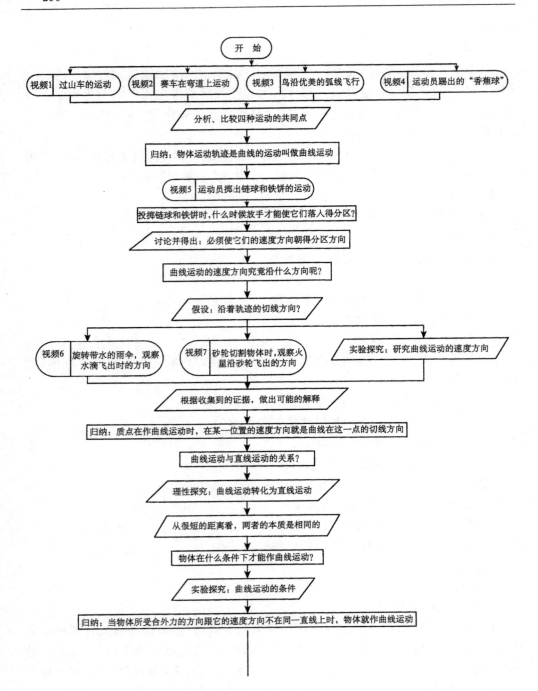

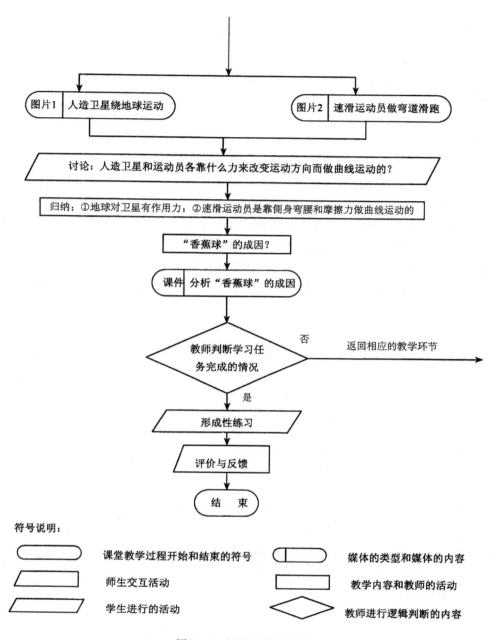

图 14-3 教学过程流程图

教学活动建议：

选定学科的某一内容,编制教学设计方案。

第15章 教学设计的评价和修改

教学目标：

1. 解释教学设计的评价，描述教学设计的形成性评价；
2. 能进行教学设计的形成性评价；
3. 概述修改教学设计方案的依据。

对教学设计方案进行评价是教学设计的基本内容之一，教学设计的涵义本身就包括了对解决问题的预想方案进行评价的要求。通过评价，可以获取关于教学设计方案的基本信息，以此判断所设计方案的优劣，并为教学设计方案的修改提供依据。教师也能从评价中提高自己的教学设计能力，并逐渐形成独特的教学设计风格。

15.1 教学评价概述

教学设计评价与教学评价相关，但又不可以相互替代。因此需要先介绍教学评价及技术。

15.1.1 教学评价的概念与类型

一、教学评价的概念

教学评价是指以教学目标为依据，制定科学的标准，运用一切有效的技术手段，对教学活动的过程及其结果进行测定、衡量，并给以价值判断。教学设计评价则是指依据评价目标，运用科学方法，对教学设计进行价值判断。显然，教学设计的评价属于教学评价的范畴。在实际教学工作中，教学设计与实施是有区别的，设计是实施的操作蓝图，实施中又要不断补充、修正、完善原来的设计，两者既有联系又有质的区别。

二、教学评价的类型

随着教育评价理论的发展和丰富，目前存在着多种类型的评价模式。每一种模式也不是与另外一种模式完全独立的。在实际评价过程中，往往是各种类型的评价模式交叉使用。这里介绍哈里斯(Duncan Harris)的分类方法。

1. 正式评价和非正式评价

非正式评价在教育、教学过程中时时刻刻在进行,而且常常是在不自觉中进行的,但它是教育、教学过程中必不可少的一部分。例如教师和学生的相互观察,学生对教师教学的反应,教师对学生的态度等。正式评价则是更加有计划、更加强行的活动。在正式评价时,学习者都认为自己正被评价,而且评价的结果都是为了一定的目的。

2. 形成性评价和总结性评价

形成性评价是对学习过程及其结果的评价,并通过这种评价来影响学习过程。总结性评价则更多地集中在对某种外部原因引起的结果的评价,或者用于判别每个特殊的学习者是否获得某些能力,是否可能继续进行某门课程的学习。总结性评价一般是在某一种学习经历结束之后进行的。总结性评价注重的是教与学的结果,借以对被评价者所取得的较大成果作出全面鉴定、区分等级和对整个教学方案的有效性作出评定。

教学设计中进行的评价主要是形成性评价。形成性评价更有益于促进学习,但它必须是经过仔细计划而确定的。通常,一次评价不可能对学习者产生很大的影响,但有关学习状况、需要、未来学习主题的公开讨论却可以对学习者和学习过程产生巨大的潜在影响。

3. 过程评价和结果评价

过程和结果在学习中是紧密联系在一起的。教育上的大多数评价都与结果的判断有关。但在学习领域中,过程被认为更重要。过程评价主要是关心和检查用于达到目标的方法和手段如何。因此,过程评价往往是在教学过程或教学设计过程进行的。结果评价是关心和检查计划实施后的结果或产品使用中的情况。结果评价往往与教学目标相关。如果目标是运动技能,结果评价则应是对技能掌握与否的评价。

4. 标准参照评价和常模参照评价

标准参照评价的目的是根据预先确定或协定的标准对学习者进行评价,而常模参照评价的目的是为了比较学习者与他人之间的成就差异。研究认为,标准参照评价和常模参照评价无论是结构,还是记分、分析都是不同的,而且每一种评价都有其独特的数学处理方法。

标准参照评价的优点是评价标准比较客观,如果使用得当,可使每个被评价者都能看到自己与客观标准之间的差距。其缺点是,在制定和掌握标准时,容易受评价者原有经验和主观意愿的影响,也不易分析出学习者之间的学习差异。常模参照评价以集体的平均水平为标准,评定学生在集体中的等级。如升学考试等就是属于这种评价。因此,利用常模参照评价来了解学习者的总体表现和学生之间的差异或比较群体学习成绩的优劣是不错的。其缺点是,基准会随着群体的不同而发生变化,因而易使评价标准偏离教学目标,不能充分反映教学上的优缺点,为改进教学提供依据。这两种评价都需要判断学习的结果。

5. 内部评价和外部评价

内部评价是指那些参与学习或者教学的人所作的评价。例如教师、学生、学校管理人员,还可包括父母、实验室人员。外部评价则是指学习或教学"外部"的人员对学习进行的评价。他们将"外部"的评价目的带入学习过程中。如大型"公共性"测验的设计者,包括测验编制专家、心理学家、学科专家等。

强调外部评价往往不能对学习的各种类型有很大的促进;而强调内部评价却可以对学习者产生一定的促进作用。内部评价既可以帮助学习者进行学习,也可以使教师更好地理解学习者的需要。

以上几类评价在功能和作用上都有所不同,都有自己的优势,也有自己的不足。在教学设计中,教学设计者必须根据教学设计的需要和目标选择适当的评价类型,根据不同的目的在教学设计中使用多种评价方式方法,根据基础教育课程改革的发展性评价理念实施评价。

15.1.2 教学评价的技术

现代评价观念的发展带来了评价技术的进步。评价者常常把他们的注意力集中在构建一系列评价工具上。这里介绍几方面的评价技术。

一、听和谈方面的技术

这种技术收集的信息有三类:非正式的和正式的、非结构化的和高度结构化的、自然发生的和特殊组织的。这种收集信息的技术又可以划分为:非正式的讨论、个人面谈、小组讨论。

1. 非正式的讨论

非正式的讨论往往是自发和自然产生的,但也可以是有计划的。这种讨论常常没有明显的目的,在非常轻松的气氛中涉及多方面的议题。这种信息的收集可作为进一步调查的基础。

2. 个人面谈

个人面谈是有目的地收集评价信息的方法。其中结构化的面谈是指主持人提出特定的问题,这些问题是经过精心计划和组织的。主持人记录并处理收集的数据。部分结构化的会谈允许会谈对象有更大的自由度,中间可以插入讨论。非结构化会谈是经过仔细计划的,有确定的目的,由具有会谈实践经验和技能的主持者所承担的收集信息方式。这种方法灵活性较大,所收集信息不能轻易取舍,但可从不同角度对问题进行深入的探究。

3. 小组讨论

小组讨论可在短时间内从许多人那里获得可能的信息。在讨论中,大家互相启发,互相补充,促进讨论的深入。但也可能被某些成员的发言误导或阻碍他人提出的看法。小组讨论也有结构化和非结构化的方法。研究者也提出如何引发讨论结构化的技术,以使小组讨论得到的信息量更大,讨论更有效,更有利于记录和讨论后的处理。

二、观察方面的技术

观察是一种即时收集反馈信息的方法。有计划的、系统的观察是教学设计或者教学非常需要的。如果与其他评价技术相结合,效果将会更好。

1. 非结构化的观察

这是一种"开放性"的观察,可以收集到大量信息。但在这种观察过程中,观察者的经验仍然是影响观察技术效果的重要因素。对没有经验的观察者来说,观察技术的焦点集中在某个特定方面或许会更有效。

2. 结构化的观察

结构化的观察是集中在某些特定领域内的观察,它使观察工作和记录都变得简单。结构化的观察技术可以使用在各种水平上,它包括固定的观察计划、个人制定的观察计划、简单的观察项目清单等。

封闭的、高度结构化的固定观察只用于观察某种经常出现的特殊行为。它只有在精确地记录某种问题时才使用。例如,精确地记录教师提问的类型、教师用于与学生交流的时间、教学的时间、提问的时间、提供学生信息的时间等等,如表15-1的观察计划表。

列出观察清单也是帮助观察者进行结构化观察的一种简单的技术。清单上很少描述观察到的信息,更多的是描述:①课程(课件)的目标;②环境;③学生使用先前知识的情况;④课程(课件)的组织;⑤课程(课件)的进度;⑥阐明信息;⑦对学习者的态度;⑧学习者的参与;⑨各种各类不同水平的问题(向学生提问或者学生提出问题)。以上这些方面可以调节和变更,但仍要保持集中的主题。

三、笔和纸方面的技术

笔和纸的技术涉及面很广,从笔记一直到测验。这里不对测验作专门的介绍,主要介绍从教师或学生那里收集评价的反馈信息的技术。

1. 问卷

问卷是通过一系列写在纸上的问题来收集信息的。信息收集者可以不在数据收集的现场,即先将问卷分发出去填写再收回整理。问卷的题目要通过精心的设

表 15-1   观察计划表

		时间（分钟）										
		0	3	6	9	12	15	18	21	24	27	30
1. 教师的谈话	a1											
1a. 教师所提的问题是：	a2											
a1. 回忆事实的原理												
a2. 运用事实和原理解决问题	a3											
a3. 根据数据进行假设或者推论	a4											
a4. 数据实验过程												
a5. 观察或者说明数据	a5											
1b. 教师所作的陈述是：	b1											
b1. 有关事实和原理的	b2											
b2. 有关问题的												
b3. 有关假设和思考的	b3											
b4. 有关实验过程的	b4											
b5. 有关赞扬的	b5											
b6. 有关批评的	b6											
1c. 教师为学生提供信息资料的目的是：	c1											
c1. 获得或者证实事实、原理	c2											
c2. 辨别或者解决问题												
c3. 进行推理、公式化或检验假设	c3											
c4. 寻求对实验过程的指导	c4											
2. 学生着手或保持的活动	d1											
2d. 学生寻求信息和求助的目的是：	d2											
d1. 获得或证实事实和原理												
d2. 辨别或者解决问题	d3											
d3. 进行推理、公式化或检验假设												
d4. 寻求对实验过程的指导	d4											
2e. 学生问及教师的目的是：	e1											
e1. 获得或证实事实和原理	e2											
e2. 当辨别和解决问题时寻求指导												
e3. 当推论或检验假设时寻求指导	e3											
e4. 寻求对实验过程的指导	e4											

计，否则很难得到所需的资料，有些比较繁杂的问题，几句书面回答还一时说不清楚。问卷可以是开放式的，允许作答人有较大的自由度，也可以是封闭式的，例如：①你发现有用的学习材料了吗？②你发现这些学习材料有用吗？③你发现这些学

习材料有什么用？④你对这些学习材料的看法如何？显然，①和②是封闭式的问题，③和④是开放式的问题。开放式的问题回答的差异也最大，其回答往往取决于：所提供的回答时间、问卷卷面的空间、每个人的回答动机、回答者的数量。问卷中可以包括这两类问题。这样，既能够让回答者扩展所回答的问题、表达自己的观点，也能够提供一定的特殊信息。一份问卷可以对某一特定主题设计几条以至十几条问题，全面地征答，两类问题都包含。

问卷必须精心设计和编制。问卷编制一般要经过这样几个步骤：①根据所需要的信息及问卷内容决定如何编制；②探索问题的不同序列和类型，起草一份问卷；③撰写一份包括调查目的、答卷方式、注意事项等的说明书；④让少量人试验这些问题，检查问卷是否可行；⑤根据试验情况重新起草和编辑问卷。

为使问卷的设计和编制尽可能地简单和精确，在编制的过程中应注意：①问题应该容易理解，要尽可能短，不要模糊；②每个问题只处理一个特定的关键点；③问题不应该有双重否定；④问题都不应该显示出偏见，将回答者引向一个特定的答案；⑤问题的序列应该有助于激发回答者的动机（问卷开始用容易的问题）；⑥问卷的安排应该有助于以后的分析（例如，不要约束问题、安排一致、保留适当的答题空间等）。

2. 特尔斐（Delphi）过程

这种方法是将收集到的信息经过后来的分析，反馈给被调查者，从而引发出新的信息；这些新的信息再经过分析，再反馈给被调查者，即这种方法是由许多循环的活动所构成的。因此，特尔斐过程是一种收集和融合许多个体观点的系统方法。这种评价技术非常有用，但需要花费大量时间进行组织。收集评价信息时，可以使用问卷，也可以使用会谈形式。特尔斐过程主要有以下几个步骤：①从被调查群体中收集有关特定主题的信息；②组织者校对、分析和总结这些信息；③将总结出来的信息反馈回调查群体，让他们继续考虑，促进对主题的进一步评论；④将第三阶段产生的信息收集起来，继续下一个循环过程。

3. 清单

当收集、记录、总结信息时，简洁的清单是非常有用的辅助手段。清单可以直接填写，容易完成，而且能够帮助评价者将注意集中在主要问题上。当使用信息收集技术时，还可以用清单列出计划的每个方面和每个阶段。表 15-2 便是一个评价的计划清单。

表 15-2　评价计划清单

时　　间	活动、问题、计划等	地点	花费的时间	使用的材料和设备
…	…	…	…	…

　　通常情况下,清单是与其他收集信息的技术结合起来共同使用的。例如,在进行问卷调查时,用清单列出问卷的关键因素,这样,编制问卷时,问题才可能集中,不至于偏颇和缺失。一张教学设计的问卷计划清单,主要内容包括:①设计教学产品的兴趣领域;②特定的内容领域;③设计产品的使用对象;④问卷是最适合的收集信息的方式吗? ⑤收集信息最适合的方式是;⑥封闭式问题的类型是;⑦如何考虑问卷后期的分析;⑧完成问卷的草稿了吗? ⑨起草的全部问题和教学是由谁来评价的? ⑩问卷中的全部问题和教学重新制定了吗? ⑪评价的框架如何?

四、三角评价技术

　　三角评价技术是更加全面描绘和解释信息的过程,它从不同的视角进行教学评价。这种评价的目的就是减少由于一种背景和一种方法所造成的扭曲评价。

　　三角评价技术通常有五六种主要的方法,每种方法各具特色,使用时也根据需要进行选择。在小规模的背景下,主要有如下几种。

　　1. 方法的三角评价

　　用三种或三种以上不同的信息收集技术进行评价。

　　2. 调查者的三角评价

　　用三个或者三个以上的调查者(观察者)进行评价。这种评价也可以有学生和教师参与。

　　3. 时间的三角评价

　　这是短期评价和长期评价相结合的方法。还可在一定时期内对学习者追踪评价。

　　难以运用到小规模自我评价背景中的方法有如下。

　　1. 空间的三角评价

　　它涉及跨文化和跨附属文化的调查。不同的文化能说明不同的群体的语言和目的。

　　2. 水平的三角评价

　　它涉及不同的个体、群体和团体(例如组织、社会、文化)。

　　3. 理论的三角评价

　　它涉及不同调查者及其他们所使用的不同甚至相对抗的理论。

　　如果评价的规模很大,三角评价的各种方法可以综合起来使用。而且还可以结合其他的评价方法、科学方法等。

15.2　教学设计的形成性评价与修改

　　教学设计的形成性评价主要是评价教学设计方案的质量和效果。教学设计的形成性评价不是从教学完成之后才进行，而是进行前期分析时就开始，并贯穿于整个设计过程中。

15.2.1 教学设计的形成性评价

一、形成性评价概述

教学设计的形成性评价是指教学设计成果的形成性评价。迪克曾经指出："形成性评价，本质上就是系统理论的反馈机制，通过形成性评价主要可以判断教学设计理论是否真正起作用，如果没有，那么，必须修改。"[①]迪克等人还指出："最初，形成性评价被认为是完成教学开发的初稿后，用于改进教学的一个过程。然而，富有经验的设计者发现应尽早修改设计过程的要素，这样可以避免很多原先只有在初稿完成时才会被发现的问题。"[②]由此可见，形成性评价是对运用教学设计原理开发的教学设计产品进行评价的，它并非是教学设计工作全部完成后才进行的，而是在教学设计过程中和教学设计初稿完成后都要进行的。

在我国，教学设计的形成性评价主要是指对运用教学设计原理设计教学的过程和结果进行价值判断的过程。教学设计形成性评价的对象是教学设计过程和教学设计的结果，形成性评价的目的是通过收集关于教学设计过程和方案有效性的数据来改进设计方案，其功能是优化方案，设计出真正满足学习者需要的教学设计方案。由于教学设计工作是教师执行的，因此形成性评价组织和执行工作也由教师完成，只是参与形成性评价的对象不仅仅只是教师本人。教学设计形成性评价包括教师个人反思的过程和教师按照教学设计形成性评价程序实施的过程。在教学设计的每一个环节进行过程中和结束时，设计者总是不断地判断或回顾设计的科学性和可行性问题，如学习任务分析中，要随时调整任务分析的过程，同时也要根据任务分析的过程和结果判断学习需要分析的结果是否合理，如果不合理，则要调整。

在教学设计的形成性评价中，教师的反思包括教师在方案设计过程中的反思、方案初步形成后对照前期分析和教学目标等进行的反思和教学设计方案在课堂教学中试行后的反思。

二、形成性评价的实施过程

在迪克-凯瑞的教学设计中，教学设计的形成性评价主要有三个阶段组成——

---

① Walter Dick, Better Instructional Design Theory: Process Improvement or Reengineering? Educational Technology, 1997, (9~10):48

② Walter Dick etc. The Systematic Design of Instruction (5th Ed.). Addison-Wesley Educational Publishers, Inc, 2001. 284

一对一阶段、小组评价阶段和现场试教阶段。① 按照我国基础教育的实际,上述形成性评价一般只进行第三阶段,而且现场试教的含义与迪克-凯瑞所指的现场试教不同。我国的现场试教是指初步形成教学设计方案后,教师在所教班级实施方案的过程。结合我国的基础教育课程改革的新理念,对于教学设计结果即方案的形成性评价实施的过程可以概括如下。

1. 制定形成性评价计划

形成性评价的计划包括如下内容。

(1)确定收集数据的类型　形成性评价的对象是教学设计方案及其与之相关的材料,因此数据的类型主要包括与前期分析、教学目标、评价试题和教学策略(包括教学媒体)等有关的信息。这些信息主要从现场试教过程中获取。以前,上述信息的获取基本是通过教师个人的感知,这种感知能否成为改进方案的依据,主要取决于教师个人;教师是否实施该环节也取决于教师本人。而在教学设计中,该环节是否实施直接影响到教学设计方案的质量,因此如何有效地收集资料应引起设计者的足够重视。由于课堂教学是教师实施的,资料的收集主要通过教师自己的观察和记录完成,这样教师既要实施教学,又要收集数据,所以观察和记录结果势必受到限制,因此,有条件的学校一般运用摄录像设备全程记录课堂实况,供教师和参与评价的人员事后分析和研究。除了从现场试教中获得的信息外,如下的信息也是必不可少的:学习者的练习情况,包括课堂内和课后的练习(主要指设计方案时编制好的评价试题);学习者对于教学设计方案的评价(教师可以通过问卷、访谈等方法采集数据);学科专家或同事对于方案的评价等。

(2)确定上述类型资料的评价标准　标准应该根据学科特点并请学科专家、学习者等一起制定,根据资料对学生学习效果影响的程度进行评价指标体系的权重分配。其中,教学目标应该成为制定标准的一种重要依据。教学目标包括知识和技能,过程与方法,情感态度与价值观。

(3)选择数据收集的对象　即挑选样本,包括学生样本、学科专家的代表、教师的代表等。当然,在日常的教学中,也可以只从学习者中收集数据。

(4)确定日程安排　并通知相关人员,对于需要拍摄课堂实况录像的,还需要在课前与摄像人员就摄像事宜进行详细的交流。

2. 收集数据

根据步骤一收集相关的数据,这些数据归纳起来主要是包括与前期分析、教学目标、评价试题、教学策略(包括教学媒体)等相关的数据。收集数据的方法主要包括访谈法、问卷法、观察法、各类量表(如课堂环境量表等)、各类评价试题等,具体

---

① Walter Dick etc. The Systematic Design of Instruction (5th Ed.). Addison-Wesley Educational Publishers,Inc, 2001. 282~346

选用哪种方法主要由所需收集数据的类型决定。

　　3. 整理、分析和归纳数据

　　教师应根据评价标准整理数据,既可以分类别整理上述数据,也可以运用图表等整理数据,但必须注意到数据整体的科学性。完成数据的整理后,教师可以把形成性评价中收集到的数据与学习者分析过程中收集到关于学习者基本情况的数据进行比较,进而确定存在的问题;学习者分析过程中所获得的数据主要包括知识与技能,过程与方法,态度情感与价值观等有关的数据。根据数据的整理、分析和归纳,可能会发现一些重要的问题,如学习者无法在规定的授课时间内完成特定的学习任务,教师应分析引起这些问题的原因,如果这些问题无法从收集到的资料中找到答案,那么,有必要进一步收集相关资料或向相关领域的专家请教解决途径。

　　4. 形成评价结果

　　根据上述结果,教师有必要形成关于形成性评价结果的报告,并应在报告后附上相关的数据。该报告既可以作为教学设计方案修改的依据,也可以作为自己研究教学的原始数据。报告内容可以包括:设计成果的名称、使用的范围和对象、试用的要求和过程、评价的结果、修改的意见和措施、参评者的名单和职务、评价的时间等。

15.2.2　教学设计的修改

　　教学设计形成性评价是对于整个教学设计工作的反思和总结。根据评价结果,如果运用教学设计理论设计的方案是有效的,那么不需要修改;如果方案存在相关的问题或是无效的,那么需要修改或重新设计。

　　教师有时会对"教学设计方案是否需要修改"比较难以判断。罗伯茨·布兰登(Roberts A. Braden)认为应该对以下四个问题进行考察:①教学内容是否过于陈旧? ②所设计的教学活动是不是无法引起学习者的学习兴趣? ③是不是较差的呈现方式无法被接受? ④是不是教学的质和量都无法促进学习?[①] 如果对于这四个问题的回答都是否定的,则该设计方案是合格的,不需要修改或者重新设计;如果对这四个问题中的任何一个的回答是肯定的,则该产品的某些部分要进行一定的修改或重新设计。这四个问题只是一种参考意见,不是教学设计好坏判断的标准,但这可以是教学设计者修改或重新设计的起点。

　　除了上述观点外,对于一线教师而言,关键是要充分分析和利用从教学设计形成性评价中获取的信息,包括与前期分析、教学目标、评价试题、教学策略(包括教学媒体)等相关的数据,以此作为教学设计方案修改或重新设计的依据。

---

　　①　孙可平. 现代教学设计纲要. 西安:陕西人民教育出版社,1998.357

思考题:

1. 什么是教学设计的形成性评价?
2. 试述教学设计修改的依据。
3. 教学设计形成性评价的实施过程由哪几部分组成?

第 16 章　教学媒体管理

教学目标：

1. 说出设备器材的分类；
2. 阐述常规非印刷教材收集的要求、途径及编目的主要内容；
3. 概述网络资源管理的基本要求；
4. 概述网络管理的基本内容。

管理是教育技术学学科中不可或缺的一大范畴，它是对学校的教学媒体软件、硬件设备器材以及学校网络资源进行有序地规划、组织、协调和控制的活动，是实现教育技术目标的前提和保障，并为新课程改革中教师教学方式和学生学习方式的转变提供了物质基础和设备条件。

16.1　教学媒体软件管理

教学媒体软件是教学资源的重要组成部分，是各种媒体化的学习材料和支持学习活动的工具性软件。教学媒体软件的有效管理和应用，有利于扩大教学规模，提高教学质量和教学效率。

随着科技的发展，新的传播媒体不断问世，教材的形式和体系已经从印刷类扩展到非印刷类。媒体软件的管理主要包括传统印刷资源的管理、常规的非印刷资源（如教学幻灯片、投影片、录像带）的管理以及网络资源（如素材库、题库、课件库、网络课程库、案例库）的管理。

16.1.1　传统印刷资源的管理

教材通常是指"用于课堂教学的教科书及必要的教学辅助资料"。具体来说，它既包括文字材料，如教科书、讲义、讲授提纲、图表、图册、挂图和教学参考书等，也包括视听材料，如录音带、录像带、投影片和多媒体软件等。

文字教材的管理方法一般有两种，集中管理和开放管理。

1. 集中管理

集中管理就是将大部分重要的图书资料集中于库房统一管理。学习者在使用时，需办理出借手续，或由学习者检索所需的信息源，然后再由集中管理的信息控制系统输出，这样学习者就可在相应区域的学习终端上进行学习。

卡片（或书本）上的著录事项，可以方便地了解常规非印刷教材的内容。这是编目工作的第一步。

2. 组织目录

组织目录即把著录完整的卡片按照目录的组织规则，排列成教材目录。教材目录是读者和教材之间的桥梁，读者可以通过它来检索所需的教材；是资料管理人员开展各项工作的重要工具；也是各单位交流教材信息的手段。

常规非印刷教材的编目工作直接关系到一个单位教材目录的质量，如何合理、科学地组织编目是关系到教材利用率的问题。因此，对于常规非印刷教材的编目应有以下要求。

（1）建立、健全岗位责任制。使每一位管理人员都能以认真负责的态度编制好教材目录。

（2）用科学的方法做好编目工作。整个编目过程都必须遵循科学的原则，使编目工作做到标准化、规格化、系统化。

（3）设立专门人员管理目录，并及时增补。

四、常规非印刷教材的质量管理

质量管理是教材管理的核心。常规非印刷教材的质量要求，是指对常规非印刷教材的思想性、科学性、教育性、技术性和艺术性的要求。其中，思想性、科学性、教育性是主要的，技术性和艺术性应该服从并服务于前者。

五、常规非印刷教材的推广应用

收集常规非印刷教材的目的是供教师使用，为教育教学服务。因此，学校教育技术部门和资料管理人员要做好常规非印刷教材和资料的推广应用。

1. 学校教育技术部门应及时分期编印常规非印刷教材目录，将常规非印刷教材发至各学科教研组或教师手中，并通过板报、组织教师观看等形式进行宣传，使教师进一步了解资料的具体内容，以促进课堂教学的应用。

2. 教育技术专职教师要深入教研组，认真听取各学科教师对常规非印刷教材的需求，推荐和提供所需教材，多渠道收集信息。

3. 与附近学校建立合作关系，以实现常规非印刷教材资料资源共享。

六、软件教材的保管

对于软件教材的保管，必须注意防热、防潮、防压、防污染等，如果使用不当，将会严重影响其使用寿命。具体的对于每一种软件教材的保管可参见本书第 2～4 章。

16.2　教学媒体硬件管理

科学技术的不断进步使得各种教学设备和教学系统不断被引入到教学过程中,从原有的幻灯机、投影器、录音机、电视机到现在的多媒体计算机,从早期的语音实验室、单向闭路电视,到今天的多媒体网络教室、全数字化语言实验室,这些新的技术设备为基础教育课程改革带来了更为优越的物质条件。但是要充分发挥技术设备与器材在教学和学习中的作用,首先要对它们进行有效的管理。

16.2.1　教学媒体硬件管理概述

教学媒体硬件管理是指对运用于教学中的有形的技术设备和器材进行一系列有序的规划、选型、购置、安装调试、使用和维护的过程。

一、设备器材管理的目标与意义

当前,运用于教育教学中的技术设备和器材越来越多,品种各异,型号不一,且日趋复杂化,加强对这些技术和器材的管理日益成为教育技术人员的一项重要工作。

设备器材管理的目标是要实现"一生管理、两个目标、五个结合"。设备的"一生"是指从规划、设计、制造(或选购)、安装调试,到使用、维修、改造直至报废的全过程,即在设备的寿命周期内各环节都要加强管理;"两个目标"是指以追求设备寿命期内费用最低,而设备的综合效率最高(最好)为目标;"五个结合":设计、制造与使用相结合,维护与计划检修相结合,修理、改造与更新相结合,专业管理与群众管理相结合,技术管理与经济管理相结合。①

加强对媒体设备和器材的管理,是学校开展教育技术应用的重要前提。设备器材的管理使学校的设备系统处于稳定和有序状态,能及时发现故障,采取措施进行维修,延长设备的使用寿命,提高经济效益。如果没有对硬件设备器材的有效管理,教育技术在教学中的有效应用就难以保证。

二、设备器材的分类

按照物品的功能特征、经济价值和耐用程度来划分,可以把设备器材分为固定资产、低值品、易耗品和材料四类。

1. 固定资产

固定资产是指单台价值在一定金额(单台价值 200 元)以上、耐用期在规定年

---

① 张增荣. 电化教育管理. 北京:高等教育出版社,1995. 117～118

限(一年)以上、具有独立使用功能的仪器设备。固定资产中特别精密、贵重的大型仪器设备(单台价值 2 万元以上),专门列为"大型、精密、贵重"仪器设备。

　　教学媒体设备固定资产按用途归类,可分为三类:①直接应用于教育、教学和科研的各类设备,包括光学投影设备,如投影器、电影放映机、照相机、洗印机等;电声设备,如收、录音机、扩音机、调音台、激光唱机、磁带复制机、语言实验室设备、广播发射设备、以及高品质的话筒、扬声器等;电视设备,如电视机(监示器)、摄像机、录像机、激光视盘机、电视制作设备、闭路电视传输设备等;计算机设备,如各类计算机、显示器、学习应答分析系统、以及计算机外围配套设备;②测试仪器设备,包括各种频率测量、电流电压测量、波形测量、相位测量的信号发生器、示波器、指示(显示)器等仪器仪表;③为设备正常运行提供条件的辅助设备和设施:如电源设备,温度、湿度、照度控制设备,通讯设备,办公设备以及专用的台、箱、架、柜等辅助设施。

　　2. 低值品

　　低值品是指具有固定资产形态,但其单台价值又达不到固定资产值的低值物品,如低值仪器仪表、工具、量具、低值灯具、话筒、扬声器等。

　　3. 易耗品

　　易耗品是指容易损耗和消耗的物品,如玻璃器皿、元器件、零配件、灯泡灯管等物品。

　　4. 材料

　　材料是指一次性使用而消耗或改变了原有性能而不能恢复原状的物资或物品,如摄影胶卷、相纸、一般干电池、化学药品等。

　　三、设备器材管理工作的性质与特点

　　管理设备器材既是一项技术性工作,又是一项经济性工作,同时也是一项服务性工作。

　　1. 设备器材管理工作是技术性工作

　　设备器材管理是保障教育技术工作正常开展的"后勤部"。管理人员首先要懂得教育和教学的基本理论,了解科研、教育和教学的基本特点和规律;其次,要了解设备器材的规格型号、生产厂家、产品特点、更新情况、发展趋势,以及有关的市场信息;第三,要掌握有关设备器材的专业知识,熟悉其基本原理、结构、性能、使用方法、维修保养技术等。一般地,管理人员的知识越广、经验越丰富、技术越高,对设备器材的管理水平也就越高,效益也就越好。

　　2. 设备器材管理工作是经济性工作

　　要管理好设备器材,经济问题也是一个重要方面,在许多方面设备器材的管理都涉及经费和经济效益的问题。首先,在选型、购置设备器材之前要进行市场调查,撰写可行性分析报告,确定买什么样的设备器材最合适,使用效率高,经济效益好。其次,设备器材购进后,要及时安装、调试、验收,各个方面都涉及经济效益的问题。投入使用后,管理人员要对设备运行中各个环节进行经济分析和评价,进行经济核算。第三,对于大型、精密、贵重仪器设备,可组织有关人员研究开发其功能,充分发挥它的作用,提高经济效益;对于旧设备可进行挖潜改造,物尽其用。

3. 设备器材管理工作是服务性工作

设备器材都是直接或间接用于教师开展教学和科研活动,设备器材的管理措施应方便教师开展教学活动,促进科研发展。

16.2.2 教学媒体硬件管理的过程

设备器材的管理过程包括购置的计划和选择、安装与验收、保管、维护和修理及使用率的考核等各个方面。

一、设备器材购置的计划与选择

在购置设备器材之前,一般要先根据本年度的工作目标和发展规划、投资能力、在用设备器材的潜力和库存状况等制定购置的计划。计划的内容包括设备选购的目的和用途、任务和数量、产品的型号和厂商、价格和经费来源以及其他说明事项。如果是大型、精密、贵重的设备,还需进行可行性论证,由具有专业知识的专家和具有专长的技术人员参与,通过调查研究和实地考察后再作出决策。

制定规划要结合当地教育经费状况和本单位教育技术开展程度,做到远期整体规划和年度目标相结合,常规教育媒体和现代教育媒体相结合,既要继续发挥现有设备设施的功能,又要充分考虑教育技术发展的要求,努力做到客观、实际和需求与可能相结合。

选购设备器材的总的原则是技术先进、质量可靠、对口适用、价格合理。防止片面追求高档、复杂设备的倾向。选购设备器材时应充分考虑的因素如下。

1. 使用性

指设备的技术性能能否满足使用要求,如设备的分辨率、清晰度、灵敏度、信噪比、变焦比、输入输出参数等主要技术规格是否合用。

2. 可靠性

指设备主要技术性能:精密度、准确度和稳定性,以及设备的安全性等。

3. 操作性

指设备能完成各种作业指令的及时性、准确性,以及操作人员操作时的易使用性,如体积、重量、按键灵活度等。

4. 维修性

指设备的可修性和易修性。维修性好的设备各个配件通用性、互换性强,维修

二、现代远程教育资源体系结构

现代远程教育资源体系结构是由现代远程教育资源建设的内容及其他们之间的关系构成的,见图 16-2。从图中可看出,现代远程教育资源的建设、实施和运行是以 CERNET、卫星电视教育网及 Internet 网络支撑环境为平台的;媒体素材库

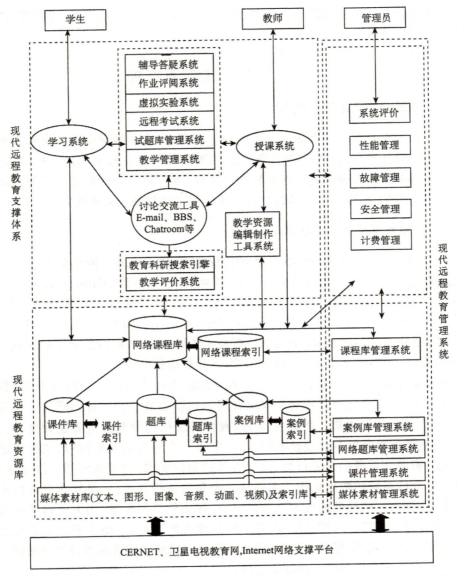

图 16-2　现代远程教育资源体系结构

查,撰写可行性分析报告,确定买什么样的设备器材最合适,使用效率高,经济效益好。其次,设备器材购进后,要及时安装、调试、验收,各个方面都涉及经济效益的问题。投入使用后,管理人员要对设备运行中各个环节进行经济分析和评价,进行经济核算。第三,对于大型、精密、贵重仪器设备,可组织有关人员研究开发其功能,充分发挥它的作用,提高经济效益;对于旧设备可进行挖潜改造,物尽其用。

3. 设备器材管理工作是服务性工作

设备器材都是直接或间接用于教师开展教学和科研活动,设备器材的管理措施应方便教师开展教学活动,促进科研发展。

16.2.2 教学媒体硬件管理的过程

设备器材的管理过程包括购置的计划和选择、安装与验收、保管、维护和修理及使用率的考核等各个方面。

一、设备器材购置的计划与选择

在购置设备器材之前,一般要先根据本年度的工作目标和发展规划、投资能力、在用设备器材的潜力和库存状况等制定购置的计划。计划的内容包括设备选购的目的和用途、任务和数量、产品的型号和厂商、价格和经费来源以及其他说明事项。如果是大型、精密、贵重的设备,还需进行可行性论证,由具有专业知识的专家和具有专长的技术人员参与,通过调查研究和实地考察后再作出决策。

制定规划要结合当地教育经费状况和本单位教育技术开展程度,做到远期整体规划和年度目标相结合,常规教育媒体和现代教育媒体相结合,既要继续发挥现有设备设施的功能,又要充分考虑教育技术发展的要求,努力做到客观、实际和需求与可能相结合。

选购设备器材的总的原则是技术先进、质量可靠、对口适用、价格合理。防止片面追求高档、复杂设备的倾向。选购设备器材时应充分考虑的因素如下。

1. 使用性

指设备的技术性能能否满足使用要求,如设备的分辨率、清晰度、灵敏度、信噪比、变焦比、输入输出参数等主要技术规格是否合用。

2. 可靠性

指设备主要技术性能:精密度、准确度和稳定性,以及设备的安全性等。

3. 操作性

指设备能完成各种作业指令的及时性、准确性,以及操作人员操作时的易使用性,如体积、重量、按键灵活度等。

4. 维修性

指设备的可修性和易修性。维修性好的设备各个配件通用性、互换性强,维修工具、仪表及技术资料较齐全,可以减少成本开支。

5. 配套性

指设备功能的完整性、兼容性好,通用性强,对单机配套、系统配套、项目配套以及对使用环境的要求适应性强。

6. 节能性

指设备适应资源性能好或能源消耗低而效率高。

二、设备器材的安装与验收

做好设备的安装与验收工作,可保证仪器设备及时投入使用,避免合同纠纷和不必要的经济损失。

设备器材验收工作的主要内容如下。

1. 清点数量

仔细核对设备及附件、技术文件和说明书、订货合同单及发票等。

2. 检查外观

检查设备器材及相关附件的外型是否完好,有无磨损、脱落、断裂、锈蚀等。

3. 功能和品质性能检查

通过测试和运行,检测设备器材是否具有所要求的功能和精确度。

4. 写出验收报告

将检查、安装、调试的重要情况和各项测试数据归纳汇总,由验收工作主持人写出总结性意见并签名。

三、设备器材的保管、维护与修理

保管工作是使各种设备、仪器、工具、材料,做到定位存放,排列整齐,零整分开,帐物对号,便于收发和检查。仪器和设备要分类平放在货架上,贵重设备使用完后要原箱包装或罩上仪器外罩。存放设备的地方要安全,注意防晒、防尘、防磁、防火、防盗等。

对设备器材要经常进行除尘、清洗、注油、消磁等工作。若设备出了故障,要及时维修。维护或维修要及时填写记录手册,便于保管和使用人员掌握设备的完好情况。

四、设备器材的管理制度

设备器材的管理制度包括保管制度和使用制度。保管要责任到人,严格借用和归还手续,坚持对归还设备进行检验。大型、精密、贵重的设备,如语言实验室、网络教室,在正式投入使用之前必须由使用人员和保管人员一起进行验收。要制定操作规程,进行技术培训。每次使用必须认真填写使用记录,如有故障立即停止使用并及时检修。若设备属非正常损坏,要追究责任。

保管人员要定期(季度、年度)进行保养和维修工作;定期进行盘点工作,使设备管理科学规范、方便使用,提高使用率。

五、设备器材使用效率的考核管理

设备管理的基本要求是在设备的寿命周期内获得最佳的经济效益。因此,可以用经济效益的尺度开展设备的管理和考核工作,包括设备使用率、设备完好率、设备综合效率及设备折旧费等。

16.3　网络及其资源管理

16.3.1　网络教育资源建设技术规范

有人认为 Internet 是世界上最大的一个资源库,它在教学中发挥着越来越重要的作用。但是当前网络资源缺少统一的规划和管理是比较突出的问题,特别是缺少一个科学的建设网络教育资源的技术规范,使得网上的教育资源不能得到充分的利用。因此,制订一个网络教育资源建设技术规范是十分必要的。

一、网络教育资源建设技术规范概述

目前,世界上有很多标准化(学术)组织都正在致力于基于网络的教育资源标准化的研究,并起草了一些相应规范,其中影响较大的有:IMS(Instructional Management System)的 Learning Resource Metadata(学习资源元数据规范),IEEE LTSC(Learning Technology Standards Committee,学习技术标准委员会)的 LOM(Learning Object Metadata;学习对象元数据模型)、OCLE(Online Computer Library Center)Dublin Core 的 Dublin Core 元数据标准等等。

我国是在 1999 年开始探索网络教育资源标准化研究的。1999 年 9 月,教育部颁发了关于"成立教育部现代远程教育资源建设委员会和教育部现代远程教育资源建设专家组"的通知。2000 年 5 月,教育部现代远程教育资源建设委员会制定了《现代远程教育资源建设技术规范》。它是一个较为宽泛的标准,主要侧重点在于统一资源开发者的开发行为、开发资源的制作要求、管理系统的功能要求,而不是规定软件系统的数据结构。主要从三个角度进行规定:一是从资源的技术开发的角度,提出一些最低的技术要求;二是从使用用户的角度,为方便地使用这些素材,需要对素材标注出哪些属性,并从可操作性的角度,规范了属性的数据类型及编写类型;三是从管理者的角度,提出了管理素材的管理系统以及远程教育工程的教学支持平台应具备的一些基本功能。

二、现代远程教育资源体系结构

现代远程教育资源体系结构是由现代远程教育资源建设的内容及其他们之间的关系构成的,见图 16-2。从图中可看出,现代远程教育资源的建设、实施和运行是以 CERNET、卫星电视教育网及 Internet 网络支撑环境为平台的;媒体素材库

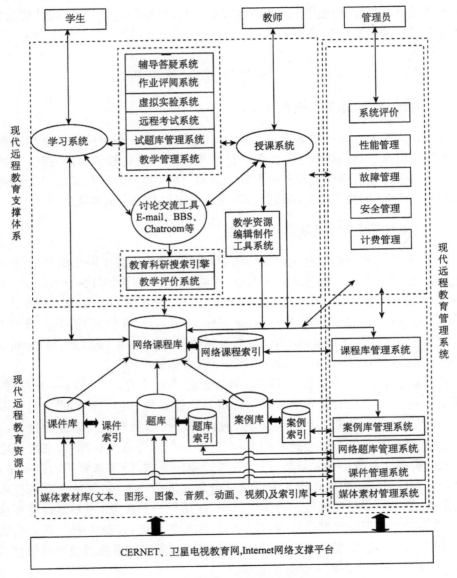

图 16-2　现代远程教育资源体系结构

在整个资源中是最基础的部分;教学支撑系统由一系列支持多种教学模式的教学工具构成,主要包括学习系统(非实时/实时)、授课系统(非实时/实时)、教学资源编辑制作系统、辅导答疑系统、作业评阅系统、考试系统、评价系统、交流讨论工具、虚拟实验系统及搜索引擎等,它们用来完成远程教学中的各项教学活动和实现远程协作;现代远程教育管理系统包括资源库的管理、教学管理以及系统管理三部分。

三、资源范围的界定

《规范》界定了教育资源建设的范围,主要包括以下几类。

(1)媒体素材 是指传播教学信息的基本材料单元,可分为五大类:文本类素材、图形(图像)类素材、音频类素材、动画类素材和视频类素材。

(2)题库(item bank) 按照一定的教育测量理论,在计算机系统中实现的某个学科题目的集合,是在数学模型基础上建立起来的教育测量工具。

(3)案例(case) 指有现实指导意义和教学意义的代表性的事件或现象。

(4)课件与网络课件 课件是对一个或几个知识点实施相对完整教学的辅助教学软件,根据运行平台划分,可分为网络版的课件和单机运行的课件,网络版的课件要求能在标准浏览器中运行,单机运行的课件可通过网络下载运行。

(5)网络课程 通过网络表现的某门学科的教学内容及实施的教学活动的总和,它包括两个组成部分,按一定的教学目标、教学策略组织起来的教学内容和网络教学支撑环境。

16.3.2 网络资源的管理

网络资源类型包括五个大的分类:教育教学资源库、资源产品展示库、电子图书库、工具软件库、影片库。

一、网络资源的质量管理

资源的质量是提升教学效果的关键,也是先决条件。因此,必须重视抓好网络资源质量管理工作。

1. 网络资源的质量要求

可从科学性、教育性、思想性、技术性和艺术性等五个方面规范和评价网络资源。

2. 网络资源的审定

对于作为课堂教学的网络资源,特别是在中小学课堂上使用的网络资源,必须经过有关机构审定后才能出版发行和投入使用。具体审定方法要参照教育部的有关规定执行。

3. 资源的出版发行管理和用户评价

做好资源的出版发行的管理和用户评价工作,是促进资源建设、提高资源质量的重要措施。

二、网络资源库的管理

为保证文字、图像、动画、音频、视频等多种媒体形式的教学素材能方便、完整、规范地储存,用户可以快速、准确、灵活地查询、检索和下载,网络资源库中相应的元素应达到基本的管理要求。

1. 媒体素材库、题库及索引库的基本管理要求有:①提供制作功能;②提供编辑功能;③提供剪辑功能;④提供查询功能;⑤提供预览功能。

2. 课件库、网络课程库、案例库及索引库的基本管理要求有:①提供征集收入功能;②提供制作功能;③提供编辑功能;④提供剪辑功能;⑤提供查询功能;⑥提供预览功能;⑦提供目录树的动态生成与修改功能。

三、网络软件内容的管理

网络软件内容的管理包括素材库内容的管理、网络题库内容的管理、课件库、网络课程库内容的管理、软件资源管理等。

1. 保证素材库内容的管理要求

保证内容的安全性、可靠性;媒体素材内容建立基于面向教育的元数据模型;提供高效搜索各类媒体素材的功能;提供由相关的各类媒体素材构建成不同的教学内容的构件模型和有效设计方法;对构建好的素材内容提供下载或压缩下载功能;支持最大开发访问能力;保证系统的可扩展性。

2. 网络题库内容的管理要求

保证内容的安全性、保密性和可靠性;支持最大开发访问能力;保证系统的可扩展性。

3. 课件库、网络课程库内容的管理要求

保证内容的安全性和可靠性;提供对内容的多种检索和在线运行功能;提供对内容的直接提取使用功能;支持最大开发访问能力;保证系统的可扩展性。

4. 软件资源管理应具备的基本功能

可不断增加和更新教学资源;满足各学科的课堂点播教学;满足学生个别化学习;支持网上协作学习;支持远程教学。

5. 软件资源的编目与保管

软件资源的编目与保管是软件资源管理的基础工作。从不同渠道搜集的软件资源要按一定的规则加以有序的编目和妥善的保管,以便大家共享和使用。

6. 软件内容传输管理

支持多媒体上传和下载功能；保证多媒体传输的安全性、稳定性和保密性；集成现有各种成熟技术和产品，保证传输的及时性和可靠性。

16.3.3　网络管理

现在越来越多的学校将教学和各种管理活动建立在校园网基础上，校园网建设成为各个学校基础建设的重要内容。它可以及时地为教师和学生提供信息服务和交流沟通，提供长期的资源、数据库及其他信息系统服务。因此，如何使校园网稳定安全地运行是网络管理的主要工作。

一、校园网管理

校园网管理工作主要包括以下几个方面。

1. 网络服务器的管理

配置和管理服务器属性；安装和设置 TCP/IP 协议和远程访问服务协议；安装和管理 DNS(Domain Name Service)服务器；安装许可证服务器，为终端服务客户颁发许可证，管理本地和远程终端；不断地充实与更新服务器上的信息，更新 Web 页面信息，向数据库服务器注入新的数据；管理邮件服务系统等。

2. 关键设备的管理

计算机网络的关键设备包括网络的主干交换机、中心路由器以及关键服务器。对这些网络设备的管理，除了通过网管软件实时监视其工作状态外，更要做好它们的备份工作，以防备主服务器出现故障时备份服务器可及时替代主服务器工作。

3. 网络安全管理

监视系统管理报警、事件日志；建立审核策略，监视网络活动、网络流量和网络服务；进行故障测试，分析网络故障发生概率；安装防火墙，严格管理防火墙帐号和口令；安装杀毒软件，堵塞黑客的攻击；发布最新病毒报告，为校园网用户提供相应的解决措施等。

4. 网络用户的管理

设置用户端口，为不同的用户群设置不同的网络访问权限；设置资源库数据的浏览、查询和下载等不同的权限；限制 Web 服务器可登录的帐号数量，及时注销过期用户；计算网络费用等。

5. IP 地址的管理

IP 地址管理是计算机网络能够保持高效运行的关键。如果 IP 地址管理不当，会出现 IP 地址冲突，导致合法的 IP 地址用户不能正常享用网络资源，影响网络正常业务的开展。校园网中，可为某些更小的局域网服务器、某些部门的网络设备分配特定的 IP 地址；而对一般用户，可以动态分配 IP 地址。

得的课堂教具一样成为课程功能的内在组成部分。"①要正确地理解信息技术与学科课程的整合,首先要了解以下几个相关的概念。

1. 信息(information)和信息技术(information technology)

"信息"的一般定义可以表述为:信息是人或事物发出的,能消除接受者不确定性的消息、指令、数据等,它的存在与传播依赖于信号与符号。② 信息是事物运动状态与规律的一种反映,它是普遍存在的,具有知识的秉性、信息共享的无限性与有限性,信息的可提取、加工、传输与存储性和有价值性。

信息技术的定义因其使用的目的、范围、层次不同而有不同的表述。广义的信息技术是指能充分利用与扩展人类信息器官功能的各种方法、工具与技能的总和;狭义的信息技术是指利用计算机、网络、广播电视等各种硬件设备及软件工具与科学方法,对图文声像各种信息进行获取、加工、存储、传输与使用的技术之和。信息技术的特征包括技术性(方法的科学性,工具设备的先进性,技能的熟练性,经验的丰富性,作用过程的快捷性,功能的高效性等)和信息性(服务主体是信息,核心功能是提高信息处理与利用的效率、效益)。

2. 课程(curriculum)

从概念重构的视角看,课程的拉丁文意思是指"跑道"(race-course)或"道路"(career)。我国著名的课程论专家钟启泉教授把课程定义为:课程是按照一定的教育目的,在教育者有计划、有组织的指导下,受教育者与教育情境相互作用而获得有益于身心发展的全部教育内容。他指出,课程的定义是不断丰富、完善和发展的。③

3. 信息技术与课程整合

20 世纪 90 年代中期以后,许多国家在课程领域进行了积极探索。同时,由于计算机技术与因特网的迅速发展,新的信息技术逐渐走进课堂,与课程相结合,出现了信息技术与课程整合的新的教学方式和学习方式。

信息技术与课程的整合是指把信息技术与课程和教学有机地结合起来,将信息技术与课程的教与学融为一体的实践,即通过在各学科教学中应用信息技术,把信息技术知识的学习和能力的培养与各学科的教学融为一体。④ 信息技术作为一种有力的学习工具潜移默化地融入学习者的知识结构之中。

把信息技术工具与信息资源作为教学工具与学习工具应用于学习和教学的典型代表是美国。自 1997 年起,美国开展大规模的整合研究,集中培训教师掌握 IT

---

① 国际教育技术协会,美国《国家教育技术标准》项目组著. 祝智庭,刘雍潜,黎加厚译. 面向学生的美国国家教育技术标准——课程与技术整合. 北京:中央广播电视大学出版社,2002.3

② 彭绍东. 信息技术教育学. 长沙:湖南师范大学出版社, 2002.1~2

③ 钟启泉. 课程与教学概论. 上海:华东师范大学出版社,2004.5

④ 袁运开,蔡铁权.《科学》课程与教学论. 杭州:浙江教育出版社,2003.253~254

和鼓励利用 IT 进行教学探索。1998 年发出号召:在正确的地方,用正确的方法使用信息技术(place in right hands, use in right way)。1999 年,整合试验开始转向普及教师课程整合理论。大批心理学家、教育学家以及参与课程改革的专家帮助教师制定具有可操作性的教学计划,以尝试通过各种途径将信息技术整合到教学过程中。2000 年,美国国际教育技术学会出版了《全国教育技术标准》,收集了大量的信息技术与课程整合的参考案例。①

17.1.2 信息技术与课程整合的本质和目标

在信息技术与学科课程的整合中,信息技术究竟应扮演什么角色,怎样才是真正的信息技术与课程整合,这样的整合可以达到什么目标,效果又如何? 这些都是实施信息技术与课程整合应考虑的最基本的问题。

一、信息技术与课程整合的本质

信息技术与课程整合,是计算机辅助教学阶段的推进。信息技术与课程整合意味着:①信息技术服务于课程,促使课程中的教学材料、教学环境发生变化,并逐渐改变课程中的学习者与教师;②整合涉及课程文本与师生共同探求知识的过程;③信息技术本身需要与其他学科知识整合;④不仅包括显性课程,也应考虑隐性课程。信息技术与课程整合,最终应整合进课程目标,并导致课程本身的改革,引发基于信息技术的全面教育改革。

由此可见,信息技术作为学习对象,并非局限于信息技术课程,应广泛地渗透在所有课程之中。信息技术作为学习工具和教学工具,导致学习方式和教学模式的变革,引起课程内容以及内容呈现方式的变化,引起课程资源的改变等等。在课程中整合信息技术,不是单纯追求技术的先进性,也不是仅仅把信息技术作为一种信息传递的工具,而是选择最恰当的技术,以求达到最好的教学目标。

信息技术与课程整合的本质,是要深刻揭示内含于信息技术中的新理念,并使其彰显为教育改革的基本思想去引导教育改革,引发教育文化产生真正意义上的革命。它是一种基于信息技术的学科课程二次开发的理论与实践,通过信息技术与学科课程的互动性双向整合,促进师生民主合作的课程与教学方式的实现,建构起整合型的信息化学科课程,进而使信息技术与学习者的学习整合。

信息技术与课程整合的本质要求运用信息技术作为工具,使课程内容的呈现方式、学习者的学习方式、教师的教学方式和师生的互动方式实现全新的变革,促进教学过程中的各个要素和环节实现全面优化。

信息技术与课程整合表现为课程如何有效地应用技术的一种理想追求,追求

---

① 刘儒德. 信息技术与课程整合. 北京:人民教育出版社,2004.12

教学取得更好的效率、效益和质量。信息技术与课程整合是一个过程，随着技术的发展和应用水平的提高而不断变化。要达到有效的信息技术与课程整合的目标，必须要能促进学习者对信息技术的娴熟使用，学习者能够主动地选择工具获取、处理、分析、综合信息，并能实现"化信息为知识，化知识为智慧，化智慧为德性"。

二、信息技术与课程整合的目标

开展信息技术与课程整合，就是为了促进学习，帮助学习者掌握正确的学习策略与学习方式，提高学习的效果与效率。

信息技术与课程整合要实现的目标如下。

1. 学习者具有终身学习的态度和能力

通过信息技术与课程整合，学习者掌握利用信息技术进行自主学习，获得有效信息的技能。它为人们从接受一次性教育向终身学习转变提供了机遇和条件。

终身学习就是要求学习者能根据社会和工作的需求，确定继续学习的目标，并有意识地自我计划、自我管理、自主努力，通过多种途径实现学习目标的过程。学习资源的全球共享，虚拟课堂、虚拟学校的出现，现代远程教育的兴起，都为终身学习提供了条件。

2. 学习者具有良好的信息素养

有学者认为，信息素养是指"能清楚地意识到何时需要信息，并能确定、评价、有效利用信息以及利用各种形式交流信息的能力"。在我国，一般认为信息素养包含三个基本点。

（1）信息技术的应用技能　指利用信息技术获取信息，加工处理、呈现交流的技能。这需要学习者学习信息技术操作技能，通过一定的实践与训练习得。

（2）对信息内容的批判与理解能力　在信息收集、分析、处理和利用的所有阶段，批判性地处理信息是信息素养的重要特征。对信息的检索策略、对所要利用的信息源、对所获得的信息内容都能进行逐一的评估；在接受信息之前，会认真思考信息的有效性、信息陈述的准确性，识别信息推理中的逻辑矛盾或谬误，识别信息中有根据或无根据的论断，确定论点的充分性。

（3）运用信息，具有融入信息社会的态度和能力　指信息使用者利用所获得的信息做出决策、解决问题的能力，以及将有用信息内化为自己的知识结构。它要求学习者具有强烈的社会责任心，以及与他人合作共事的精神。

3. 学习者具备合作处事的能力，掌握信息时代的学习方式

在信息化学习环境中，人们的学习方式发生了重要的变化。在终身学习过程中，学习者的学习一方面将更多地依赖信息化平台和数字化资源开展自主学习，另一方面，与教师、其他学习者之间的合作学习也会越来越多，通过信息化网络平台完成对资源的收集利用、合作讨论和成果作品的展示。因此，通过信息技术与课程

的整合,学习者应掌握以下几种信息时代的学习方式:

(1) 利用资源进行学习;

(2) 在数字化情境中进行自主发现的学习;

(3) 利用网络通讯工具进行合作学习;

(4) 学会利用信息加工工具和创作平台,进行创造性学习。

17.2 信息技术与课程整合的策略、方式与模式

在社会向信息化迈进之际,教育界已展开轰轰烈烈的教育信息化研究。随着研究的发展和初步的实践,许多学者针对所出现的问题开始不断地思考应该采用什么样的策略和运用什么样的模式才能实现信息技术和课程整合,达到培养人才的目标,以及具体到某门学科课程时,需要注意什么等众多问题。

17.2.1 信息技术与课程整合的策略与方式

要实现信息技术与学科课程的整合,最关键的是策略与方式的问题。何时选择运用信息技术;对课程中的哪些内容选择运用信息技术;针对什么样的问题选择怎样的信息技术;选择运用某一种信息技术时,应遵循怎样的顺序与步骤,应如何设计教学过程才能使技术得到最优化应用等,都关系到策略的选择与运用。

一、信息技术与课程整合的策略

信息技术与课程整合的策略,是指将信息技术运用于学科课程,优化教学过程,提高教学效率和质量的方法与方案。从信息技术作为学习者学习的认知工具方面来考虑,信息技术可用于课程内容,可用来获取信息,为学习创设情境,用作交流互动的工具,可用于知识建构和评价反馈的工具等。

1. 作为课程学习内容和获取学习资源的工具

信息技术在教育中的应用对各学科的课程内容产生了很大的影响。在信息化社会中,学习者能否占有信息、如何占有信息、占有信息的及时程度,是学习者学习能否成功的关键。学习者发现所需信息,是学习者获取及加工信息的基础与前提。在数字化学习环境下,将信息技术作为信息获取工具,是学习者发现与获取所需信息的一种良好途径。将信息技术作为知识获取工具,一般有如下四种途径:

(1) 信息技术是课程内容 信息技术融入不同的课程内容之中,能使学习者更加明确信息技术的内涵,明确信息技术对社会发展各方面的影响。例如,在初中科学课中连接温度、光亮度等探测器到计算机上;在科学课实验中,测量各种物理量的变化等。见图 17-1,把电脑及运动感应器连接至数据收集器,站在感应器前,手持垂直的金属板,然后慢慢向后移动,在计算机上通过软件就可显示金属板的位

移-时间图线及速度-时间图线(见图 17-2)。①

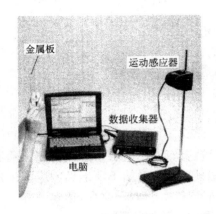

图 17-1　电脑、运动感应器、
数据收集器

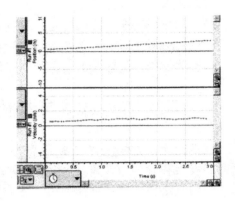

图 17-2　金属板位移-时间图线、
速度-时间图线

　　(2) 利用搜索引擎。通过搜索引擎,可以非常容易地查询和挖掘网络环境中珍贵的数字化学习资源。常用的网络搜索引擎主要有:雅虎(http://www.ya-hoo.com)、天网中英文搜索引擎(http://e.pku.edu.cn)、搜狐(http://www.so-hu.com)、网易(http://www.163.com)等。

　　(3) 利用各种类型网站,包括各类教育网站、专业网站、主题网站等。

　　(4) 利用地区或学校教育资源库。教育资源库都是数字化教育资源的科学化、系统化的集合。当前,国家教育部非常重视教育资源库建设,并已取得了一定的成效。高质量教育资源库具有教学针对性强、内容科学、实用性高、冗余度低的特点,建设高质量教育资源库有利于避免资源重复开发造成的巨大浪费和实现资源的高度共享,可以在学校教学和学习者自主学习中发挥重要的作用。在校园网中,利用学校内部教学资源库或著名教育资源库镜像,学习者可以从中查找或搜寻到所需的学习资源。教育资源库也为教师提供了丰富、生动形象的课堂教学内容。

　　2. 作为情境探究和发现学习的工具

　　让学习者具有真实的情境体验,在特定的情境中理解事物本身,有利于知识的建构。信息技术与课程整合就是要根据一定的课程内容,利用多媒体集成工具或网页开发工具将需要呈现的课程内容以多媒体、超文本、友好交互等方式进行集成、加工处理转化为数字化学习资源,根据教学的需要,创设一定的情境,并让学习者在这些情境中进行探究、发现,有助于加强学习者对学习内容的理解和学习能力的提高。

---

　　① 钟锦堂,黄耀辉,仇耀初.物理新天地 2(力学).香港:文达出版有限公司,2003.30

根据教学的需要,作为情境探究工具有三种途径:①学习者通过对数字化资源所呈现的社会、文化、自然情境的观察、分析、思考,激发学习兴趣,提高观察和思考能力;②学习者通过对数字化资源所设置的问题情境的思考、探索,利用数字化资源具有多媒体、超文本和友好交互界面的特点,学会从中发现问题,解决问题,通过利用节点之间所具有的语义关系,培养学习者进行意义建构的能力;③学习者通过数字化资源所创设的虚拟实验环境,让学习者在虚拟实验环境中实际操作、观察现象、读取数据、科学分析,培养科学研究的态度和能力,掌握科学探索的方法与过程。

3. 作为合作学习和交流互动的通讯工具

信息技术提供的数字化学习环境具有强大的通讯功能,学习者可以借助 Net-Meeting、Internet Phone、ICQ、E-mail、Chat Room、BBS 等网络通讯工具,实现相互之间的交流互动,参加各种类型的对话、协调、合作活动,培养独立思考、求异思维、创新能力和团队合作精神。

4. 作为知识构建和创作实践的工具

建构主义认为学习者的知识不是由老师传授或灌输的,而是通过同化、顺应、平衡,在学习伙伴间以及师生间的交流、对话、协商、讨论中,运用意义建构的方式获得的。在数字化学习环境下,有助于学习者知识建构的工具平台非常多,如可以利用汉字输入和编辑排版工具,培养学习者的信息组织、意义建构能力;利用"几何画板"、"作图"、"作曲"工具,培养学习者创作作品的能力;利用信息"集成"工具,培养学习者的信息组织、表达能力与品质;借助网页开发工具,有利于培养学习者对信息的甄别、获取和处理能力。学习者完成自己的网页制作以后,可以在同学间开展通信和交流,培养他们对信息的应用能力,提高学习者在信息技术环境下的思考、表达和信息交流能力。

5. 作为自我评测和反馈的工具

数字化学习资源提供各种类型的试题库,学习者可以通过使用不同等级的测试题目,利用 SPSS 统计分析软件和学习反应信息分析系统,借助统计图表或 S-P 表进行学习水平的自我评价。

在信息技术与课程整合过程中,真正把信息技术作为学习者的认知工具交给学习者,才能使学习者在数字化学习环境中,学会借助数字化学习资源提供的虚拟情境进行探究发现学习,学会借助信息通讯工具进行协商讨论学习,学会使用信息加工工具进行问题解决学习。

二、信息技术与课程整合的方式

在信息技术与课程整合的过程中,要根据不同的教学目标、教学内容、教学对象以及不同的教学设备资源来加以考虑。实现信息技术作为学习者的学习工具进行整合的方式有:

1. 信息化学习环境与学习活动的整合

利用信息化学习环境与学习活动的整合主要有以下两种形式。

①利用信息化学习环境,组织多种形式的课堂教学讨论、角色扮演、辩论、竞赛等活动形式。

在学习活动过程中组织学生把自己当作解决实际问题的探究者、研究者或发现者,学生作为活动参与者的角色,有助于学生主动参与实践活动。如让学生担任旅行社小导游,在明确自己的职责后,通过从网上查找旅游景点背景知识、当地风土人情等相关知识,完成对该旅游景点的介绍。这种角色扮演的活动形式也可和竞赛活动有机结合,如班级分为几个不同的旅游团,完成角色扮演活动之后,由师生共同评选出优秀小导游。为了使学生有较高的主体参与意识,也可组织讨论、辩论等其他形式各异的活动,以此激发学生主动参与认知实践活动。

②利用信息化学习环境,创设问题情境,组织学生通过实验、制作、动手操作、尝试错误(trial and error)等活动,完成学习任务。

用多媒体学习网络构建允许学生在特定领域探索和验证假设的发现式学习环境,如运用现代教育技术开展“数学实验”教学的思想。这种“数学实验”,根据教学目标创设或改变某种数学情景,在一定条件下,通过思考和操作活动,研究数学现象的本质和发现数学规律的过程。这是一种思维实验和操作实验相结合的实验。实验中,计算机技术和网络技术为“数学实验”教学提供了有效的手段。

此外,借助人机交互技术,还可以模拟情境和虚拟学习环境,培养学习者探究问题和解决实际问题的能力。

2. 信息化学习环境与学习内容的整合

网络资源库、电子阅览室、多媒体视频库等为学习者提供了形象生动的学习材料和广泛的学习内容,创设了丰富自由的学习天地。因特网是世界上最大的知识库和资源库,拥有极其丰富的信息资源;另外,其超文本特性、网络特性与多媒体特性的结合,特别适合学习者进行自主发现、自主探索的探究性学习,学习者可以选取自己感兴趣的内容进行深入研究。

3. 信息化学习环境与学习成果的整合

利用信息化学习环境和资源,可以创造机会让学习者运用语言、文字表述自己的观点,形成个性化的知识结构;借助信息工具平台,可以尝试创作性实践,完成文档、网页和演示文稿等多媒体作品;同时,通过引导学生对其他同学的作品进行评议,可以进一步深化知识点的理解和学生批判性思维能力的培养。

4. 信息化学习环境与合作学习的整合

利用信息化学习环境和资源,组织合作活动,培养合作学习精神。合作学习实现的方式有多种,最常见的是学习者对某个共同的主题进行不同的分工,组内成员各司其职、共担荣辱完成任务。在学习过程中,学习者利用专题学习论坛、电子公告板(Bulletin Board System,简称BBS)等工具平台,提出问题,发表见解,借助网络的即时交互功能进行合作交流。这种方式可以集思广益,消除个人对问题的片面看法或错误理解,获得全面、深入的讨论结果。与此同时,也培养了学习者与人合作、交流讨论的精神和技巧。

17.2.2 信息技术与课程整合的模式①

许多学者对运用信息技术转变教与学的方式方法进行了大量有益的探索,也取得了一定的成果。因环境和资源利用方式的不同,整合的途径和方法也有多种。

根据在学习过程中信息技术所处的地位和方式的不同,信息化环境下的学习方式可以分为三类,即把信息技术作为学习对象、作为教师教学辅助工具和作为学习者认知工具,具体见表17-1。

表17-1　信息化环境下学习的方式

类　型	模　式	方　法
L-about IT:把信息技术作为学习对象	在中小学开设"信息技术"课程,在课程教学中引入其他学科课程知识	如在"信息技术"课程中,结合信息检索课程内容,把检索语文、数学资料作为学生练习
L-from IT:把信息技术作为教师教学辅助工具	"情境—探究"模式	在课堂讲授性教学中,利用信息技术,创设①社会、文化、自然情境;②问题情境;③虚拟实验情境;指导学习者对情境进行观察、思考、操作、意义建构
L-with IT:把信息技术作为学生学习的认知工具	"资源利用—主题探究—合作学习"模式	通过社会调查、确定主题、分组合作、收集资料、完成作品、评价作品、意义建构等环节完成课程学习
	"小组合作—远程协商"模式	在因特网环境下,不同地区的多所学校,各自组成合作学习小组,围绕同一主题,建立小组网页,互相浏览,交流意见,进行评比
	"专题探索—网站开发"模式	在因特网环境下,对某一专题进行较广泛、深入的研究学习,并要求学生构建"专题学习网站"

一、L-about IT方式,即把信息技术作为学习对象

目前在中小学开设"信息技术"课程,学习信息技术的基本技能和基本工具的

---

① 李伟明主编. 信息技术与课程整合探索. 广州:广东教育出版社,2003.56~65

使用,其主要目的不是简单地为了学习信息技术本身,而是培养学生利用信息技术解决问题的习惯和能力。因此,在课堂教学中引入其他学科课程知识,如在"信息技术"课程中,结合信息检索,把检索语文、数学等学科课程资料作为练习。

二、L-from IT 方式,即把信息技术作为教师教学辅助工具

在这种方式中,最常用的模式是"情境—探究"模式。该模式中信息技术与课程实施的关系可以见图 17-3。

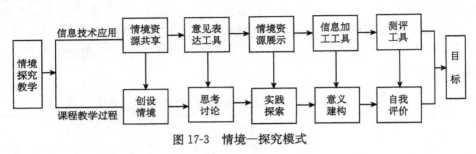

图 17-3   情境—探究模式

L-from IT 方式中信息技术与课程整合的方法见表 17-2。

表 17-2   L-from IT 的整合方法

"情境—探究"模式

适用环境:课堂多媒体教学环境

教学过程	信息技术应用
创设不同类型的学习情境:①社会、文化、自然情境;②问题情境;③虚拟实验环境,供学生观察、思考、操作	利用多媒体课件、网上教学资源创设情境
教师指导学生观察事物的特征、关系、运动规律并进行思考和发表意见	利用 NetMeeting、ICQ 或 BBS 等作为意见表达工具进行思想交流,表达意见
学生对呈现的情境进行操作实践、验证与原来思考的意见是否一致	利用信息技术的播放演示功能,重新展示学习情境
指导学生进行知识重构,把思考和实践的结果进行归纳总结	利用文字处理工具、电子文稿编辑工具和网页制作工具进行知识重构
指导学生进行自测评价,了解学习效果	利用数据库建立形成性练习题库、利用 SPSS 统计分析、利用学习反应信息分析系统和方法进行自我评价

三、L-with IT 方式,即把信息技术作为学习者学习的认知工具

这种方式是利用信息技术作为课程内容和学习资源的获取工具、作为情境探究和发现学习工具、作为合作学习和交流讨论的通讯工具、作为知识构建和创作实践工具和作为自我评测和学习反馈工具。根据信息技术作为认知工具的应用环境和方式的不同,又可分为"资源利用—主题探究—合作学习"模式、"小组合作—远程协调"模式和"专题探究—网站开发"模式。

1."资源利用—主题探究—合作学习"模式

这种模式是通过社会调查、确定主题、分组合作、收集资料、完成作品、评价作品、意义建构等环节完成课程学习。其教学过程见图 17-4。

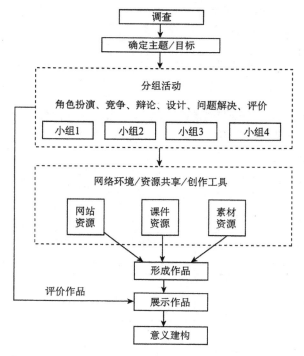

图 17-4 资源利用—主题探究—合作学习模式

在这里信息技术与课程整合的方法见表 17-3。

2."小组合作—远程协调"模式

这种模式是在因特网环境下,不同地区的多所学校,各自组成合作学习小组,围绕同一主题,建立小组网页,互相浏览,交流意见,进行评比。其学习方式见图 17-5。

表 17-3　资源利用—主题探究—合作学习的整合方法

"资源利用—主题探究—合作学习"模式

适用环境：校园网络（或与外部因特网相连）

教学过程	信息技术应用
在教师指导下，组织学生进行社会调查，了解可供学习的主题	利用因特网检索作为社会调查中一种方式
根据课程学习需要，选择和确定学习主题，并制定主题学习计划（包括确定目标、小组分工、计划进度）	利用计算机文字处理工具，写出主题学习计划
组织合作学习小组，设计合作活动方式，包括：角色扮演、竞争、辩论、设计、问题解决、评价	学习小组各成员交换电子邮件地址和网上通讯代码
教师提供与学习主题相关的资源目录、网址和资料收集方法和途径（包括社会资源、学校资源、网络资源的收集）	学生在网络环境中，通过浏览器浏览相关网页和资源
指导学生对所获得的信息和资源进行去伪存真、选优除劣的分析	对所获得的信息进行思考、分析，去伪存真、选优除劣
根据需要组织有关协作学习活动（如竞争、辩论、设计、问题解决或角色扮演等）	借助 NetMeeting、Internet Phone、ICQ、E-mail、Chat Room、BBS 等网络通讯工具，实现交流，参加各种类型的对话、协商、讨论活动
要求学生以所找到的资料为基础，做一个与主题相关的研究报告（形式可以是文本、电子文稿、网页等），并向全体同学展示	利用汉字输入和编辑排版工具、利用"几何画板"、"作图"、"作曲"工具、电子文稿制作或网页开发等信息"集成"工具创作作品，并向全体同学展示
教师组织学生通过评价作品，形成观点意见，达到意义建构的目的	根据评价意见，修改并正式发布完成的作品，达到意义建构的目的

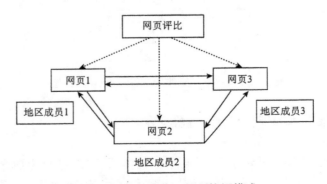

图 17-5　小组合作—远程协调模式

注：地区成员的活动：围绕主题，收集资料，制作网页，互相观看，发表意见，总结体会。

在这种模式中信息技术与课程整合的方法见表 17-4。

表 17-4 小组合作—远程协调的整合方法

"小组合作—远程协调"模式

适用环境：因特网网络环境

教学过程	信息技术应用
在不同国度、地区或城市,各自选择几所学校作为地区成员实验学校,并协商确定一个共同的学习主题	利用因特网进行协商,确定共同的学习主题
在各地区实验学校内,各自组成若干个合作学习小组,各合作学习小组同学内部分工,分别进行问题探究	根据学习主题,学习小组各成员进行分工,并彼此交换电子邮件地址和网上通讯代码
不同地区的实验学校,围绕主题,通过因特网,寻找与主题相关的网页并通过下载,获取相关信息	通过因特网,搜索并下载与主题相关的信息资料
不同地区的实验学校,围绕主题,建立小组网页	利用所得资料,进行素材加工,利用网页制作工具制作小组网页
各合作学习小组相互浏览其他合作学校的网页并进行讨论	各合作学习小组定期浏览其他合作学校的网页并借助 NetMeeting、Internet Phone、ICQ、E-mail、Chat Room、BBS 等网络通讯工具,实现相互之间的交流,进行讨论;对其他合作学校的网页发表意见,互相交流
经过一段时间后,组织学生进行学习总结,对综合课程知识的掌握和学习能力进行自我评价并进行网页评比	利用文字处理工具、电子文稿编辑工具和网页制作工具进行学习总结、知识重构

3. "专题探究—网站开发"模式

这种模式是在因特网环境下,对某一专题进行较广泛、深入的探究学习,并要求学习者构建"专题学习网站"来培养学习者的创新精神和实践能力。网站结构见图 17-6。

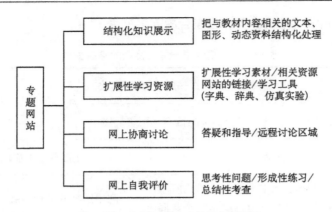

图 17-6　专题探究—网站开发模式

在这种模式中信息技术与课程整合的方法见表 17-5。

表 17-5　专题探究—网站开发的整合方法

"专题探究—网站开发"模式	
适用环境:网站开发环境	
教学过程	信息技术应用
组织学生对某一重要专题进行较广泛、深入的研究	利用搜索引擎、权威网站、专题网站、专业网站和资源库等进行深入研究
广泛收集与专题学习内容相关的文本、图形、图像、动态资料并加以整理	利用网站、各类型的电子出版物广泛收集相关资料并分类整理
把收集到的素材资源进行分类管理,并根据深入研究的结果,按照一定的结构进行知识结构化重组,形成专题学习网站	利用信息加工工具进行素材加工,利用网站制作工具制作专题网站
把所建立的专题学习网站向全校或社会发布	利用信息发布技术发布网站
利用专题学习网站进行课堂教学或自主讨论学习,学习者可以在网站上充分发表意见和进行提问质疑	利用已发布的网站中的信息交流平台进行讨论,发表意见
对本专题学习内容感到有兴趣的师生,可以把相关资料上传到网站上,使专题学习网站得到扩充和完善	利用 FTP 等网页上传工具把新成果加入专题网站中,扩充专题网站资源

这类整合模式主要适用于在因特网环境下,对某一专题进行较广泛、深入的探究学习,并借此培养学习者创新精神和实践能力,提高学习者的综合素质。这类学习方式要求学习者构建的"专题学习网站"通常包含如下基本内容:①展示学习专题相关的结构化的知识,把课程学习内容相关的文本、图形、图像、动态资料等进行知识结构化重组;②将与学习专题相关的、扩展性的学习素材资源进行收集管理,包括学习工具(字典、辞典、仿真实验)和相关资源网站的链接;③根据学习专题,构建网上合作讨论,答疑指导和远程讨论区域;④收集与学习专题相关的思考性问题、形成性练习和总结性考查的评测资料,让学习者能进行网上自我学习评价。

一般地,信息技术作为学习者学习的认知工具和在信息技术环境下转变教和学的方式方法,需要在具体的学科教学过程中才能得到实现。

17.3 信息技术与数学和科学课程的整合

数学和科学教育对于未来的发展至关重要,如何培养学习者成为未来社会的经济、政治和科学中的重要角色已成为世界教育的重要议题。在学习者发现问题、形成概念的过程中,信息技术可以为学习者创设许多机会。技术可以作为推动教师转向另一种教学风格的催化剂,它以更多的学生为中心,让更多的学生参与到活动中来,使学习更贴近我们现实生活的世界。

17.3.1 信息技术与数学课程的整合

NCTM(National Council of Teachers of Mathematics,美国数学教师协会)强调"技术对于数学的教学与学习是必须的",并且,"它会影响数学的教学,可以提高学生的学习"。[1] 美国《数学课程标准》中第 5 条指出:所有学生都应该经常在教学和评估活动中使用计算器、计算机、操纵器(manipulatives)和其他数学工具,以提高他们的数学思维、数学理解和数学力量。[2] 借助可以利用的技术手段,学生们不必再在冗长的计算过程上花费与过去相同的时间,可以有更多的精力来培养数的意识、空间意识和估算技能。

我国 2003 年 4 月颁布的普通高中《数学课程标准(实验)》中也强调:数学课程的设计与实施应重视现代信息技术,特别要充分考虑计算器、计算机对数学学习内容和方式的影响;大力开发并向学生提供更为丰富的资源,把现代信息技术作为学生学习数学和解决问题的强有力的工具,致力于改变学生的学习方式,使学生乐意

---

① M. D. Roblyer. Integrating Educational Technology into Teaching. New Jersey:Pearson Education,Inc,2003. 254

② 钟启泉. 国际普通高中基础学科解析. 上海:华江师范大学出版社,2003. 49

并有更多的精力投入到现实的、探索性的活动中去;教学中要尽可能地使用函数计算器、计算机以及有关软件,如利用计算机展示几何图形及其变换过程,并研究其性质,从数据库上获得数据、描绘数据、产生模拟结果等。[①]

从学前学习到 12 年级中,美国的数学标准将数学学习内容分为两大方面十项内容:①知识标准,包括数字与运算,代数,几何,测量,数据分析与概率;②过程标准,包括问题解决,推理与证明,交流,联系和表达。

下面按照美国国家数学标准规定的 K～12 年级学生学习的内容来阐明信息技术对数学学习的支持。[②]

一、信息技术对数字和运算的支持

教学软件有助于学生理解并建立数和数的运算的概念。如由美国 EME 公司开发的"简单数学"(easy early math)、Bradford 公司开发的"数的感觉"(number sense)软件,可以让学生通过具体的操作理解位的概念和四则运算。计算机动画则可以让学生体验分子、分母的含义,有时这种方式甚至可以超过教科书或教师的讲解。

目前,计算器的使用也是培养学生对数的感觉的一条重要途径。虽然在数学课程中把计算器作为一种运算工具存在许多争议,有些教师和家长认为,如果学生不亲自做运算就不能够学会数学技能;但是,毋庸置疑,社会已越来越依赖于用技术来展示我们的思维。当学生已经学会必要的运算规则,使用计算器可以减少繁琐的运算,并把注意力集中到掌握数学原理和规则上。

此外,电子表格可以为学习者提供探索数的概念、数的运算和数的形式的机会。学生可以运用基本的运算规则,探索"如果……则怎么样"的问题,建立代数思维的基础。如设计某一公司增加职员的工资将会对公司的预算支出造成什么影响,是否可以提高生产效率,公司怎样才能获得最大利润等。

二、信息技术对代数教学的支持

学生掌握数的概念后,教师将引导学生学习代数概念的归纳、推理以及数学方程等重要的数学思想方法。信息技术可以成为学生探索方程的重要工具。

通过图形计算器或计算机系统,学生可精确地画出方程曲线图,探索真实生活现象的数学模型。研究表明,运用图形计算器可以提高学生对方程和曲线的理解,挖掘具有象征意义的图形化、数字化表示的问题之间的内在联系(Dunham &

---

　　① 数学课程标准(实验). 北京:人民教育出版社,2003. 112

　　② M. D. Roblyer. Integrating Educational Technology into Teaching. New Jersey:Pearson Education,Inc,2003. 254～262

Dick,1994)。例如,在学习"曲线和方程"内容时,学生利用图形计算器显示的曲线图形观察和讨论一次方程、二次方程和指数方程等之间的异同点,讨论各种方程的参数对曲线的影响,并加深对曲线和方程之间的关系的理解。

三、信息技术对几何教学的支持

因特网资源能够帮助学生建立几何与他们周围世界之间的联系。几何教学软件可以在计算机屏幕上显示直观形象的几何图形,学生可以根据屏幕显示概括和总结各种几何图形的特征。交互式的几何软件可以引导学生对几何图形和几何概念进行猜想,学生依靠自己的探索得出结论,而不是死记硬背几何参数或概念。例如,运用像 Key Curriculum Press 开发的"几何画板"(Geometer's Sketchpad)软件,学生可以构造和测量多边形内角,根据测量所获数据得出角的度数与边的数目之间的公式,还能够在屏幕上制作立体图形或三维物体,见图 17-7。该软件是学生学习几何的具体、简单而又实用的工具。而同样由 Key Curriculum Press 制作的 Kaleido Mania 软件,还可进一步运用对称和几何变化来创造艺术图形。

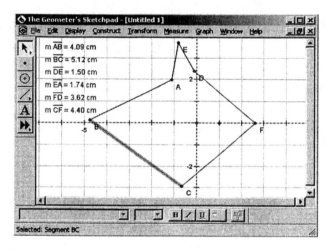

图 17-7　几何画板

四、信息技术对测量和数据分析、推理和证明的支持

统计推断和概率在为解决问题而做出决策的过程中已越来越重要,学习使用电子设备来测量可以获得比一般的仪器更精确的数据结果。信息技术为培养学生学会测量、学会分析数据的技能提供了理想的工具。例如 Tabletop 软件程序,允许学生在电子表格格式中检验数据,然后以图形化形式呈现,有的是 V 形图,有的是曲线图,有的是矩形图或饼形图。学生根据所显示的图形可以做出准确的判断。

另外,因特网也为学生提供了丰富的数据资源。例如在学习比和比例的内容时,学生可以使用网上电子地图进行学习,练习使用电子地图上的放大、缩小、漫游、测距等工具,并获得比例的相关知识。如图上距离、实际距离和比例尺三者之间的关系,掌握求比例尺、实际距离、图上距离的计算方法。

　　而推理和证明则是数学思维中的核心概念。信息技术使学生可以运用诱导推理来发展和测试猜想。通过教师的教学,可以帮助学生形成发展证明的基础。例如,"几何画板"中的"草稿"允许学生无限制地在各种"条件"下建构他们自己的推理过程,直到正确为止。

　　五、技术对交流、呈现、表达的支持

　　网络使学生可以与不同地区的人甚至是专家进行交流。在数学学习中,以书面形式表达观点非常重要。因此,学生必须将自己的数学思维转化成语言。如:数学论坛(http://mathforum. com/pow/)(见图 17-8)允许教师每周提出不同的问题,学生尝试解决问题,并交流方案,还可以要求管理人员 Dr. Math (http://mathforum. com/dr. math)(见图 17-9)提供可以解答问题的专家的联系方式。

　　通过恰当的设计,计算机可以呈现各种真实事物的模拟和问题情境的创设。通过单独或同时呈现理解数学的不同方法,学习者可以比较不同方法的优势和不足。在低年级阶段,计算机屏幕上可以呈现数和运算的模型,允许学生推断并建构他们自己对所呈现的数学概念的理解。曼柯斯(Mankus)描述了多个如何用在线交互操作软件来生成理解的范例,并提供了这些资料。

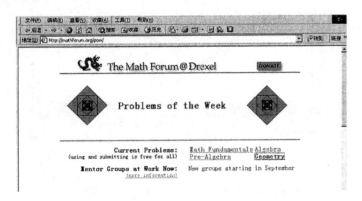

图 17-8　http://mathforum. com/dr. math

　　此外,以小组形式使用计算机和计算器可以促进学生之间的互动,培养他们的表达能力。教师会发现将学生分成两人一组可以极大的提高学习效果,增强教师与学生或计算机与学生之间的交流,使学生之间、学生与计算机之间达到更充分的互动。

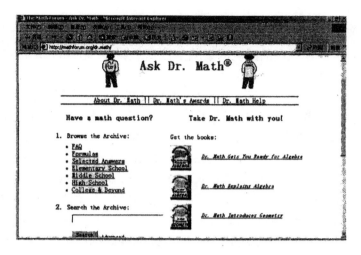

图 17-9 http://mathforum.com/dr.math

17.3.2 信息技术与科学课程的整合①

NRC(National Research Council,美国国家研究委员会)在 1996 年发行了《国家科学教育标准》与《科学素养基准》(AAAS,1993)两份文件,文件都将技术列为一项重要的内容来阐述。它们指出通过使用计算机、电子媒体和因特网,教师可以从作为科学事实的惟一权威者或教学过程的管理者的理念中解脱出来,而转向组织学生投入到探究活动中去。

在美国,已经有不少的组织着手课程开发和研究,探索将技术整合到科学课程中,以支持《国家科学教育标准》和《科学素养基准》中科学教育目标的实现。

我国《科学课程标准(7~9 年级)(实验稿)》也强调了应充分利用信息技术来学习科学。在课堂教学中,教师可以利用媒体中有关科学技术发展的报道,引起学生对科学技术的兴趣,培养学生关注科学技术发展的意识;教师可以让学生搜集与课堂教学内容相关的各种信息和资料,培养学生获取信息的能力;对于那些超出人类感官极限的自然现象,或难以亲身经历或具有某种危险性的科学探究过程,信息技术可以提供必要的补充。如可以用计算机模拟来代替一些在实验室无法完成的实验,在科学探究活动中用数据库记录和整理数据,用文字处理和画图软件来表达结论;运用多媒体、网络等信息资源,为学生创设新的学习环境。如因特网上存在大量的科学方面的信息,还有一些互动性的科学学习项目。②

① M. D. Roblyer. Integrating Educational Technology into Teaching. New Jersey:Pearson Education , Inc. 2003. 262~267

② 中华人民共和国教育部. 科学(7~9 年级)课程标准. 北京. 北京师范大学出版社,2001.31~50

一、信息技术对科学教学过程和科学探究的支持

　　参加科学实验或观察的关键因素就是数据的收集和分析,计算机或计算器探测仪是支持这类活动的理想工具。

　　信息技术可以用来创设环境,为学生参与探究活动提供策略和工具,它往往是为展开观察提供必要的支持,如问题的提出和定义,数据和信息的收集,以及思想的交流。另外,信息技术也可以为学生导航,帮助学生思考这些过程是如何联系的,回答诸如"我从哪里开始?","接下来我要做什么"和"这意味着什么"之类的问题。例如,美国迈阿密科学博物馆(miami museum of science)的 pH 酸碱度网络虚拟实验室就是一个典型的例子。该网络课程帮助中小学教师把酸和碱的概念介绍给学生,所有的学习材料被组织成一个称为"7E"的概念框架:激励(excite)、探索(explore)、解释(explain)、扩充(expand)、延伸(extend)、交流(exchange)、测验(examine),每一个"E"都包含交互式的屏幕显示和课程计划,都有相对应的问题、活动和导航语,可以在教室里供全班使用,也可以供学生个人或小组学习。图17-10 就是该虚拟实验室的首页。

图 17-10　pH 酸碱度网络虚拟实验室

二、信息技术对科学素养的支持

　　根据《国家科学教育标准》,一个有科学素养的人能够"对日常生活中的新奇事物提出问题,并探求和确定问题的答案。"

　　网络上容纳了无数的站点,囊括了许多有趣的知识,然而其最主要的缺点是内容缺乏组织,要搜寻切合主题的网站对教师和学生而言并非易事。例如,许多中学科学教材中都有关于天文知识的单元,如果学生或教师使用典型的搜索引擎如Baidu、Google 等,输入"S-A-T-U-R-N",很快就会出现如下两种情形:第一,搜索

引擎会列出无数个站点,第二,99％以上的站点描述的是汽车而不是飞机的内容。网络上的信息并非全都科学可靠,甚至可能包括儿童不宜的内容或站点链接。另外,网址的更换随时都有可能,所有这些,都是对教师和学生运用网络资源的挑战。

而数字图书馆恰好弥补了这一缺陷,为特定的学习者和人群收集了预先已察看过的并经过分类的网站和其他多媒体。这类网站中最典型的范例是 Michigan 大学的 Middle Years Digital Library (MYDL, http://mydl. eecs. umich. edu/),以及它的辅助搜索界面 artemis。artemis 是一个允许学生组织所研究的问题站点的辅助界面,它在使用商业网站之前就首先搜索相关的数字图书馆,并一步步地引导学生深入探究问题。

三、信息技术对学生理解科学概念的支持

首先,可视化的模拟软件的运用可以帮助学生建构他们自己对科学概念的理解,它可以创设建立问题情境的空间,为学生提供平常难以看到的科学现象。有些事物或现象可能发生得太快,或太慢,或很危险,或难以观察,技术可以创设这类事件的模拟情景。这类模拟包括四个主要的科学学科的软件,生物学范例包括虚拟解剖,如 Concord Corsortium 开发的"生物"(biologic)软件;物理学范例如"交互物理"(interactive physics)或"未来实验室"(future lab)软件,允许学生在一个虚拟实验室中学习各种物理概念,如光学和运动,在这一环境中减少了摩擦、重力等传统的干扰因素;地球科学概念中有西北大学学生开发的"世界探索者"(world watcher);化学中有美国迈阿密科学博物馆(miami museum of science)的 pH 酸碱度网络虚拟实验室。

其次,计算机支持的概念图(concept map)制作软件现在正逐渐成为学生学习科学概念的重要工具。概念图是指利用图示的方法来表达人们头脑中的概念、思想和理论等,是把人脑中隐性知识显性化、可视化,便于思考、交流和表达,也被称作思维地图、思维导图。概念图包括节点和连线,节点代表概念,连线代表概念之间的联系。建构主义的学习理论认为,要记住知识,并懂得意义,新知识应当与现有的知识结构整合。概念图的作用可以促进这个过程的形成,它可以把整合的过程清晰地呈现出来,并使学习者看到概念之间的关系;可以形成学生知识结构的可视化导航图,检验自己对所学的概念究竟掌握了多少;它可以清楚地展示每个人的所思所想,通过与教师或同学之间的交流和讨论,或通过后继的学习,可以发现自己先前的误概念(misconcept)。

当前,概念图工具有很多种,其中最普遍使用的是 mindMapper,mindManager, inspiration, concept draw 软件,其中 inspiration 最受学生的欢迎,制作和使用非常方便,对概念可以加入详细注解,并附带了丰富的图库,图 17-11 就是用 inspiration 制作的"多元智力理论"概念图。

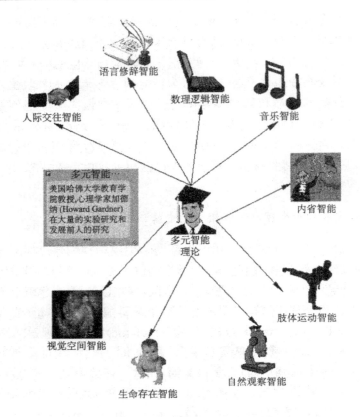

图 17-11　"多元智能理论"概念图

17.3.3　整合案例①

　　"冷热数据"就是一个为期 3 周的信息技术与数学和科学课程整合的详细实施方案,见表 17-6。

表 17-6　信息技术与数学和科学整合案例

科目:数学和科学
主题:冷热数据(hot and cold data)
年级:初中、高中年级
内容:物理、图形、测量概念
学习时间:3 周
步骤 1:优势——为什么要在数学与科学教学中使用技术

---

　　① M. D. Roblyer. Integrating Educational Technology into Teaching. New Jersey:Pearson Education,Inc. 2003

Ms. Belt 和 Mr. Alter 各是 Pinnacle 高中的物理和数学教师,他们对刚建造的新计算机实验室非常感兴趣。过去几年,这两位教师已经知道了这些计算机设备,并且为了在课堂中使用这些设备参加过教育部门组织的培训。他们认识到基于计算机实验室的活动为科学和数学学习提供了一种理想途径,因为计算机实验室可以让学生收集数据,并立即看到显示的结果,可使数据分析更加可视化,更有意义。为了最大程度地发挥实验室的上述功能,他们确定了一个关于热与冷的实验单元。学生可以利用计算机实验室的探针测量温度,然后运用数学程序,绘制和分析结果。

步骤 2:设计评价——什么是正确的策略

教师决定从三个方面来评价学生:开展科学实验,研究物理原理,运用数学来分析和显示结果。由于计算机实验室的使用将是各类活动开展的基础,他们决定设计一个基于计算机实验室程序的测验,每个学生都必须通过。教师还决定制作每个实验的步骤清单,评定合作小组中的学生是如何展开实验的,以及如何撰写实验记录和实验结果,并向其他同学展示。他们还设计了一个单元测试,在测试中,每两个学生从计算机辅助学习(CBL,computer-based learning)实验室中复制数据,在没有任何其他辅助手段的情况下解释数据和结果,教师以此评定他们的能力。

步骤 3:设计教学——什么是正确的整合策略

教师决定通过团体合作教学该单元,以将这两个知识领域中更多的联系组合在一起。他们为合作设计了以下的一系列活动。

第 1 周:介绍要完成的单元活动、计算机实验室设备,提供"动手做"实践活动,识别各种不同的实验材料(汽油、煤油和丁烷)。教师向学生演示如何使用 CBL 来记录数据,以及如何以图形形式显示温度。

第 2 周:开展加热/冷却实验,展示实验结果。每一个小组都需完成规定的加热/冷却实验,例如,哪种杯子保持温度的时间最长:塑料的、纸质的还是陶制的;哪一种颜色的杯子可以更长久地保持温度:白色、黑色还是其他;每一项都应让学生完成规定的实验,回答问题,记录结果,把电子表格和图片资料插入到 PowerPoint 演示软件中,向全班同学展示,并且对实验数据的解释开展讨论。在加热的实验中,每一组学生运用三种燃料(汽油、煤油和丁烷)加热水至沸腾,记录所需的加热时间,最后撰写实验报告。

第 3 周:进行数学分析并展示,完成最后的测验。每一小组通过数据探索线性方程、二次方程和指数方程的曲线图,最后,两个学生一组,完成实验的演示并就所获得的曲线图回答其涵义。

步骤 4:评价和修订整合策略

单元末,教师评价学生的工作,并在会议上总结全班是如何开展本单元的教学和学习的。他们设计了一系列的问题:

(1)通过最初的演示和示范实验后,是否大部分学生对设备感到满意?

(2)小组能否很好地合作,是否每个学生都能积极参与活动?

(3)通过起初的小组活动的引导,学生是否能够独立完成实验?

(4)在最终的关于数据解释的测验中,学生是否取得好成绩?

Mr. Alter 和 Ms. Belt 对整个实验过程非常满意。他们对学生在使用 CBL 实验室收集和分析数据时的表现留下了深刻的印象。最鼓舞人心的是,两位女生对她们在科学实验课中完成的工作特别兴奋,她们向 Mr. Belt 询问关于科学和数学职业的有关信息。

17.4 信息技术与社会科学课程的整合

1994 年,美国国家社会学科委员会(National Council for the Social Studies)对社会学科作了如下界定:"社会学科是一门提高公民能力的社会科学和人文科学的整合学科(integrated study)"。新泽西州教育部认为社会学科的重心是,发展学生"作为相互依赖的世界中一个文化多元的民主社会之公民,为了公众利益而做出富有信息和合理选择"所需要的知识和技能。社会学科的课程必须体现出一个国家最为重要的理论,即包括所有个体的尊严和公平以及共同利益的观点。"某些价值观念对我们的生活方式和大众的观点来说是那么重要,以至我们有必要通过系统的社会学科来培养学生的自我约束能力……包括个人的权利、自由和责任,涉及到社会情景和政府的责任的信念。"①在学校课程中,社会科学如人类学、考古学、经济学、地理学、历史、法律、哲学、政治科学、心理学、宗教和社会学等学科都是对社会的有关方面做系统性研究。

作为一个关注人与世界的内在联系的领域,社会科学或许比其他任何领域都更加受到技术的影响。美国 NCSS 认为构成社会研究标准的主题有 10 个,分别是:文化,时间性、连续性及其变化性,人、地方与环境,个人发展与身份,个人、集体和公共机构,权力、政府与统治,生产、分配和消费,科学、技术与社会,全球联系、公民观念和实践。②

17.4.1 信息技术与社会科学教育的整合

传统的社会科学教学是"事实驱动",学科内容往往是根据历史时间和地理名称而排列的。研究表明信息技术除能非常有效地组织和呈现这些信息外,还能使学习变得更有意义。按照 NCSS 国家社会研究标准中的 10 个方面的内容,信息技术所能提供的支持与帮助如下。

一、运用技术学习文化

对文化的理解与评价,与低年级(K-8)的历史、地理和洲的学习以及高年级的

---

① 钟启泉. 国际普通高中基础学科解析. 上海:华东师范大学出版社,2003. 68
② NCSS,1994;http://www.ncss.org/stands/toc.html

社会学、人类学和公民课程间的渗透教学既有相同点又有不同之处。技术资源能以有意义的方式支持下述与目标相关的文化。

1. 学生探索文化

技术为学生提供了丰富的机会探索其他的文化,例如学生可以在网络上参加一次世界虚拟旅行,或用 WebQuest 收集其他地区的文化信息,并与自己地区的文化进行比较。

2. 与其他文化的人一起合作

与其他地区的学生一起开展社会行动项目之类的远程学习活动,合作时学生可以比较各自的信仰系统(如宗教或政治观念),观看其他文化的图片和视频,多媒体百科全书提供了各种文化产品和传统的丰富多彩的实例,可以用来比较学生自身的文化和其他的文化。

3. 在艺术作品中反映文化

特别是在低年级阶段,教师经常让学生学习关于文化的知识,然后让他们准备一些艺术作品,例如画一幅画或制作一个模型材料以反映他们的发现。对于这类学习活动,图形软件可以帮助缺乏艺术细胞的学生创作出优秀的艺术作品。

相关网站资源。

(1) 文化、差异与多元文化 http://www.ncbe.gwu.edu/links/langcult/multi.htm

(2) 平等与文化差异:http://eric-web.tc.columbia.edu/equity

(3) 一个世界,我们的世界:http://www.onewow.org/

(4) 全球货物单:http://landmark-project.com/ggl/

二、运用技术学习时间性、连续性和变化性

历史的学习产生于对事实和时代的学习,通过对事实和时代的学习关注事件的意义和它们对单个国家和世界演变的影响。技术能以多种方式帮助历史观的教学。

1. 研究事件

因特网上有许多网站集中反映了每个历史时期的状况。学生可以在 WebQuest 情境中利用这些网站或只是简单地作为额外的信息资源,为讨论或研究的论文收集信息。当向学生展示不同的人们如何对相同的事件发表完全不同的观点时,这些网站非常有用。

2. 建立时间顺序

有时,理解和记住事件的时间和顺序会很难,学生可以利用应用软件制作历史事件的时间线,使它们更加可视化。

3. 观看视频

学生不仅仅通过阅读书本了解历史,视频、碟片和多媒体百科全书提供了丰富的人、事件和地点的实际图片和电影。这些为学生的学习活动提供了额外信息来源,并使历史变得栩栩如生。

三、利用技术学习产品、分配和消费

通过让抽象的经济原理变得可视化,并向学生展示它们在实际生活中的真实应用,可以让学生理解这些复杂的经济原理。

1. 模拟交易

学生可以利用专门为这一目的而设计的模拟软件来探索股票市场的基本原理。在当地的因特网上如 http://www. ncsa. uiuc. edu/edu/Rse/RsEyellow/gnb. html,还可迅速地观看到这类股票市场的活动。

2. 阐明经济原理

电子表格可以展示经济学概念,而有的网站则提供诸如航班、火车及货币转换之类的信息,如 http://cnnfn. cnn. com/services/travelcenter/cityguide. html 和 http://www. xe. net/ucc。图 17-12 为 XE. com 上的国际流通货币转换网站的首页,只要输入货币类型和币值,网站就会自动算出目标货币的总额。学生可以利用这类网站来比较世界各国的货物价格和消费水平,以及影响价格和消费的各种因素。

图 17-12   国际流通货币转换网站

四、利用技术教科学、技术、社会

在该内容中,学生不仅要知道如何使用各种技术,还需要了解新的技术是如何产生的,技术对人类的生活有何影响,以及人类使用这些强大资源时应承担的道德责任。

五、利用技术教全球联系

在该内容中,WebQuests 和社会行动项目(social action projects)非常受欢迎。这些活动让学生利用网站查找信息背景以及最新的发展,给他们一个主题或框架,组织开展合作学习。诸如污染和环境,卫生健康和人权之类的国际焦点问题,往往可以激发起学习者的极大热情。

Simcity(MAXIS/Electronic Arts)软件可以模拟危险问题的解决,让学生在真实环境中学习经济和环境问题。例如,教师可以假设某个小城中有环境危机,通过为学生提供必需的背景资料、信息和社会科学内容的书面材料,合作小组作为一个整体做出一系列决策。计算机通过危机呈现,指导合作小组深入开展问题的研究,并做出决策。

六、利用技术教公民观念和实践

公民经常被认为是学生学习如何参与到社会中的一个领域,因此,它涉及的主题非常宽广。它也许包括公民教育的介绍,学生从中学习公民的基本权利与责任,或与法律有关的教育,学生学习如何合理地参与到公民活动中。例如,教师在教与选举相关的内容时,可以组织学生展开选举与调查模拟来学习其重要概念。有些课堂还要求学生开展民意调查,收集数据,并利用数据库和电子表格来分析结果。

此外,也有模拟道德问题、社会问题的解决的,如 Tom Snyder 的 decisions 教学软件在美国中小学校中使用已相当普遍,其中有一个 prejudice 活动,让学生从道德角度出发解决种族偏见问题,亲身体验实践。

17.4.2　整合案例

"学习我们的过去,建构我们的未来"就是一个为期 6 周的信息技术与社会科学课程整合的详细实施方案,见表 17-7。

表 17-7　信息技术与社会科学整合案例

科目:社会科学教学
题目:学习我们的过去,建构我们的未来
知识内容:地理、公民、历史
学习时间:6 周
第 1 步:优势——为什么要在社会科学中运用技术
Mr. McAlpine 是一位中学的社会科学教师,为 8 年级学生上洲和当地历史的课。他认为,像他这类教师最重要的一个任务是,帮助学生理解是人类形成了历史以及一个地区的发展过程,并且学生本身将来可以成为他们所生活的地区的主要角色。他知道这将是学生在高中学习公民和历史课的重要准备和背景知识。然而,他也知道要让学生掌握复杂的抽象概念如过去的历史,当前的条件和未来的发展之间的关系非常困难。他确信,如果让学生从市民中收集关于本地区的历史信息,并运用得到的结果为其未来制定计划,将会使课堂更有意义。
他先进行了头脑风暴活动,查找能够帮助做出更真实和更吸引学生的历史和地理概念的资源,并强调学生的能力将形成未来。他在美国 Census Bureau 查到了一个地理信息系统(GIS)浏览器,学生可以运用它看到任何在实际地图中给定地点的过去和当前数据的数据库。

他查阅了一个项目,在项目中学生在该地区不同时期的 GIS 地图上创建人和地方的生活地图 (andet & ludwig,2000),接着他亲身试验了这个赋予学生一个积极角色的模拟软件。他决定将这些以及其他资源整合到为时 6 周的围绕三个主要活动的课程单元中:确定形成该地区历史和发展的事件,创建当地历史重要人物的生活地图,完成一张未来的"发展蓝图"。

第 2 步:设计评价——什么是正确的评价策略

Mr. McAlpine 决定单元中的每一个活动都应该有一个小组合作的作品。作品可以是展示了当地事件和人口发展的时间线,或是一张展示了他们未来的发展蓝图的地图。他为最先的两个产品创建了一张表单,列出所需的组成部分及其特征,并制定用一个量规评价学生创建的未来计划。由于所有这些都是小组合作的活动,因此,每一份评价表都包括了与小组中其他成员有效合作的标准。

第 3 步:设计教学——什么是恰当的整合策略?

Mr. McAlpine 决定通过以下步骤来完成本单元的目标。

第 1 周:介绍这一单元,以"我们的地区:过去、现在与未来"为题向全班介绍这一单元;展示同一地点在不同时期的实际照片;将图片进行对比,并讨论哪些事物改变了,为什么会改变;告诉学生他们将在学习过程中制作一张阐明当地演化的地图。让学生"动员"愿意到学校中来的父母,祖父母或外祖父母,约定一个时间与班级同学见面,以收集形成本地区历史的事件。

第 2 周:收集信息,制作时间线。将学生分成小组,并给每一组规定一个时间段,给每小组关于这一时间段的历史背景材料,并让他们用相应的软件制作这一特殊的时间段内发生在美国和世界上的事件的时间线。让学生小组会见研究他们特定时间段的研究专家,完成问题的记录以后,让每个学生运用 Tom Snyder Timeliner 软件来制作在该时间段内的事件的时间线,制作时他们可以导入图片来说明事件。每一小组展示各自的时间线地图,并描述他们获得的资料如人物和事件是如何帮助形成当地历史的。

第 3~4 周:创建生活地图,向学生演示 U. S. Census 网站,并演示通过键入区号来选择他们自己地区的地图。将学生分成合作小组,让每一组开展实验,显示同一地区不同类型的数据,向全班同学展示显示的结果。展示一份由另一个学校的学生创建的"生活地图"的范例。每一个小组将 GIS 地图导入到图形软件包中,创建一张他们所会见的人物的"生活地图",显示所讨论的人物的地点和事件,以及所在城镇的边界线,向全班展示他们的地图。

第 5~6 周:用 GIS 数据创建未来的蓝图。通过让学生参与 Tom Snyder's Decisions 软件中的城镇管理这一项活动,一个探索市民在管理当地社区中的角色,将这一过程引入到单元中,开展一次讨论,比较每一项结果。然后,告诉学生将自己想像成为公民的行动委员会,负有设计未来 10 年中他们社区发展蓝图的任务。让每一组学生观察不同地点的发展(如居住、交通、娱乐场所、垃圾处理及水电等服务)。作为整个班级,他们从 U. S. Bureau 网站上下载人口普查数据,将它们输入电子表格中,运用它设计该地区今后 10 年的人口政策。在小组中,从考虑他们的地区优势出发,学生讨论人口增长意味着什么。利用他们所制作的生活地图,展示社会的发展需要依靠什么来促进,若保持该地区的发展必要考虑哪些因素。Mc Alpine 使用悬挂式投影器,学生展示他们的地图,并"协商"解决他们看到的任何矛盾(如新的住房与城市公园的扩大)。最后,他们将地图合成一张,反映关于未来的计划。

第4步:课前准备——准备好教室环境和教学材料

在活动开始的前几周,Mr. McAlpine 必须组织多种资源。首先,他必须找到这一社区的图片和数据;然后他必须确定从 1950 年到 2000 年之间每十年中可作为权威人士的人物,并安排会面时间;为了让全班同学能观看和讨论 U. S. Census Bureau 网站和 GIS 地图,Mr. McAlpine 需要安排使用大屏幕投影教室的时间,并获得计算机实验室中使用打印机的许可。最后,他还必须确保这两个软件包在班级计算机上能够正常运行。

第5步:评价和修订整合策略

Mr. Mc Alpine 从以下这些方面来评价自己的课程单元:

1. 学生的作品是否反映了他们思维的成长?

2. 学生是否参与每一项任务?

3. 每一个软件、网站资源和小组工作都如预期的那样顺利吗?

4. 是否绝大多数的学生在考核和量规评价中都获得了好成绩?

Mr. Mc Alpine 专门就学生对这一单元的感觉与学生进行了会谈。结果正如所预料的那样,学生对与当地人物的见面及网站的亲身实践感到非常兴奋。

教学活动建议:

1. 寻找一个或几个英文资源学习网站,熟悉它们的结构与功能,并能熟练使用。

2. 选择中学教材中的某一节教学内容,选择一种整合模式,设计一份信息技术与课程整合的教学设计方案。

后　　记

　　《现代教育技术教程》(第二版)的撰写完成了,但对现代教育技术的研究却是"路漫漫其修远兮"。

　　本书第一版的撰写与出版到现在整整五年了,这五年正好跨越了世纪之交。正是在这世纪之交,人类进入了数字化生存的时代,信息技术的迅猛发展,令人应接不暇。在这世纪之交,2001年,我国颁发《国务院关于基础教育改革与发展的决定》和教育部的《基础教育课程改革纲要(试行)》,一场遍及全国的轰轰烈烈的新一轮基础教育课程改革运动(我国解放后第八次基础教育课程革新)全面展开。自20世纪80年代以来,鉴于高新科学技术的突飞猛进,信息化时代和学习社会的到来,面对教育全球化的趋势,世界许多国家都开展了新一轮的基础教育课程改革。国际基础教育课程改革的滚滚潮流成为我国基础教育课程改革的大背景。由于教育改革的需要,我国大量介绍了国外的教育理论、学习理论,国内的研究也出现了前所未有的局面。

　　在这样的背景下,教育技术的发展引起了广泛的关注,被看作教育现代化的关键,教育部领导明确指出:"要深刻认识现代教育技术在教育教学中的重要地位及其应用的必要性和紧迫性;充分认识应用现代教育技术是现代科学技术和社会发展对教育的要求,是教育改革和发展的需要。"基础教育课程改革也提出了"信息技术与课程整合"的要求。教育技术得到了"天时、地利、人和"的发展契机。

　　正是由于信息技术的迅速发展,教育改革的迫切需要,教育理念更新、教育理论的发展,教育技术的研究从理论到实践的各个层面都出现了很大的变化。或许是从《教程》出版的时候起,我们就开始考虑书的修改了。而本书出版五年来,作者不断地得到读者的建议,近一年来最主要的是关于内容的修订。在我们的教学和研究过程中,也强烈地感觉到了这种需要。现在,科学出版社不失时机,及时安排了本书的第二版。

　　全书共分17章。分别由蔡铁权(第1章),褚伟明(第2~4、8章)、潘瑶珍(第5、6章,16章第2节,第17章)、孙晓芳(第7章,16章第1、3节)和王丽华(第9~15章)撰写。全书由蔡铁权教授统稿审定。谢小芸协助了统稿与校对。书稿撰写的过程中,多次讨论,反复审核,集思广益,是集体智慧的结晶。

　　本书可以作为高等师范院校非教育技术学专业的现代教育技术课程教学的教材,可以作为中小学教师继续教育的教学用书,也可以作为课程与教学论硕士研究生和教育硕士以及相同层次学习和培训的教学参考书。

第二版的撰写,得到浙江省重点学科课程与教学论及浙江师范大学课程与教学研究所的支持。科学出版社姚莉丽编辑为本书的撰写和出版花费了大量的精力。从本书第一版出版以来,得到了许多读者的关心,在此致以诚挚的感谢。

在第二版撰写时,我们对全书进行了重新构建。我们致力于领悟新型的教育理论,重视教育技术的新发展及其应用,尤其关注基础教育课程改革的理念、思想以及现代教育技术与教育改革的关系。力求以现代教育理论作指导,以教育改革为背景,尽量吸收国内外教育技术的最新研究成果,努力写出我们的特色和新意。当然,尽管我们竭尽心智,努力而为,但由于研究水平和教学经验的局限,错漏不当之处,难以避免,我们期待专家和广大读者高明的指教。

现代教育技术发展十分迅速,国内外的研究成果层出不穷,现代教育技术理论和实践的研究任重而道远,我们愿为此而竭尽绵薄之力。

蔡铁权
2005 年 1 月于浙江师范大学课程与教学研究所